JN050647

8カ年全問題収録

給水装置工事試験

完全解答

設備と管理 編集部 編

改訂8版

平成27年度～令和4年度の
問題・解答解説

はしがき

給水装置工事主任技術者試験は，給水装置工事に関して，一定の技術レベルを全国的に，かつ統一的に確認することを目的として，設けられた資格制度です．

この試験は，平成８年６月の水道法改正により，それまでの水道指定工事店制度に基づいて市町村ごとに与えられていた給水装置工事の技術者の資格を国家資格として統一したものです．当時，技術レベルの格差をなくし，どこの地域においても，浄水場から送られてきた水道水を衛生的に，安全に，そして安定して家庭まで届けるためには，給水装置工事を行う技術者のレベルを全国的に同一にする必要がありました．給水装置工事主任技術者，配管従事者の役割は，たいへん重要です．

この国家試験も，平成９年に第１回の試験が実施されて以来，回を重ねて全国的に深く浸透し，かつ認識されるようになり，毎年，多数の受験者がこの資格の取得に挑戦しています．

本書は，平成27年から令和４年まで，過去８年間分の試験問題とその解答・解説を掲載しています．多くの問題を解くことによって試験の傾向をつかみ，問題の理解を進めて短期間で合格することを目指すものです．さらに，解答に当たって知っておきたい水道法や水道法施行令などの関連法規についても，近年の改正点を修正し，収録しています．

本書を活用され，見事，合格の栄冠を獲得されることを祈念します．

設備と管理編集部

もくじ

令和 4年度合格基準（厚生労働省発表）

1. 配点

配点は一題につき１点とする．（必須６科目計40点，全科目計60点）

2. 合格基準

一部免除者（水道法施行規則第31条の規定に基づき，試験科目の一部免除を受けた者をいう）においては次の（１）および（３），非免除者（全科目を受験した者をいう）においては次の（１）～（３）のすべてを満たすこととする．

（1）必須６科目（公衆衛生概論，水道行政，給水装置工事法，給水装置の構造及び性能，給水装置計画論，給水装置工事事務論）の得点の合計が，27点以上であること．

（2）全８科目の総得点が，40点以上であること．

（3）次の各科目の得点が，それぞれ以下に示す点以上であること．

・公衆衛生概論　１点　　・水道行政　２点
・給水装置工事法　４点　　・給水装置の構造及び性能　４点
・給水装置計画論　２点　　・給水装置工事事務論　２点
・給水装置の概要　５点　　・給水装置施工管理法　２点

■試験に関する問い合わせ先
公益財団法人 給水工事技術振興財団
〒163 - 0712 東京都新宿区西新宿２丁目７番１号 小田急第一生命ビル 12 階
TEL 03-6911-2711　FAX 03-6911-2716（国家試験部 / 教務部 / 技術開発部）
https://www.kyuukou.or.jp/

既往問題
給水装置工事主任技術者試験

第 26 回（令和 4 年度）

給水装置工事主任技術者試験 問題

有効受験者数12,058名／合格者数3,742名／合格率31.0%

午前(10：00～12：30) **[学科試験１]**

- 公衆衛生概論(3 問)
- 水道行政(6 問)
- 給水装置工事法(10問)
- 給水装置の構造及び性能(10問)
- 給水装置計画論(6 問)
- 給水装置工事事務論(5 問)

◇公衆衛生概論

問題 1 水道法において定義されている水道事業等に関する次の記述のうち，<u>不適当なものはどれか</u>．

(1)水道事業とは，一般の需要に応じて，水道により水を供給する事業をいう．ただし，給水人口が 100 人以下である水道によるものを除く．

(2)簡易水道事業とは，水道事業のうち，給水人口が 5 000 人以下の事業をいう．

(3)水道用水供給事業とは，水道により，水道事業者に対してその用水を供給する事業をいう．

(4)簡易専用水道とは，水道事業の用に供する水道及び専用水道以外の水道であって，水道事業から受ける水のみを水源とするもので，水道事業からの水を受けるために設けられる水槽の有効容量の合計が $100m^3$ 以下のものを除く．

問題 2 水道水の水質基準に関する次の記述のうち，<u>不適当なものはどれか</u>．

(1)味や臭気は，水質基準項目に含まれている．

(2)一般細菌の基準値は，「検出されないこと」とされている．

(3)総トリハロメタンとともに，トリハロメタン類のうち4物質について各々基準値が定められている.

(4)水質基準は，最新の科学的知見に照らして改正される.

問題3 塩素消毒及び残留塩素に関する次の記述のうち，不適当なものはどれか.

(1)残留塩素には遊離残留塩素と結合残留塩素がある．消毒効果は結合残留塩素の方が強く，残留効果は遊離残留塩素の方が持続する.

(2)遊離残留塩素には，次亜塩素酸と次亜塩素酸イオンがある.

(3)水道水質基準に適合した水道水では，遊離残留塩素のうち，次亜塩素酸の存在比が高いほど，消毒効果が高い.

(4)一般に水道で使用されている塩素系消毒剤としては，次亜塩素酸ナトリウム，液化塩素(液体塩素)，次亜塩素酸カルシウム(高度さらし粉を含む）がある.

◇水道行政

問題4 水道事業者等の水質管理に関する次の記述のうち，不適当なものはどれか.

(1)水道により供給される水が水質基準に適合しないおそれがある場合は臨時の検査を行う.

(2)水質検査に供する水の採取の場所は，給水栓を原則とし，水道施設の構造等を考慮して，当該水道により供給される水が水質基準に適合するかどうかを判断することができる場所を選定する.

(3)水道法施行規則に規定する衛生上必要な措置として，取水場，貯水池，導水渠，浄水場，配水池及びポンプ井は，常に清潔にし，水の汚染防止を充分にする.

(4)水質検査を行ったときは，これに関する記録を作成し，水質検査を行った日から起算して1年間，これを保存しなければならない.

問題 5 簡易専用水道の管理基準に関する次の記述のうち，<u>不適当なものはどれか</u>.

(1)有害物や汚水等によって水が汚染されるのを防止するため，水槽の点検等の必要な措置を講じる.

(2)設置者は，毎年1回以上定期に，その水道の管理について，地方公共団体の機関又は厚生労働大臣の登録を受けた者の検査を受けなければならない.

(3)供給する水が人の健康を害するおそれがあることを知ったときは，直ちに給水を停止し，かつ，その水を使用することが危険である旨を関係者に周知させる措置を講じる.

(4)給水栓により供給する水に異常を認めたときは，水道水質基準の全項目について水質検査を行わなければならない.

問題 6 指定給水装置工事事業者の5年ごとの更新時に，水道事業者が確認することが望ましい事項に関する次の記述の正誤の組み合わせのうち，<u>適当なものはどれか</u>.

ア　指定給水装置工事事業者の受注実績

イ　給水装置工事主任技術者等の研修会の受講状況

ウ　適切に作業を行うことができる技能を有する者の従事状況

エ　指定給水装置工事事業者の講習会の受講実績

	ア	イ	ウ	エ
(1)	正	正	正	正
(2)	正	誤	正	正
(3)	誤	誤	正	誤
(4)	誤	正	誤	誤
(5)	誤	正	正	正

問題 7 水道法に関する次の記述の正誤の組み合わせのうち，<u>適当なものはどれか</u>.

ア　国，都道府県及び市町村は水道の基盤の強化に関する施策を策定し，推進又は実施するよう努めなければならない.

イ　国は広域連携の推進を含む水道の基盤を強化するための基本方針を定め，都道府県は基本方針に基づき，水道基盤強化計画を定めなければならない.

ウ　水道事業者等は，水道施設を適切に管理するための水道施設台帳を作成し，保管しなければならない.

エ　指定給水装置工事事業者の5年ごとの更新制度が導入されたことに伴って，給水装置工事主任技術者も5年ごとに更新を受けなければならない.

	ア	イ	ウ	エ
(1)	正	誤	誤	正
(2)	正	正	誤	誤
(3)	誤	誤	正	正
(4)	正	誤	正	誤
(5)	誤	正	誤	正

問題8　**水道法第14条の供給規程が満たすべき要件に関する次の記述のうち，不適当なものはどれか.**

(1)水道事業者及び指定給水装置工事事業者の責任に関する事項並びに給水装置工事の費用の負担区分及びその額の算出方法が，適正かつ明確に定められていること.

(2)料金が，能率的な経営の下における適正な原価に照らし，健全な経営を確保することができる公正妥当なものであること.

(3)特定の者に対して不当な差別的取扱いをするものでないこと.

(4)貯水槽水道が設置される場合においては，貯水槽水道に関し，水道事業者及び当該貯水槽水道の設置者の責任に関する事項が，適正かつ明確に定められていること.

問題9　**水道施設運営権に関する次の記述のうち，不適当なものはどれか.**

(1)地方公共団体である水道事業者は，民間資金等の活用による公共施設等の整備等の促進に関する法律(以下本問においては「民間資金法」という.)の規定により，水道施設運営等事業に係る公共施設等運営権を設定しようとするときは，あらかじめ，都道府県知事の許可を受けなければならない．

(2)水道施設運営等事業は，地方公共団体である水道事業者が民間資金法の規定により水道施設運営権を設定した場合に限り，実施することができる．

(3)水道施設運営権を有する者が，水道施設運営等事業を実施する場合には，水道事業経営の認可を受けることを要しない．

(4)水道施設運営権を有する者は，水道施設運営等事業について技術上の業務を担当させるため，水道施設運営等事業技術管理者を置かなければならない．

◇給水装置工事法

問題 10　水道法施行規則第 36 条の指定給水装置工事事業者の事業の運営に関する次の記述の[　　　]内に入る語句の組み合わせのうち，適当なものはどれか．

水道法施行規則第 36 条第 1 項第 2 号に規定する「適切に作業を行うことができる技能を有する者」とは，配水管への分水栓の取付け，配水管の穿孔，給水管の接合等の配水管から給水管を分岐する工事に係る作業及び当該分岐部から[　ア　]までの配管工事に係る作業について，配水管その他の地下埋設物に変形，破損その他の異常を生じさせることがないよう，適切な[　イ　]，[　ウ　]，地下埋設物の[　エ　]の方法を選択し，正確な作業を実施することができる者をいう．

	ア	イ	ウ	エ
(1)	水道メーター	給水用具	工程	移設
(2)	宅 地 内	給水用具	工程	防護
(3)	水道メーター	資機材	工法	防護
(4)	止 水 栓	資機材	工法	移設
(5)	宅 地 内	給水用具	工法	移設

問題 11 給水管の取出しに関する次の記述の正誤の組み合わせのうち，適当なものはどれか．

ア　配水管を断水してT字管，チーズ等により給水管を取り出す場合は，断水に伴う需要者への広報等に時間を要するので，充分に余裕を持って水道事業者と協議し，断水作業，通水作業等の作業時間，雨天時の対応等を確認する．

イ　ダクタイル鋳鉄管の分岐穿孔に使用するサドル付分水栓用ドリルは，エポキシ樹脂粉体塗装の場合とモルタルライニング管の場合とでは，形状が異なる．

ウ　ダクタイル鋳鉄管のサドル付分水栓等による穿孔箇所には，穿孔部のさびこぶ発生防止のため，水道事業者が指定する防食コアを装着する．

エ　不断水分岐作業の場合には，分岐作業終了後に充分に排水すれば，水質確認を行わなくてもよい．

	ア	イ	ウ	エ
(1)	正	正	正	誤
(2)	誤	誤	正	誤
(3)	誤	正	誤	正
(4)	正	正	誤	正
(5)	正	正	誤	誤

問題 12 配水管からの分岐穿孔に関する次の記述のうち，不適当なものはどれか．

(1) 割T字管は，配水管の管軸頂部にその中心線がくるように取り付け，給水管の取出し方向及び割T字管が管軸方向から見て傾きがないか確認する．

(2) ダクタイル鋳鉄管からの分岐穿孔の場合，割T字管の取り付け後，分岐部に水圧試験用治具を取り付けて加圧し，水圧試験を行う．負荷水圧は，常用圧力＋0.5MPa以下とし，最大1.25MPaとする．

(3) 割T字管を用いたダクタイル鋳鉄管からの分岐穿孔の場合，穿孔はストローク管理を確実に行う．また，穿孔中はハンドルの回転が重く感じ，センタードリルの穿孔が終了するとハンドルの回転は軽くなる．

(4) 割T字管を用いたダクタイル鋳鉄管からの分岐穿孔の場合，防食コアを穿孔した孔にセットしたら，拡張ナットをラチェットスパナで締め付ける．規定量締付け後，拡張ナットを緩める．

(5) ダクタイル鋳鉄管に装着する防食コアの挿入機及び防食コアは，製造者及び機種等により取扱いが異なるので，必ず取扱説明書を読んで器具を使用する．

問題 13 **給水管の明示に関する次の記述の正誤の組み合わせのうち，適当なものはどれか．**

ア　道路管理者と水道事業者等道路地下占用者の間で協議した結果に基づき，占用物埋設工事の際に埋設物頂部と路面の間に折り込み構造の明示シートを設置している場合がある．

イ　道路部分に布設する口径 75mm 以上の給水管には，明示テープ等により管を明示しなければならない．

ウ　道路部分に給水管を埋設する際に設置する明示シートは，水道事業者の指示により，指定された仕様のものを任意の位置に設置する．

エ　明示テープの色は，水道管は青色，ガス管は緑色，下水道管は茶色とされている．

	ア	イ	ウ	エ
(1)	正	誤	正	正
(2)	誤	正	誤	正
(3)	正	正	誤	正
(4)	正	誤	正	誤
(5)	誤	正	正	誤

問題 14 **水道メーターの設置に関する次の記述のうち，不適当なものはどれか．**

(1) メーターますは，水道メーターの呼び径が 50mm以上の場合はコンクリートブロック，現場打ちコンクリート，金属製等で，上部に鉄蓋を設置した構造とするのが一般的である.

(2)水道メーターの設置は，原則として道路境界線に最も近接した宅地内で，メーターの計量及び取替え作業が容易であり，かつ，メーターの損傷，凍結等のおそれがない位置とする.

(3)水道メーターの設置に当たっては，メーターに表示されている流水方向の矢印を確認した上で水平に取り付ける.

(4)集合住宅の配管スペース内の水道メーター回りは弁栓類，継手が多く，漏水が発生しやすいため，万一漏水した場合でも，居室側に浸水しないよう，防水仕上げ，水抜き等を考慮する必要がある.

(5)集合住宅等の複数戸に直結増圧式等で給水する建物の親メーターにおいては，ウォーターハンマーを回避するため，メーターバイパスユニットを設置する方法がある.

問題 15 スプリンクラーに関する次の記述の正誤の組み合わせのうち，<u>適当なものはどれか</u>.

ア　消防法の適用を受ける水道直結式スプリンクラー設備の設置に当たり，分岐する配水管からスプリンクラーヘッドまでの水理計算及び給水管，給水用具の選定は，給水装置工事主任技術者が行う.

イ　消防法の適用を受けない住宅用スプリンクラーは，停滞水が生じないよう日常生活において常時使用する水洗便器や台所水栓等の末端給水栓までの配管途中に設置する.

ウ　消防法の適用を受ける乾式配管方式の水道直結式スプリンクラー設備は，消火時の水量をできるだけ多くするため，給水管分岐部と電動弁との間を長くすることが望ましい.

エ　平成19年の消防法改正により，一定規模以上のグループホーム等の小規模社会福祉施設にスプリンクラーの設置が義務付けられた.

	ア	イ	ウ	エ
(1)	正	誤	正	誤
(2)	誤	正	誤	正
(3)	正	正	誤	正

(4)	正	誤	誤	正
(5)	誤	正	正	誤

問題 16 **給水装置の構造及び材質の基準に関する省令に関する次の記述のうち，不適当なものはどれか．**

(1)給水装置の接合箇所は，水圧に対する充分な耐力を確保するためその構造及び材質に応じた適切な接合が行われたものでなければならない．

(2)弁類(耐寒性能基準に規定するものを除く.)は，耐久性能基準に適合したものを用いる．

(3)給水管及び給水用具は，最終の止水機構の流出側に設置される給水用具を含め，耐圧性能基準に適合したものを用いる．

(4)配管工事に当たっては，管種，使用する継手，施工環境及び施工技術等を考慮し，最も適当と考えられる接合方法及び工具を用いる．

問題 17 **給水管の配管工事に関する次の記述のうち，不適当なものはどれか．**

(1)水圧，水撃作用等により給水管が離脱するおそれのある場所には，適切な離脱防止のための措置を講じる．

(2)宅地内の主配管は，家屋の基礎の外回りに布設することを原則とし，スペースなどの問題でやむを得ず構造物の下を通過させる場合は，さや管を設置しその中に配管する．

(3)配管工事に当たっては，漏水によるサンドブラスト現象などにより他企業埋設物への損傷を防止するため，他の埋設物との離隔は原則として 30cm以上確保する．

(4)地階あるいは2階以上に配管する場合は，原則として階ごとに止水栓を設置する．

(5)給水管を施工上やむを得ず曲げ加工して配管する場合，曲げ配管が可能な材料としては，ライニング鋼管，銅管，ポリエチレン二層管がある．

問題18 給水管及び給水用具の選定に関する次の記述の[　　　]内に入る語句の組み合わせのうち，適当なものはどれか．

給水管及び給水用具は，配管場所の施工条件や設置環境，将来の維持管理等を考慮して選定する．

配水管の取付口から[　ア　]までの使用材料等については，地震対策並びに漏水時及び災害時等の[　イ　]を円滑かつ効率的に行う観点から，[　ウ　]が指定している場合が多いので確認する．

	ア	イ	ウ
（1）	水道メーター	応急給水	厚生労働省
（2）	止　水　栓	緊急工事	厚生労働省
（3）	止　水　栓	応急給水	水道事業者
（4）	水道メーター	緊急工事	水道事業者

問題19 各種の水道管の継手及び接合方法に関する次の記述のうち，不適当なものはどれか．

（1）ステンレス鋼鋼管のプレス式継手による接合は，専用締付け工具を使用するもので，短時間に接合ができ，高度な技術を必要としない方法である．

（2）ダクタイル鋳鉄管のNS形及びGX形継手は，大きな伸縮余裕，曲げ余裕をとっているため，管体に無理な力がかかることなく継手の動きで地盤の変動に適応することができる．

（3）水道給水用ポリエチレン管のEF継手による接合は，融着作業中のEF接続部に水が付着しないように，ポンプによる充分な排水を行う．

（4）硬質塩化ビニルライニング鋼管のねじ接合において，管の切断はパイプカッター，チップソーカッター，ガス切断等を使用して，管軸に対して直角に切断する．

（5）銅管の接合には継手を使用するが，25mm以下の給水管の直管部は，胴接ぎとすることができる．

◇給水装置の構造及び性能

問題 20 **給水装置に関わる規定に関する次の記述のうち，不適当なものはどれか．**

(1)給水装置が水道法に定める給水装置の構造及び材質の基準に適合しない場合，水道事業者は供給規程の定めるところにより，給水契約の申し込みの拒否又は給水停止ができる．

(2)水道事業者は，給水区域において給水装置工事を適正に施行することができる者を指定できる．

(3)水道事業者は，使用中の給水装置について，随時現場立ち入り検査を行うことができる．

(4)水道技術管理者は，給水装置工事終了後，水道技術管理者本人又はその者の監督の下，給水装置の構造及び材質の基準に適合しているか否かの検査を実施しなければならない．

問題 21 **以下の給水用具のうち，通常の使用状態において，浸出性能基準の適用対象外となるものの組み合わせとして，適当なものはどれか．**

ア　食器洗い機

イ　受水槽用ボールタップ

ウ　冷水機

エ　散水栓

(1)ア，イ

(2)ア，ウ

(3)ア，エ

(4)イ，ウ

(5)イ，エ

問題 22 **給水装置の負圧破壊性能基準に関する次の記述の正誤の組み合わせのうち，適当なものはどれか．**

ア　水受け部と吐水口が一体の構造であり，かつ水受け部の越流面と吐水口の間が分離されていることにより水の逆流を防止する構造の給水用具は，負圧破壊性能試験により流入側からマイナス20kPaの圧力を加えたとき，吐水口から水を引き込まないこととされている．

イ　バキュームブレーカとは，器具単独で販売され，水受け容器からの取付け高さが施工時に変更可能なものをいう．

ウ　バキュームブレーカは，負圧破壊性能試験により流入側からマイナス20kPaの圧力を加えたとき，バキュームブレーカに接続した透明管内の水位の上昇が75mmを超えないこととされている．

エ　負圧破壊装置を内部に備えた給水用具とは，製品の仕様として負圧破壊装置の位置が施工時に変更可能なものをいう．

	ア	イ	ウ	エ
(1)	誤	正	誤	正
(2)	誤	正	誤	誤
(3)	誤	誤	誤	正
(4)	正	誤	正	誤
(5)	正	誤	正	正

問題23　**給水装置の耐久性能基準に関する次の記述の正誤の組み合わせのうち，<u>適当なものはどれか</u>．**

ア　耐久性能基準は，頻繁に作動を繰り返すうちに弁類が故障し，その結果，給水装置の耐圧性，逆流防止等に支障が生じることを防止するためのものである．

イ　耐久性能基準は，制御弁類のうち機械的・自動的に頻繁に作動し，かつ通常消費者が自らの意思で選択し，又は設置・交換しないような弁類に適用される．

ウ　耐久性能試験において，弁類の開閉回数は10万回とされている．

エ　耐久性能基準の適用対象は，弁類単体として製造・販売され，施工時に取り付けられるものに限られている．

	ア	イ	ウ	エ
(1)	正	正	正	誤
(2)	正	誤	正	正

(3)	誤	正	正	正
(4)	正	正	誤	正
(5)	正	正	正	正

問題 24 水道水の汚染防止に関する次の記述のうち，不適当なものはどれか．

(1)末端部が行き止まりとなる給水装置は，停滞水が生じ，水質が悪化するおそれがあるため極力避ける．やむを得ず行き止まり管となる場合は，末端部に排水機構を設置する．

(2)合成樹脂管をガソリンスタンド，自動車整備工場等に埋設配管する場合は，油分などの浸透を防止するため，さや管などにより適切な防護措置を施す．

(3)一時的，季節的に使用されない給水装置には，給水管内に長期間水の停滞を生じることがあるため，適量の水を適時飲用以外で使用することにより，その水の衛生性を確保する．

(4)給水管路に近接してシアン，六価クロム等の有毒薬品置場，有害物の取扱場，汚水槽等の汚染源がある場合は，給水管をさや管などにより適切に保護する．

(5)洗浄弁，洗浄装置付便座，ロータンク用ボールタップは，浸出性能基準の適用対象外の給水用具である．

問題 25 水撃作用の防止に関する次の記述の正誤の組み合わせのうち，適当なものはどれか．

ア　水撃作用が発生するおそれのある箇所には，その直後に水撃防止器具を設置する．

イ　水栓，電磁弁，元止め式瞬間湯沸器は作動状況によっては，水撃作用が生じるおそれがある．

ウ　空気が抜けにくい鳥居配管がある管路は水撃作用が発生するおそれがある．

エ　給水管の水圧が高い場合は，減圧弁，定流量弁等を設置し，給水圧又は流速を下げる．

	ア	イ	ウ	エ
(1)	誤	正	正	正
(2)	正	誤	正	誤
(3)	正	正	誤	正
(4)	誤	正	正	誤
(5)	誤	正	誤	正

問題 26 クロスコネクションに関する次の記述の正誤の組み合わせのうち，適当なものはどれか.

ア　給水管と井戸水配管を直接連結する場合，両管の間に逆止弁を設置し，逆流防止の措置を講じる必要がある.

イ　給水装置と受水槽以下の配管との接続はクロスコネクションではない.

ウ　クロスコネクションは，水圧状況によって給水装置内に工業用水，排水，ガス等が逆流するとともに，配水管を経由して他の需要者にまでその汚染が拡大する非常に危険な配管である.

エ　一時的な仮設であっても，給水装置とそれ以外の水管を直接連結してはならない.

	ア	イ	ウ	エ
(1)	誤	誤	正	正
(2)	誤	正	正	正
(3)	正	誤	正	誤
(4)	誤	誤	正	誤
(5)	正	誤	誤	誤

問題 27 呼び径 20mm の給水管から水受け容器に給水する場合，逆流防止のために確保しなければならない吐水口空間について，下図に示す水平距離(A，B)と垂直距離(C，D)の組み合わせのうち，適当なものはどれか.

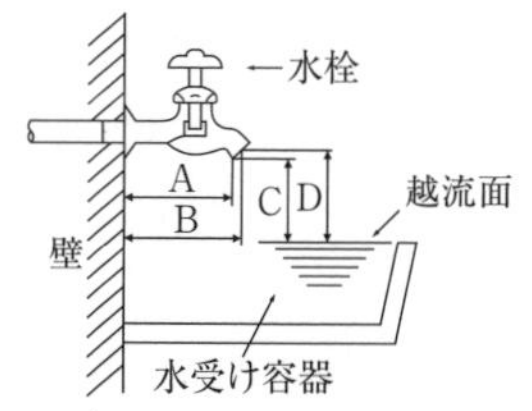

(1) A，C
(2) A，D
(3) B，C
(4) B，D

問題 28 給水装置の寒冷地対策に用いる水抜き用給水用具の設置に関する次の記述のうち，不適当なものはどれか．

(1) 水道メーター下流側で屋内立上り管の間に設置する．
(2) 排水口は，凍結深度より深くする．
(3) 水抜き用の給水用具以降の配管は，できるだけ鳥居配管やU字形の配管を避ける．
(4) 排水口は，管内水の排水を容易にするため，直接汚水ます等に接続する．
(5) 水抜き用の給水用具以降の配管が長い場合には，取り外し可能なユニオン，フランジ等を適切な箇所に設置する．

問題 29 給水装置の逆流防止のために圧力式バキュームブレーカを図のように設置する場合，バキュームブレーカの下端から確保しなければならない区間とその距離との組み合わせのうち，適当なものはどれか．

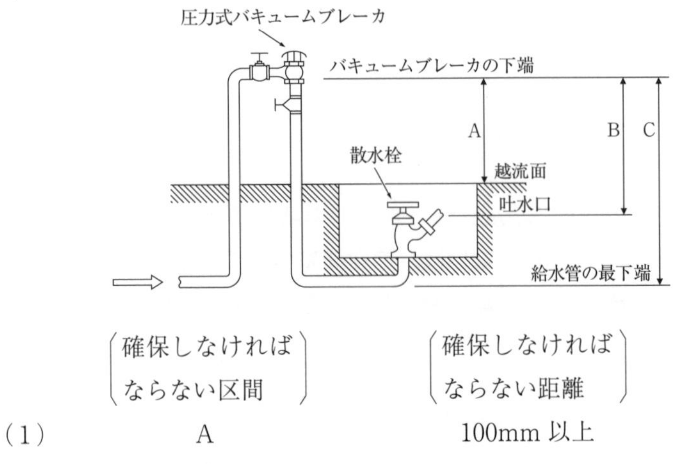

	(確保しなければならない区間)	(確保しなければならない距離)
(1)	A	100mm 以上

(2)	A	150mm 以上
(3)	B	150mm 以上
(4)	B	200mm 以上
(5)	C	200mm 以上

◇給水装置計画論

問題 30 給水方式に関する次の記述の正誤の組み合わせのうち，適当なものはどれか．

ア　受水槽式は，配水管の水圧が変動しても受水槽以下の設備は給水圧，給水量を一定の変動幅に保持できる．

イ　圧力水槽式は，小規模の中層建物に多く使用されている方式で，受水槽を設置せずに，ポンプで圧力水槽に貯え，その内部圧力によって給水する方式である．

ウ　高置水槽式は，一つの高置水槽から適切な水圧で給水できる高さの範囲は 10 階程度なので，それを超える高層建物では高置水槽や減圧弁をその高さに応じて多段に設置する必要がある．

エ　直結増圧式は，給水管の途中に直結加圧形ポンプユニットを設置し，圧力を増して直結給水する方法である．

	ア	イ	ウ	エ
(1)	正	正	誤	誤
(2)	正	誤	正	正
(3)	誤	誤	正	誤
(4)	誤	正	誤	正
(5)	正	正	正	誤

問題 31 受水槽式の給水方式に関する次の記述の正誤の組み合わせのうち，適当なものはどれか．

ア　配水管の水圧低下を引き起こすおそれのある施設等への給水は受水槽式とする．

イ　有毒薬品を使用する工場等事業活動に伴い，水を汚染するおそれのある場所，施設等への給水は受水槽式とする.

ウ　病院や行政機関の庁舎等において，災害時や配水施設の事故等による水道の断減水時にも給水の確保が必要な場合の給水は受水槽式とする.

エ　受水槽は，定期的な点検や清掃が必要である.

	ア	イ	ウ	エ
(1)	正	正	誤	正
(2)	誤	正	正	正
(3)	正	正	正	誤
(4)	正	誤	正	正
(5)	正	正	正	正

問題 32 **給水装置工事の基本調査に関する次の記述の正誤の組み合わせのうち，適当なものはどれか.**

ア　基本調査は，計画・施工の基礎となるものであり，調査の結果は計画の策定，施工，さらには給水装置の機能にも影響する重要な作業である.

イ　水道事業者への調査項目は，既設給水装置の有無，屋外配管，供給条件，配水管の布設状況などがある.

ウ　現地調査確認作業は，道路管理者への埋設物及び道路状況の調査や，所轄警察署への現場施工環境の確認が含まれる.

エ　工事申込者への調査項目は，工事場所，使用水量，既設給水装置の有無，工事に関する同意承諾の取得確認などがある.

	ア	イ	ウ	エ
(1)	正	誤	誤	正
(2)	誤	正	誤	正
(3)	正	誤	正	正
(4)	正	正	誤	正
(5)	誤	正	正	誤

問題 33 **計画使用水量に関する次の記述の正誤の組み合わせのうち，適当なものはどれか.**

ア　計画使用水量は，給水管口径等の給水装置系統の主要諸元を計画する際の基礎となるものであり，建物の用途及び水の使用用途，使用人数，給水栓の数等を考慮した上で決定する．

イ　直結増圧式給水を行うに当たっては，1日当たりの計画使用水量を適正に設定することが，適切な配管口径の決定及び直結加圧形ポンプユニットの適正容量の決定に不可欠である．

ウ　受水槽式給水における受水槽への給水量は，受水槽の容量と使用水量の時間的変化を考慮して定める．

エ　同時使用水量とは，給水装置に設置されている末端給水用具のうち，いくつかの末端給水用具を同時に使用することによってその給水装置を流れる水量をいう．

	ア	イ	ウ	エ
(1)	正	誤	正	誤
(2)	誤	正	誤	正
(3)	正	誤	誤	正
(4)	正	誤	正	正
(5)	誤	正	誤	誤

問題34　図－1に示す事務所ビル全体（6事務所）の同時使用水量を給水用具給水負荷単位により算定した場合，次のうち，適当なものはどれか．

ここで，6つの事務所には，それぞれ大便器(洗浄弁)，小便器(洗浄弁)，洗面器，事務室用流し，掃除用流しが1栓ずつ設置されているものとし，各給水用具の給水負荷単位及び同時使用水量との関係は，表－1及び図－2を用いるものとする．

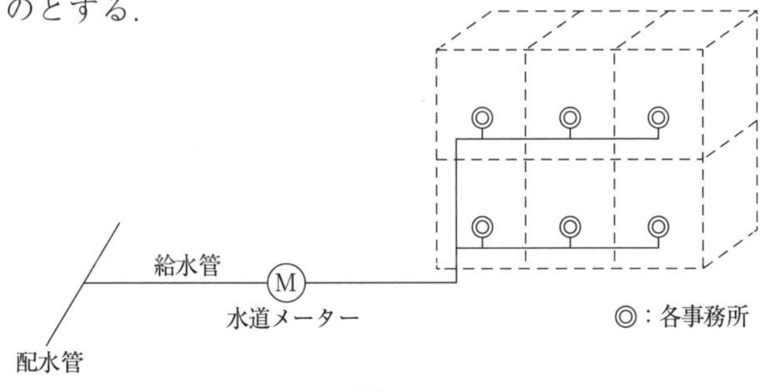

図－1

（1）　約 60 L/min
（2）　約 150 L/min
（3）　約 200 L/min
（4）　約 250 L/min
（5）　約 300 L/min

表－1　給水用具給水負荷単位

器具名	水栓	器具給水負荷単位
大便器	洗浄弁	10
小便器	洗浄弁	5
洗面器	給水栓	2
事務室用流し	給水栓	3
掃除用流し	給水栓	4

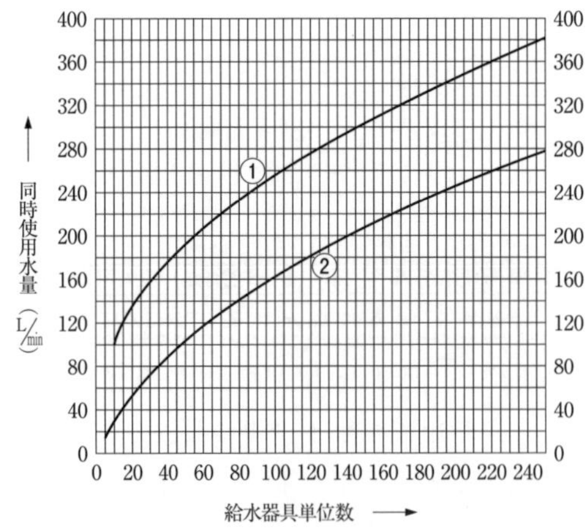

(注) この図の曲線①は大便器洗浄弁の多い場合，曲線②は大便器洗浄タンク（ロータンク便器等）の多い場合に用いる．

図－2　給水用具給水負荷単位による同時使用水量

問題 35　**図－1 に示す給水装置における直結加圧形ポンプユニットの吐水圧（圧力水頭）として，次のうち，最も近い値はどれか．**

ただし，給水管の摩擦損失水頭と逆止弁による損失水頭は考慮するが，管の曲がりによる損失水頭は考慮しないものとし，給水管の流量と動水勾配の関係は，図－2を用いるものとする．また，計算に用いる数値条件は次の通りとする．

①給水栓の使用水量　120 L/min

②給水管及び給水用具の口径　40 mm

③給水栓を使用するために必要な圧力　5 m

④逆止弁の損失水頭　10 m

（1）　30 m

（2）　32 m

（3）　34 m

（4）　36 m

（5）　40 m

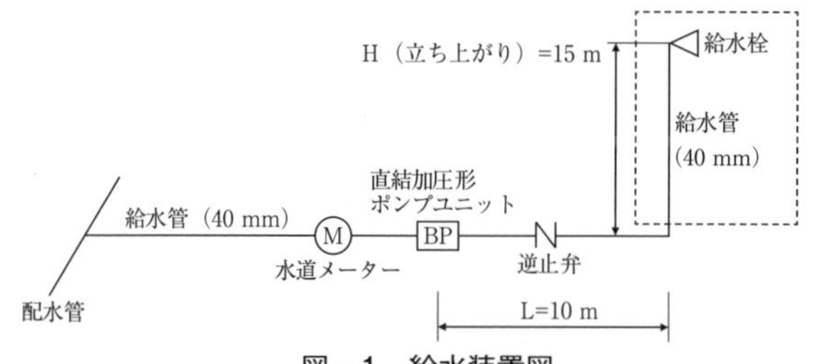

図－1　給水装置図

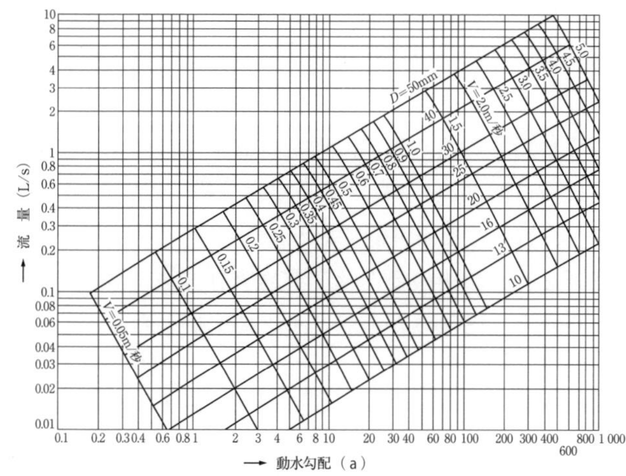

図－2　ウエストン公式による給水管の流量図

◇給水装置工事事務論

問題 36 **給水装置の構造及び材質の基準（以下本問においては「構造材質基準」という.）に関する次の記述のうち，<u>不適当なものはどれか</u>.**

（1）厚生労働省令に定められている「構造材質基準を適用するために必要な技術的細目」のうち，個々の給水管及び給水用具が満たすべき性能及びその定量的な判断基準（以下本問においては「性能基準」という.）は4項目の基準からなっている.

（2）構造材質基準適合品であることを証明する方法は，製造者等が自らの責任で証明する「自己認証」と第三者機関に依頼して証明する「第三者認証」がある.

（3）JISマークの表示は，国の登録を受けた民間の第三者機関が JIS適合試験を行い，適合した製品にマークの表示を認める制度である.

（4）厚生労働省では製品ごとの性能基準への適合性に関する情報が，全国的に利用できるよう，給水装置データベースを構築している.

問題 37 **個々の給水管及び給水用具が満たすべき性能及びその定量的な判断基準（以下本問においては「性能基準」という.）に関する次の記述のうち，<u>不適当なものはどれか</u>.**

（1）給水装置の構造及び材質の基準（以下本問においては「構造材質基準」という.）に関する省令は，性能基準及び給水装置工事が適正に施行された給水装置であるか否かの判断基準を明確化したものである.

（2）給水装置に使用する給水管で，構造材質基準に関する省令を包含する日本産業規格（JIS 規格）や日本水道協会規格（JWWA 規格）等の団体規格に適合した製品も使用可能である.

（3）第三者認証を行う機関の要件及び業務実施方法については，国際整合化等の観点から，ISO のガイドラインに準拠したものであることが望ましい.

（4）第三者認証を行う機関は，製品サンプル試験を行い，性能基準に適しているか否かを判定するとともに，基準適合製品が安定・継続して製造されているか否か等の検査を行って基準適合性を認証した上で，当該認証機関の認証マークを製品に表示することを認めている.

(5)自己認証においては，給水管，給水用具の製造業者が自ら得たデータや作成した資料等に基づいて，性能基準適合品であることを証明しなければならない.

問題 38 **給水装置工事における給水装置工事主任技術者（以下本問においては「主任技術者」という.）の職務に関する次の記述の正誤の組み合わせのうち，適当なものはどれか.**

ア　主任技術者は，公道下の配管工事について工事の時期，時間帯，工事方法等について，あらかじめ水道事業者から確認を受けることが必要である.

イ　主任技術者は，施主から工事に使用する給水管や給水用具を指定された場合，それらが給水装置の構造及び材質の基準に関する省令に適合していない場合でも，現場の状況に合ったものを使用することができる.

ウ　主任技術者は，工事に当たり施工後では確認することが難しい工事目的物の品質を，施工の過程においてチェックする品質管理を行う必要がある.

エ　主任技術者は，工事従事者の健康状態を管理し，水系感染症に注意して，どのような給水装置工事においても水道水を汚染しないよう管理する.

	ア	イ	ウ	エ
(1)	誤	正	誤	正
(2)	正	誤	誤	正
(3)	正	誤	正	正
(4)	誤	誤	正	誤

問題 39 **給水装置工事の記録，保存に関する次の記述のうち，適当なものはどれか.**

(1)給水装置工事主任技術者は，給水装置工事を施行する際に生じた技術的な問題点等について，整理して記録にとどめ，以後の工事に活用していくことが望ましい.

(2)指定給水装置工事事業者は，給水装置工事の記録として，施主の氏名又は名称，施行の場所，竣工図等の記録を作成し，5年間保存しなければならない.

(3)給水装置工事の記録作成は，指名された給水装置工事主任技術者が作成するが，いかなる場合でも他の従業員が行ってはいけない.

(4)給水装置工事の記録については，水道法施行規則に定められた様式に従い作成しなければならない.

問題 40 **建設業法に関する次の記述のうち，不適当なものはどれか.**

(1)建設業を営む場合には，建設業の許可が必要であり，許可要件として，建設業を営もうとするすべての営業所ごとに，一定の資格又は実務経験を持つ専任の技術者を置かなければならない.

(2)建設業を営もうとする者のうち，2以上の都道府県の区域内に営業所を設けて営業をしようとする者は，本店のある管轄の都道府県知事の許可を受けなければならない.

(3)建設業法第26条第 1 項に規定する主任技術者及び同条 第 2 項に規定する監理技術者は，同法に基づき，工事を適正に実施するため，工事の施工計画の作成，工程管理，品質管理，その他の技術上の管理や工事の施工に従事する者の技術上の指導監督を行う者である.

(4)工事 1 件の請負代金の額が建築一式工事にあっては 1 500 万円に満たない工事又は延べ面積が 150m^2 に満たない木造住宅工事，建築一式工事以外の建設工事にあっては 500 万円未満の軽微な工事のみを請け負うことを営業とする者は，建設業の許可は必要がない.

午後(14：00～15：00) [学科試験 2]

- 給水装置の概要(15問)
- 給水装置施工管理法(5 問)

◇給水装置の概要

問題 41 **給水用具に関する次の記述の正誤の組み合わせのうち，適当なものはどれか.**

ア　単水栓は，給水の開始，中止及び給水装置の修理その他の目的で給水を制限又は停水するために使用する給水用具である．

イ　甲形止水栓は，流水抵抗によって，こまパッキンが摩耗して止水できなくなるおそれがある．

ウ　ボールタップは，浮玉の上下によって自動的に弁を開閉する構造になっており，水洗便器のロータンクや受水槽の水を一定量貯める給水用具である．

エ　ダイヤフラム式ボールタップは，圧力室内部の圧力変化を利用しダイヤフラムを動かすことにより吐水，止水を行うもので，給水圧力による止水位の変動が大きい．

	ア	イ	ウ	エ
(1)	誤	正	正	誤
(2)	正	誤	誤	正
(3)	正	誤	正	誤
(4)	誤	誤	正	正
(5)	誤	正	誤	正

問題 42　給水用具に関する次の記述のうち，<u>不適当なものはどれか</u>．

(1) 各種分水栓は，分岐可能な配水管や給水管から不断水で給水管を取り出すための給水用具で，分水栓の他，サドル付分水栓，割T字管がある．

(2) 仕切弁は，弁体が鉛直方向に上下し，全開・全閉する構造であり，全開時の損失水頭は小さい．

(3) 玉形弁は，止水部が吊りこま構造であり，弁部の構造から流れがS字形となるため損失水頭が小さい．

(4) 給水栓は，給水装置において給水管の末端に取り付けられ，弁の開閉により流量又は湯水の温度の調整等を行う給水用具である．

問題 43　給水用具に関する次の記述のうち，<u>不適当なものはどれか</u>．

(1) 減圧弁は，水圧が設定圧力よりも上昇すると，給水用具を保護するために弁体が自動的に開いて過剰圧力を逃し，圧力が所定の値に降下すると閉じる機能を持った給水用具である．

(2) 空気弁は，管頂部に設置し，管内に停滞した空気を自動的に排出する機能を持った給水用具である．

(3) 定流量弁は，オリフィス，ばね式等による流量調整機構によって，一次側の圧力に関わらず流量が一定になるよう調整する給水用具である．

(4) 圧力式バキュームブレーカは，給水・給湯系統のサイホン現象による逆流を防止するために，負圧部分へ自動的に空気を導入する機能を持ち，常時水圧は掛かるが逆圧の掛からない配管部分に設置する．

問題44 給水用具に関する次の記述の[　　　]内に入る語句の組み合わせのうち，<u>適当なものはどれか</u>．

①[　ア　]は，個々に独立して作動する第1逆止弁と第2逆止弁が組み込まれている．各逆止弁はテストコックによって，個々に性能チェックを行うことができる．

②[　イ　]は，一次側の流水圧で逆止弁体を押し上げて通水し，停水又は逆圧時は逆止弁体が自重と逆圧で弁座を閉じる構造の逆止弁である．

③[　ウ　]は，独立して作動する第1逆止弁と第2逆止弁との間に一次側との差圧で作動する逃し弁を備えた中間室からなり，逆止弁が正常に作動しない場合，逃し弁が開いて排水し，空気層を形成することによって逆流を防止する構造の逆流防止器である．

④[　エ　]は，弁体がヒンジピンを支点として自重で弁座面に圧着し，通水時に弁体が押し開かれ，逆圧によって自動的に閉止する構造の逆止弁である．

	ア	イ	ウ	エ
(1)	複式逆止弁	リフト式逆止弁	中間室大気開放型逆流防止器	スイング式逆止弁
(2)	二重式逆流防止器	自重式逆止弁	減圧式逆流防止器	スイング式逆止弁
(3)	複式逆止弁	自重式逆止弁	減圧式逆流防止器	単式逆止弁

(4)	二重式逆流防止器	リフト式逆止弁	中間室大気開放型逆流防止器	単式逆止弁
(5)	二重式逆流防止器	自重式逆止弁	中間室大気開放型逆流防止器	単式逆止弁

問題 45 給水用具に関する次の記述のうち，<u>不適当なものはどれか</u>.

(1)逆止弁付メーターパッキンは，配管接合部をシールするメーター用パッキンにスプリング式の逆流防止弁を兼ね備えた構造である．逆流防止機能が必要な既設配管の内部に新たに設置することができる．

(2)小便器洗浄弁は，センサーで感知し自動的に水を吐出させる自動式とボタン等を操作し水を吐出させる手動式の2種類あり，手動式にはニードル式，ダイヤフラム式の2つのタイプの弁構造がある．

(3)湯水混合水栓は，湯水を混合して1つの水栓から吐水する水栓である．ハンドルやレバー等の操作により吐水，止水，吐水流量及び吐水温度が調整できる．

(4)水道用コンセントは，洗濯機，食器洗い機との組合せに最適な水栓で，通常の水栓のように壁から出っ張らないので邪魔にならず，使用するときだけホースをつなげばよいので空間を有効に利用することができる．

問題 46 給水管に関する次の記述のうち，<u>適当なものはどれか</u>.

(1)銅管は，耐食性に優れるため薄肉化しているので，軽量で取り扱いが容易である．また，アルカリに侵されず，スケールの発生も少ないが，遊離炭酸が多い水には適さない．

(2)耐熱性硬質塩化ビニルライニング鋼管は，鋼管の内面に耐熱性硬質ポリ塩化ビニルをライニングした管である．この管の用途は，給水・給湯等であり，連続使用許容温度は95℃以下である．

(3)ステンレス鋼鋼管は，鋼管と比べると特に耐食性に優れている．軽量化しているので取り扱いは容易であるが，薄肉であるため強度的には劣る．

（4）ダクタイル鋳鉄管は，鋳鉄組織中の黒鉛が球状のため，靱性がなく衝撃に弱い．しかし，引張り強さが大であり，耐久性もある．

問題 47 **給水管の継手に関する次の記述の［　　　］内に入る語句の組み合わせのうち，適当なものはどれか．**

①架橋ポリエチレン管の継手の種類としては，メカニカル式継手と［　ア　］継手がある．

②ダクタイル鋳鉄管の接合形式は多種類あるが，一般に給水装置では，メカニカル継手，［　イ　］継手及びフランジ継手の３種類がある．

③水道用ポリエチレン二層管の継手は，一般的に［　ウ　］継手が用いられる．

④ステンレス鋼鋼管の継手の種類としては，［　エ　］継手とプレス式継手がある．

	ア	イ	ウ	エ
（1）	EF	RR	金属	スライド式
（2）	熱融着	プッシュオン	TS	スライド式
（3）	EF	プッシュオン	金属	伸縮可とう式
（4）	熱融着	RR	TS	伸縮可とう式
（5）	EF	RR	金属	伸縮可とう式

問題 48 **軸流羽根車式水道メーターに関する次の記述の［　　　］内に入る語句の組み合わせのうち，適当なものはどれか．**

軸流羽根車式水道メーターは，管状の器内に設置された流れに平行な軸を持つ螺旋状の羽根車を回転させて，積算計量する構造のものであり，たて形とよこ形の２種類に分けられる．

たて形軸流羽根車式は，メーターケースに流入した水流が，整流器を通って，［　ア　］に設置された螺旋状羽根車に沿って流れ，羽根車を回転させる構造のものである．水の流れが水道メーター内で［　イ　］するため損失水頭が［　ウ　］．

	ア	イ	ウ
（1）	垂　直	迂　流	小さい

(2)	水　平	直　流	大きい
(3)	垂　直	迂　流	大きい
(4)	水　平	迂　流	大きい
(5)	水　平	直　流	小さい

問題49 **水道メーターに関する次の記述のうち，不適当なものはどれか．**

(1)水道の使用水量は，料金算定の基礎となるもので適正な計量が求められることから，水道メーターは計量法に定める特定計量器の検定に合格したものを設置する．

(2)水道メーターは，検定有効期間が8年間であるため，その期間内に検定に合格した水道メーターと交換しなければならない．

(3)水道メーターの技術進歩への迅速な対応及び国際整合化の推進を図るため，日本産業規格(JIS規格)が制定されている．

(4)電磁式水道メーターは，水の流れと平行に磁界をかけ，電磁誘導作用により，流れと磁界に平行な方向に誘起された起電力により流量を測定する器具である．

(5)水道メーターの呼び径決定に際しては，適正使用流量範囲，一時的使用の許容範囲等に十分留意する必要がある．

問題50 **給水用具の故障と修理に関する次の記述の正誤の組み合わせのうち，適当なものはどれか．**

ア　受水槽のボールタップの故障で水が止まらなくなったので，原因を調査した．その結果，パッキンが摩耗していたので，パッキンを取り替えた．

イ　ボールタップ付ロータンクの水が止まらなかったので，原因を調査した．その結果，フロート弁の摩耗，損傷のためすき間から水が流れ込んでいたので，分解し清掃した．

ウ　ピストン式定水位弁の水が止まらなかったので，原因を調査した．その結果，主弁座パッキンが摩耗していたので，主弁座パッキンを新品に取り替えた．

エ　水栓から不快音があったので，原因を調査した．その結果，スピンドルの孔とこま軸の外径が合わなく，がたつきがあったので，スピンドルを取り替えた．

	ア	イ	ウ	エ
(1)	正	誤	正	正
(2)	正	誤	誤	正
(3)	誤	正	誤	正
(4)	誤	正	正	誤
(5)	正	誤	正	誤

問題 51 **給水用具の故障と修理に関する次の記述の正誤の組み合わせのうち，適当なものはどれか．**

ア　大便器洗浄弁のハンドルから漏水していたので，原因を調査した．その結果，ハンドル部のパッキンが傷んでいたので，ピストンバルブを取り出し，Uパッキンを取り替えた．

イ　小便器洗浄弁の吐水量が多いので，原因を調査した．その結果，調節ねじが開け過ぎとなっていたので，調節ねじを左に回して吐水量を減らした．

ウ　ダイヤフラム式定水位弁の故障で水が出なくなったので，原因を調査した．その結果，流量調節棒が締め切った状態になっていたので，ハンドルを回して所定の位置にした．

エ　水栓から漏水していたので，原因を調査した．その結果，弁座に軽度の摩耗が見られたので，まずはパッキンを取り替えた．

	ア	イ	ウ	エ
(1)	正	誤	誤	正
(2)	誤	正	誤	正
(3)	正	正	誤	正
(4)	正	誤	正	誤
(5)	誤	誤	正	正

問題52 湯沸器に関する次の記述の正誤の組み合わせのうち，<u>適当なものはどれか</u>.

ア　地中熱利用ヒートポンプ給湯機は，年間を通して一定である地表面から約10m以深の安定した温度の熱を利用する．地中熱は日本中どこでも利用でき，しかも天候に左右されない再生可能エネルギーである．

イ　潜熱回収型給湯器は，今まで利用せずに排気していた高温(200℃)の燃焼ガスを再利用し，水を潜熱で温めた後に従来の一次熱交換器で加温して温水を作り出す．

ウ　元止め式瞬間湯沸器は，給湯配管を通して湯沸器から離れた場所で使用できるもので，2カ所以上に給湯する場合に広く利用される．

エ　太陽熱利用貯湯湯沸器の二回路型は，給水管に直結した貯湯タンク内で太陽集熱器から送られる熱源を利用し，水を加熱する．

	ア	イ	ウ	エ
(1)	正	正	誤	正
(2)	正	誤	正	誤
(3)	正	誤	誤	正
(4)	誤	正	正	誤
(5)	誤	正	誤	正

問題53 浄水器に関する次の記述のうち，<u>不適当なものはどれか</u>.

(1)浄水器は，水道水中の残留塩素等の溶存物質，濁度等の減少を主目的としたものである．

(2)浄水器のろ過材には，活性炭，ろ過膜，イオン交換樹脂等が使用される．

(3)水栓一体形浄水器のうち，スパウト内部に浄水カートリッジがあるものは，常時水圧が加わらないので，給水用具に該当しない．

(4)アンダーシンク形浄水器は，水栓の流入側に取り付けられる方式と流出側に取り付けられる方式があるが，どちらも給水用具として分類される．

問題 54 直結加圧形ポンプユニットに関する次の記述のうち，不適当なものはどれか.

(1)直結加圧形ポンプユニットの構成は，ポンプ，電動機，制御盤，バイパス管，圧力発信機，流水スイッチ，圧力タンク等からなっている.

(2)吸込側の圧力が異常低下した場合は自動停止し，吸込側の圧力が復帰した場合は手動で復帰させなければならない.

(3)圧力タンクは，日本水道協会規格(JWWA B130：2005)に定める性能に支障が生じなければ，設置する必要はない.

(4)使用水量が少なく自動停止する時の吐水量は，10L/min 程度とされている.

問題 55 給水用具に関する次の記述のうち，不適当なものはどれか.

(1)自動販売機は，水道水を内部タンクで受けたあと，目的に応じてポンプにより加工機構へ供給し，コーヒー等を販売する器具である.

(2)Y 型ストレーナは，流体中の異物などをろ過するスクリーンを内蔵し，ストレーナ本体が配管に接続されたままの状態でも清掃できる.

(3)水撃防止器は，封入空気等をゴム等により圧縮し，水撃を緩衝するもので，ベローズ形，エアバッグ形，ダイヤフラム式等がある.

(4)温水洗浄装置付便座は，その製品の性能等の規格を JIS に定めており，温水発生装置で得られた温水をノズルから射出する装置を有した便座である.

(5)サーモスタット式の混合水栓は，湯側・水側の2つのハンドルを操作し，吐水・止水，吐水量の調整，吐水温度の調整ができる.

◇給水装置施工管理法

問題 56 給水装置工事における施工管理に関する次の記述のうち，不適当なものはどれか.

(1)配水管からの分岐以降水道メーターまでの工事は，あらかじめ水道事業者の承認を受けた工法，工期その他の工事上の条件に適合するように施工する必要がある.

(2) 水道事業者，需要者(発注者)等が常に施工状況の確認ができるよう必要な資料，写真の取りまとめを行っておく．

(3) 道路部掘削時の埋戻しに使用する埋戻し土は，水道事業者が定める基準等を満たした材料であるか検査・確認し，水道事業者の承諾を得たものを使用する．

(4) 工事着手に先立ち，現場付近の住民に対し，工事の施工について協力が得られるよう，工事内容の具体的な説明を行う．

(5) 工事の施工に当たり，事故が発生した場合は，直ちに必要な措置を講じた上で，事故の状況及び措置内容を水道事業者及び関係官公署に報告する．

問題 57 **宅地内での給水装置工事の施工管理に関する次の記述の[　　　]内に入る語句の組み合わせのうち，適当なものはどれか．**

宅地内での給水装置工事は，一般に水道メーター以降[　ア　]までの工事である．

[　イ　]の依頼に応じて実施されるものであり，工事の内容によっては，建築業者等との調整が必要となる．宅地内での給水装置工事は，これらに留意するとともに，道路上での給水装置工事と同様に[　ウ　]の作成と，それに基づく工程管理，品質管理，安全管理等を行う．

	ア	イ	ウ
(1)	末端給水用具	施主(需要者等)	施工計画書
(2)	末端給水用具	水道事業者	工程表
(3)	末端給水用具	施主(需要者等)	工程表
(4)	建築物の外壁	水道事業者	工程表
(5)	建築物の外壁	施主(需要者等)	施工計画書

問題 58 **給水装置工事における品質管理について，穿孔後に確認する水質項目の組み合わせのうち，適当なものはどれか．**

(1)	残留塩素	TOC	色	濁り	味
(2)	におい	残留塩素	濁り	味	色

(3)	残留塩素	濁り	味	色	pH 値
(4)	におい	濁り	残留塩素	色	TOC
(5)	残留塩素	におい	濁り	pH 値	色

問題 59 **建設工事公衆災害防止対策要綱に基づく交通対策に関する次の記述の正誤の組み合わせのうち，適当なものはどれか.**

ア　施工者は，道路上に作業場を設ける場合は，原則として，交通流に対する正面から車両を出入りさせなければならない．ただし，周囲の状況等によりやむを得ない場合においては，交通流に平行する部分から車両を出入りさせることができる．

イ　施工者は，道路上において土木工事を施工する場合には，道路管理者及び所轄警察署長の指示を受け，作業場出入口等に原則，交通誘導警備員を配置し，道路標識，保安灯，セイフティコーン又は矢印板を設置する等，常に交通の流れを阻害しないよう努めなければならない．

ウ　発注者及び施工者は，土木工事のために，一般の交通を迂回させる必要がある場合においては，道路管理者及び所轄警察署長の指示するところに従い，まわり道の入口及び要所に運転者又は通行者に見やすい案内用標示板等を設置し，運転者又は通行者が容易にまわり道を通過し得るようにしなければならない．

エ　施工者は，歩行者用通路とそれに接する車両の交通の用に供する部分との境及び歩行者用通路と作業場との境は，必要に応じて移動さくを等間隔であけるように設置し，又は移動さくの間に保安灯を設置する等明確に区分する．

	ア	イ	ウ	エ
(1)	正	正	正	誤
(2)	正	誤	正	誤
(3)	誤	正	正	正
(4)	誤	正	正	誤
(5)	誤	正	誤	正

問題 60 建設工事公衆災害防止対策要綱に基づく交通対策に関する次の記述のうち，不適当なものはどれか.

(1) 施工者は工事用の諸施設を設置する必要がある場合に当たっては，周辺の地盤面から高さ 0.8m 以上 2m 以下の部分については，通行者の視界を妨げることのないよう必要な措置を講じなければならない.

(2) 施工者は，道路を掘削した箇所を埋め戻したのち，仮舗装を行う際にやむを得ない理由で段差が生じた場合は，10％以内の勾配ですりつけなければならない.

(3) 施工者は，道路上において又は道路に接して土木工事を施工する場合には，工事を予告する道路標識，標示板等を，工事箇所の前方 50m から 500m の間の路側又は中央帯のうち視認しやすい箇所に設置しなければならない.

(4) 発注者及び施工者は，やむを得ず歩行者用通路を制限する必要がある場合，歩行者が安全に通行できるよう車道とは別に，幅 0.9m 以上(高齢者や車椅子使用者等の通行が想定されない場合は幅 0.75m 以上)，有効高さは 2.1m 以上の歩行者用通路を確保しなければならない.

(5) 発注者及び施工者は，車道を制限する場合において，道路管理者及び所轄警察署長から特に指示のない場合は，制限した後の道路の車線が 1 車線となる場合にあっては，その車道幅員は 3m 以上とし，2 車線となる場合にあっては，その車道幅員は 5.5m 以上とする.

令和 4 年度
解答と解説

午前［学科試験 1］

◆公衆衛生概論

【問題 1】水道法において定義されている水道事業等に関する問題である.

（1）（適当）

（2）（適当）

（3）（適当）

（4）（不適当）簡易専用水道は，水道事業からの水を受けるために設けられる水槽の有効容量の合計が 10m^3 以下のものは除かれる．設問の 100m^3 以下は誤り.

答（4）

【問題 2】水道水の水質基準に関する問題である.

（1）（適当）

（2）（不適当）一般細菌の基準値は，1mL の検水で形成される集落数が 100 以下である．設問の「検出されないこと」は誤り.

（3）（適当）

（4）（適当）

答（2）

【問題 3】塩素消毒および残留塩素に関する問題である.

（1）（不適当）残留塩素の消毒効果は遊離残留塩素のほうが強く，残留効果は結合残留塩素のほうが持続する.

（2）（適当）

（3）（適当）

（4）（適当）

答（1）

◆水道行政

【問題 4】水道事業者等の水質管理に関する問題である.

（1）（適当）

（2）（適当）

（3） （適当）

（4） （不適当）水質検査の記録は，水質検査を行った日から起算して 5 年間保存する．設問の 1 年間は誤り．

答（4）

【問題 5】簡易専用水道の管理基準に関する問題である．

（1） （適当）

（2） （適当）

（3） （適当）

（4） （不適当）異常を認めたときは，水道法施行規則第 55 条（管理基準）第 3 号の規定により，水質基準に関する省令の表の上欄に掲げる事項のうち，必要なものについて検査する．設問の水道水質基準の全項目は誤り．

答（4）

【問題 6】指定給水装置工事事業者の更新時に，水道事業者が確認することが望ましい事項に関する問題である．

ア （誤）受注実績は，確認事項には含まれていない．

イ （正）

ウ （正）

エ （正）

答（5）

【問題 7】水道法に関する問題である．

ア （正）

イ （誤）都道府県は，基本方針に基づき，関係市町村および水道事業者等の同意を得て，水道基盤強化計画を定めることとなっている．

ウ （正）

エ （誤）指定給水装置工事事業者の更新は導入されたが，給水装置工事主任技術者の 5 年ごとの更新は導入されていない．

答（4）

【問題 8】水道法第 14 条の供給規程が満たすべき要件に関する問題である．

（1） （不適当）水道事業者および水道の需要者の責任に関する事項である（第 2 項第 3 号）．設問の指定給水装置工事事業者の責任に関する事項は誤り．

（2）（適当）
（3）（適当）
（4）（適当）

答（1）

【問題 9】水道施設運営権に関する問題である.

（1）（不適当）水道施設運営権の設定の許可は，水道法第 24 条の 4 第 1 項によれば，水道施設運営等事業に係る公共施設等運営権を設定しようとするときは，あらかじめ厚生労働大臣の許可を受けなければならない．設問の都道府県知事の許可は誤り.
（2）（適当）
（3）（適当）
（4）（適当）

答（1）

◆給水装置工事法

【問題10】水道法施行規則第36 条の指定給水装置工事事業者の事業の運営に関する問題である.

水道法施行規則第 36 条第 1 項第 2 号に規定する「適切に作業を行うことができる技能を有する者」とは，配水管への分水栓の取付け，配水管の穿孔，給水管の接合等の配水管から給水管を分岐する工事に係る作業及び当該分岐部から(ア)水道メーターまでの配管工事に係る作業について，配水管その他の地下埋設物に変形，破損その他の異常を生じさせることがないよう，適切な(イ)資機材，(ウ)工法，地下埋設物の(エ)防護の方法を選択し，正確な作業を実施することができる者をいう.

答（3）

【問題11】給水管の取出しに関する問題である.

ア（正）
イ（正）
ウ（正）
エ（誤）分岐作業終了後，水質確認(残留塩素の測定および色，におい，濁り，味の確認)を行う.

答（1）

【問題12】配水管からの分岐穿孔に関する問題である.

（1） (不適当)割T字管は,配水管の管軸水平部にその中心線が来るように取り付ける.設問はサドル付き分水栓の取付け方法である.

（2） (適当)

（3） (適当)

（4） (適当)

（5） (適当)

答(1)

【問題13】給水管の明示に関する問題である.

ア (正)

イ (正)

ウ (誤)明示シートは, 水道事業者の指示により, 指定された仕様のものを指定された位置に設置しなければならない. 設問の任意の位置には誤り.

エ (正)

答(3)

【問題14】水道メーターの設置に関する問題である.

（1） (適当)

（2） (適当)

（3） (適当)

（4） (適当)

（5） (不適当)集合住宅等の複数戸に直結増圧式等で給水する建物の親メーターにおいては, 水道メーターを取り替える際の断水を回避するため, メーターバイパスユニットを設置する. 設問のウォーターハンマーを回避するためは誤り.

答(5)

【問題15】スプリンクラーに関する問題である.

ア (誤)水理計算および給水管, 給水用具の選定は, 消防設備士が行う. 設問の給水装置工事主任技術者が行うは誤り.

イ (正)

ウ (誤) 給水管分岐部と電動弁との間は, 停滞水をできるだけ少なくするため, 短くする.

エ　(正)

答(2)

【問題16】給水装置の構造および材質の基準に関する省令に関する問題である.

(1)　(適当)

(2)　(適当)

(3)　(不適当)給水管および給水用具には，最終の止水機構の流出側に設置される給水用具は含まれない.

(4)　(適当)

答(3)

【問題17】給水管の配管工事に関する問題である.

(1)　(適当)

(2)　(適当)

(3)　(適当)

(4)　(適当)

(5)　(不適当)給水管を施工上やむを得ず曲げ加工して配管する場合の材料に，ライニング鋼管は含まれない.

答(5)

【問題18】給水管および給水用具の選定に関する問題である.

給水管及び給水用具は，配管場所の施工条件や設置環境，将来の維持管理等を考慮して選定する.

配水管の取付口から(ア)水道メーターまでの使用材料等については，地震対策並びに漏水時及び災害時等の(イ)緊急工事を円滑かつ効率的に行う観点から，(ウ)水道事業者が指定している場合が多いので確認する.

答(4)

【問題19】各種の水道管の継手および接合方法に関する問題である.

(1)　(適当)

(2)　(適当)

(3)　(適当)

(4)　(不適当)管の切断は，自動金のこ盤，ねじ切り機に搭載された自動丸のこ機などを使用する．設問のパイプカッターやチップソーカッター，ガス切断などは，管に影響を与えるため使用してはならない.

（5）（適当）

答（4）

◆給水装置の構造及び性能

【問題20】給水装置に関わる規定に関する問題である．

（1）（適当）

（2）（適当）

（3）（不適当）使用中の給水装置について，日出後日没前に限り，立入検査を行うことができる（水道法第17条第1項（給水装置の検査））．設問の随時の現場立入検査ができるは誤り．

（4）（適当）

答（3）

【問題21】給水用具のうち，通常の使用状態において，浸出性能基準の対象外となるものの組み合わせに関する問題である．

ア　食器洗い機（対象外）

イ　受水槽用ボールタップ（対象）

ウ　冷水機（対象）

エ　散水栓（対象外）

答（3）

【問題22】給水装置の負圧破壊性能基準に関する問題である．

ア　（誤）負圧破壊性能試験により流入側からマイナス54kPaの圧力を加える．

イ　（正）

ウ　（誤）バキュームブレーカは，負圧破壊性能試験により流入側からマイナス54kPaの圧力を加える．

エ　（誤）負圧破壊装置を内部に備えた給水用具とは，製品の仕様として負圧破壊装置の位置が一定に固定されているものをいう．設問の施工時に変更可能なものは誤り．

答（2）

【問題23】給水装置の耐久性能基準に関する問題である．

ア　（正）

イ　（正）

ウ　(正)

エ　(正)

答(5)

【問題24】水道水の汚染防止に関する問題である.

(1)　(適当)

(2)　(適当)

(3)　(適当)

(4)　(不適当)給水管路に近接してシアン，六価クロムなどの有毒薬品置場，有害物質の取扱場，汚水槽などの汚染源がある場合は，給水管等が破損した際に有毒物や汚物が水道水に混入するおそれがあるので，その影響のないところまで離して配管する.

(5)　(適当)

答(4)

【問題25】水撃作用の防止に関する問題である.

ア　(誤)水撃作用が発生するおそれのある箇所には，給水用具の上流側に近接して，水撃防止器具を設置する.

イ　(正)

ウ　(正)

エ　(正)

答(1)

【問題26】クロスコネクションに関する問題である.

ア　(誤)給水管と井戸水配管は直接連結してはならない.

イ　(誤)給水装置と受水槽以下の配管との接続はクロスコネクションとなる.

ウ　(正)

エ　(正)

答(1)

【問題27】吐水口空間に関する問題である.

呼び径 20mm の吐水口空間は，吐水口の最下端から越流面までの垂直距離(C)と，給水壁から吐水口の中心までの水平距離(B)が適当である.

答(3)

【問題28】給水装置の寒冷地対策に用いる水抜き用給水用具の設置に関する問題である.

（1）（適当）

（2）（適当）

（3）（適当）

（4）（不適当）排水口付近は，管内水の排水を容易にするため，水抜き用浸透ますを設置するか，切込砂利などで埋め戻す.

（5）（適当）

答（4）

【問題29】バキュームブレーカの下端から確保しなければならない区間と距離に関する問題である.

負圧破壊性能を有するバキュームブレーカの下端または逆流機能が働く位置（取付基準線）と水受け容器の越流面との確保区間（A）は 150mm 以上とする.

答（2）

◆給水装置計画論

【問題30】給水方式に関する問題である.

ア（正）

イ（誤）圧力水槽式は，小規模の中層建物に多く使用されている方式で，受水槽を設置して，ポンプで圧力水槽に貯える方式である.

ウ（正）

エ（正）

答（2）

【問題31】受水槽式の給水方式に関する問題である.

ア（正）

イ（正）

ウ（正）

エ（正）

答（5）

【問題32】給水装置工事の基本調査に関する問題である.

ア（正）

イ（正）

ウ (誤)現地調査確認作業において，埋設物の確認は埋設物管理者が行う．

エ (正)

答(4)

【問題33】計画使用水量に関する問題である．

ア (正)

イ (誤)直結増圧式給水を行うに当たっては，同時使用水量を適正に設定することが必要である．設問の1日当たりの計画使用水量は誤り．

ウ (正)

エ (正)

答(4)

【問題34】事務所ビル全体の同時使用水量を給水用具給水負荷単位により算定する問題である．

まず，表－1の給水用具給水負荷単位に六つの事務所ビルの給水用具数を乗じたものを累計する．

全給水器具単位数＝(10＋5＋2＋3＋4)×6 ＝24×6 ＝144

次に，図－2で，横軸の144の単位数の位置から垂線を上に延ばし，①大便器洗浄弁が多い場合の曲線との交点から同時使用水量を求めると，約300L/minが読み取れる．

答(5)

【問題35】直結加圧形ポンプユニットの吐水圧(圧力水頭)を求める問題である．

直結加圧形ポンプユニットから給水栓までの管の延長は，

10＋15＝25〔m〕

図－2より，縦軸の流量120〔L/分〕＝2.0〔L/秒〕の水平線と給水管の口径D＝40mmの斜め線との交点から垂線を下すと，動水勾配は約85〔‰〕と読み取れる．

管の延長に対する損失水頭＝動水勾配×管延長÷1 000

であるから，

85×25÷1 000＝2.1〔m〕

全体の吐水圧＝管の立ち上がり高さ＋逆止弁の損失水頭＋給水栓の必要圧力＋管の摩擦損失水頭であり，設問の数値条件から，

15＋10＋5＋2.1＝32.1〔m〕

となり，32m が最も近い値となる．

答（2）

◆給水装置工事事務論

【問題36】給水装置の構造及び材質の基準に関する問題である．

（1）（不適当）個々の給水管および給水用具が満たすべき性能およびその定量的な判断基準は，7 項目からなる．

（2）（適当）

（3）（適当）

（4）（適当）

答（1）

【問題37】個々の給水管及び給水用具が満たすべき性能及びその定量的な判断基準に関する問題である．

（1）（適当）

（2）（適当）

（3）（適当）

（4）（適当）

（5）（不適当）自己認証においては，給水管，給水用具の製造業者が自ら得たデータや作成した資料などに基づいて証明するか，または，第三者の製品検査機関に依頼して性能基準適合品であることを証明する．

答（5）

【問題38】給水装置工事における給水装置工事主任技術者の職務に関する問題である．

ア（正）

イ（誤）施主から工事に使用する給水管や給水用具が指定された場合，それらが基準省令に適合しないものであれば，使用できない理由を明確にして施主（需要者）に説明する．設問の基準省令に適合していない場合でも使用することができるは誤り．

ウ（正）

エ（正）

答（3）

【問題39】給水装置工事の記録，保存に関する問題である．

（1）（適当）

（2）（不適当）作成した給水装置工事に関連する記録は，3 年間保存しなければならない．

（3）（不適当）給水装置工事の記録作成は，給水装置工事主任技術者が自ら行うほか，給水装置工事主任技術者の指導・監督のもとで他の従業員が行ってもよい．

（4）（不適当）給水装置工事の記録の様式は，水道法施行規則には定められていない．

答（1）

【問題40】建設業法に関する問題である．

（1）（適当）

（2）（不適当）2 以上の都道府県の区域内に営業所を設けて営業しようとする者は，国土交通大臣の許可が必要である（法第 3 条第 1 項）．設問の本店のある管轄の都道府県知事の許可は誤り．

（3）（適当）

（4）（適当）

答（2）

午後［学科試験 2］

◆給水装置の概要

【問題41】給水用具に関する問題である．

ア（誤）設問は止水栓の説明である．

イ（正）

ウ（正）

エ（誤）ダイヤフラム式ボールタップは，圧力室内部の圧力変化を利用しダイヤフラムを動かすことによって吐水・止水を行うもので，給水圧力による止水位の変動が小さい．設問の止水位の変動が大きいは誤り．

答（1）

【問題42】給水用具に関する問題である．

（1）（適当）

（2）（適当）

（3）（不適当）玉形弁は，止水部が吊りこま構造であり，弁部構造から流れがＳ字形となるため損失水頭が大きい．設問の損失水頭が小さいは誤り．

（4）（適当）

答（3）

【問題43】給水用具に関する問題である．

（1）（不適当）設問は安全弁の説明である．

（2）（適当）

（3）（適当）

（4）（適当）

答（1）

【問題44】給水用具に関する問題である．

①(ア)二重式逆流防止器は，個々に独立して作動する第１逆止弁と第２逆止弁が組み込まれている．各逆止弁はテストコックによって，個々に性能チェックを行うことができる．

②(イ)自重式逆止弁は，一次側の流水圧で逆止弁体を押し上げて通水し，停水または逆圧時は逆止弁体が自重と逆圧で弁座を閉じる構造の逆止弁である．

③(ウ)減圧式逆流防止器は，独立して作動する第１逆止弁と第２逆止弁との間に一次側との差圧で作動する逃し弁を備えた中間室からなり，逆止弁が正常に作動しない場合，逃し弁が開いて排水し，空気層を形成することによって逆流を防止する構造の逆流防止器である．

④(エ)スイング式逆止弁は，弁体がヒンジピンを支点として自重で弁座面に圧着し，通水時に弁体が押し開かれ，逆圧によって自動的に閉止する構造の逆止弁である．

答（2）

【問題45】給水用具に関する問題である．

（1）（適当）

（2）（不適当）小便器洗浄弁は自動式と手動式の２種類があり，手動式にはピストン式，ダイヤフラム式の二つのタイプの弁構造がある．設問のニードル式は誤り．

（3）（適当）

（4）（適当）

答（2）

【問題46】給水管に関する問題である.

（1）（適当）

（2）（不適当）耐熱性硬質塩化ビニルライニング鋼管は，鋼管の内面に耐熱性硬質ポリ塩化ビニルをライニングした管である．この管の用途は給湯用であり，連続使用許容温度は90℃以下である．設問は管の用途と連続使用許容温度が誤り，

（3）（不適当）ステンレス鋼鋼管は，軽量化しているので取扱いが容易であり，薄肉であるが強度的には優れている．設問は強度の評価が誤り.

（4）（不適当）ダクタイル鋳鉄管は，鋳鉄組織中の黒鉛が球状のため，靭性があり，衝撃に強い．設問は靭性の有無と耐衝撃性の評価が誤り.

答（1）

【問題47】給水管の継手に関する問題である.

①架橋ポリエチレン管の継手の種類としては，メカニカル式継手と(ア)EF継手がある.

②ダクタイル鋳鉄管の接合形式は多種類あるが，一般に給水装置では，メカニカル継手，(イ)プッシュオン継手及びフランジ継手の3種類がある.

③水道用ポリエチレン二層管の継手は，一般的に(ウ)金属継手が用いられる.

④ステンレス鋼鋼管の継手の種類としては，(エ)伸縮可とう式継手とプレス継手がある.

答（3）

【問題48】軸流羽根車式水道メーターに関する問題である.

軸流羽根車式水道メーターは，管状の器内に設置された流れに平行な軸を持つ螺旋状の羽根車を回転させて，積算計量する構造のものであり，たて形とよこ形の2種類に分けられる.

たて形軸流羽根車式は，メーターケースに流入した水流が，整流器を通って，(ア)垂直に設置された螺旋状羽根車に沿って流れ，羽根車を回転させる構造のものである．水の流れが水道メーター内で(イ)迂流するため損失水頭が(ウ)大きい.

答（3）

【問題49】水道メーターに関する問題である.

（1）（適当）

（2）（適当）

（3）（適当）

（4）（不適当）電磁式水道メーターは，水の流れと平行に磁界をかけ，電磁誘導作用により，流れと磁界に垂直な方向に誘起された起電力によって流量を測定する器具である．設問の磁界に平行な方向は誤り.

（5）（適当）

答（4）

【問題50】給水用具の故障と修理に関する問題である.

ア（正）

イ（誤）ボールタップ付ロータンクの水が止まらなかったので，原因を調査した．その結果，フロート弁の摩耗，損傷のためすき間から水が流れ込んでいたので，新しいフロート弁に交換した．設問の分解し清掃したは誤り.

ウ（正）

エ（誤）水栓から不快音があったので，原因を調査した．その結果，スピンドルの孔とこま軸の外径が合わなく，がたつきがあったので，摩耗したこまを新品に取り替えた．設問のスピンドルを取り替えたは誤り.

答（5）

【問題51】給水用具の故障と修理に関する問題である.

ア（誤）大便器洗浄弁のハンドルから漏水していたので，原因を調査した．その結果，ハンドル部のパッキンが傷んでいたので，パッキン（または押し棒部）を取り替えた．設問のピストンバルブを取り出し，Uパッキンを取り替えたは誤り.

イ（誤）小便器洗浄弁の吐水量が多いので，原因を調査した．その結果，調節ねじが開け過ぎとなっていたので，調節ねじを右に回して吐水量を減らした．設問の調節ねじを左に回したは誤り.

ウ（正）

エ（正）

答（5）

【問題52】湯沸器に関する問題である.

ア （正）

イ （正）

ウ （誤）設問は先止め式瞬間湯沸器の説明である.

エ （正）

答（1）

【問題53】浄水器に関する問題である.

（1）（適当）

（2）（適当）

（3）（不適当）水栓一体形浄水器のうち，スパウト内部に浄水カートリッジがあるものは，常時水圧が加わらないが，給水用具に分類される.

（4）（適当）

答（3）

【問題54】直結加圧形ポンプユニットに関する問題である.

（1）（適当）

（2）（不適当）吸込側の圧力が異常低下した場合は自動停止し，吸込側の圧力が復帰した場合は自動で復帰させる．設問の手動で復帰させなければならないは誤り.

（3）（適当）

（4）（適当）

答（2）

【問題55】給水用具に関する問題である.

（1）（適当）

（2）（適当）

（3）（適当）

（4）（適当）

（5）（不適当）設問は２ハンドル式の湯水混合水栓の説明である.

答（5）

◆給水装置施工管理法

【問題56】給水装置工事における施工管理に関する問題である．

（1）（適当）

（2）（適当）

（3）（不適当）道路部掘削時の埋戻しに使用する埋戻し土は，道路管理者が定める基準などを満たした材料であるか検査・確認し，道路管理者の承諾を得たものを使用する．設問の水道事業者は誤り．

（4）（適当）

（5）（適当）

答（3）

【問題57】宅地内での給水装置工事の施工管理に関する問題である．

宅地内での給水装置工事は，一般に水道メーター以降(ア)末端給水用具までの工事である．

(イ)施主(需要者等)の依頼に応じて実施されるものであり，工事の内容によっては，建築業者等との調整が必要となる．宅地内での給水装置工事は，これらに留意するとともに，道路上での給水装置工事と同様に(ウ)施工計画書の作成と，それに基づく工程管理，品質管理，安全管理等を行う．

答（1）

【問題58】給水装置工事における品質管理について，穿孔後に確認する水質項目に関する問題である．

水道工事の穿孔後に確認する水質項目は，残留塩素，におい，濁り，色，味である．

答（2）

【問題59】建設工事公衆災害防止対策要綱に基づく交通対策に関する問題である．

ア　(誤)施工者は，道路上に作業場を設ける場合は，原則として，交通流に対する背面から車両を出入りさせなければならない(要綱 土木工事編 第22 1項)．設問の交通流に対する正面からは誤り．

イ　(正)

ウ　(正)

エ　(誤)施工者は，歩行者通路とそれに接する車両の交通の用に供する部分との境および歩行者用通路と作業場との境は，必要に応じて移動さくを間隔をあけないよう設置する(要綱　土木工事編　第 27　2 項)．設問の等間隔であけるように設置するは誤り．

答(4)

【問題60】建設工事公衆災害防止対策要綱に基づく交通対策に関する問題である．

（1）（適当）

（2）（不適当）施工者は，道路を掘削した箇所を埋め戻したのち，仮舗装を行う際にやむを得ない理由で段差が生じた場合は，5％以内の勾配ですりつけなければならない(要綱　土木工事編　第 26　1 項)．設問の 10％以内の勾配は誤り．

（3）（適当）

（4）（適当）

（5）（適当）

答(2)

第25回（令和3年度）
給水装置工事主任技術者試験 問題

有効受験者数11,829名／合格者数4,209名／合格率35.6%

午前(10：00～12：30)［学科試験１］

- 公衆衛生概論(3問)
- 水道行政(6問)
- 給水装置工事法(10問)
- 給水装置の構造及び性能(10問)
- 給水装置計画論(6問)
- 給水装置工事事務論(5問)

◇公衆衛生概論

問題1 水道施設とその機能に関する次の組み合わせのうち，不適当なものはどれか．

水道施設　　　　　　　　　　機　能

(1)浄水施設………原水を人の飲用に適する水に処理する．
(2)配水施設………一般の需要に応じ，必要な浄水を供給する．
(3)貯水施設………水道の原水を貯留する．
(4)導水施設………浄水施設を経た浄水を配水施設に導く．
(5)取水施設………水道の水源から原水を取り入れる．

問題2 水道法第4条に規定する水質基準に関する次の記述のうち，不適当なものはどれか．

(1)外観は，ほとんど無色透明であること．
(2)異常な酸性又はアルカリ性を呈しないこと．
(3)消毒による臭味がないこと．
(4)病原生物に汚染され，又は病原生物に汚染されたことを疑わせるような生物若しくは物質を含むものでないこと．

（5）銅，鉄，弗（ふっ）素，フェノールその他の物質をその許容量をこえて含まないこと．

問題3 **水道の利水障害（日常生活での水利用への差し障り）に関する次の記述のうち，<u>不適当なものはどれか</u>．**

（1）藻類が繁殖するとジェオスミンや2－メチルイソボルネオール等の有機物が産生され，これらが飲料水に混入すると着色の原因となる．

（2）飲料水の味に関する物質として，塩化物イオン，ナトリウム等があり，これらの飲料水への混入は主に水道原水や工場排水等に由来する．

（3）生活廃水や工場排水に由来する界面活性剤が飲料水に混入すると泡立ちにより，不快感をもたらすことがある．

（4）利水障害の原因となる物質のうち，亜鉛，アルミニウム，鉄，銅は水道原水に由来するが，水道に用いられた薬品や資機材に由来することもある．

◇水道行政

問題4 **水質管理に関する次の記述のうち，<u>不適当なものはどれか</u>．**

（1）水道事業者は，水質検査を行うため，必要な検査施設を設けなければならないが，厚生労働省令の定めるところにより，地方公共団体の機関又は厚生労働大臣の登録を受けた者に委託して行うときは，この限りではない．

（2）水質基準項目のうち，色及び濁り並びに消毒の残留効果については，1日1回以上検査を行わなければならない．

（3）水質検査に供する水の採取の場所は，給水栓を原則とし，水道施設の構造等を考慮して，水質基準に適合するかどうかを判断することができる場所を選定する．

（4）水道事業者は，その供給する水が人の健康を害するおそれがあることを知ったときは，直ちに給水を停止し，かつ，その水を使用することが危険である旨を関係者に周知させる措置を講じなければならない．

問題5 指定給水装置工事事業者の5年ごとの更新時に，水道事業者が確認することが望ましい事項に関する次の記述の正誤の組み合わせのうち，適当なものはどれか．

ア　給水装置工事主任技術者等の研修会の受講状況

イ　指定給水装置工事事業者の講習会の受講実績

ウ　適切に作業を行うことができる技能を有する者の従事状況

エ　指定給水装置工事事業者の業務内容(営業時間，漏水修繕，対応工事等)

	ア	イ	ウ	エ
(1)	誤	正	正	正
(2)	正	誤	正	正
(3)	正	正	誤	正
(4)	正	正	正	誤
(5)	正	正	正	正

問題6 水道法に規定する水道事業等の認可に関する次の記述の正誤の組み合わせのうち，適当なものはどれか．

ア　水道法では，水道事業者を保護育成すると同時に需要者の利益を保護するために，水道事業者を監督する仕組みとして，認可制度をとっている．

イ　水道事業を経営しようとする者は，市町村長の認可を受けなければならない．

ウ　水道事業経営の認可制度によって，複数の水道事業者の給水区域が重複することによる不合理・不経済が回避される．

エ　専用水道を経営しようとする者は，市町村長の認可を受けなければならない．

	ア	イ	ウ	エ
(1)	正	正	正	正
(2)	正	誤	正	誤
(3)	誤	正	誤	正
(4)	正	誤	正	正
(5)	誤	正	誤	誤

問題7 給水装置工事主任技術者について水道法に定められた次の記述の正誤の組み合わせのうち，<u>適当なものはどれか</u>．

ア　指定給水装置工事事業者は，工事ごとに，給水装置工事主任技術者を選任しなければならない．

イ　指定給水装置工事事業者は，給水装置工事主任技術者を選任した時は，遅滞なくその旨を国に届け出なければならない．これを解任した時も同様とする．

ウ　給水装置工事主任技術者は，給水装置工事に従事する者の技術上の指導監督を行わなければならない．

エ　給水装置工事主任技術者は，給水装置工事に係る給水装置が構造及び材質の基準に適合していることの確認を行わなければならない．

	ア	イ	ウ	エ
(1)	正	正	誤	誤
(2)	正	誤	正	誤
(3)	誤	正	誤	正
(4)	誤	誤	正	正
(5)	誤	正	誤	誤

問題8 水道法第19条に規定する水道技術管理者の事務に関する次の記述のうち，<u>不適当なものはどれか</u>．

(1)水道施設が水道法第5条の規定による施設基準に適合しているかどうかの検査に関する事務に従事する．

(2)配水施設以外の水道施設又は配水池を新設し，増設し，又は改造した場合における，使用開始前の水質検査及び施設検査に関する事務に従事する．

(3)水道により供給される水の水質検査に関する事務に従事する．

(4)水道事業の予算・決算台帳の作成に関する事務に従事する．

(5)給水装置が水道法第16条の規定に基づき定められた構造及び材質の基準に適合しているかどうかの検査に関する事務に従事する．

問題 9 **水道事業の経営全般に関する次の記述のうち，不適当なものはどれか．**

(1)水道事業者は，水道の布設工事を自ら施行し，又は他人に施行させる場合においては，その職員を指名し，又は第三者に委嘱して，その工事の施行に関する技術上の監督業務を行わせなければならない．

(2)水道事業者は，水道事業によって水の供給を受ける者から，水質検査の請求を受けたときは，すみやかに検査を行い，その結果を請求者に通知しなければならない．

(3)水道事業者は，水道法施行令で定めるところにより，水道の管理に関する技術上の業務の全部又は一部を他の水道事業者若しくは水道用水供給事業者又は当該業務を適正かつ確実に実施することができる者として同施行令で定める要件に該当するものに委託することができる．

(4)地方公共団体である水道事業者は，民間資金等の活用による公共施設等の整備等の促進に関する法律に規定する公共施設等運営権を設定しようとするときは，水道法に基づき，あらかじめ都道府県知事の認可を受けなければならない．

◇給水装置工事法

問題 10 **水道法施行規則第 36 条第 1 項第 2 号の指定給水装置工事事業者における「事業の運営の基準」に関する次の記述の[　　　]内に入る語句の組み合わせのうち，適当なものはどれか．**

「適切に作業を行うことができる技能を有する者」とは，配水管への分水栓の取付け，配水管の[　ア　]，給水管の接合等の配水管から給水管を分岐する工事に係る作業及び当該分岐部から[　イ　]までの配管工事に係る作業について，当該[　ウ　]その他の地下埋設物に変形，破損その他の異常を生じさせることがないよう，適切な資機材，工法，地下埋設物の防護の方法を選択し，[　エ　]を実施できる者をいう．

	ア	イ	ウ	エ
(1)	点検	止　水　栓	給水管	技術上の監理
(2)	点検	水道メーター	給水管	正確な作業
(3)	穿孔	止　水　栓	配水管	技術上の監理

（4）	穿孔	水道メーター	給水管	技術上の監理
（5）	穿孔	水道メーター	配水管	正確な作業

問題 11 **配水管からの給水管の取出しに関する次の記述の正誤の組み合わせのうち，適当なものはどれか．**

ア　配水管への取付口の位置は，他の給水装置の取付口から30センチメートル以上離し，また，給水管の口径は，当該給水装置による水の使用量に比し，著しく過大でないこと．

イ　異形管から給水管を取り出す場合は，外面に付着した土砂や外面被覆材を除去し，入念に清掃したのち施工する．

ウ　不断水分岐作業の終了後は，水質確認（残留塩素の測定及び色，におい，濁り，味の確認）を行う．

エ　ダクタイル鋳鉄管の分岐穿孔に使用するサドル付分水栓用ドリルの先端角は，一般的にモルタルライニング管が90°～100°で，エポキシ樹脂粉体塗装管が118°である．

	ア	イ	ウ	エ
（1）	正	正	誤	正
（2）	誤	誤	正	誤
（3）	正	誤	正	誤
（4）	誤	正	誤	正
（5）	正	誤	正	正

問題 12 **ダクタイル鋳鉄管からのサドル付分水栓穿孔作業に関する次の記述の正誤の組み合わせのうち，適当なものはどれか．**

ア　サドル付分水栓を取り付ける前に，弁体が全閉状態になっていること，パッキンが正しく取り付けられていること，塗装面やねじ等に傷がないこと等を確認する．

イ　サドル付分水栓は，配水管の管軸頂部にその中心線がくるように取り付け，給水管の取出し方向及びサドル付分水栓が管軸方向から見て傾きがないことを確認する．

ウ　サドル付分水栓の穿孔作業に際し，サドル付分水栓の吐水部又は穿孔機の排水口に排水用ホースを連結し，ホース先端を下水溝に直接接続し，確実に排水する．

エ　穿孔中はハンドルの回転が軽く感じるが，穿孔が完了する過程においてハンドルが重くなるため，特に口径50mmから取り出す場合にはドリルの先端が管底に接触しないよう注意しながら完全に穿孔する．

	ア	イ	ウ	エ
(1)	誤	正	誤	誤
(2)	正	誤	誤	正
(3)	誤	正	正	誤
(4)	正	誤	正	誤
(5)	誤	正	誤	正

問題13　**止水栓の設置及び給水管の防護に関する次の記述の正誤の組み合わせのうち，適当なものはどれか．**

ア　止水栓は，給水装置の維持管理上支障がないよう，メーターボックス(ます)又は専用の止水栓きょう内に収納する．

イ　給水管を建物の柱や壁等に添わせて配管する場合には，外力，自重，水圧等による振動やたわみで損傷を受けやすいので，クリップ等のつかみ金具を使用し，管を3～4mの間隔で建物に固定する．

ウ　給水管を構造物の基礎や壁を貫通させて設置する場合は，構造物の貫通部に配管スリーブ等を設け，スリーブとの間隙を弾性体で充填し，給水管の損傷を防止する．

エ　給水管が水路を横断する場所にあっては，原則として水路を上越しして設置し，さや管等による防護措置を講じる．

	ア	イ	ウ	エ
(1)	誤	正	誤	正
(2)	正	誤	誤	正
(3)	正	誤	正	誤
(4)	正	正	誤	誤

（5）　　誤　　正　　正　　誤

問題 14 水道メーターの設置に関する次の記述のうち，不適当なものはどれか.

（1）水道メーターの設置に当たっては，水道メーターに表示されている流水方向の矢印を確認したうえで取り付ける.

（2）水道メーターの設置は，原則として道路境界線に最も近接した宅地内で，水道メーターの計量及び取替作業が容易であり，かつ，水道メーターの損傷，凍結等のおそれがない位置とする.

（3）呼び径が 50mm 以上の水道メーターを収納するメーターボックス(ます)は，コンクリートブロック，現場打ちコンクリート，金属製等で，上部に鉄蓋を設置した構造とするのが一般的である.

（4）集合住宅等の複数戸に直結増圧式等で給水する建物の親メーターにおいては，ウォーターハンマーを回避するため，メーターバイパスユニットを設置する方法がある.

（5）水道メーターは，傾斜して取り付けると，水道メーターの性能，計量精度や耐久性を低下させる原因となるので，水平に取り付けるが，電磁式のみ取付姿勢は自由である.

問題 15 「給水装置の構造及び材質の基準に関する省令」に関する次の記述のうち，不適当なものはどれか.

（1）家屋の主配管とは，口径や流量が最大の給水管を指し，配水管からの取り出し管と同口径の部分の配管がこれに該当する.

（2）家屋の主配管は，配管の経路について構造物の下の通過を避けること等により，漏水時の修理を容易に行うことができるようにしなければならない.

（3）給水装置の接合箇所は，水圧に対する充分な耐力を確保するためにその構造及び材質に応じた適切な接合が行われているものでなければならない.

（4）弁類は，耐久性能試験により 10 万回の開閉操作を繰り返した後，当該省令に規定する性能を有するものでなければならない.

(5)熱交換器が給湯及び浴槽内の水等の加熱に兼用する構造の場合，加熱用の水路については，耐圧性能試験により 1.75 メガパスカルの静水圧を 1 分間加えたとき，水漏れ，変形，破損その他の異常を生じないこと.

問題 16 配管工事の留意点に関する次の記述のうち，<u>不適当なものはどれか</u>.

(1)水路の上越し部，鳥居配管となっている箇所等，空気溜まりを生じるおそれがある場所にあっては空気弁を設置する.

(2)高水圧が生じる場所としては，配水管の位置に対し著しく低い場所にある給水装置などが挙げられるが，そのような場所には逆止弁を設置する.

(3)給水管は，将来の取替え，漏水修理等の維持管理を考慮して，できるだけ直線に配管する.

(4)地階又は 2 階以上に配管する場合は，修理や改造工事に備えて，各階ごとに止水栓を設置する.

(5)給水管の布設工事が 1 日で完了しない場合は，工事終了後必ずプラグ等で汚水やごみ等の侵入を防止する措置を講じておく.

問題 17 給水管の接合に関する次の記述の正誤の組み合わせのうち，<u>適当なものはどれか</u>.

ア　水道用ポリエチレン二層管の金属継手による接合においては，管種(1 ～ 3 種)に適合したものを使用し，接合に際しては，金属継手を分解して，袋ナット，樹脂製リングの順序で管に部品を通し，樹脂製リングは割りのない方を袋ナット側に向ける.

イ　硬質塩化ビニルライニング鋼管のねじ継手に外面樹脂被覆継手を使用する場合は，埋設の際，防食テープを巻く等の防食処理等を施す必要がある.

ウ　ダクタイル鋳鉄管の接合に使用する滑剤は，継手用滑剤に適合するものを使用し，グリース等の油剤類は使用しない.

エ　水道配水用ポリエチレン管の EF 継手による接合は，長尺の陸継ぎが可能であり，異形管部分の離脱防止対策が不要である.

	ア	イ	ウ	エ
(1)	正	正	誤	誤
(2)	誤	正	正	誤
(3)	誤	正	誤	正
(4)	正	誤	誤	正
(5)	誤	誤	正	正

問題 18 給水装置の維持管理に関する次の記述のうち，不適当なものはどれか．

(1)給水装置工事主任技術者は，需要者が水道水の供給を受ける水道事業者の配水管からの分岐以降水道メーターまでの間の維持管理方法に関して，必要の都度需要者に情報提供する．

(2)配水管からの分岐以降水道メーターまでの間で，水道事業者の負担で漏水修繕する範囲は，水道事業者ごとに定められている．

(3)水道メーターの下流側から末端給水用具までの間の維持管理は，すべて需要者の責任である．

(4)需要者は，給水装置の維持管理に関する知識を有していない場合が多いので，給水装置工事主任技術者は，需要者から給水装置の異常を告げられたときには，漏水の見つけ方や漏水の予防方法などの情報を提供する．

(5)指定給水装置工事事業者は，末端給水装置から供給された水道水の水質に関して異常があった場合には，まず給水用具等に異常がないか確認した後に水道事業者に報告しなければならない．

問題 19 消防法の適用を受けるスプリンクラーに関する次の記述のうち，不適当なものはどれか．

(1)平成19年の消防法改正により，一定規模以上のグループホーム等の小規模社会福祉施設にスプリンクラーの設置が義務付けられた．

(2)水道直結式スプリンクラー設備の工事は，水道法に定める給水装置工事として指定給水装置工事事業者が施工する．

(3)水道直結式スプリンクラー設備の設置で，分岐する配水管からスプリンクラーヘッドまでの水理計算及び給水管，給水用具の選定は，消防設備士が行う．

(4)水道直結式スプリンクラー設備は，消防法令適合品を使用するとともに，給水装置の構造及び材質の基準に関する省令に適合した給水管，給水用具を用いる．

(5)水道直結式スプリンクラー設備の配管は，消火用水をできるだけ確保するために十分な水を貯留することのできる構造とする．

◇給水装置の構造及び性能

問題 20 **給水管及び給水用具の耐圧，浸出以外に適用される性能基準に関する次の組み合わせのうち，適当なものはどれか．**

(1)給水管：耐　久，　耐　寒，　逆流防止

(2)継　手：耐　久，　耐　寒，　逆流防止

(3)浄水器：耐　寒，　逆流防止，　負圧破壊

(4)逆止弁：耐　久，　逆流防止，　負圧破壊

問題 21 **給水装置の水撃限界性能基準に関する次の記述のうち，不適当なものはどれか．**

(1)水撃限界性能基準は，水撃作用により給水装置に破壊等が生じることを防止するためのものである．

(2)水撃作用とは，止水機構を急に閉止した際に管路内に生じる圧力の急激な変動作用をいう．

(3)水撃限界性能基準は，水撃発生防止仕様の給水用具であるか否かを判断する基準であり，水撃作用を生じるおそれのある給水用具はすべてこの基準を満たしていなければならない．

(4)水撃限界性能基準の適用対象の給水用具には，シングルレバー式水栓，ボールタップ，電磁弁(電磁弁内蔵の全自動洗濯機，食器洗い機等)，元止め式瞬間湯沸器がある．

(5)水撃限界に関する試験により，流速 2 メートル毎秒又は動水圧を 0.15

メガパスカルとする条件において給水用具の止水機構の急閉止をしたとき，その水撃作用により上昇する圧力が 1.5 メガパスカル以下である性能を有する必要がある.

問題 22 **給水用具の逆流防止性能基準に関する次の記述の[　　　]内に入る数値の組み合わせのうち，適当なものはどれか.**

減圧式逆流防止器の逆流防止性能基準は，厚生労働大臣が定める逆流防止に関する試験により[　ア　]キロパスカル及び[　イ　]メガパスカルの静水圧を[　ウ　]分間加えたとき，水漏れ，変形，破損その他の異常を生じないとともに，厚生労働大臣が定める負圧破壊に関する試験により流入側からマイナス[　エ　]キロパスカルの圧力を加えたとき，減圧式逆流防止器に接続した透明管内の水位の上昇が 3 ミリメートルを超えないこととされている.

	ア	イ	ウ	エ
(1)	3	1.5	5	54
(2)	5	3	5	5
(3)	3	1.5	1	54
(4)	5	1.5	5	5
(5)	3	3	1	54

問題 23 **給水装置の構造及び材質の基準に定める耐寒性能基準及び耐寒性能試験に関する次の記述の正誤の組み合わせのうち，適当なものはどれか.**

ア　耐寒性能基準は，寒冷地仕様の給水用具か否かの判断基準であり，凍結のおそれがある場所において設置される給水用具はすべてこの基準を満たしていなければならない.

イ　凍結のおそれがある場所に設置されている給水装置のうち弁類の耐寒性能試験では，零下 20℃プラスマイナス 2℃の温度で 1 時間保持した後に通水したとき，当該給水装置に係る耐圧性能，水撃限界性能，逆流防止性能及び負圧破壊性能を有するものであることを確認する必要がある.

ウ　低温に暴露した後確認すべき性能基準項目から浸出性能を除いたのは，低温暴露により材質等が変化することは考えられず，浸出性能に変化が生じることはないと考えられることによる.

エ　耐寒性能基準においては，凍結防止の方法は水抜きに限定している.

	ア	イ	ウ	エ
(1)	正	正	誤	誤
(2)	誤	誤	正	正
(3)	誤	誤	正	誤
(4)	正	誤	誤	正
(5)	誤	正	正	誤

問題 24 **クロスコネクション及び水の汚染防止に関する次の記述の正誤の組み合わせのうち，適当なものはどれか.**

ア　給水装置と受水槽以下の配管との接続はクロスコネクションではない.

イ　給水装置と当該給水装置以外の水管，その他の設備とは，仕切弁や逆止弁が介在しても，また，一時的な仮設であってもこれらを直接連結してはならない.

ウ　シアンを扱う施設に近接した場所があったため，鋼管を使用して配管した.

エ　合成樹脂管は有機溶剤などに侵されやすいので，そのおそれがある箇所には使用しないこととし，やむを得ず使用する場合は，さや管などで適切な防護措置を施す.

	ア	イ	ウ	エ
(1)	誤	正	誤	正
(2)	誤	正	正	誤
(3)	正	正	誤	誤
(4)	誤	誤	正	正
(5)	正	誤	誤	正

問題 25 **水の汚染防止に関する次の記述のうち，不適当なものはどれか.**

(1)配管接合用シール材又は接着剤等は水道用途に適したものを使用し，接合作業において接着剤，切削油，シール材等の使用量が不適当な場合，これらの物質が水道水に混入し，油臭，薬品臭等が発生する場合があるので必要最小限の材料を使用する．

(2) 末端部が行き止まりの給水装置は，停滞水が生じ，水質が悪化するおそれがあるため極力避ける．やむを得ず行き止まり管となる場合は，末端部に排水機構を設置する．

(3) 洗浄弁，洗浄装置付便座，水洗便器のロータンク用ボールタップは，浸出性能基準の適用対象となる給水用具である．

(4) 一時的，季節的に使用されない給水装置には，給水管内に長期間水の停滞を生じることがあるため，まず適量の水を飲用以外で使用することにより，その水の衛生性を確保する．

(5) 分岐工事や漏水修理等で鉛製給水管を発見した時は，速やかに水道事業者に報告する．

問題 26 金属管の侵食に関する次の記述のうち，<u>不適当なものはどれか</u>．

(1) マクロセル侵食とは，埋設状態にある金属材質，土壌，乾湿，通気性，pH，溶解成分の違い等の異種環境での電池作用による侵食をいう．

(2) 金属管が鉄道，変電所等に近接して埋設されている場合に，漏洩電流による電気分解作用により侵食を受ける．このとき，電流が金属管から流出する部分に侵食が起きる．

(3) 通気差侵食は，土壌の空気の通りやすさの違いにより発生するものの他に，埋設深さの差，湿潤状態の差，地表の遮断物による通気差が起因して発生するものがある．

(4) 地中に埋設した鋼管が部分的にコンクリートと接触している場合，アルカリ性のコンクリートに接していない部分の電位が，コンクリートと接触している部分より高くなって腐食電池が形成され，コンクリートと接触している部分が侵食される．

(5) 埋設された金属管が異種金属の管や継手，ボルト等と接触していると，自然電位の低い金属と自然電位の高い金属との間に電池が形成され，自然電位の低い金属が侵食される．

問題 27 凍結深度に関する次の記述の[　　　]内に入る語句の組み合わせのうち，適当なものはどれか．

凍結深度は，[　ア　]温度が0℃になるまでの地表からの深さとして定義され，気象条件の他，[　イ　]によって支配される．屋外配管は，凍結深度より[　ウ　]布設しなければならないが，下水道管等の地下埋設物の関係で，やむを得ず凍結深度より[　エ　]布設する場合，又は擁壁，側溝，水路等の側壁からの離隔が十分に取れない場合等凍結深度内に給水装置を設置する場合は保温材(発泡スチロール等)で適切な防寒措置を講じる．

	ア	イ	ウ	エ
(1)	地中	管の材質	深く	浅く
(2)	管内	土質や含水率	浅く	深く
(3)	地中	土質や含水率	深く	浅く
(4)	管内	管の材質	浅く	深く

問題 28 給水装置の逆流防止に関する次の記述のうち，不適当なものはどれか．

(1)バキュームブレーカの下端又は逆流防止機能が働く位置と水受け容器の越流面との間隔を100mm以上確保する．

(2)吐水口を有する給水装置から浴槽に給水する場合は，越流面からの吐水口空間は50mm以上を確保する．

(3)吐水口を有する給水装置からプールに給水する場合は，越流面からの吐水口空間は200mm以上を確保する．

(4)減圧式逆流防止器は，構造が複雑であり，機能を良好な状態に確保するためにはテストコックを用いた定期的な性能確認及び維持管理が必要である．

(5)ばね式，リフト式，スイング式逆止弁は，シール部分に鉄さび等の夾雑物が挟まったり，また，パッキン等シール材の摩耗や劣化により逆流防止性能を失うおそれがある．

問題 29 給水装置の逆流防止に関する次の記述の[　　　]内に入る語句の組み合わせのうち，適当なものはどれか．

呼び径が20mmを超え25mm以下のものについては，[　ア　]から吐水口の中心までの水平距離を[　イ　]mm以上とし，[　ウ　]から吐水口の[　エ　]までの垂直距離は[　オ　]mm以上とする．

	ア	イ	ウ	エ	オ
(1)	近接壁	100	越流面	最下端	100
(2)	越流面	50	近接壁	中　心	100
(3)	近接壁	50	越流面	最下端	50
(4)	越流面	100	近接壁	中　心	50

◇給水装置計画論

問題 30 給水方式に関する次の記述の正誤の組み合わせのうち，適当なものはどれか．

ア　直結式給水は，配水管の水圧で直結給水する方式(直結直圧式)と，給水管の途中に圧力水槽を設置して給水する方式(直結増圧式)がある．

イ　直結式給水は，配水管から給水装置の末端まで水質管理がなされた安全な水を需要者に直接供給することができる．

ウ　受水槽式給水は，配水管から分岐し受水槽に受け，この受水槽から給水する方式であり，受水槽流出口までが給水装置である．

エ　直結・受水槽併用式給水は，一つの建築物内で直結式，受水槽式の両方の給水方式を併用するものである．

	ア	イ	ウ	エ
(1)	正	正	誤	誤
(2)	正	誤	誤	正
(3)	正	誤	正	誤
(4)	誤	誤	正	正
(5)	誤	正	誤	正

問題 31 給水方式の決定に関する次の記述のうち，<u>不適当なものはどれか</u>.

(1)水道事業者ごとに，水圧状況，配水管整備状況等により給水方式の取扱いが異なるため，その決定に当たっては，計画に先立ち，水道事業者に確認する必要がある.

(2)一時に多量の水を使用するとき等に，配水管の水圧低下を引き起こすおそれがある場合は，直結・受水槽併用式給水とする.

(3)配水管の水圧変動にかかわらず，常時一定の水量，水圧を必要とする場合は受水槽式とする.

(4)直結給水システムの給水形態は，階高が4階程度以上の建築物の場合は基本的には直結増圧式給水であるが，配水管の水圧等に余力がある場合は，特例として直結直圧式で給水することができる.

(5)有毒薬品を使用する工場等事業活動に伴い，水を汚染するおそれのある場所に給水する場合は受水槽式とする.

問題 32 受水槽式給水に関する次の記述のうち，<u>不適当なものはどれか</u>.

(1)病院や行政機関の庁舎等において，災害時や配水施設の事故等による水道の断減水時にも，給水の確保が必要な場合は受水槽式とする.

(2)配水管の水圧が高いときは，受水槽への流入時に給水管を流れる流量が過大となって，水道メーターの性能，耐久性に支障を与えることがある.

(3)ポンプ直送式は，受水槽に受水した後，使用水量に応じてポンプの運転台数の変更や回転数制御によって給水する方式である.

(4)圧力水槽式は，受水槽に受水した後，ポンプで高置水槽へ汲み上げ，自然流下により給水する方式である.

(5)一つの高置水槽から適切な水圧で給水できる高さの範囲は，10階程度なので，高層建物では高置水槽や減圧弁をその高さに応じて多段に設置する必要がある.

問題33 直結式給水による15戸の集合住宅での同時使用水量として，次のうち，最も近い値はどれか.

ただし，同時使用水量は，標準化した同時使用水量により計算する方法によるものとし，1戸当たりの末端給水用具の個数と使用水量，同時使用率を考慮した末端給水用具数，並びに集合住宅の給水戸数と同時使用戸数率は，それぞれ表－1から表－3までのとおりとする.

（1） 580 L/min

（2） 610 L/min

（3） 640 L/min

（4） 670 L/min

（5） 700 L/min

表－1 1戸当たりの末端給水用具の個数と使用水量

給水用具	個数	使用水量(L/min)
台所流し	1	25
洗濯流し	1	25
洗面器	1	10
浴槽(洋式)	1	40
大便器(洗浄タンク)	1	15
手洗器	1	5

表－2 総末端給水用具数と同時使用水量比

総末端給水用具数	1	2	3	4	5	6	7	8	9	10	15	20	30
同時使用水量比	1.0	1.4	1.7	2.0	2.2	2.4	2.6	2.8	2.9	3.0	3.5	4.0	5.0

表－3 給水戸数と同時使用戸数率

戸　数	1～3	4～10	11～20	21～30	31～40	41～60	61～80	81～100
同時使用戸数率(%)	100	90	80	70	65	60	55	50

問題 34 **受水槽式による総戸数 100 戸（2LDK が 40 戸，3LDK が 60 戸）の集合住宅 1 棟の標準的な受水槽容量の範囲として，次のうち，<u>最も適当なものはどれか</u>.**

ただし，2LDK1 戸当たりの居住人員は 3 人，3LDK1 戸当たりの居住人員は 4 人とし，1 人 1 日当たりの使用水量は 250L とする．

（1）　$24m^3$ ～ $42m^3$

（2）　$27m^3$ ～ $45m^3$

（3）　$32m^3$ ～ $48m^3$

（4）　$36m^3$ ～ $54m^3$

（5）　$45m^3$ ～ $63m^3$

問題 35 **図－1 に示す給水管（口径 25mm）において，A から F に向かって 48L/min の水を流した場合，管路 A ～ F 間の総損失水頭として，次のうち，<u>最も近い値はどれか</u>.**

ただし，総損失水頭は管の摩擦損失水頭と高低差のみの合計とし，水道メーター，給水用具類は配管内に無く，管の曲がりによる損失水頭は考慮しない．また，給水管の水量と動水勾配の関係は，図－2 を用いて求めるものとする．

なお，A ～ B，C ～ D，E ～ F は水平方向に，B ～ C，D ～ E は鉛直方向に配管されている．

（1）　4 m

（2）　6 m

（3）　8 m

（4）　10 m

（5）　12 m

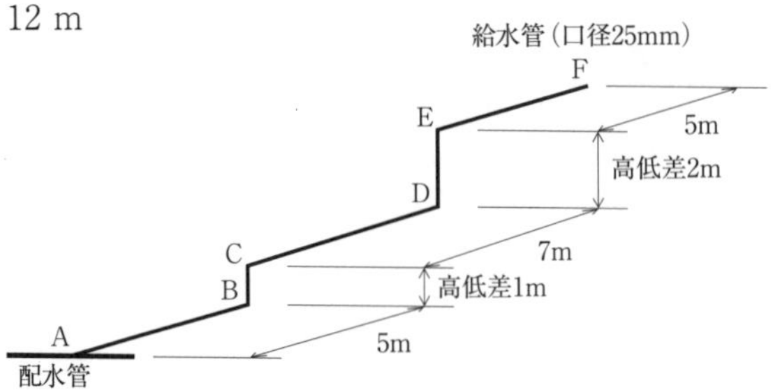

図－1

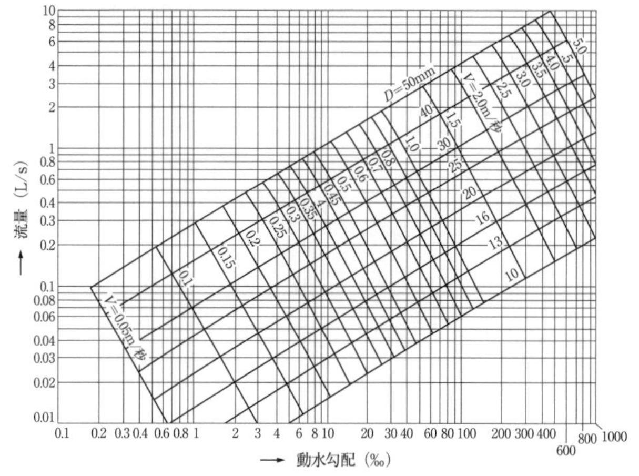

図−2　ウエストン公式による給水管の流量図

◇給水装置工事事務論

問題 36　労働安全衛生法上，酸素欠乏危険場所で作業する場合の事業者の措置に関する次の記述のうち，誤っているものはどれか．

(1)事業者は，酸素欠乏危険作業主任者を選任しなければならない．

(2)事業者は，作業環境測定の記録を3年間保存しなければならない．

(3)事業者は，労働者を作業場所に入場及び退場させるときは，人員を点検しなければならない．

(4)事業者は，作業場所の空気中の酸素濃度を16%以上に保つように換気しなければならない．

(5)事業者は，酸素欠乏症等にかかった労働者に，直ちに医師の診察又は処置を受けさせなければならない．

問題 37　建築物に設ける飲料水の配管設備に関する次の記述の正誤の組み合わせのうち，適当なものはどれか．

ア　ウォーターハンマーが生ずるおそれがある場合においては，エアチャンバーを設けるなど有効なウォーターハンマー防止のための措置を講ずる．

イ　給水タンクは，衛生上有害なものが入らない構造とし，金属性のものにあっては，衛生上支障のないように有効なさび止めのための措置を講ずる．

ウ　防火対策のため，飲料水の配管と消火用の配管を直接連結する場合は，仕切弁及び逆止弁を設置するなど，逆流防止の措置を講ずる．

エ　給水タンク内部に飲料水以外の配管を設置する場合には，さや管などにより，防護措置を講ずる．

	ア	イ	ウ	エ
(1)	正	誤	正	誤
(2)	正	正	誤	誤
(3)	誤	正	正	正
(4)	誤	誤	正	正
(5)	誤	正	誤	正

問題 38　**給水装置用材料の基準適合品の確認方法に関する次の記述の[　　]内に入る語句の組み合わせのうち，適当なものはどれか．**

給水装置用材料が使用可能か否かは，給水装置の構造及び材質の基準に関する省令に適合しているか否かであり，これを消費者，指定給水装置工事事業者，水道事業者等が判断することとなる．この判断のために製品等に表示している[　ア　]マークがある．

また，制度の円滑な実施のために[　イ　]では製品ごとの[　ウ　]基準への適合性に関する情報が全国的に利用できるよう[　エ　]データベースを構築している．

	ア	イ	ウ	エ
(1)	認証	経済産業省	性　能	水道施設
(2)	適合	厚生労働省	システム	給水装置
(3)	適合	経済産業省	システム	水道施設
(4)	認証	厚生労働省	性　能	給水装置

問題 39　**給水装置工事主任技術者に求められる知識と技能に関する次の記述のうち，不適当なものはどれか．**

(1) 給水装置工事は，工事の内容が人の健康や生活環境に直結した給水装置の設置又は変更の工事であることから，設計や施工が不良であれば，その給水装置によって水道水の供給を受ける需要者のみならず，配水管への汚水の逆流の発生等により公衆衛生上大きな被害を生じさせるおそれがある．

(2)給水装置に関しては，布設される給水管や弁類等が地中や壁中に隠れてしまうので，施工の不良を発見することも，それが発見された場合の是正も容易ではないことから，適切な品質管理が求められる．

(3)給水条例等の名称で制定されている給水要綱には，給水装置工事に関わる事項として，適切な工事施行ができる者の指定，水道メーターの設置位置，指定給水装置工事事業者が給水装置工事を施行する際に行わなければならない手続き等が定められているので，その内容を熟知しておく必要がある．

(4)新技術，新材料に関する知識，関係法令，条例等の制定，改廃についての知識を不断に修得するための努力を行うことが求められる．

問題 40 **一般建設業において営業所ごとに専任する一定の資格と実務経験を有する者について，管工事業で実務経験と認定される資格等に関する次の記述のうち，<u>不適当なものはどれか</u>．**

(1)技術士の2次試験のうち一定の部門(上下水道部門，衛生工学部門等)に合格した者

(2)建築設備士となった後，管工事に関し1年以上の実務経験を有する者

(3)給水装置工事主任技術者試験に合格した後，管工事に関し1年以上の実務経験を有する者

(4)登録計装試験に合格した後，管工事に関し1年以上の実務経験を有する者

午後(14：00～15：00)［学科試験 2］

- 給水装置の概要(15問)
- 給水装置施工管理法(5問)

◇給水装置の概要

問題 41 給水管に関する次の記述のうち，<u>不適当なものはどれか</u>．

(1)ダクタイル鋳鉄管は，鋳鉄組織中の黒鉛が球状のため，靱性に富み衝撃に強く，強度が大であり，耐久性がある．

(2)硬質ポリ塩化ビニル管は，難燃性であるが，熱及び衝撃には比較的弱い．

(3)ステンレス鋼鋼管は，薄肉だが，強度的に優れ，軽量化しているので取扱いが容易である．

(4)波状ステンレス鋼管は，ステンレス鋼鋼管に波状部を施した製品で，波状部において任意の角度を形成でき，継手が少なくてすむ等の配管施工の容易さを備えている．

(5)銅管は，アルカリに侵されず，遊離炭酸の多い水にも適している．

問題 42 給水装置に関する次の記述のうち，<u>不適当なものはどれか</u>．

(1)給水装置として取り扱われる貯湯湯沸器は，そのほとんどが貯湯部にかかる圧力が 100キロパスカル以下で，かつ伝熱面積が 4m^{2}以下の構造のものである．

(2)給湯用加圧装置は，貯湯湯沸器の一次側に設置し，湯圧が不足して給湯設備が満足に使用できない場合に加圧する給水用具である．

(3)潜熱回収型給湯器は，今まで捨てられていた高温(約 200℃)の燃焼ガスを再利用し，水を潜熱で温めた後に従来の一次熱交換器で加温して温水を作り出す，従来の非潜熱回収型給湯器より高い熱効率を実現した給湯器である．

(4)瞬間湯沸器は，給湯に連動してガス通路を開閉する機構を備え，最高 85℃程度まで温度を上げることができるが，通常は 40℃前後で使用される．

(5)瞬間湯沸器の号数とは，水温を 25℃上昇させたとき 1 分間に出るお湯の量(L)の数字であり，水道水を 25℃上昇させ出湯したとき 1 分間に 20L 給湯できる能力の湯沸器が 20 号である．

問題 43 硬質ポリ塩化ビニル管の施工上の注意点に関する次の記述のうち，<u>不適当なものはどれか</u>．

(1)直射日光による劣化や温度の変化による伸縮性があるので，配管施工等において注意を要する.

(2)接合時にはパイプ端面をしっかりと面取りし，継手だけでなくパイプ表面にも適量の接着剤を塗布し，接合後は一定時間，接合部の抜出しが発生しないよう保持する.

(3)有機溶剤，ガソリン，灯油，油性塗料，クレオソート(木材用防腐剤)，シロアリ駆除剤等に，管や継手部のゴム輪が長期接すると，管・ゴム輪は侵されて，亀裂や膨潤軟化により漏水事故や水質事故を起こすことがあるので，これらの物質と接触させない.

(4)接着接合後，通水又は水圧試験を実施する場合，使用する接着剤の施工要領を厳守して，接着後12時間以上経過してから実施する.

問題 44 給水用具に関する次の記述の[　　　]内に入る語句の組み合わせのうち，<u>適当なものはどれか</u>.

①甲形止水栓は，止水部が落しこま構造であり，損失水頭は極めて[　ア　].

②[　イ　]は，弁体が弁箱又は蓋に設けられたガイドによって弁座に対し垂直に作動し，弁体の自重で閉止の位置に戻る構造の逆止弁である.

③[　ウ　]は，給水管内に負圧が生じたとき，逆止弁により逆流を防止するとともに逆止弁より二次側(流出側)の負圧部分へ自動的に空気を取り入れ，負圧を破壊する機能を持つ給水用具である.

④[　エ　]は管頂部に設置し，管内に停滞した空気を自動的に排出する機能を持つ給水用具である.

	ア	イ	ウ	エ
(1)	大きい	スイング式逆止弁	吸気弁	空気弁
(2)	小さい	スイング式逆止弁	バキュームブレーカ	玉形弁
(3)	大きい	リフト式逆止弁	バキュームブレーカ	空気弁
(4)	小さい	リフト式逆止弁	吸気弁	玉形弁

(5)	大きい	スイング式逆止弁	バキュームブレーカ	空気弁

問題 45 給水用具に関する次の記述の正誤の組み合わせのうち，<u>適当なものはどれか</u>.

ア　定水位弁は，主弁に使用し，小口径ボールタップを副弁として組み合わせて使用するもので，副弁の開閉により主弁内に生じる圧力差によって開閉が円滑に行えるものである.

イ　仕切弁は，弁体が鉛直方向に上下し，全開，全閉する構造であり，全開時の損失水頭は極めて小さい.

ウ　減圧弁は，設置した給水管路や貯湯湯沸器等の水圧が設定圧力よりも上昇すると，給水管路等の給水用具を保護するために弁体が自動的に開いて過剰圧力を逃し，圧力が所定の値に降下すると閉じる機能を持っている.

エ　ボール止水栓は，弁体が球状のため 90° 回転で全開，全閉することのできる構造であり，全開時の損失水頭は極めて大きい.

	ア	イ	ウ	エ
(1)	誤	正	正	正
(2)	正	正	誤	誤
(3)	誤	誤	正	正
(4)	正	正	誤	正
(5)	誤	誤	誤	正

問題 46 給水用具に関する次の記述の正誤の組み合わせのうち，<u>適当なものはどれか</u>.

ア　ホース接続型水栓には，散水栓，カップリング付水栓等がある．ホース接続が可能な形状となっており，ホース接続した場合に吐水口空間が確保されない可能性があるため，水栓本体内にばね等の有効な逆流防止機能を持つ逆止弁を内蔵したものになっている.

イ　ミキシングバルブは，湯・水配管の途中に取り付けて，湯と水を混合し，設定温度の湯を吐水する給水用具であり，2ハンドル式とシングルレバー式がある．

ウ　逆止弁付メーターパッキンは，配管接合部をシールするメーター用パッキンにスプリング式の逆流防止弁を兼ね備えた構造であるが，構造が複雑で2年に1回交換する必要がある．

エ　小便器洗浄弁は，センサーで感知し自動的に水を吐出させる自動式とボタン等を操作し水を吐出させる手動式の2種類あり，手動式にはピストン式，ダイヤフラム式の二つのタイプの弁構造がある．

	ア	イ	ウ	エ
（1）	正	正	誤	誤
（2）	正	誤	誤	正
（3）	誤	誤	正	正
（4）	誤	正	正	誤

問題47　給水用具に関する次の記述の正誤の組み合わせのうち，適当なものはどれか．

ア　二重式逆流防止器は，個々に独立して作動する第1逆止弁と第2逆止弁が組み込まれている．各逆止弁はテストコックによって，個々に性能チェックを行うことができる．

イ　複式逆止弁は，個々に独立して作動する二つの逆止弁が直列に組み込まれている構造の逆止弁である．弁体は，それぞればねによって弁座に押しつけられているので，二重の安全構造となっている．

ウ　吸排気弁は，給水立て管頂部に設置され，管内に負圧が生じた場合に自動的に多量の空気を吸気して給水管内の負圧を解消する機能を持った給水用具である．なお，管内に停滞した空気を自動的に排出する機能を併せ持っている．

エ　大便器洗浄弁は，大便器の洗浄に用いる給水用具であり，また，洗浄管を介して大便器に直結されるため，瞬間的に多量の水を必要とするので配管は口径20mm以上としなければならない．

	ア	イ	ウ	エ
（1）	正	正	正	正

(2)	誤	正	誤	正
(3)	正	誤	正	誤
(4)	正	正	正	誤
(5)	正	誤	正	正

問題 48 給水用具に関する次の記述のうち，<u>不適当なものはどれか</u>.

(1)ダイヤフラム式ボールタップの機構は，圧力室内部の圧力変化を利用しダイヤフラムを動かすことにより吐水，止水を行うものであり，止水間際にチョロチョロ水が流れたり絞り音が生じることがある.

(2)単式逆止弁は，1個の弁体をばねによって弁座に押しつける構造のものでⅠ形とⅡ形がある．Ⅰ形は逆流防止性能の維持状態を確認できる点検孔を備え，Ⅱ形は点検孔のないものである.

(3)給水栓は，給水装置において給水管の末端に取り付けられ，弁の開閉により流量又は湯水の温度調整等を行う給水用具である.

(4)ばね式逆止弁内蔵ボール止水栓は，弁体をばねによって押しつける逆止弁を内蔵したボール止水栓であり，全開時の損失水頭は極めて小さい.

問題 49 湯沸器に関する次の記述の正誤の組み合わせのうち，<u>適当なものはどれか</u>.

ア　貯湯湯沸器は，有圧のまま貯湯槽内に貯えた水を直接加熱する構造の湯沸器で，給水管に直結するので，減圧弁及び安全弁(逃し弁)の設置が必須である.

イ　電気温水器は，熱源に大気熱を利用しているため，消費電力が少ない湯沸器である.

ウ　地中熱利用ヒートポンプシステムには，地中の熱を間接的に利用するオープンループと，地下水の熱を直接的に利用するクローズドループがある.

エ　太陽熱利用貯湯湯沸器のうち，太陽集熱装置系と水道系が蓄熱槽内で別系統になっている二回路型と，太陽集熱装置系内に水道水が循環する水道直結型は,給水用具に該当する.

	ア	イ	ウ	エ
(1)	正	正	誤	正
(2)	誤	誤	正	誤
(3)	誤	正	誤	誤
(4)	正	誤	正	正
(5)	正	誤	誤	正

問題 50 **浄水器に関する次の記述の[　　　]内に入る語句の組み合わせのうち，適当なものはどれか.**

浄水器は，水栓の流入側に取り付けられ常時水圧が加わる[　ア　]式と，水栓の流出側に取り付けられ常時水圧が加わらない[　イ　]式がある.

[　イ　]式については，浄水器と水栓が一体として製造・販売されているもの(ビルトイン型又はアンダーシンク型)は給水用具に該当[　ウ　]. 浄水器単独で製造・販売され，消費者が取付けを行うもの(給水栓直結型及び据え置き型)は給水用具に該当[　エ　]

	ア	イ	ウ	エ
(1)	先止め	元止め	する	しない
(2)	先止め	元止め	しない	する
(3)	元止め	先止め	する	しない
(4)	元止め	先止め	しない	する

問題 51 **直結加圧形ポンプユニットに関する次の記述のうち，不適当なものはどれか.**

(1)製品規格としては，JWWA B 130：2005(水道用直結加圧形ポンプユニット)があり，対象口径は20mm ～ 75mmである.

(2)逆流防止装置は，ユニットの構成外機器であり，通常，ユニットの吸込側に設置するが，吸込圧力を十分確保できない場合は，ユニットの吐出側に設置してもよい.

(3)ポンプを複数台設置し，1台が故障しても自動切替えにより給水する機能や運転の偏りがないように自動的に交互運転する機能等を有していることを求めている.

(4)直結加圧形ポンプユニットの圧力タンクは，停電によりポンプが停止したときに水を供給するためのものである.

(5)直結加圧形ポンプユニットは，メンテナンスが必要な機器であるので，その設置位置は，保守点検及び修理を容易に行うことができる場所とし，これに要するスペースを確保する必要がある.

問題 52 **水道メーターに関する次の記述の正誤の組み合わせのうち，適当なものはどれか.**

ア　水道メーターの計量方法は，流れている水の流速を測定して流量に換算する流速式(推測式)と，水の体積を測定する容積式(実測式)に分類される．わが国で使用されている水道メーターは，ほとんどが流速式である.

イ　水道メーターは，許容流量範囲を超えて水を流すと，正しい計量ができなくなるおそれがあるため，適正使用流量範囲，瞬時使用の許容流量等に十分留意して水道メーターの呼び径を決定する必要がある.

ウ　可逆式の水道メーターは，正方向と逆方向からの通過水量を計量する計量室を持っており，正方向は加算，逆方向は減算する構造である.

エ　料金算定の基礎となる水道メーターは，計量法に定める特定計量器の検定に合格したものを設置する．検定有効期間が8年間である.

	ア	イ	ウ	エ
(1)	誤	正	誤	正
(2)	正	正	誤	誤
(3)	正	正	誤	正
(4)	誤	誤	正	誤
(5)	正	正	正	正

問題 53 **水道メーターに関する次の記述の正誤の組み合わせのうち，適当なものはどれか.**

ア　たて形軸流羽根車式は，メーターケースに流入した水流が，整流器を通って，垂直に設置された螺旋状羽根車に沿って流れ，水の流れがメーター内で迂流するため損失水頭が小さい．

イ　水道メーターの表示機構部の表示方式は，計量値をアナログ表示する円読式と，計量値をデジタル表示する直読式がある．

ウ　電磁式水道メーターは，羽根車に永久磁石を取り付けて，羽根車の回転を磁気センサーで電気信号として検出し，集積回路により演算処理して，通過水量を液晶表示する方式である．

エ　接線流羽根車式水道メーターは，計量室内に設置された羽根車に噴射水流を当て，羽根車を回転させて通過流量を積算表示する構造である．

	ア	イ	ウ	エ
(1)	正	正	誤	正
(2)	正	誤	誤	正
(3)	誤	正	正	誤
(4)	正	誤	正	誤
(5)	誤	正	誤	正

問題 54　**給水用具の故障と対策に関する次の記述のうち，不適当なものはどれか．**

(1) 水栓を開閉する際にウォーターハンマーが発生するので原因を調査した．その結果，水圧が高いことが原因であったので，減圧弁を設置した．

(2) ピストン式定水位弁の故障で水が出なくなったので原因を調査した．その結果，ストレーナーに異物が詰まっていたので，新品のピストン式定水位弁と取り替えた．

(3) 大便器洗浄弁から常に大量の水が流出していたので原因を調査した．その結果，ピストンバルブの小孔が詰まっていたので，ピストンバルブを取り外し，小孔を掃除した．

(4) 小便器洗浄弁の吐水量が少なかったので原因を調査した．その結果，調節ねじが閉め過ぎだったので，調節ねじを左に回して吐水量を増やした．

(5) ダイヤフラム式ボールタップ付ロータンクのタンク内の水位が上がらなかったので原因を調査した．その結果，排水弁のパッキンが摩耗していたので，排水弁のパッキンを交換した．

問題 55 **給水用具の故障と対策に関する次の記述の正誤の組み合わせのうち，適当なものはどれか．**

ア　ボールタップ付ロータンクの故障で水が止まらないので原因を調査した．その結果，弁座への異物のかみ込みがあったので，新しいフロート弁に交換した．

イ　ダイヤフラム式定水位弁の水が止まらないので原因を調査した．その結果，主弁座への異物のかみ込みがあったので，主弁の分解と清掃を行った．

ウ　小便器洗浄弁で少量の水が流れ放しであったので原因を調査した．その結果，ピストンバルブと弁座の間への異物のかみ込みがあったので，ピストンバルブを取り外し，異物を除いた．

エ　受水槽のオーバーフロー管から常に水が流れていたので原因を調査した．その結果，ボールタップの弁座が損傷していたので，パッキンを取り替えた．

	ア	イ	ウ	エ
(1)	誤	正	正	誤
(2)	正	誤	誤	正
(3)	誤	正	誤	正
(4)	正	誤	正	誤
(5)	誤	誤	正	正

◇給水装置施工管理法

問題 56 **給水装置工事の施工管理に関する次の記述の正誤の組み合わせのうち，適当なものはどれか．**

ア　施工計画書には，現地調査，水道事業者等との協議に基づき，作業の責任を明確にした施工体制，有資格者名簿，施工方法，品質管理項目及び方法，安全対策，緊急時の連絡体制と電話番号，実施工程表等を記載する．

イ　水道事業者，需要者（発注者）等が常に施工状況の確認ができるよう必要な資料，写真の取りまとめを行っておく．

ウ　施工に当たっては，施工計画書に基づき適正な施工管理を行う．具体的には，施工計画に基づく工程，作業時間，作業手順，交通規制等に沿って工事を施工し，必要の都度工事目的物の品質確認を実施する．

エ　工事の過程において作業従事者，使用機器，施工手順，安全対策等に変更が生じたときは，その都度施工計画書を修正し，工事従事者に通知する．

	ア	イ	ウ	エ
(1)	誤	正	正	正
(2)	正	誤	正	誤
(3)	誤	正	誤	正
(4)	誤	正	正	誤
(5)	正	正	正	正

問題 57 給水装置工事における工程管理に関する次の記述のうち，不適当なものはどれか．

(1) 給水装置工事主任技術者は，常に工事の進行状況について把握し，施工計画時に作成した工程表と実績とを比較して工事の円滑な進行を図る．

(2) 配水管を断水して給水管を分岐する工事は，水道事業者との協議に基づいて，断水広報等を考慮した断水工事日を基準日として天候等を考慮した工程を組む．

(3) 契約書に定めた工期内に工事を完了するため，図面確認による水道事業者，建設業者，道路管理者，警察署等との調整に基づき工程管理計画を作成する．

(4) 工程管理を行うための工程表には，バーチャート，ネットワーク等がある．

問題 58 給水装置工事における使用材料に関する次の記述の［　　　］内に入る語句の組み合わせのうち，適当なものはどれか．

水道事業者は，［　ア　］による給水装置の損傷を防止するとともに，給水装置の損傷の復旧を迅速かつ適切に行えるようにするために，［　イ　］から［　ウ　］までの間の給水装置に用いる給水管及び給水用具について，その構造及び材質等を指定する場合がある．したがって，給水装置工事を受注した場合は，[　イ　]から[　ウ　]までの使用材料について水道事業者[　エ　]必要がある．

	ア	イ	ウ	エ
(1)	災害等	配水管への取付口	水道メーター	に確認する
(2)	災害等	宅地内	水道メーター	の承認を得る
(3)	品質不良	配水管への取付口	末端の給水器具	の承認を得る
(4)	品質不良	宅地内	水道メーター	の承認を得る
(5)	災害等	配水管への取付口	末端の給水器具	に確認する

問題 59　公道における給水装置工事の安全管理に関する次の記述の正誤の組み合わせのうち，適当なものはどれか．

ア　工事中，火気に弱い埋設物又は可燃性物質の輸送管等の埋設物に接近する場合は，溶接機，切断機等火気を伴う機械器具を使用しない．ただし，やむを得ない場合は，所管消防署と協議し，保安上必要な措置を講じてから使用する．

イ　工事の施行に当たっては，地下埋設物の有無を十分に調査するとともに，近接する埋設物がある場合は，道路管理者に立会いを求めその位置を確認し，埋設物に損傷を与えないよう注意する．

ウ　工事の施行に当たって掘削部分に各種埋設物が露出する場合には，防護協定などを遵守して措置し，当該埋設物管理者と協議のうえで適切な表示を行う．

エ　工事中，予期せぬ地下埋設物が見つかり，その管理者がわからないときには，安易に不明埋設物として処理するのではなく，関係機関に問い合わせるなど十分な調査を経て対応する．

	ア	イ	ウ	エ
(1)	誤	正	誤	正
(2)	誤	正	誤	誤
(3)	誤	誤	正	正
(4)	正	正	誤	正
(5)	正	誤	正	誤

問題 60 次のア～オの記述のうち，公衆災害に該当する組み合わせとして，<u>適当なものはどれか</u>．

ア　水道管を毀損したため，断水した．

イ　交通整理員が交通事故に巻き込まれ，死亡した．

ウ　作業員が掘削溝に転落し，負傷した．

エ　工事現場の仮舗装が陥没し，そこを通行した自転車が転倒し，負傷した．

オ　建設機械が転倒し，作業員が負傷した．

(1)　アとウ

(2)　アとエ

(3)　イとエ

(4)　イとオ

(5)　ウとオ

令和 3 年度
解答と解説

午前［学科試験 1］

◆公衆衛生概論

【問題 1】水道施設とその機能に関する問題である．

（1）（適当）

（2）（適当）

（3）（適当）

（4）（不適当）導水施設とは，取水施設を経た原水を浄水施設へ導くための施設である．設問の浄水を配水施設に導くは誤り．

（5）（適当）

答（4）

【問題 2】水道法第 4 条に規定する水質基準に関する問題である．

（1）（適当）

（2）（適当）

（3）（不適当）異常な臭味がないこと．ただし，消毒による臭味は除かれている．

（4）（適当）

（5）（適当）

答（3）

【問題 3】水道の利水障害に関する問題である．

（1）（不適当）藻類が繁殖すると有機物が産生され，これらが飲料水に混入するとカビ臭の原因となる．設問の着色の原因は誤り．

（2）（適当）

（3）（適当）

（4）（適当）

答（1）

◆水道行政

【問題 4】水質管理に関する問題である．

（1）（適当）

（2）（不適当）水道法施行規則第 15 条第 1 項では，1 日 1 回以上行う検査項目として，色および濁りならびに消毒の残留効果に関する検査を行わなければならないとある．ただし，設問の消毒の残留効果は，水質基準項目には含まれていない．

（3）（適当）

（4）（適当）

答（2）

【問題 5】指定給水装置工事事業者の 5 年ごとの更新時に，水道事業者が確認する事項に関する問題である．

ア （正）

イ （正）

ウ （正）

エ （正）

答（5）

【問題 6】水道法に規定する水道事業などの認可に関する問題である．

ア （正）

イ （誤）水道事業を経営しようとする者は，厚生労働大臣の認可が必要である．設問の市町村長の認可は誤り．

ウ （正）

エ （誤）専用水道は，水道法第 32 条などで都道府県知事の確認を受けることとなっている．設問の市町村長の認可は誤り．

答（2）

【問題 7】給水装置工事主任技術者について水道法に定められた事項に関する問題である．

ア （誤）指定給水装置工事事業者は，事業所ごとに，給水装置工事主任技術者を選任しなければならない．設問の工事ごとの選任は誤り．

イ （誤）指定給水装置工事事業者は，給水装置工事主任技術者を選任したときは，遅滞なく，その旨を水道事業者に届け出なければならない．設問の国に届け出るは誤り．

ウ （正）

エ （正）

答（4）

【問題 8】水道法第 19 条に規定する水道技術管理者の事務に関する問題である．

（1）（適当）

（2）（適当）

（3）（適当）

（4）（不適当）水道事業の予算・決算台帳の作成に関する事務は誤り．

（5）（適当）

答（4）

【問題 9】水道事業の経営全般に関する問題である．

（1）（適当）

（2）（適当）

（3）（適当）

（4）（不適当）水道法第 24 条の 4 第 1 項によれば，公共施設等運営権を設定しようとするときは，あらかじめ厚生労働大臣の許可を受けなければならない．設問の都道府県知事の認可は誤り．

答（4）

◆給水装置工事法

【問題10】水道法施行規則第 36 条第 1 項第 2 号の指定給水装置工事事業者における「事業の運営の基準」に関する問題である．

「適切に作業を行うことができる技能を有する者」とは，配水管への分水栓の取付け，配水管の(ア)穿孔，給水管の接合等の配水管から給水管を分岐する工事に係る作業及び当該分岐部から(イ)水道メーターまでの配管工事に係る作業について，当該(ウ)配水管その他の地下埋設物に変形，破損その他の異常を生じさせることがないよう，適切な資機材，工法，地下埋設物の防護の方法を選択し，(エ)正確な作業を実施できる者をいう．

答（5）

【問題11】配水管からの給水管の取出しに関する問題である．

ア　（正）

イ　（誤）異形管からの給水管の取出しは，行ってはならない．

ウ　（正）

エ　（誤）ダクタイル鋳鉄管の分岐穿孔に使用するサドル付分水栓用ドリルの

先端角は，一般的にモルタルライニング管が118°で，エポキシ樹脂粉体塗装管が90°～100°である．

答（３）

【問題12】ダクタイル鋳鉄管からのサドル付分水栓穿孔作業に関する問題である．

ア　(誤)サドル付分水栓を取り付ける前に，弁体が全開状態になっていることを確認する．設問の全閉状態は誤り．

イ　(正)

ウ　(誤)サドル付分水栓の吐水部または穿孔機の排水口に排水用ホースを連結し，下水溝などへ切粉を直接排水しないように，ホース先端はバケツなどの排水受けに差し込む．設問の下水溝に直接接続するは誤り．

エ　(誤)穿孔中はハンドルの回転が重く感じられる．設問のハンドルの回転が軽く感じられるは誤り．

答（１）

【問題13】止水栓の設置および給水管の防護に関する問題である．

ア　(正)

イ　(誤)給水管を建物の柱や壁などに添わせて配管する場合には，クリップなどのつかみ金具を使用し，管を１～2mの間隔で建物に固定する．設問の３～4mの間隔は誤り．

ウ　(正)

エ　(誤)給水管が水路を横断する場所にあっては，なるべく水路の下に設置する下越しとする．設問の原則として水路を上越しする設置は誤り．

答（３）

【問題14】水道メーターの設置に関する問題である．

（１）（適当）

（２）（適当）

（３）（適当）

（４）（不適当）集合住宅などの複数戸に直結増圧式などで給水する建物の親メーターにおいては，水道メーターの取替え時に断水するのを回避するため，メーターバイパスユニットを設置する．設問のウォーターハンマーを回避するは誤り．

（5）（適当）

答（4）

【問題15】「給水装置の構造及び材質の基準に関する省令」に関する問題である.

（1）（不適当）家屋の主配管とは，口径や流量が最大の給水管を指し，1階部分に布設された水道メーターと同口径の部分の配管が該当する．設問の配水管の取り出し管と同口径部分は誤り.

（2）（適当）

（3）（適当）

（4）（適当）

（5）（適当）

答（1）

【問題16】配管工事の留意点に関する問題である.

（1）（適当）

（2）（不適当）高水圧が生じる場所としては，配水管の位置に対して著しく低い場所にある給水装置などが挙げられるが，そのような場所には減圧弁を設置する．設問の逆止弁の設置は誤り.

（3）（適当）

（4）（適当）

（5）（適当）

答（2）

【問題17】給水管の接合に関する問題である.

ア　（誤）水道用ポリエチレン二層管の金属継手による接合において，樹脂製リングは割りのあるほうを袋ナット側に向ける．設問の割りのないほうは誤り.

イ　（誤）硬質塩化ビニルライニング鋼管のねじ継手に外面樹脂被覆継手を使用しない場合は，埋設の際，防食テープを巻くといった防食処理などを施す必要がある．設問の外面樹脂被覆継手を使用する場合は誤り.

ウ　（正）

エ　（正）

答（5）

【問題18】給水装置の維持管理に関する問題である.

（1）（適当）
（2）（適当）
（3）（適当）
（4）（適当）
（5）（不適当）給水装置工事主任技術者は，末端給水装置から供給された水道水の水質に関して異常があった場合，報告等をしなければならない．設問の指定給水装置工事事業者は誤り．

答（5）

【問題19】消防法の適用を受けるスプリンクラーに関する問題である．
（1）（適当）
（2）（適当）
（3）（適当）
（4）（適当）
（5）（不適当）水道直結式スプリンクラー設備の配管は，停滞水および空気の発生しない構造とする．設問の消火用水をできるだけ確保するために十分な水を貯留することのできる構造は誤り．

答（5）

◆給水装置の構造及び性能

【問題20】給水管および給水用具の耐圧，浸出以外に適用される性能基準に関する問題である．
（1）（不適当）給水管は，耐圧性能基準と浸出性能基準以外は適用外．
（2）（不適当）継手は，耐圧性能基準と浸出性能基準以外は適用外．
（3）（不適当）浄水器は，耐圧性能基準と浸出性能基準以外に，逆流防止性能基準が適用され，それ以外は適用外．
（4）（適当）

答（4）

【問題21】給水装置の水撃限界性能基準に関する問題である．
（1）（適当）
（2）（適当）
（3）（不適当）水撃限界性能基準は，水撃発生防止仕様の給水用具であるか否かを判断する基準であり，水撃作用を生じる給水用具がすべてこの基準を満たしていなければならないわけではない．水撃作用を生じるおそれがある場所に，この基準を満たしていない給水用具を設置する場合は，水撃防止器具を別途設置するなどの措置を講じることとされている．設問のすべての給水用具がこの基準を満たしていなければならないは誤り．

（4）（適当）

（5）（適当）

答（3）

【問題22】給水用具の逆流防止性能基準に関する問題である．

減圧式逆流防止器の逆流防止性能基準は，厚生労働大臣が定める逆流防止に関する試験により(ア)<u>3</u>キロパスカルおよび(イ)<u>1.5</u>メガパスカルの静水圧を(ウ)<u>1</u>分間加えたとき，水漏れ，変形，破損その他の異常を生じないとともに，厚生労働大臣が定める負圧破壊に関する試験により流入側からマイナス(エ)<u>54</u>キロパスカルの圧力を加えたとき，減圧式逆流防止器に接続した透明管内の水位の上昇が3ミリメートルを超えないこととされている．

答（3）

【問題23】給水装置の構造及び材質の基準に定める耐寒性能基準および耐寒性能試験に関する問題である．

ア　(誤)耐寒性能基準は，寒冷地仕様の給水用具か否かの判断基準であり，凍結のおそれがある場所において設置される給水用具がすべてこの基準を満たしていなければならないわけではない．凍結のおそれがある場所に，この基準を満たしていない給水用具を設置する場合は，別途，断熱材で被覆するなどの凍結防止措置を講じていればよい．設問のすべての給水用具がこの基準を満たしていなければならないは誤り．

イ　(正)

ウ　(正)

エ　(誤)耐寒性能基準においては，凍結防止の方法は水抜きに限定しないこととしている．

答（5）

【問題24】クロスコネクションおよび水の汚染防止に関する問題である．

ア　(誤)給水装置と受水槽以下の配管との接続はクロスコネクションである．

イ　(正)

ウ　(誤)シアンを扱う施設に近接した場所には，給水装置を設置してはならない(給水装置の構造及び材質の基準に関する省令第２条第３項)．設問の鋼管を使用して配管したは誤り．

エ　(正)

答(１)

【問題25】水の汚染防止に関する問題である．

（１）（適当）

（２）（適当）

（３）（不適当)洗浄弁，洗浄装置付便座，水洗便器のロータンク用ボールタップは，浸出性能基準の適用対象外である．

（４）（適当）

（５）（適当）

答(３)

【問題26】金属管の侵食に関する問題である．

（１）（適当）

（２）（適当）

（３）（適当）

（４）（不適当)鋼管が部分的にコンクリートと接触している場合，アルカリ性のコンクリートに接していない部分の電位が，コンクリートと接触している部分より高くなって腐食電池が形成され，土壌部分に接触している部分が侵食される．コンクリートと接触している部分が侵食されるは誤り．

（５）（適当）

答(４)

【問題27】凍結深度に関する問題である．

凍結深度は，(ア)地中温度が0℃になるまでの地表からの深さとして定義され，気象条件のほか，(イ)土質や含水率によって支配される．屋外配管は，凍結深度より(ウ)深く布設しなければならないが，下水道管などの地下埋設物の関係で，やむを得ず凍結深度より(エ)浅く布設する場合，または擁壁，側溝，水路などの側壁からの離隔が十分に取れない場合など凍結深度内に給水装置を設置する場合は，保温材(発泡スチロールなど)で適切な防寒措置を講じる．

答(3)

【問題28】給水装置の逆流防止に関する問題である．

(1) (不適当)バキュームブレーカの下端または逆流防止機能が働く位置と水受け容器の越流面との間隔は150mm以上確保する．設問の100mm以上は誤り．

(2) (適当)

(3) (適当)

(4) (適当)

(5) (適当)

答(1)

【問題29】給水装置の逆流防止に関する問題である．

呼び径が20mmを超え25mm以下のものについては，(ア)近接壁から吐水口の中心までの水平距離を(イ)50mm以上とし，(ウ)越流面から吐水口の(エ)最下端までの垂直距離は(オ)50mm以上とする．

答(3)

◆給水装置計画論

【問題30】給水方式に関する問題である．

ア (誤)直結式給水は，配水管の水圧で直結給水する方式(直結直圧式)と，直結加圧形ポンプユニットを設置して給水する方式(直結増圧式)がある．設問の給水管の途中に圧力水槽を設置する方式は誤り．

イ (正)

ウ (誤)受水槽式給水は，配水管から分岐し受水槽に受け，この受水槽から給水する方式であり，受水槽への流入口までが給水装置である．設問の受水槽流出口までは誤り．

エ (正)

答(5)

【問題31】給水方式の決定に関する問題である．

(1) (適当)

(2) (不適当)一時に多量の水を使用するときなどに，配水管の水圧低下を引き起こすおそれがある場合は，受水槽式の適用となる．設問の直結・受水槽併用式給水は誤り.

（3）（適当）

（4）（適当）

（5）（適当）

答（2）

【問題32】受水槽式給水に関する問題である.

（1）（適当）

（2）（適当）

（3）（適当）

（4）（不適当）圧力水槽式は，受水槽に受水した後，ポンプで圧力水槽に貯えて内部圧力により給水する方式である．設問のポンプで高置水槽へ汲み上げ，自然流下により給水するのは．高置水槽式である.

（5）（適当）

答（4）

【問題33】直結式給水による集合住宅の同時使用水量を求める問題である.

同時使用水量は，標準化した同時水量による算出方法で求めることとなっており，以下の式で計算できる.

同時使用水量＝末端給水用具の全使用水量÷末端給水用具数×同時使用水量比

表－1より，1戸当たりの末端給水用具の全使用水量は，

25＋25＋10＋40＋15＋5＝120〔L/(min・戸)〕

また，1戸当たりの給水用具個数は6個であり，表－2より，同時使用水量比は2.4である．これらの数値を先の同時使用水量を求める式に代入して，

120〔L/(min・戸)〕÷ 6〔個〕×2.4＝48〔L/(min・戸)〕

表－3より，15戸の同時使用戸数率は80％であるから，その同時使用水量は，

48〔L/(min・戸)〕×0.8 ×15〔戸〕＝576〔L/min〕

答（1）

【問題34】受水槽容量に関する問題である.

総戸数100戸の居住人員は，

3〔人〕×40〔戸〕＋4〔人〕×60〔戸〕＝360〔人〕

全100戸の1日当たりの使用水量は，

$$360〔人〕\times 250〔L/(人\cdot日)〕= 90\,000〔L/日〕$$
$$= 90〔m^3/日〕$$

受水槽容量の範囲は基本的に1日の使用水量の4/10～6/10であることから，以下の範囲となる．

$$90〔m^3〕\times 0.4 = 36〔m^3〕$$
$$90〔m^3〕\times 0.6 = 54〔m^3〕$$

答（４）

【問題35】給水管（口径25mm）の管路間の総損失水頭を求める問題である．

図－１より，管路の延長は，

$$5+1+7+2+5 = 20〔m〕$$

流量が48L/minであり，管口径25mmであることから，図－２の縦軸の流量48L/min（＝0.8L/sec）の水平線とD＝25mmの斜線との交点から垂線を下におろすと，動水勾配は150‰と読み取れる．したがって，管路の損失水頭は，

$$20〔m〕\times \frac{150}{1\,000} = 3.0〔m〕$$

図－１より，AからFに向かう管路の高低差は合計3mであることから，管路の総損失水頭は，

$$3.0〔m〕+ 3〔m〕= 6.0〔m〕$$

答（２）

◆給水装置工事事務論

【問題36】労働安全衛生法上，酸素欠乏危険場所で作業する場合に関する問題である．

（１）（適当）

（２）（適当）

（３）（適当）

（４）（不適当）事業者は，作業場所の空気中の酸素濃度を18%以上である状態に保つように換気しなければならない（酸素欠乏症等規則第２条）．設問の16%以上は誤り．

（５）（適当）

答(4)

【問題37】建築物に設ける飲料水の配管設備に関する問題である.

ア (正)

イ (正)

ウ (誤)建築基準法施行令第129条の2の4第2項第1号では, 飲料水の配管設備とその他の配管設備とは直接連結させないこととなっている.

エ (誤)給水タンク内部に飲料水以外の配管設備を設けてはならないこととなっている(平成22年度国土交通省告示第243号).

答(2)

【問題38】給水装置用材料の基準適合品の確認方法に関する問題である.

給水装置用材料が使用可能か否かは, 給水装置の構造及び材質の基準に関する省令に適合しているか否かであり, これを消費者, 指定給水装置工事事業者, 水道事業者などが判断することとなる. この判断のために製品などに表示している(ア)認証マークがある.

また, 制度の円滑な実施のために(イ)厚生労働省では製品ごとの(ウ)性能基準への適合性に関する情報が全国的に利用できるよう(エ)給水装置データベースを構築している.

答(4)

【問題39】給水装置工事主任技術者に求められる知識と技能に関する問題である.

(1) (適当)

(2) (適当)

(3) (不適当)給水条例などの名称で制定されている供給規程には, 給水装置工事等に関わる事項が定められている. 設問の給水要綱は誤り.

(4) (適当)

答(3)

【問題40】一般建設業において営業所ごとに専任する一定の資格と実務経験を有する者について, 管工事業で実務経験と認定される資格などに関する問題である.

(1) (適当)

(2) (適当)

（3）（不適当）実務経験者とは，給水装置工事主任技術者免状の交付を受けた後，管工事に関し 1 年以上の実務経験を有する者である．設問の主任技術者試験に合格した後は誤り．

（4）（適当）

答（3）

午後［学科試験 2］

◇給水装置の概要

【問題41】給水管に関する問題である．

（1）（適当）

（2）（適当）

（3）（適当）

（4）（適当）

（5）（不適当）銅管は，アルカリに侵されないが，遊離炭酸の多い水には適さない．設問の適しているは誤り．

答（5）

【問題42】給水装置に関する問題である．

（1）（適当）

（2）（不適当）給湯用加圧装置は，貯湯湯沸器の二次側に設置する．設問の一次側に設置は誤り．

（3）（適当）

（4）（適当）

（5）（適当）

答（2）

【問題43】硬質塩化ビニル管の施工上の注意点に関する問題である．

（1）（適当）

（2）（適当）

（3）（適当）

（4）（不適当）接着接合後，通水確認または水圧試験を実施する場合，使用する接着剤の施工要領を厳守して，接着後 24 時間以上経過して実施することになっている．設問の接着後 12 時間は誤り．

答(4)

【問題44】給水用具に関する問題である.

①甲形止水栓は，止水部が落としこま構造であり，損失水頭はきわめて(ア)大きい.

②(イ)リフト式逆止弁は，弁体が弁箱または蓋に設けられたガイドによって弁座に対し垂直に作動し，弁体の自重で閉止の位置に戻る構造の逆止弁である.

③(ウ)バキュームブレーカは，給水管内に負圧が生じたとき，逆止弁により逆流を防止するとともに，逆止弁より二次側(流出側)の負圧部分へ自動的に空気を取り入れ，負圧を破壊する機能を持つ給水用具である.

④(エ)空気弁は，管頂部に設置し，管内に停滞した空気を自動的に排出する機能を持つ給水用具である.

答(3)

【問題45】給水用具に関する問題である.

ア　(正)

イ　(正)

ウ　(誤)設問は安全弁の機能の説明である.

エ　(誤)ボール止水栓は，弁体が球状のため，90°回転で全開することのできる構造であり，全開時の損失水頭はきわめて小さい. 設問の損失水頭がきわめて大きいは誤り.

答(2)

【問題46】給水用具に関する問題である.

ア　(正)

イ　(誤)ミキシングバルブは，湯・水配管の途中に取り付けて，湯と水を混合し，設定温度の湯を吐水する給水用具であり，ハンドル式とサーモスタット式がある. また，逆止弁が内蔵されたものと設置される直近の配管に逆止弁を設けるものがある. 設問の2ハンドル式とシングルレバー式があるは誤り.

ウ　(誤)逆止弁付メーターパッキンは，配管接合部をシールするメーター用パッキンにスプリング式の逆流防止弁を兼ね備えた構造である. 水道メーター交換時には必ず取り換えなければならない. 設問の2年に1回交換するは誤り.

エ　(正)

答 (2)

【問題47】給水用具に関する問題である.

ア　(正)

イ　(正)

ウ　(正)

エ　(誤)大便器洗浄弁は，大便器の洗浄に用いる給水用具であり，また，洗浄管を介して大便器に直結されるため，瞬間的に多量の水を必要とするので，配管は口径 25mm 以上としなければならない．設問の口径 20mm は誤り.

答 (4)

【問題48】給水用具に関する問題である.

(1)　(不適当)ダイヤフラム式ボールタップの機構は，圧力内部の圧力変化を利用してダイヤフラムを動かすことにより，吐水・止水を行うものである．止水間際にチョロチョロ水が流れたり絞り音が生じたりすることはない.

(2)　(適当)

(3)　(適当)

(4)　(適当)

答 (1)

【問題49】湯沸器に関する問題である.

ア　(正)

イ　(誤)設問は自然冷媒ヒートポンプ給湯機の説明である.

ウ　(誤)地中熱利用ヒートポンプシステムには，地中の熱を間接的に利用するクローズドループと地下水の熱を直接的に利用するオープンループがある.

エ　(正)

答 (5)

【問題50】浄水器に関する問題である.

浄水器は，水栓の流入側に取り付けられ常時水圧が加わる(ア)先止め式と，水栓の流出側に取り付けられ常時水圧が加わらない(イ)元止め式がある.

(イ)元止め式については，浄水器と水栓が一体として製造・販売されているもの(ビルトイン型またはアンダーシンク型)は給水用具に該当(ウ)する．浄水器単独で製造・販売され，消費者が取付けを行うもの(給水栓直結型および据え置き型)は給水用具に該当(エ)しない．

答（1）

【問題51】直結加圧形ポンプユニットに関する問題である．

（1）（適当）

（2）（適当）

（3）（適当）

（4）（不適当）直結加圧形ポンプユニットの圧力タンクは，停電によりポンプが停止したときに水を供給するためのものではない．起動時・停止時の圧力変動と定常運転時の圧力脈動を抑制するものである．

（5）（適当）

答（4）

【問題52】水道メーターに関する問題である．

ア （正）

イ （正）

ウ （正）

エ （正）

答（5）

【問題53】水道メーターに関する問題である．

ア （誤）たて形軸流羽根車式は，メーターケースに流入した水流が，整流器を通って，垂直に設置された螺旋状羽根車に沿って流れ，水の流れがメーター内で迂流するため損失水頭が大きい．設問の損失水頭が小さいは誤り．

イ （正）

ウ （誤）設問は，水道メーターの遠隔表示装置の電子式表示方法の説明である．

エ （正）

答（5）

【問題54】給水用具の故障と対策に関する問題である．

（1）（適当）

（2）（不適当）ピストン式定水位弁の故障で水が出なくなったので原因を

調査した．その結果，ストレーナーに異物が詰まっていたので，分解して清掃した．設問の新品のピストン式定水位弁と取り替えたは誤り．

（3）（適当）

（4）（適当）

（5）（適当）

答（2）

【問題55】給水用具の故障と対策に関する問題である．

ア　(誤)ボールタップ付ロータンクの故障で水が止まらないので原因を調査した．その結果，弁座への異物のかみ込みがあったので，分解して異物を取り除いた．設問の新しいフロート弁に交換したは誤り．

イ　(正)

ウ　(正)

エ　(誤)受水槽のオーバーフロー管から常に水が流れていたので原因を調査した．その結果，ピストンバルブと弁座が損傷していたので．ボールタップを取り替えた．設問のパッキンを取り替えたは誤り．

答（1）

◆給水装置施工管理法

【問題56】給水装置工事の施工管理に関する問題である．

ア　(正)

イ　(正)

ウ　(正)

エ　(正)

答（5）

【問題57】給水装置工事における工程管理に関する問題である．

（1）（適当）

（2）（適当）

（3）（不適当）契約書に定めた工期内に工事を完了するため，事前準備の現地調査や水道事業者，建設業者，道路管理者，警察署などとの調整に基づき，工程管理計画を作成する．設問の図面確認による調整に基づきは誤り．

（4）（適当）

答（3）

【問題58】給水装置工事における使用材料に関する問題である.

水道事業者は，(ア)災害等による給水装置の損傷を防止するとともに，給水装置の損傷の復旧を迅速かつ適切に行えるようにするために，(イ)配水管への取付口から(ウ)水道メーターまでの間の給水装置に用いる給水管および給水用具について，その構造および材質などを指定する場合がある．したがって，給水装置工事を受注した場合は，(イ)配水管への取付口から(ウ)水道メーターまでの使用材料について水道事業者(エ)に確認する.

答（1）

【問題59】公道における給水装置工事の安全管理に関する問題である.

ア　(誤)工事中，火気に弱い埋設物または可燃性物質の輸送管などの埋設物に接近する場合は，溶接機，切断機など火気を伴う機械器具を使用しない．ただし，やむを得ない場合は，当該埋設物管理者と協議し，保安上必要な措置を講じてから使用する．設問の所管消防署との協議は誤り.

イ　(誤)工事の施行に当たっては，地下埋設物の有無を十分に調査するとともに，近接する埋設物がある場合は，その埋設物の管理者に立会いを求め，その位置を確認し，埋設物に損傷を与えないよう注意する．設問の道路管理者に立合いを求めるは誤り.

ウ　(正)

エ　(正)

答（3）

【問題60】公衆災害に関する問題である.

公衆災害とは「当該工事の関係者以外の第三者(公衆)に対する生命，身体及び財産に関する危害並びに迷惑をいう」(建設工事公衆災害防止対策要綱土木工事編(令和元年 9 月 2 日国土交通省告示第 496 号)と定義されている.

ここでの迷惑には，騒音，振動，ほこり，においなどのほか，水道，電気などの施設の毀損による断水や停電も含まれ，設問のアとエの組み合わせが適当である.

答（2）

第 24 回（令和 2 年度）

給水装置工事主任技術者試験 問題

有効受験者数11,238名／合格者数4,889名／合格率43.5%

午前(10：00～12：30) **[学科試験 1]**

- 公衆衛生概論(3 問)
- 水道行政(6 問)
- 給水装置工事法(10問)
- 給水装置の構造及び性能(10問)
- 給水装置計画論(6 問)
- 給水装置工事事務論(5 問)

◇公衆衛生概論

問題 1 化学物質の飲料水への汚染原因と影響に関する次の記述のうち，不適当なものはどれか.

（1）水道原水中の有機物と浄水場で注入される凝集剤とが反応し，浄水処理や給配水の過程で，発がん性物質として疑われるトリハロメタン類が生成する.

（2）ヒ素の飲料水への汚染は，地質，鉱山排水，工場排水等に由来する. 海外では，飲料用の地下水や河川水がヒ素に汚染されたことによる，慢性中毒症が報告されている.

（3）鉛製の給水管を使用すると，鉛は pH 値やアルカリ度が低い水に溶出しやすく，体内への蓄積により毒性を示す.

（4）硝酸態窒素及び亜硝酸態窒素は，窒素肥料，家庭排水，下水等に由来する. 乳幼児が経口摂取することで，急性影響としてメトヘモグロビン血症によるチアノーゼを引き起こす.

問題 2 水道の利水障害（日常生活での水利用への差し障り）とその原因物質に関する次の組み合わせのうち，不適当なものはどれか.

	利水障害	原因物質
（1）	泡だち	界面活性剤
（2）	味	亜鉛，塩素イオン
（3）	カビ臭	アルミニウム，フッ素
（4）	色	鉄，マンガン

問題 3 残留塩素と消毒効果に関する次の記述のうち，不適当なものはどれか．

（1）残留塩素とは，消毒効果のある有効塩素が水中の微生物を殺菌消毒したり，有機物を酸化分解した後も水中に残留している塩素のことである．

（2）給水栓における水は，遊離残留塩素が0.4mg/L以上又は結合残留塩素が0.1mg/L以上を保持していなくてはならない．

（3）塩素系消毒剤として使用されている次亜塩素酸ナトリウムは，光や温度の影響を受けて徐々に分解し，有効塩素濃度が低下する．

（4）残留塩素濃度の測定方法の一つとして，ジエチル-*p*-フェニレンジアミン（DPD）と反応して生じる桃～桃赤色を標準比色液と比較して測定する方法がある．

◇水道行政

問題 4 水質管理に関する次の記述のうち，不適当なものはどれか．

（1）水道事業者は，毎事業年度の開始前に水質検査計画を策定しなければならない．

（2）水道事業者は，供給される水の色及び濁り並びに消毒の残留効果に関する検査を，3日に1回以上行わなければならない．

（3）水道事業者は，水質基準項目に関する検査を，項目によりおおむね1カ月に1回以上，又は3カ月に1回以上行わなければならない．

（4）水道事業者は，その供給する水が人の健康を害するおそれのあることを知ったときは，直ちに給水を停止し，かつ，その水を使用することが危険である旨を関係者に周知させる措置を講じなければならない．

（5）水道事業者は，水道の取水場，浄水場又は配水池において業務に従事している者及びこれらの施設の設置場所の構内に居住している者について，厚生労働省令の定めるところにより，定期及び臨時の健康診断を行わなければならない．

問題 5 **簡易専用水道の管理基準に関する次の記述のうち，不適当なものはどれか．**

（1）水槽の掃除を２年に１回以上定期に行う．

（2）有害物や汚水等によって水が汚染されるのを防止するため，水槽の点検等を行う．

（3）給水栓により供給する水に異常を認めたときは，必要な水質検査を行う．

（4）供給する水が人の健康を害するおそれがあることを知ったときは，直ちに給水を停止する．

問題 6 **平成 30 年に一部改正された水道法に関する次の記述のうち，不適当なものはどれか．**

（1）国，都道府県及び市町村は水道の基盤の強化に関する施策を策定し，推進又は実施するよう努めなければならない．

（2）国は広域連携の推進を含む水道の基盤を強化するための基本方針を定め，都道府県は基本方針に基づき，関係市町村及び水道事業者等の同意を得て，水道基盤強化計画を定めることができる．

（3）水道事業者は，水道施設を適切に管理するための水道施設台帳を作成，保管しなければならない．

（4）指定給水装置工事事業者の５年更新制度が導入されたことに伴って，その指定給水装置工事事業者が選任する給水装置工事主任技術者も５年ごとに更新を受けなければならない．

問題 7 **指定給水装置工事事業者の５年ごとの更新時に，水道事業者が確認することが望ましい事項に関する次の記述の正誤の組み合わせのうち，適当なものはどれか．**

ア　指定給水装置工事事業者の講習会の受講実績

イ　指定給水装置工事事業者の受注実績

ウ　給水装置工事主任技術者等の研修会の受講状況

エ　適切に作業を行うことができる技能を有する者の従事状況

	ア	イ	ウ	エ
(1)	正	誤	正	正
(2)	誤	正	正	誤
(3)	正	誤	正	誤
(4)	誤	誤	誤	正

問題8　**水道法第14条の供給規程に関する次の記述の正誤の組み合わせのうち，適当なものはどれか．**

ア　水道事業者は，料金，給水装置工事の費用の負担区分その他の供給条件について，供給規程を定めなければならない．

イ　水道事業者は，供給規程を，その実施の日以降に速やかに一般に周知させる措置をとらなければならない．

ウ　供給規程は，特定の者に対して不当な差別的取扱いをするものであってはならない．

エ　専用水道が設置される場合においては，専用水道に関し，水道事業者及び当該専用水道の設置者の責任に関する事項が，供給規程に適正，かつ，明確に定められている必要がある．

	ア	イ	ウ	エ
(1)	正	正	誤	誤
(2)	誤	正	正	誤
(3)	正	誤	正	正
(4)	誤	正	誤	正
(5)	正	誤	正	誤

問題9　**水道法第15条の給水義務に関する次の記述の正誤の組み合わせのうち，適当なものはどれか．**

ア　水道事業者は，当該水道により給水を受ける者が正当な理由なしに給水装置の検査を拒んだときには，供給規程の定めるところにより，その者に対する給水を停止することができる．

イ　水道事業者は，災害その他正当な理由があってやむを得ない場合には，給水区域の全部又は一部につきその間給水を停止することができる．

ウ　水道事業者は，事業計画に定める給水区域外の需要者から給水契約の申込みを受けたとしても，これを拒んではならない．

エ　水道事業者は，給水区域内であっても配水管が未布設である地区からの給水の申込みがあった場合，配水管が布設されるまでの期間の給水契約の拒否等，正当な理由がなければ，給水契約を拒むことはできない．

	ア	イ	ウ	エ
(1)	誤	正	正	誤
(2)	正	正	誤	正
(3)	正	誤	誤	正
(4)	誤	正	誤	正
(5)	正	誤	正	誤

◇給水装置工事法

問題 10　水道法施行規則第 36 条の指定給水装置工事事業者の事業の運営に関する次の記述の[　　　]内に入る語句の組み合わせのうち，正しいものはどれか．

法施行規則第 36 条第 1 項第 2 号における「適切に作業を行うことができる技能を有する者」とは，配水管への分水栓の取付け，配水管の穿孔，給水管の接合等の配水管から給水管を分岐する工事に係る作業及び当該分岐部分から[　ア　]までの配管工事に係る作業について，配水管その他の地下埋設物に変形，破損その他の異常を生じさせることがないよう，適切な[　イ　]，[　ウ　]，地下埋設物の[　エ　]の方法を選択し，正確な作業を実施することができる者をいう．

	ア	イ	ウ	エ
(1)	水道メーター	資機材	工法	防護
(2)	止　水　栓	材　料	工程	防護

(3)	水道メーター	材　料	工程	移設
(4)	止　水　栓	資機材	工法	移設

問題 11 **配水管からの給水管の取出し方法に関する次の記述のうち，不適当なものはどれか．**

(1) サドル付分水栓によるダクタイル鋳鉄管の分岐穿孔に使用するドリルは，モルタルライニング管の場合とエポキシ樹脂粉体塗装管の場合とで形状が異なる．

(2) サドル付分水栓の穿孔作業に際し，サドル付分水栓の吐水部へ排水ホースを連結させ，ホース先端は下水溝などへ直接接続し確実に排水する．

(3) ダクタイル鋳鉄管に装着する防食コアは非密着形と密着形があるが，挿入機は製造業者及び機種等により取扱いが異なるので，必ず取扱説明書をよく読んで器具を使用する．

(4) 割T字管は，配水管の管軸水平部にその中心がくるように取付け，給水管の取出し方向及び割T字管が管水平方向から見て傾きがないか確認する．

問題 12 **サドル付分水栓穿孔工程に関する(1)から(5)までの手順の記述のうち，不適当なものはどれか．**

(1) 配水管がポリエチレンスリーブで被覆されている場合は，サドル付分水栓取付け位置の中心線より20cm程度離れた両位置を固定用ゴムバンド等により固定してから，中心線に沿って切り開き，固定した位置まで折り返し，配水管の管肌をあらわす．

(2) サドル付分水栓のボルトナットの締め付けは，全体に均一になるように行う．

(3) サドル付分水栓の頂部のキャップを取外し，弁（ボール弁又はコック）の動作を確認してから弁を全閉にする．

(4) サドル付分水栓の頂部に穿孔機を静かに載せ，サドル付分水栓と一体となるように固定する．

(5)穿孔作業は，刃先が管面に接するまでハンドルを静かに回転させ，穿孔を開始する．最初はドリルの芯がずれないようにゆっくりとドリルを下げる．

問題 13 **給水管の埋設深さ及び占用位置に関する次の記述の[　　　]内に入る語句の組み合わせのうち，正しいものはどれか．**

道路法施行令第 11 条の 3 第 1 項第 2 号ロでは，埋設深さについて「水管又はガス管の本線の頂部と路面との距離が[　ア　](工事実施上やむを得ない場合にあっては[　イ　]) を超えていること」と規定されている．しかし，他の埋設物との交差の関係等で，土被りを標準又は規定値まで取れない場合は，[　ウ　]と協議することとし，必要な防護措置を施す．

宅地内における給水管の埋設深さは，荷重，衝撃等を考慮して[　エ　]以上を標準とする．

	ア	イ	ウ	エ
(1)	1.5 m	0.9 m	道路管理者	0.5 m
(2)	1.2 m	0.9 m	水道事業者	0.5 m
(3)	1.2 m	0.6 m	道路管理者	0.3 m
(4)	1.5 m	0.6 m	水道事業者	0.3 m
(5)	1.2 m	0.9 m	道路管理者	0.5 m

問題 14 **給水管の明示に関する次の記述のうち，不適当なものはどれか．**

(1)道路部分に布設する口径 75mm 以上の給水管に明示テープを設置する場合は，明示テープに埋設物の名称，管理者，埋設年度を表示しなければならない．

(2)宅地部分に布設する給水管の位置については，維持管理上必要がある場合には，明示杭等によりその位置を明示することが望ましい．

(3)掘削機械による埋設物の毀損事故を防止するため，道路内に埋設する際は水道事業者の指示により，指定された仕様の明示シートを指示された位置に設置する．

(4)水道事業者によっては，管の天端部に連続して明示テープを設置することを義務付けている場合がある.

(5)明示テープの色は，水道管は青色，ガス管は黄色，下水道管は緑色とされている.

問題 15 **水道メーターの設置に関する次の記述の正誤の組み合わせのうち，適当なものはどれか.**

ア　水道メーターの呼び径が 13 ～ 40mm の場合は，金属製，プラスチック製又はコンクリート製等のメーターボックス（ます）とする.

イ　メーターボックス（ます）及びメーター室は，水道メーター取替え作業が容易にできる大きさとし，交換作業の支障になるため，止水栓を設置してはならない.

ウ　水道メーターの設置に当たっては，メーターに表示されている流水方向の矢印を確認した上で水平に取り付ける.

エ　新築の集合住宅等の各戸メーターの設置には，メーターバイパスユニットを使用する建物が多くなっている.

	ア	イ	ウ	エ
(1)	誤	正	誤	正
(2)	正	誤	正	誤
(3)	誤	誤	正	誤
(4)	正	正	誤	正
(5)	正	誤	正	正

問題 16 **給水装置の異常現象に関する次の記述のうち，不適当なものはどれか.**

(1)既設給水管に亜鉛めっき鋼管が使用されていると，内部に赤錆が発生しやすく，年月を経るとともに給水管断面が小さくなるので出水不良を起こすおそれがある.

(2)水道水が赤褐色になる場合は，水道管内の錆が剥離・流出したものである.

(3)配水管の工事等により断水すると，通水の際スケール等が水道メーターのストレーナに付着し出水不良となることがあるので，この場合はストレーナを清掃する．

(4)配水管工事の際に水道水に砂や鉄粉が混入した場合，給水用具を損傷することもあるので，まず給水栓を取り外して，管内からこれらを除去する．

(5)水道水から黒色の微細片が出る場合，止水栓や給水栓に使われているパッキンのゴムやフレキシブル管の内層部の樹脂等が劣化し，栓の開閉を行った際に細かく砕けて出てくるのが原因だと考えられる．

問題 17　配管工事の留意点に関する次の記述のうち，不適当なものはどれか．

(1)地階あるいは2階以上に配管する場合は，原則として各階ごとに逆止弁を設置する．

(2)行き止まり配管の先端部，水路の上越し部，鳥居配管となっている箇所等のうち，空気溜まりを生じるおそれがある場所などで空気弁を設置する．

(3)給水管を他の埋設管に近接して布設すると，漏水によるサンドブラスト（サンドエロージョン）現象により他の埋設管に損傷を与えるおそれがあることなどのため，原則として30cm 以上離隔を確保し配管する．

(4)高水圧を生じるおそれのある場所には，減圧弁を設置する．

(5)宅地内の配管は，できるだけ直線配管とする．

問題 18　消防法の適用を受けるスプリンクラーに関する次の記述のうち，不適当なものはどれか．

(1)水道直結式スプリンクラー設備の工事は，水道法に定める給水装置工事として指定給水装置工事事業者が施工する．

(2)災害その他正当な理由によって，一時的な断水や水圧低下等により水道直結式スプリンクラー設備の性能が十分発揮されない状況が生じても水道事業者に責任がない．

(3)湿式配管による水道直結式スプリンクラー設備は，停滞水が生じないよう日常生活において常時使用する水洗便器や台所水栓等の末端給水栓までの配管途中に設置する.

(4)乾式配管による水道直結式スプリンクラー設備は，給水管の分岐から電動弁までの間の停滞水をできるだけ少なくするため，給水管分岐部と電動弁との間を短くすることが望ましい.

(5)水道直結式スプリンクラー設備の設置に当たり，分岐する配水管からスプリンクラーヘッドまでの水理計算及び給水管，給水用具の選定は，給水装置工事主任技術者が行う.

問題 19 **給水管の配管工事に関する次の記述のうち，不適当なものはどれか.**

(1)水道用ポリエチレン二層管（1種管）の曲げ半径は，管の外径の25倍以上とする.

(2)水道配水用ポリエチレン管の曲げ半径は，長尺管の場合には外径の30倍以上，5m管と継手を組み合わせて施工の場合には外径の75倍以上とする.

(3)ステンレス鋼鋼管を曲げて配管するとき，継手の挿し込み寸法等を考慮して，曲がりの始点又は終点からそれぞれ10cm以上の直管部分を確保する.

(4)ステンレス鋼鋼管を曲げて配管するときの曲げ半径は，管軸線上において，呼び径の10倍以上とする.

◇給水装置の構造及び性能

問題 20 **水道法第17条（給水装置の検査）の次の記述において[　　　]内に入る語句の組み合わせのうち，正しいものはどれか.**

水道事業者は，[　ア　]，その職員をして，当該水道によって水の供給を受ける者の土地又は建物に立ち入り，給水装置を検査させることができる. ただし，人の看守し，若しくは人の住居に使用する建物又は[　イ　]に立ち入るときは，その看守者，居住者又は[　ウ　]の同意を得なければならない.

	ア	イ	ウ
(1)	年末年始以外に限り	閉鎖された門内	土地又は建物の所有者

(2)	日出後日没前に限り	施錠された門内	土地又は建物の所有者
(3)	年末年始以外に限り	施錠された門内	これらに代るべき者
(4)	日出後日没前に限り	閉鎖された門内	これらに代るべき者

問題 21 **給水装置の構造及び材質の基準に関する次の記述のうち，不適当なものはどれか.**

(1)最終の止水機構の流出側に設置される給水用具は，高水圧が加わらないことなどから耐圧性能基準の適用対象から除外されている.

(2)パッキンを水圧で圧縮することにより水密性を確保する構造の給水用具は，耐圧性能試験により 0.74 メガパスカルの静水圧を 1 分間加えて異常が生じないこととされている.

(3)給水装置は，厚生労働大臣が定める耐圧に関する試験により 1.75 メガパスカルの静水圧を 1 分間加えたとき，水漏れ，変形，破損その他の異常を生じないこととされている.

(4)家屋の主配管は，配管の経路について構造物の下の通過を避けること等により漏水時の修理を容易に行うことができるようにしなければならない.

問題 22 **配管工事後の耐圧試験に関する次の記述のうち，不適当なものはどれか.**

(1)配管工事後の耐圧試験の水圧は，水道事業者が給水区域内の実情を考慮し，定めることができる.

(2)給水装置の接合箇所は，水圧に対する充分な耐力を確保するためにその構造及び材質に応じた適切な接合が行われているものでなければならない.

(3)水道用ポリエチレン二層管，水道給水用ポリエチレン管，架橋ポリエチレン管，ポリブテン管の配管工事後の耐圧試験を実施する際は，管が膨張し圧力が低下することに注意しなければならない.

(4)配管工事後の耐圧試験を実施する際は，分水栓，止水栓等止水機能のある給水用具の弁はすべて「閉」状態で実施する.

(5)配管工事後の耐圧試験を実施する際は，加圧圧力や加圧時間を適切な大きさ，長さにしなくてはならない．過大にすると柔軟性のある合成樹脂管や分水栓等の給水用具を損傷するおそれがある．

問題 23　給水装置の浸出性能基準に関する次の記述の正誤の組み合わせのうち，適当なものはどれか．

ア　浸出性能基準は，給水装置から金属等が浸出し，飲用に供される水が汚染されることを防止するためのものである．

イ　金属材料の浸出性能試験は，最終製品で行う器具試験のほか，部品試験や材料試験も選択することができる．

ウ　浸出性能基準の適用対象外の給水用具の例として，ふろ用の水栓，洗浄便座，ふろ給湯専用の給湯機があげられる．

エ　営業用として使用される製氷機は，給水管との接続口から給水用具内の水受け部への吐水口までの間の部分について評価を行えばよい．

	ア	イ	ウ	エ
(1)	正	正	誤	正
(2)	正	誤	正	正
(3)	誤	誤	誤	正
(4)	正	正	正	誤
(5)	誤	正	誤	誤

問題 24　水撃作用の防止に関する次の記述の正誤の組み合わせのうち，適当なものはどれか．

ア　水撃作用の発生により，給水管に振動や異常音がおこり，頻繁に発生すると管の破損や継手の緩みを生じ，漏水の原因ともなる．

イ　空気が抜けにくい鳥居配管がある管路は水撃作用が発生するおそれがある．

ウ　水撃作用の発生のおそれのある箇所には，その直後に水撃防止器具を設置する．

エ　水槽にボールタップで給水する場合は，必要に応じて波立ち防止板などを設置することが水撃作用の防止に有効である.

	ア	イ	ウ	エ
(1)	正	誤	誤	正
(2)	正	正	誤	正
(3)	誤	正	正	誤
(4)	誤	誤	正	誤
(5)	正	誤	正	正

問題 25　給水装置の逆流防止に関する次の記述のうち，不適当なものはどれか.

(1)水が逆流するおそれのある場所に，給水装置の構造及び材質の基準に関する省令に適合したバキュームブレーカを設置する場合は，水受け容器の越流面の上方 150mm 以上の位置に設置する.

(2)吐水口を有する給水装置から浴槽に給水する場合は，越流面からの吐水口空間は 50mm 以上を確保する.

(3)吐水口を有する給水装置からプール等の波立ちやすい水槽に給水する場合は，越流面からの吐水口空間は100mm以上を確保する.

(4)逆止弁は，逆圧により逆止弁の二次側の水が一次側に逆流するのを防止する給水用具である.

問題 26　寒冷地における凍結防止対策として設置する水抜き用の給水用具の設置に関する次の記述のうち，不適当なものはどれか.

(1)水抜き用の給水用具は水道メーター上流側に設置する.

(2)水抜き用の給水用具の排水口付近には，水抜き用浸透ますの設置又は切込砂利等により埋戻し，排水を容易にする.

(3)汚水ます等に直接接続せず，間接排水とする.

(4)水抜き用の給水用具以降の配管は，できるだけ鳥居配管やU字形の配管を避ける.

(5)水抜き用の給水用具以降の配管が長い場合には，取外し可能なユニオン，フランジ等を適切な箇所に設置する.

問題 27 **給水装置の耐寒に関する基準に関する次の記述において，[　　　] 内に入る数値の組み合わせのうち，正しいものはどれか．**

屋外で気温が著しく低下しやすい場所その他凍結のおそれのある場所に設置されている給水装置のうち，減圧弁，逃し弁，逆止弁，空気弁及び電磁弁にあっては，厚生労働大臣が定める耐久に関する試験により[　ア　]万回の開閉操作を繰り返し，かつ，厚生労働大臣が定める耐寒に関する試験により[　イ　]度プラスマイナス[　ウ　]度の温度で[　エ　]時間保持した後通水したとき，当該給水装置に係る耐圧性能，水撃限界性能，逆流防止性能及び負圧破壊性能を有するものでなければならないとされている．

	ア	イ	ウ	エ
(1)	1	0	5	1
(2)	1	−20	2	2
(3)	10	−20	2	1
(4)	10	0	2	2
(5)	10	0	5	1

問題 28 **飲用に供する水の汚染防止に関する次の記述の正誤の組み合わせのうち，適当なものはどれか．**

ア　末端部が行き止まりとなる配管が生じたため，その末端部に排水機構を設置した．

イ　シアンを扱う施設に近接した場所であったため，ライニング鋼管を用いて配管した．

ウ　有機溶剤が浸透するおそれのある場所であったため，硬質ポリ塩化ビニル管を使用した．

エ　配管接合用シール材又は接着剤は，これらの物質が水道水に混入し，油臭，薬品臭等が発生する場合があるので，必要最小限の量を使用した．

	ア	イ	ウ	エ
(1)	誤	誤	正	誤
(2)	誤	正	正	誤
(3)	正	誤	正	正

(4)	正	誤	誤	正
(5)	正	正	誤	正

問題 29 **クロスコネクションに関する次の記述の正誤の組み合わせのうち，適当なものはどれか.**

ア　クロスコネクションは，水圧状況によって給水装置内に工業用水，排水，ガス等が逆流するとともに，配水管を経由して他の需要者にまでその汚染が拡大する非常に危険な配管である.

イ　給水管と井戸水配管の間に逆流を防止するための逆止弁を設置すれば直接連結してもよい.

ウ　給水装置と受水槽以下の配管との接続はクロスコネクションではない.

エ　一時的な仮設であれば，給水装置とそれ以外の水管を直接連結することができる.

	ア	イ	ウ	エ
(1)	正	誤	誤	正
(2)	誤	正	正	正
(3)	正	誤	正	誤
(4)	誤	正	正	誤
(5)	正	誤	誤	誤

◇給水装置計画論

問題 30 **給水装置工事の基本計画に関する次の記述の正誤の組み合わせのうち，適当なものはどれか.**

ア　給水装置の基本計画は，基本調査，給水方式の決定，計画使用水量及び給水管口径等の決定からなっており，極めて重要である.

イ　給水装置工事の依頼を受けた場合は，現場の状況を把握するために必要な調査を行う.

ウ　基本調査のうち，下水道管，ガス管，電気ケーブル，電話ケーブルの口径，布設位置については，水道事業者への確認が必要である.

エ　基本調査は，計画・施工の基礎となるものであり，調査の結果は計画の策定，施工，さらには給水装置の機能にも影響する重要な作業である．

	ア	イ	ウ	エ
(1)	誤	正	正	誤
(2)	正	誤	誤	正
(3)	正	正	誤	正
(4)	正	正	誤	誤
(5)	誤	誤	正	正

問題 31 **給水方式の決定に関する次の記述のうち，不適当なものはどれか．**

(1)直結直圧式の範囲拡大の取り組みとして水道事業者は，現状における配水管からの水圧等の供給能力及び配水管の整備計画と整合させ，逐次その対象範囲の拡大を図っており，5階を超える建物をその対象としている水道事業者もある．

(2)圧力水槽式は，小規模の中層建物に多く使用されている方式で，受水槽を設置せずにポンプで圧力水槽に貯え，その内部圧力によって給水する方式である．

(3)直結増圧式による各戸への給水方法として，給水栓まで直接給水する直送式と，高所に置かれた受水槽に一旦給水し，そこから給水栓まで自然流下させる高置水槽式がある．

(4)直結・受水槽併用式は，一つの建物内で直結式及び受水槽式の両方の給水方式を併用するものである．

(5)直結給水方式は，配水管から需要者の設置した給水装置の末端まで有圧で直接給水する方式で，水質管理がなされた安全な水を需要者に直接供給することができる．

問題 32 **給水方式における直結式に関する次の記述のうち，不適当なものはどれか．**

(1)当該水道事業者の直結給水システムの基準に従い，同時使用水量の算定，給水管の口径決定，直結加圧形ポンプユニットの揚程の決定等を行う．

(2)直結加圧形ポンプユニットは，算定した同時使用水量が給水装置に流れたとき，その末端最高位の給水用具に一定の余裕水頭を加えた高さまで水位を確保する能力を持たなければならない．

(3)直結増圧式は，配水管が断水したときに給水装置からの逆圧が大きいことから直結加圧形ポンプユニットに近接して水抜き栓を設置しなければならない．

(4)直結式給水は，配水管の水圧で直接給水する方式（直結直圧式）と，給水管の途中に直結加圧形ポンプユニットを設置して給水する方式（直結増圧式）がある．

問題 33　直結式給水による 30 戸の集合住宅での同時使用水量として，次のうち，最も適当なものはどれか．

ただし，同時使用水量は，標準化した同時使用水量により計算する方法によるものとし，1 戸当たりの末端給水用具の個数と使用水量，同時使用率を考慮した末端給水用具数，並びに集合住宅の給水戸数と同時使用戸数率は，それぞれ表－1から表－3のとおりとする．

（1）　750 L/min

（2）　780 L/min

（3）　810 L/min

（4）　840 L/min

（5）　870 L/min

表－1　1 戸当たりの末端給水用具の個数と使用水量

給水用具	個数	使用水量(L/分)
台所流し	1	20
洗濯流し	1	20
洗面器	1	10
浴槽(和式)	1	30
大便器（洗浄タンク）	1	15
手洗器	1	5

表－2　末端給水用具数と同時使用水量比

総末端給水用具数	1	2	3	4	5	6	7	8	9	10	15	20	30
同時使用水量比	1.0	1.4	1.7	2.0	2.2	2.4	2.6	2.8	2.9	3.0	3.5	4.0	5.0

表－3　給水戸数と同時使用戸数率

戸数	1～3	4～10	11～20	21～30	31～40	41～60	61～80	81～100
同時使用戸数率(%)	100	90	80	70	65	60	55	50

問題 34　図－1に示す管路において，流速 V_2 の値として，最も適当なものはどれか．ただし，口径 D_1=40mm，D_2=25mm，流速 V_1=1.0m/s とする．

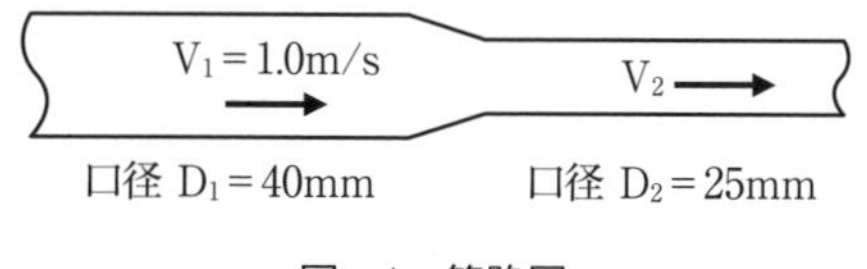

図－1　管路図

（1）　1.6 m/s
（2）　2.1 m/s
（3）　2.6 m/s
（4）　3.1 m/s
（5）　3.6 m/s

問題 35　図－1に示す給水装置におけるB点の余裕水頭として，次のうち，最も適当なものはどれか．

ただし，計算に当たってA～B間の給水管の摩擦損失水頭，分水栓，甲形止水栓，水道メーター及び給水栓の損失水頭は考慮するが，曲がりによる損失水頭は考慮しないものとする．また，損失水頭等は，図－2から図－4を使用して求めるものとし，計算に用いる数値条件は次のとおりとする．

①A点における配水管の水圧　水頭として20m
②給水栓の使用水量　0.6L/s
③A～B間の給水管，分水栓，甲形止水栓，水道メーター及び給水栓の口径

20mm

（1）　3.6 m

（2）　5.4 m

（3）　7.4 m

（4）　9.6 m

（5）　10.6 m

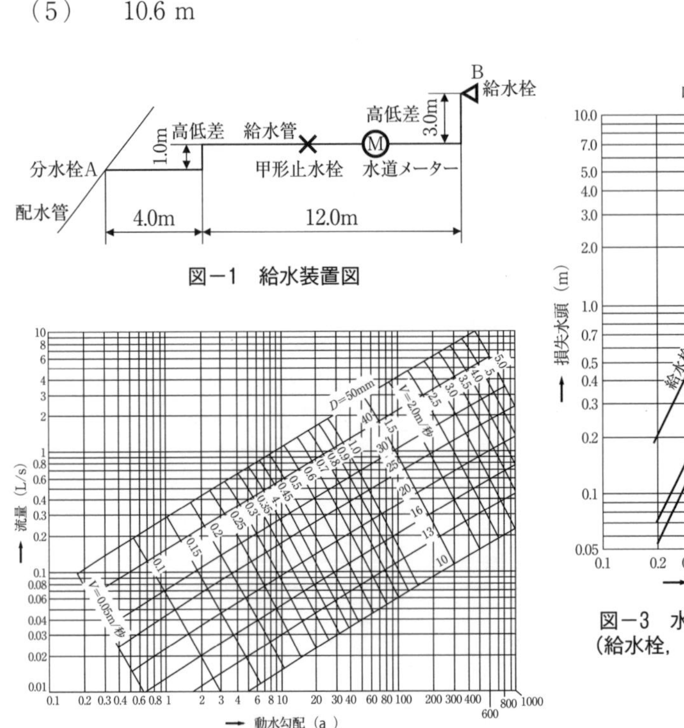

図－1　給水装置図

図－2　ウエストン公式による給水管の流量図

図－3　水栓類の損失水頭
（給水栓，止水栓，分水栓）

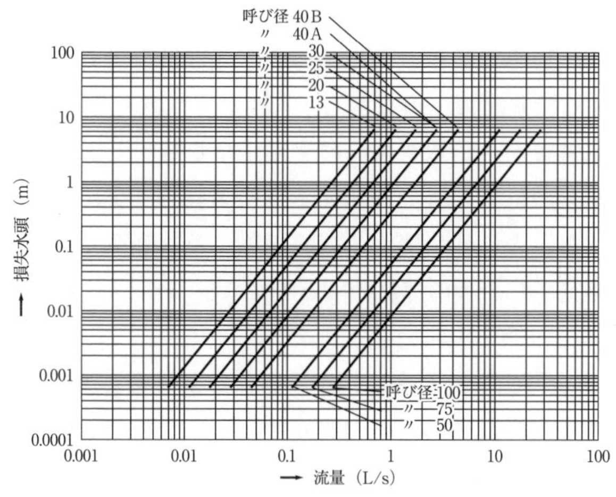

図－4　水道メーターの損失水頭

◇給水装置工事事務論

問題 36　水道法に定める給水装置工事主任技術者に関する次の記述のうち，不適当なものはどれか．

(1) 給水装置工事主任技術者試験の受験資格である「給水装置工事の実務の経験」とは，給水装置の工事計画の立案，現場における監督，施行の計画，調整，指揮監督又は管理する職務に従事した経験，及び，給水管の配管，給水用具の設置その他給水装置工事の施行を実地に行う職務に従事した経験のことをいい，これらの職務に従事するための見習い期間中の技術的な経験は対象とならない．

(2) 給水装置工事主任技術者の職務のうち「給水装置工事に関する技術上の管理」とは，事前調査，水道事業者等との事前調整，給水装置の材料及び機材の選定，工事方法の決定，施工計画の立案，必要な機械器具の手配，施工管理及び工程毎の仕上がり検査等の管理をいう．

(3) 給水装置工事主任技術者の職務のうち「給水装置工事に従事する者の技術上の指導監督」とは，工事品質の確保に必要な，工事に従事する者の技能に応じた役割分担の指示，分担させた従事者に対する品質目標，工期その他施工管理上の目標に適合した工事の実施のための随時の技術的事項の指導及び監督をいう.

(4)給水装置工事主任技術者の職務のうち「水道事業者の給水区域において施行する給水装置工事に関し，当該水道事業者と行う連絡又は調整」とは，配水管から給水管を分岐する工事を施行しようとする場合における配水管の位置の確認に関する連絡調整，工事に係る工法，工期その他の工事上の条件に関する連絡調整，及び軽微な変更を除く給水装置工事を完了した旨の連絡のことをいう.

問題 37　労働安全衛生法施行令に規定する作業主任者を選任しなければならない作業に関する次の記述の正誤の組み合わせのうち，適当なものはどれか.

ア　掘削面の高さが 1.5m 以上となる地山の掘削の作業

イ　土止め支保工の切りばり又は腹おこしの取付け又は取外しの作業

ウ　酸素欠乏危険場所における作業

エ　つり足場，張り出し足場又は高さが 5m 以上の構造の足場の組み立て，解体又は変更作業

	ア	イ	ウ	エ
(1)	誤	正	正	正
(2)	正	誤	誤	正
(3)	誤	正	正	誤
(4)	正	誤	正	誤
(5)	誤	誤	誤	正

問題 38　給水管に求められる性能基準に関する次の組み合わせのうち，適当なものはどれか.

(1)耐圧性能基準と耐久性能基準

(2)浸出性能基準と耐久性能基準

(3)浸出性能基準と水撃限界性能基準

(4)水撃限界性能基準と耐久性能基準

(5)耐圧性能基準と浸出性能基準

問題 39 給水管及び給水用具の性能基準適合性の自己認証に関する次の記述のうち，適当なものはどれか．

(1) 需要者が給水用具を設置するに当たり，自ら希望する製品を自らの責任で設置することをいう．
(2) 製造者等が自ら又は製品試験機関等に委託して得たデータや作成した資料等によって，性能基準適合品であることを証明することをいう．
(3) 水道事業者自らが性能基準適合品であることを証明することをいう．
(4) 指定給水装置工事事業者が工事で使用する前に性能基準適合性を証明することをいう．

問題 40 給水装置工事主任技術者と建設業法に関する次の記述のうち，不適当なものはどれか．

(1) 建設業の許可は，一般建設業許可と特定建設業許可の二つがあり，どちらの許可も建設工事の種類ごとに許可を取得することができる．
(2) 水道法による給水装置工事主任技術者免状の交付を受けた後，管工事に関し1年以上の実務経験を有する者は，管工事業に係る営業所専任技術者になることができる．
(3) 所属する建設会社と直接的で恒常的な雇用契約を締結している営業所専任技術者は，勤務する営業所の請負工事で，現場の業務に従事しながら営業所での職務も遂行できる距離と常時連絡を取れる体制を確保できれば，当該工事の専任を要しない監理技術者等になることができる．
(4) 2以上の都道府県の区域内に営業所を設けて建設業を営もうとする者は，本店のある管轄の都道府県知事の許可を受けなければならない．

午後(14：00〜15：00) [学科試験 2]

- 給水装置の概要(15問)
- 給水装置施工管理法(5問)

◆給水装置の概要

問題 41 給水管に関する次の記述のうち，不適当なものはどれか．

(1)硬質ポリ塩化ビニル管は，耐食性，特に耐電食性に優れ，他の樹脂管に比べると引張降伏強さが大きい．

(2)ポリブテン管は，有機溶剤，ガソリン，灯油等に接すると，管に浸透し，管の軟化・劣化や水質事故を起こすことがあるので，これらの物質と接触させないよう注意が必要である．

(3)耐衝撃性硬質ポリ塩化ビニル管は，硬質ポリ塩化ビニル管を外力がかかりやすい屋外配管用に改良したものであり，長期間直射日光に当たっても耐衝撃強度が低下しない．

(4)ステンレス鋼鋼管は，鋼管に比べると特に耐食性が優れている．また，薄肉だが強度的に優れ，軽量化しているので取扱いが容易である．

(5)架橋ポリエチレン管は，長尺物のため，中間での接続が不要になり，施工も容易である．その特性から，給水・給湯の住宅の屋内配管で使用されている．

問題 42 **給水管に関する次の記述のうち，適当なものはどれか．**

(1)ダクタイル鋳鉄管の内面防食は，直管はモルタルライニングとエポキシ樹脂粉体塗装があり，異形管はモルタルライニングである．

(2)水道用ポリエチレン二層管は，柔軟性があり現場での手曲げ配管が可能であるが，低温での耐衝撃性が劣るため，寒冷地では使用しない．

(3)ポリブテン管は，高温時では強度が低下するため，温水用配管には適さない．

(4)銅管は，アルカリに侵されず，スケールの発生も少ないが，遊離炭酸が多い水には適さない．

(5)硬質塩化ビニルライニング鋼管は，鋼管の内面に硬質塩化ビニルをライニングした管で，外面仕様はすべて亜鉛めっきである．

問題 43 **給水管及び継手に関する次の記述の[　　　]内に入る語句の組み合わせのうち，適当なものはどれか．**

①架橋ポリエチレン管の継手の種類は，EF 継手と[　ア　]がある．

②波状ステンレス鋼管の継手の種類としては，[　イ　]と伸縮可とう式継手

がある.

③水道用ポリエチレン二層管の継手には,一般的に[　ウ　]が用いられる.

④ダクタイル鋳鉄管の接合形式にはメカニカル継手,プッシュオン継手,[　エ　]の3種類がある.

	ア	イ	ウ	エ
(1)	TS継手	ろう付・はんだ付継手	熱融着継手	管端防食形継手
(2)	メカニカル式継手	プレス式継手	金属継手	管端防食形継手
(3)	TS継手	プレス式継手	金属継手	管端防食形継手
(4)	TS継手	ろう付・はんだ付継手	熱融着継手	フランジ継手
(5)	メカニカル式継手	プレス式継手	金属継手	フランジ継手

問題44 **給水用具に関する次の記述の[　　　]内に入る語句の組み合わせのうち,適当なものはどれか.**

①[　ア　]は,個々に独立して作動する第1逆止弁と第2逆止弁が組み込まれている.各逆止弁はテストコックによって,個々に性能チェックを行うことができる.

②[　イ　]は,弁体が弁箱又は蓋に設けられたガイドによって弁座に対し垂直に作動し,弁体の自重で閉止の位置に戻る構造の逆止弁である.

③[　ウ　]は,独立して作動する第1逆止弁と第2逆止弁との間に一次側との差圧で作動する逃し弁を備えた中間室からなり,逆止弁が正常に作動しない場合,逃し弁が開いて排水し,空気層を形成することによって逆流を防止する構造の逆流防止器である.

④[　エ　]は,弁体がヒンジピンを支点として自重で弁座面に圧着し,通水時に弁体が押し開かれ,逆圧によって自動的に閉止する構造の逆止弁である.

	ア	イ	ウ	エ
(1)	複式逆止弁	リフト式逆止弁	中間室大気開放型逆流防止器	スイング式逆止弁
(2)	二重式逆流防止器	リフト式逆止弁	減圧式逆流防止器	スイング式逆止弁
(3)	複式逆止弁	自重式逆止弁	減圧式逆流防止器	単式逆止弁
(4)	二重式逆流防止器	リフト式逆止弁	中間室大気開放型逆流防止器	単式逆止弁
(5)	二重式逆流防止器	自重式逆止弁	中間室大気開放型逆流防止器	単式逆止弁

問題 45 給水用具に関する次の記述のうち，不適当なものはどれか．

(1) ホース接続型水栓は，ホース接続した場合に吐水口空間が確保されない可能性があるため，水栓本体内にばね等の有効な逆流防止機能を持つ逆止弁を内蔵したものになっている．

(2) 大便器洗浄弁は，大便器の洗浄に用いる給水用具であり，また，洗浄管を介して大便器に直結されるため，瞬間的に多量の水を必要とするので配管は口径 25mm 以上としなければならない．

(3) 不凍栓類は，配管の途中に設置し，流入側配管の水を地中に排出して凍結を防止する給水用具であり，不凍給水栓，不凍水抜栓，不凍水栓柱，不凍バルブ等がある．

(4) 水道用コンセントは，洗濯機，自動食器洗い機等との接続に用いる水栓で，通常の水栓のように壁から出っ張らないので邪魔にならず，使用するときだけホースをつなげればよいので空間を有効に利用することができる．

問題 46 給水用具に関する次の記述の正誤の組み合わせのうち，適当なものはどれか．

ア　ボールタップは，フロート（浮玉）の上下によって自動的に弁を開閉する構造になっており，水洗便器のロータンク用や，受水槽用の水を一定量貯める給水用具である.

イ　ダイヤフラム式ボールタップの機構は，圧力室内部の圧力変化を利用しダイヤフラムを動かすことにより吐水，止水を行うもので，給水圧力による止水位の変動が大きい.

ウ　止水栓は，給水の開始，中止及び給水装置の修理その他の目的で給水を制限又は停止するために使用する給水用具である.

エ　甲形止水栓は，止水部が吊りこま構造であり，弁部の構造から流れがS字形となるため損失水頭が大きい.

	ア	イ	ウ	エ
(1)	誤	正	誤	正
(2)	誤	誤	正	正
(3)	正	正	誤	誤
(4)	正	誤	正	誤
(5)	誤	正	正	誤

問題 47　給水用具に関する次の記述の正誤の組み合わせのうち，適当なものはどれか.

ア　定流量弁は，ハンドルの目盛りを必要な水量にセットすることにより，指定した量に達すると自動的に吐水を停止する給水用具である.

イ　安全弁（逃し弁）は，設置した給水管路や貯湯湯沸器の水圧が設定圧力よりも上昇すると，給水管路等の給水用具を保護するために弁体が自動的に開いて過剰圧力を逃す.

ウ　シングルレバー式の混合水栓は，1本のレバーハンドルで吐水・止水，吐水量の調整，吐水温度の調整ができる.

エ　サーモスタット式の混合水栓は，湯側・水側の2つのハンドルを操作し，吐水・止水，吐水量の調整，吐水温度の調整ができる.

	ア	イ	ウ	エ
(1)	誤	正	誤	正
(2)	誤	誤	正	正
(3)	正	誤	誤	正
(4)	正	誤	正	誤
(5)	誤	正	正	誤

問題 48 **湯沸器に関する次の記述の正誤の組み合わせのうち，適当なものはどれか.**

ア　貯蔵湯沸器は，ボールタップを備えた器内の容器に貯水した水を，一定温度に加熱して給湯するもので，水圧がかからないため湯沸器設置場所でしかお湯を使うことができない.

イ　貯湯湯沸器は，排気する高温の燃焼ガスを再利用し，水を潜熱で温めた後に従来の一次熱交換器で加温して温水を作り出す，高い熱効率を実現した給湯器である.

ウ　瞬間湯沸器は，器内の熱交換器で熱交換を行うもので，水が熱交換器を通過する間にガスバーナ等で加熱する構造で，元止め式のものと先止め式のものがある.

エ　太陽熱利用貯湯湯沸器は，一般用貯湯湯沸器を本体とし，太陽集熱器に集熱された太陽熱を主たる熱源として，水を加熱し給湯する給水用具である.

	ア	イ	ウ	エ
(1)	誤	誤	正	誤
(2)	正	誤	誤	正
(3)	正	誤	正	正
(4)	誤	正	正	誤
(5)	正	正	誤	正

問題 49 **自然冷媒ヒートポンプ給湯機に関する次の記述のうち，不適当なものはどれか.**

(1)送風機で取り込んだ空気の熱を冷媒（二酸化炭素）が吸収する．

(2)熱を吸収した冷媒が，コンプレッサで圧縮されることにより高温・高圧となる．

(3)高温となった冷媒の熱を，熱交換器内に引き込んだ水に伝えてお湯を沸かす．

(4)お湯を沸かした後，冷媒は膨張弁で低温・低圧に戻され，再び熱を吸収しやすい状態になる．

(5)基本的な機能・構造は貯湯湯沸器と同じであるため，労働安全衛生法施行令に定めるボイラーである．

問題 50　直結加圧形ポンプユニットに関する次の記述のうち，不適当なものはどれか．

(1)水道法に基づく給水装置の構造及び材質の基準に適合し，配水管への影響が極めて小さく，安定した給水ができるものでなければならない．

(2)配水管から直圧で給水できない建築物に，加圧して給水する方式で用いられている．

(3)始動・停止による配水管の圧力変動が極小であり，ポンプ運転による配水管の圧力に脈動が生じないものを用いる．

(4)制御盤は，ポンプを可変速するための機能を有し，漏電遮断器，インバーター，ノイズ制御器具等で構成される．

(5)吸込側の圧力が異常に低下した場合には自動停止し，あらかじめ設定された時間を経過すると，自動復帰し運転を再開する．

問題 51　給水用具に関する次の記述の正誤の組み合わせのうち，適当なものはどれか．

ア　自動販売機は，水道水を冷却又は加熱し，清涼飲料水，茶，コーヒー等を販売する器具である．水道水は，器具内給水配管，電磁弁を通して，水受けセンサーにより自動的に供給される．タンク内の水は，目的に応じてポンプにより加工機構へ供給される．

イ　ディスポーザ用給水装置は，台所の排水口部に取り付けて生ごみを粉砕するディスポーザとセットして使用する器具である．排水口部で粉砕された生ごみを水で排出するために使用する．

ウ　水撃防止器は，給水装置の管路途中又は末端の器具等から発生する水撃作用を軽減又は緩和するため，封入空気等をゴム等により自動的に排出し，水撃を緩衝する給水器具である．ベローズ形，エアバック形，ダイヤフラム式，ピストン式等がある．

エ　非常時用貯水槽は，非常時に備えて，天井部・床下部に給水管路に直結した貯水槽を設ける給水用具である．天井設置用は，重力を利用して簡単に水を取り出すことができ，床下設置用は，加圧用コンセントにフットポンプ及びホースを接続・加圧し，水を取り出すことができる．

	ア	イ	ウ	エ
(1)	正	正	誤	正
(2)	正	誤	正	誤
(3)	誤	誤	正	正
(4)	誤	正	正	誤
(5)	正	誤	誤	正

問題 52　**水道メーターに関する次の記述のうち，不適当なものはどれか．**

(1) 水道メーターは，給水装置に取り付け，需要者が使用する水量を積算計量する計量器である．

(2) 水道メーターの計量水量は，料金算定の基礎となるもので適正な計量が求められることから，計量法に定める特定計量器の検定に合格したものを設置する．

(3) 水道メーターの計量方法は，流れている水の流速を測定して流量に換算する流速式と，水の体積を測定する容積式に分類される．わが国で使用されている水道メーターは，ほとんどが流速式である．

(4) 水道メーターは，検定有効期間が8年間であるため，その期間内に検定に合格したメーターと交換しなければならない．

(5) 水道メーターは，許容流量範囲を超えて水を流すと，正しい計量ができなくなるおそれがあるため，メーター一次側に安全弁を設置して流量を許容範囲内に調整する.

問題53 **水道メーターに関する次の記述の正誤の組み合わせのうち，適当なものはどれか.**

ア　接線流羽根車式水道メーターは，計量室内に設置された羽根車にノズルから接線方向に噴射水流を当て，羽根車が回転することにより通過水量を積算表示する構造のものである.

イ　軸流羽根車式水道メーターは，管状の器内に設置された流れに平行な軸を持つ螺旋状の羽根車が回転することにより積算計量する構造のものである.

ウ　電磁式水道メーターは，水の流れと平行に磁界をかけ，電磁誘導作用により，流れと磁界に平行な方向に誘起された起電力により流量を測定する器具である.

エ　軸流羽根車式水道メーターのたて形軸流羽根車式は，水の流れがメーター内で迂流するため損失水頭が小さい.

	ア	イ	ウ	エ
(1)	正	誤	正	誤
(2)	誤	誤	誤	正
(3)	正	正	誤	誤
(4)	正	誤	誤	正
(5)	誤	正	正	正

問題54 **給水用具の故障と対策に関する次の記述のうち，不適当なものはどれか.**

(1)ボールタップの水が止まらなかったので原因を調査した. その結果，弁座が損傷していたので，ボールタップを取り替えた.

(2)湯沸器に故障が発生したが，需要者等が修理することは困難かつ危険であるため，製造者に依頼して修理を行った.

(3)ダイヤフラム式定水位弁の水が止まらなかったので原因を調査した. その結果，主弁座への異物のかみ込みがあったので，主弁の分解と清掃を行った.

(4)水栓から不快音があったので原因を調査した．その結果，スピンドルの孔とこま軸の外径が合わなくがたつきがあったので，スピンドルを取り替えた.

(5)大便器洗浄弁で常に大量の水が流出していたので原因を調査した.その結果,逃し弁のゴムパッキンが傷んでいたので,ピストンバルブを取り出しパッキンを取り替えた.

問題 55 **給水用具の故障と対策に関する次の記述の正誤の組み合わせのうち，適当なものはどれか.**

ア　ピストン式定水位弁の水が止まらなかったので原因を調査した．その結果，主弁座パッキンが摩耗していたので，新品に取り替えた.

イ　大便器洗浄弁の吐水量が少なかったので原因を調査した．その結果，水量調節ねじが閉め過ぎていたので，水量調節ねじを右に回して吐水量を増やした.

ウ　ボールタップ付ロータンクの水が止まらなかったので原因を調査した．その結果，フロート弁の摩耗，損傷のためすき間から水が流れ込んでいたので，分解し清掃した.

エ　ダイヤフラム式ボールタップ付ロータンクのタンク内の水位が上がらなかったので原因を調査した．その結果，排水弁のパッキンが摩耗していたので，排水弁のパッキンを取り替えた.

	ア	イ	ウ	エ
(1)	正	正	誤	誤
(2)	誤	誤	正	正
(3)	正	誤	誤	正
(4)	誤	正	正	誤
(5)	正	誤	正	誤

◇給水装置施工管理法

問題 56 **給水装置工事の工程管理に関する次の記述の[　　　]内に入る語句**

の組み合わせのうち，適当なものはどれか.

工程管理は，一般的に計画，実施，［　ア　］に大別することができる．計画の段階では，給水管の切断，加工，接合，給水用具据え付けの順序と方法，建築工事との日程調整，機械器具及び工事用材料の手配，技術者や配管技能者を含む［　イ　］を手配し準備する．工事は［　ウ　］の指導監督のもとで実施する.

	ア	イ	ウ
（1）	検　査	作業従事者	技能を有する者
（2）	管　理	作業主任者	技能を有する者
（3）	管　理	作業主任者	給水装置工事主任技術者
（4）	管　理	作業従事者	給水装置工事主任技術者
（5）	検　査	作業主任者	給水装置工事主任技術者

問題 57 給水装置工事における施工管理に関する次の記述のうち，不適当なものはどれか.

（1）道路部掘削時の埋戻しに使用する埋戻し土は，水道事業者が定める基準等を満たした材料であるか検査・確認し，水道事業者の承諾を得たものを使用する.

（2）工事着手に先立ち，現場付近の住民に対し，工事の施工について協力が得られるよう，工事内容の具体的な説明を行う.

（3）配水管からの分岐以降水道メーターまでの工事は，あらかじめ水道事業者の承認を受けた工法，工期その他の工事上の条件に適合するように施工する必要がある.

（4）工事の施工に当たり，事故が発生し，又は発生するおそれがある場合は，直ちに必要な措置を講じた上で，事故の状況及び措置内容を水道事業者及び関係官公署に報告する.

問題 58 給水装置の品質管理について，穿孔工事後に行う水質確認項目に関する次の組み合わせのうち，適当なものはどれか.

（1）　残留塩素，大腸菌，　水温，　濁り，　色

(2)	残留塩素,	におい,	濁り,	色,	味
(3)	残留塩素,	全有機炭素,（TOC）	大腸菌,	水温,	濁り
(4)	pH 値,	全有機炭素,（TOC）	水温,	におい,	色
(5)	pH 値,	大腸菌,	水温,	におい,	味

問題 59 **公道における給水装置工事の安全管理に関する次の記述の正誤の組み合わせのうち，適当なものはどれか．**

ア　工事の施行に当たっては，地下埋設物の有無を十分に調査するとともに，当該道路管理者に立会いを求めることによってその位置を確認し，埋設物に損傷を与えないよう注意する．

イ　工事中，火気に弱い埋設物又は可燃性物質の輸送管等の埋設物に接近する場合は，溶接機，切断機等火気を伴う機械器具を使用しない．ただし，やむを得ない場合は管轄する消防署と協議し，保安上必要な措置を講じてから使用する．

ウ　施工従事者の体調管理に留意し，体調不良に起因する事故の防止に努めるとともに，酷暑期には十分な水分補給と適切な休養を促し，熱中症の予防に努める．

エ　工事施行中の交通保安対策については，当該道路管理者及び所轄警察署長の許可条件及び指示に基づき，適切な保安施設を設置し，通行車両や通行者の事故防止と円滑な通行の確保を図らなければならない．

	ア	イ	ウ	エ
(1)	正	誤	正	誤
(2)	正	正	誤	正
(3)	誤	正	誤	正
(4)	誤	誤	正	正
(5)	誤	正	誤	誤

問題 60 **建設工事公衆災害防止対策要綱に関する次の記述のうち，不適当な**

ものはどれか.

(1)施工者は，仮舗装又は覆工を行う際，やむを得ない理由で周囲の路面と段差が生じた場合は，10 パーセント以内の勾配ですりつけなければならない.

(2)施工者は，歩行者用通路と作業場との境は，移動さくを間隔をあけないように設置し，又は移動さくの間に安全ロープ等をはってすき間ができないよう設置する等明確に区分しなければならない.

(3)施工者は，通行を制限する場合の標準として，道路の車線が 1 車線となる場合は，その車道幅員は 3 メートル以上，2 車線となる場合は，その車道幅員は 5.5 メートル以上確保する.

(4)施工者は，通行を制限する場合，歩行者が安全に通行できるよう車道とは別に幅 0.9 メートル以上，高齢者や車椅子使用者等の通行が想定されない場合は幅 0.75 メートル以上歩行者用通路を確保しなければならない.

(5)施工者は，道路上に作業場を設ける場合は，原則として，交通流に対する背面から工事車両を出入りさせなければならない．ただし，周囲の状況等によりやむを得ない場合においては，交通流に平行する部分から工事車両を出入りさせることができる.

令和2年度
解答と解説

午前[学科試験1]

◆公衆衛生概論

【問題1】化学物質の飲料水への汚染原因と影響に関する問題である.

（1）（不適当）水道原水中の有機物と浄水場で注入される物質の塩素とが反応し，トリハロメタン類が生成する．設問の凝集剤と反応は誤り.

（2）（適当）

（3）（適当）

（4）（適当）

答（1）

【問題2】水道の利水障害とその原因物質に関する問題である.

（1）（適当）

（2）（適当）

（3）（不適当）カビ臭の原因は，湖沼の富栄養化などによって藻類が繁殖してジェオスミンや2-メチルイソボルネオールなどの有機物質が量産され，これらが飲料水に混入するためである．設問のアルミニウム，フッ素は誤り.

（4）（適当）

答（3）

【問題3】残留塩素と消毒効果に関する問題である.

（1）（適当）

（2）（不適当）給水栓における水は，遊離残留塩素0.1mg/L以上または結合残留塩素0.4mg/L以上を保持していなくてはならない.

（3）（適当）

（4）（適当）

答（2）

◆水道行政

【問題4】水質管理に関する問題である.

（1）（適当）

（2）（不適当）水道法施行規則第 15 条第 1 項には，1 日 1 回以上，色，濁り，消毒の残留効果に関する検査を行わなければならないとある．設問の 3 日に 1 回以上は誤り．

（3）（適当）

（4）（適当）

答（2）

【問題 5】簡易専用水道の管理基準に関する問題である．

（1）（不適当）水道法施行規則第 55 条には，水槽の掃除は毎年 1 回以上定期に行うとある．設問の 2 年に 1 回は誤り．

（2）（適当）

（3）（適当）

（4）（適当）

答（1）

【問題 6】新水道法（平成 30 年に一部改正）の記述に関する問題である．

（1）（適当）

（2）（適当）

（3）（適当）

（4）（不適当）指定給水装置工事事業者の 5 年更新制度は導入されたが，給水装置工事主任技術者の更新は導入されていない．

答（4）

【問題 7】指定給水装置工事事業者の 5 年ごとの更新時の，水道事業者の確認事項に関する問題である．

ア （正）

イ （誤）設問の受注実績は確認事項に含まれていない．

ウ （正）

エ （正）

答（1）

【問題 8】水道法第 14 条の供給規程に関する問題である．

ア （正）

イ （誤）水道法第 14 条第 4 項には，水道事業者は供給規程を，その実施の日までに一般に周知させる措置とある．設問の実施の日以降は誤り．

ウ　(正)

エ　(誤)水道法第 14 条第 2 項第 5 号は，貯水槽水道が設置される場合の規定である．設問の専用水道が設置される場合ではない．

答(5)

【問題 9】水道法第 15 条の給水義務に関する問題である．

ア　(正)水道法第 15 条第 3 項による．

イ　(正)水道法第 15 条第 2 項による．

ウ　(誤)水道法第 15 条第 1 項は，水道事業者が，事業計画に定める給水区域内の需要者から給水契約の申込みを受けた場合の規定である．設問の給水区域外からの申込みを受けた場合のものではない．

エ　(正)給水契約の受託義務の中で，水道事業者は，配水管未布設である地区からの給水の申込みがあった場合，配水管が布設されるまでの期間の拒否は正当な理由に該当する．言い方を変えれば，設問のとおり，正当な理由がなければ給水の拒否はできない．

答(2)

◆給水装置工事法

【問題10】水道法施行規則第 36 条の指定給水装置工事事業者の事業の運営に関する問題である．

法施行規則第 36 条第 1 項第 2 号における「適切に作業を行うことができる技能を有する者」とは，配水管への分水栓の取付け，配水管の穿孔，給水管の接合等の配水管から給水管を分岐する工事に係る作業及び当該分岐部分から(ア)水道メーターまでの配管工事に係る作業について，配水管その他の地下埋設物に変形，破損その他の異常を生じさせることがないよう，適切な(イ)資機材，(ウ)工法，地下埋設物の(エ)防護の方法を選択し，正確な作業を実施することができる者をいう．

答(1)

【問題11】配水管からの給水管の取出し方法に関する問題である．

(1)　(適当)

(2)　(不適当)サドル付分水栓の穿孔作業において，排水ホースの先端はバケツなどの排水受けに差し込む．設問の下水溝などへ直接接続するのは誤り．

（3）（適当）

（4）（適当）

答（2）

【問題12】サドル付分水栓穿孔工程に関する問題である．

（1）（適当）

（2）（適当）

（3）（不適当）サドル付分水栓の頂部のキャップを取り外し，弁の動作を確認してから弁を全開にする．設問の弁を全閉にするは誤り．

（4）（適当）

（5）（適当）

答（3）

【問題13】給水管の埋設深さと占用位置に関する問題である．

道路法施行令第 11 条の 3 第 1 項第 2 号ロでは，埋設深さについて「水管又はガス管の本線の頂部と路面との距離が(ア) 1.2m（工事実施上やむをえない場合にあっては(イ) 0.6m）を超えていること」と規定されている．しかし，他の埋設物との交差の関係等で，土被りを標準又は規定値まで取れない場合は，(ウ)道路管理者と協議することとし，必要な防護措置を施す．

宅地内における給水管の埋設深さは，荷重，衝撃等を考慮してエ(エ) 0.3m 以上を標準とする．

答（3）

【問題14】給水管の明示に関する問題である．

（1）（適当）

（2）（適当）

（3）（適当）

（4）（適当）

（5）（不適当）明示テープの色は，水道管は青色，ガス管は緑色，下水道管は茶色とされており，設問のガス管と下水道管の色は誤り．

答（5）

【問題15】水道メーターの設置に関する問題である．

ア（正）

イ　(誤)メーターますなどは，水道メーター取換え作業が容易にできる大きさとし，交換作業に必要な止水栓を設置しなければならない．

ウ　(正)

エ　(誤)新築の集合住宅等の各戸メーターの設置には，メーターユニットを使用する建物が多くなっている．設問のメーターバイパスユニットは誤り．

答(2)

【問題16】給水装置の異常現象に関する問題である．

（1）(適当)

（2）(適当)

（3）(適当)

（4）(不適当)配水管工事の際に水道水に砂や鉄粉が混入した場合，給水用具を損傷することもあるので，まず水道メーターを取り外して，管内からこれらを除去する．設問の給水栓を取り外すは誤り．

（5）(適当)

答(4)

【問題17】配管工事の留意点に関する問題である．

（1）(不適当)地階あるいは2階以上に配管する場合は，原則として各階ごとに止水栓を設置する．設問の逆止弁の設置は誤り．

（2）(適当)

（3）(適当)

（4）(適当)

（5）(適当)

答(1)

【問題18】消防法の適用を受けるスプリンクラーに関する問題である．

（1）(適当)

（2）(適当)

（3）(適当)

（4）(適当)

（5）(不適当)水道直結式スプリンクラー設備の設置に当たり，分岐する配水管からスプリンクラーヘッドまでの水理計算および給水管，給水用具の選定は，消防設備士が行うことになっている．設問の給水装置工事主任技術者が行うは誤り.

答（5）

【問題19】給水管の配管工事に関する問題である.

（1）（不適当）管の外径の 25 倍以上という記述は，日本ポリエチレンパイプシステム協会規格 JPK002：2020「水道用ポリエチレン二層管」によれば適当（（公財）給水工事技術振興財団『給水装置工事技術指針 2020』による）だが，日本産業規格 JIS K 6762：2019「水道用ポリエチレン二層管」では 20 倍以上となっており，不適当となる.

（2）（適当）

（3）（適当）

（4）（不適当）ステンレス鋼鋼管を曲げて配管するときの曲げ半径は，管軸線上において，呼び径の 4 倍以上とする. 設問の10倍以上は誤り.

答（1）（4）

注：2020 年 11 月 30 日に（公財）給水工事技術振興財団が公表した公式解答によると，問題 19 は「正答なし」とし，受験者全員が正解の扱いとなった.

◆給水装置の構造及び性能

【問題20】水道法第 17 条（給水装置の検査）に関する問題である.

水道事業者は，(ア)日出後日没前に限り，その職員をして，当該水道によって水の供給を受ける者の土地又は建物に立ち入り，給水装置を検査させることができる. ただし，人の看守し，若しくは人の住居に使用する建物又は(イ)閉鎖された門内に立ち入るときは，その看守者，居住者又は(ウ)これらに代るべき者の同意を得なければならない.

答（4）

【問題21】給水装置の構造および材質の基準に関する問題である.

（1）（適当）

（2）（不適当）パッキンを水圧で圧縮することにより水密性を確保する構造の給水用具は，耐圧性能試験により 20 キロパスカルの静水圧を 1 分間加えて異常が生じないこととされている. 設問の 0.74 メガパスカルは誤り.

（3）（適当）

（4）（適当）

答（2）

【問題22】配管工事後の耐圧試験に関する問題である．

（1）（適当）

（2）（適当）

（3）（適当）

（4）（不適当）配管工事後の耐圧試験を実施する際は，分水栓，止水栓などの止水機能のある給水用具の弁はすべて「開」状態で実施する．止水性能を確認する試験ではないことから，設問の「閉」状態の実施は誤り．

（5）（適当）

答（4）

【問題23】給水装置の浸出性能基準に関する問題である．

ア （正）

イ （誤）金属材料について材料試験はできないことから，設問は誤り．

ウ （正）

エ （正）

答（2）

【問題24】水撃作用の防止に関する問題である．

ア （正）

イ （正）

ウ （誤）水撃作用の発生のおそれのある箇所には，その手前に水撃防止器具を設置する．設問のその直後の設置は誤り．

エ （正）

答（2）

【問題25】給水装置の逆流防止に関する問題である．

（1）（適当）

（2）（適当）

（3）（不適当）吐水口を有する給水装置からプールなどの波立ちやすい水槽に給水する場合は，越流面からの吐水口空間は 200mm 以上を確保する．設問の 100mm 以上は誤り．

（４）（適当）

答（３）

【問題26】寒冷地における凍結防止対策として設置する水抜き用の給水用具の設置に関する問題である.

（１）（不適当）水抜き用の給水用具は水道メーターの下流側に設置する．設問の水道メーターの上流側は誤り.

（２）（適当）

（３）（適当）

（４）（適当）

（５）（適当）

答（１）

【問題27】給水装置の耐寒に関する基準の問題である.

屋外で気温が著しく低下しやすい場所その他凍結のおそれのある場所に設置されている給水装置のうち，減圧弁，逃し弁，逆止弁，空気弁及び電磁弁にあっては，厚生労働大臣が定める耐久に関する試験により(ア)10万回の開閉操作を繰り返し，かつ，厚生労働大臣が定める耐寒に関する試験により(イ)－20度プラスマイナス(ウ)2度の温度で(エ)1時間保持した後通水したとき，当該給水装置に係る耐圧性能，水撃限界性能，逆流防止性能及び負圧破壊性能を有するものでなければならないとされている.

答（３）

【問題28】飲用に供する水の汚染防止に関する問題である.

ア　（正）

イ　（誤）給水装置の構造及び材質の基準省令第２条第３項（浸出等に関する基準）では，給水装置はシアン，六価クロムその他水を汚染するおそれのある物を貯留し，または取り扱う施設に近接して設置してはならないとされている.

ウ　（誤）基準省令第２条第４項では，鉱油類，有機溶剤その他の油類が浸透するおそれのある場所では，これらの油類が浸透するため，合成樹脂管は設置してはならないとされており，やむを得ず合成樹脂管を使用する場合は，さや管などで適切な防護措置を施すことになっている．設問の硬質ポリ塩化ビニル管の使用は誤り.

エ (正)

答(4)

【問題29】クロスコネクションに関する問題である.

ア (正)

イ (誤)給水管と井戸水配管の間に逆止弁を設けたとしても，これらの配管を直接連結してはならない.

ウ (誤)受水槽以下の配管は給水装置ではないので，設問のような接続はクロスコネクションである.

エ (誤)一時的な仮設であっても，給水装置と直接連結してはならない.

答(5)

◆給水装置計画論

【問題30】給水装置工事の基本計画に関する問題である.

ア (正)

イ (正)

ウ (誤)基本調査のうち，下水道管，ガス管，電気ケーブル，電話ケーブルの口径，布設位置については，埋設物管理者への確認が必要である．設問の水道事業者は誤り.

エ (正)

答(3)

【問題31】給水方式の決定に関する問題である.

(1) (適当)

(2) (不適当)圧力水槽式は，小規模の中層建物に多く使用されている方式で，受水槽を設置して受水した後，ポンプで圧力水槽に貯え，その内部圧力によって給水する方式である．設問の受水槽を設置せずは誤り.

(3) (適当)

(4) (適当)

(5) (適当)

答(2)

【問題32】給水方式における直結式に関する問題である.

(1) (適当)

（2）（適当）

（3）（不適当）直結増圧式は，配水管が断水したときに給水装置からの逆圧が大きいことから，直結加圧形ポンプユニットに近接して有効な逆止弁を設置しなければならない．設問の水抜き栓の設置は誤り．

（4）（適当）

答（3）

【問題33】直結式給水による集合住宅の同時使用水量を求める問題である．

求める同時使用水量は，標準化した同時水量による算出方法とする．

表－1から1戸当たりの全使用水量を算出すると，

20＋20＋10＋30＋15＋5＝100〔L/min〕

次に，給水用具1栓当たりの平均的な使用水量を求めると，

100÷6≒16.67〔L/min〕

この値に，表－2から6栓の同時使用水量比2.4を掛けると，1戸当たりの同時使用水量は，

16.67×2.4≒40.0〔L/min〕

30戸の集合住宅全体の同時使用戸数は，表－3から70％であることから，求める水量は，

40.0×30×0.7＝840〔L/min〕

答（4）

【問題34】管路における流速を求める問題である．

管路の流量は，以下の計算式で求められる．

流量＝管の断面積×流速

円周率＝ 3.14とすると，口径40mmの断面積は，

20〔mm〕×20〔mm〕×3.14＝1 256〔mm^2〕

≒0.0013〔m^2〕

同様に，口径25mmの断面積は，

12.5〔mm〕×12.5〔mm〕×3.14＝490.625〔mm^2〕

≒0.0005〔m^2〕

口径が変わっても流量は同じだから，

0.0013〔m^2〕×1.0〔m/s〕＝0.0005〔m^2〕× V_2〔m/s〕

V_2＝0.0013÷0.0005＝2.6〔m/s〕

答（3）

【問題35】図－1に示す給水装置の余裕水頭を求める問題である．

まず，管延長を求める．

$4.0+1.0+12.0+3.0=20.0$〔m〕

次に，図－2より動水勾配を求める．流量 0.6L/s の水平線と口径 D = 20mm の斜線の交点から垂線を下すと，動水勾配 240‰が判明する．したがって，管路の損失水頭は，

$$20\times\frac{240}{1\,000}=4.8\text{〔m〕}$$

次に，各給水用具の損失水頭を図－3と図－4から求める．

分水栓の損失水頭＝0.6〔m〕

甲形止水栓の損失水頭＝1.7〔m〕

給水栓の損失水頭＝1.7〔m〕

水道メーターの損失水頭＝1.9〔m〕

また，立ち上がりによる損失水頭は，

$1.0+3.0=4.0$〔m〕

全損失水頭はこれらを合計して，

$4.8+0.6+1.7+1.7+1.9+4.0=14.7$〔m〕

A 点における配水管の水圧は水頭として 20m であるから，B 点の余裕水頭は，

$20-14.7=5.3$〔m〕

したがって，選択肢のうちで最も近い値は 5.4m となる．

答（2）

◆給水装置工事事務論

【問題36】給水装置工事主任技術者に関する問題である．

（1）（不適当）給水装置工事主任技術者試験の受験資格である「給水装置工事の実務の経験」とは，給水装置工事の施行を実地に行う職務に従事した経験のことをいい，これらの職務に従事するための見習い期間中の技術的な経験も対象となる．

（2）（適当）

（3）（適当）

（4）（適当）

答（1）

【問題37】労働安全衛生法施行令に規定する作業主任者を選任しなければならない作業に関する問題である.

ア （誤）掘削面の高さが 2.0m 以上となる地山の掘削の作業であり，設問の 1.5m 以上は誤り.

イ （正）

ウ （正）

エ （正）

答（1）

【問題38】給水管に求められる性能基準に関する問題である.

（1）（2）（3）（4）の組み合わせは，基準省令に定められている給水管の性能基準ではなく不適当.

（5）（適当）

答（5）

【問題39】給水管および給水用具の性能基準適合性の自己認証に関する問題である.

（1）（不適当）給水用具の設置は指定給水装置工事事業者が行う．設問の需要者自らが希望する製品を自らの責任で設置するのは不適当.

（2）（適当）

（3）（不適当）給水管および給水用具は，製造者等が性能基準適合品であることを証明する．設問の水道事業者自らが証明するのは不適当.

（4）（不適当）上記（3）と同様であり，設問の指定給水装置工事事業者が工事で使用する前に証明は不適当.

答（2）

【問題40】給水装置工事主任技術者と建設業法に関する問題である.

（1）（適当）

（2）（適当）

（3）（適当）

（4）（不適当）2 以上の都道府県の区域内に営業所を設けて建設業を営もうとする者は，国土交通大臣の許可を受けなければならない．設問の本店のある管轄の都道府県知事の許可は不適当.

答(4)

午後[学科試験 2]

◆給水装置の概要

【問題41】給水管に関する問題である.

(1) (適当)

(2) (適当)

(3) (不適当)耐衝撃性硬質ポリ塩化ビニル管は，主に道路内と宅地内の埋設管として耐衝撃強度を高めるように改良されたものであり，長期間，直射日光に当たると強度が低下する．設問の強度が低下しないは誤り.

(4) (適当)

(5) (適当)

答(3)

【問題42】給水管に関する問題である.

(1) (不適当)ダクタイル鋳鉄管の内面防食は，直管はモルタルライニングとエポキシ樹脂粉体塗装があり，異形管はエポキシ樹脂粉体塗装である.

(2) (不適当)水道用ポリエチレン二層管は，柔軟性があって現場での手曲げ配管が可能であり，低温での耐衝撃性に優れ，耐寒性があることから，寒冷地の配管に多く使われている.

(3) (不適当)ポリブテン管は，高温時でも強度を保つので温水配管に適している.

(4) (適当)

(5) (不適当)硬質塩化ビニルライニング鋼管の外面仕様には，一次防錆塗装(茶色)や硬質塩化ビニル(青色)もある．設問のすべて亜鉛めっきであるは誤り.

答(4)

【問題43】給水管および継手に関する問題である.

①架橋ポリエチレン管の継手は，EF 継手と(ア)メカニカル式継手がある.

②波状ステンレス鋼管の継手の種類としては，(イ)プレス式と伸縮可とう式継手がある．

③水道用ポリエチレン二層管の継手には，一般的に(ウ)金属継手が用いられる．

④ダクタイル鋳鉄管の接合形式にはメカニカル継手，プッシュオン継手，(エ)フランジ継手の３種類がある．

答（5）

【問題44】給水用具に関する問題である．

①(ア)二重式逆流防止器は，個々に独立して作動する第１逆止弁と第２逆止弁が組み込まれている．

②(イ)リフト式逆止弁は，弁体が弁箱または蓋に設けられたガイドによって弁座に対し垂直に作動し，弁体の自重で閉止の位置に戻る構造の逆止弁である．

③(ウ)減圧式逆流防止器は，独立して作動する第１逆止弁と第２逆止弁との間に一次側との差圧で作動する逃し弁を備えた中間室からなり，逆止弁が正常に作動しない場合，逃し弁が開いて排水し，空気層を形成することによって逆流を防止する構造の逆流防止器である．

④(エ)スイング式逆止弁は，弁体がヒンジピンを支点として自重で弁座面に圧着し，通水時に弁体が押し開かれ，逆圧によって自動的に閉止する構造の逆止弁である．

答（2）

【問題45】給水用具に関する問題である．

（1）（適当）

（2）（適当）

（3）（不適当）不凍栓類は，配管の途中に設置し，流出側配管の水を地中に排出して凍結を防止する給水用具である．設問の流入側配管は誤り．

（4）（適当）

答（3）

【問題46】給水用具に関する問題である．

ア　（正）

イ　（誤）ダイヤフラム式ボールタップの機構は，圧力室内部の圧力変化を利用しダイヤフラムを動かすことにより吐水，止水を行うもので，給水圧力による止水位の変動が小さい．設問の止水位の変動が大きいは誤り．

ウ （正）

エ （誤）甲形止水栓は，止水部が落としこま構造である．設問の吊りこま構造は誤り．

答（4）

【問題47】給水用具に関する問題である．

ア （誤）定流量弁は，オリフィス，ニードル式，ばね式などによる流量調整機構によって，一次側の圧力に関わらず流量が一定になるよう調整する用具である．

イ （正）

ウ （正）

エ （誤）サーモスタット式の混合水栓は，温度調整ハンドルのメモリを合わせることで安定した吐水温度を得ることができる用具である．

答（5）

【問題48】湯沸器に関する問題である．

ア （正）

イ （誤）貯湯湯沸器は，器内に貯えた水を直接加熱する構造の給湯器である．

ウ （正）

エ （正）

答（3）

【問題49】自然冷媒ヒートポンプ給湯機に関する問題である．

（1） （適当）

（2） （適当）

（3） （適当）

（4） （適当）

（5） （不適当）基本的な機能・構造は貯湯湯沸器と同じである．しかし，水の加熱が貯湯槽外で行われるため，労働安全衛生法施行令に定めるボイラーではない．

答（5）

【問題50】直結加圧形ポンプユニットに関する問題である．

（1） （適当）

（2）（適当）

（3）（適当）

（4）（適当）

（5）（不適当）吸込側の圧力が異常に低下した場合には自動停止し，自動復帰するユニットである．設問のあらかじめ設定された時間を経過すると自動復帰は誤り．

答（5）

【問題51】給水用具に関する問題である．

ア（正）

イ（正）

ウ（誤）水撃防止器は，給水装置の管路途中または末端の器具等から発生する水撃作用を軽減または緩和するため，封入空気等をゴムなどにより自動的に圧縮し，水撃を緩衝する給水器具である．設問の封入空気などを自動的に排出は誤り．

エ（正）

答（1）

【問題52】水道メーターに関する問題である．

（1）（適当）

（2）（適当）

（3）（適当）

（4）（適当）

（5）（不適当）水道メーターは，許容流量範囲を超えて水を流すと，正しい計量ができなくなるおそれがある．このため，メーターの呼び径決定に際しては，適正使用流量範囲，瞬時使用の許容流量などに十分留意する必要がある．設問のメーター一次側に安全弁を設置は誤り．

答（5）

【問題53】水道メーターに関する問題である．

ア（正）

イ（正）

ウ（誤）電磁式水道メーターは，水の流れと垂直に磁界をかけ，電磁誘導作用により，流れと磁界に垂直な方向に誘起された起電力によって流量を測定する器具である.

エ　(誤)軸流羽根車式水道メーターのたて形軸流羽根車式は，水の流れがメーター内で迂流するため損失水頭は大きい.

答(3)

【問題54】給水用具の故障と対策に関する問題である.

(1)　(適当)

(2)　(適当)

(3)　(適当)

(4)　(不適当)水栓から不快音があったので原因を調査した．その結果，スピンドルの孔とこま軸の外径が合わず，がたつきがあったので，摩耗したこまを新品に取り替えた．設問のスピンドルを取り替えたは不適当.

(5)　(適当)

答(4)

【問題55】給水用具の故障と対策に関する問題である.

ア　(正)

イ　(誤)大便器洗浄弁の吐水量が少なかったので原因を調査した．その結果，水量調節ねじを閉めすぎていたので，水量調節ねじを左に回して吐水量を増やした．設問の右に回しては誤り.

ウ　(誤)ボールタップ付ロータンクの水が止まらなかったので原因を調査した．その結果，フロート弁の摩耗，損傷のため，すき間から水が流れ込んでいたので，新しいフロート弁に交換した．設問の分解し清掃したは誤り.

エ　(正)

答(3)

◆給水装置施工管理法

【問題56】給水装置工事の工程管理に関する問題である.

工程管理は，一般的に計画，実施，(ア)管理に大別することができる．計画の段階では，給水管の切断，加工，接合，給水用具据え付けの順序と方法，建築工事との日程調整，機械器具及び工事用材料の手配，技術者や配管技能者を含む(イ)作業従事者を手配し準備する．工事は(ウ)給水装置工事主任技術者の指導監督のもとで実施する.

答（４）

【問題57】給水装置工事における施工管理に関する問題である．

（１）（不適当）道路掘削時の埋戻しに使用する埋戻し土は，道路管理者が定める基準等を満たした材料であるかを検査・確認し，道路管理者の承諾を得たものを使用する．設問の水道事業者が定める基準，水道事業者の承諾は誤り．

（２）（適当）

（３）（適当）

（４）（適当）

答（１）

【問題58】給水装置の品質管理について，穿孔工事後に行う水質確認項目に関する問題である．

（２）（適当）穿孔工事後には，水質確認（残留塩素，におい，濁り，色，味）を行う．このうち，特に残留塩素の確認は，穿孔した管が水道管の証しとなることから必ず実施する．

答（２）

【問題59】公道における給水装置工事の安全管理に関する問題である．

ア（誤）工事の施行に当たっては，地下埋設物の有無を十分に調査するとともに，近接する埋設物がある場合はその管理者に立合いを求めることとなる．設問の当該道路管理者の立合いは誤り．

イ（誤）工事中，火気に弱い埋設物または可燃性物質の輸送管などの埋設物に接近する場合は，溶接機，切断機など火気を伴う機械器具を使用しない．ただし，やむを得ない場合は当該埋設物管理者と協議し，保安上必要な措置を講じてから使用する．設問の管轄する消防署と協議は誤り．

ウ（正）

エ（正）

答（４）

【問題60】建設工事公衆災害防止対策要綱に関する問題である．

（１）（不適当）施工者は，仮舗装または覆工を行う際，やむを得ない理由で周囲の路面と段差が生じた場合は，５パーセント以内の勾配ですりつけなければならない．設問の10パーセント以内は誤り．

（2）（適当）

（3）（適当）

（4）（適当）

（5）（適当）

（1）

第23回（令和元年度）
給水装置工事主任技術者試験 問題

有効受験者数13,001名／合格者数5,960名／合格率45.8%

午前(10：00〜12：30)［学科試験１］

- 公衆衛生概論(3 問)
- 水道行政(6 問)
- 給水装置工事法(10問)
- 給水装置の構造及び性能(10問)
- 給水装置計画論(6 問)
- 給水装置工事事務論(5 問)

◇公衆衛生概論

問題 1 消毒及び残留塩素に関する次の記述のうち，不適当なものはどれか．

（1）水道水中の残留塩素濃度の保持は，衛生上の措置(水道法第 22 条，水道法施行規則第 17 条)において規定されている．

（2）給水栓における水は，遊離残留塩素 0.1mg/L 以上(結合残留塩素の場合は 0.4mg/L 以上)を含まなければならない．

（3）水道の消毒剤として，次亜塩素酸ナトリウムのほか，液化塩素や次亜塩素酸カルシウムが使用されている．

（4）残留塩素濃度の簡易測定法として，ジエチル-*p*-フェニレンジアミン(DPD)と反応して生じる青色を標準比色液と比較する方法がある．

問題 2 水道法第 4 条に規定する水質基準に関する次の記述の正誤の組み合わせのうち，適当なものはどれか．

ア　病原生物をその許容量を超えて含まないこと．

イ　シアン，水銀その他の有毒物質を含まないこと．

ウ　消毒による臭味がないこと．

エ　外観は，ほとんど無色透明であること．

	ア	イ	ウ	エ
(1)	正	誤	正	誤
(2)	誤	正	誤	正
(3)	正	誤	誤	正
(4)	誤	正	正	誤

問題 3 平成 8 年 6 月埼玉県越生町において，水道水が直接の感染経路となる集団感染が発生し，約 8 800 人が下痢等の症状を訴えた．この主たる原因として，次のうち，適当なものはどれか．

(1)病原性大腸菌O（オー）157
(2)赤痢菌
(3)クリプトスポリジウム
(4)ノロウイルス

◇水道行政

問題 4 簡易専用水道の管理に関する次の記述の[　　　]内に入る語句の組み合わせのうち，適当なものはどれか．

簡易専用水道の[　ア　]は，水道法施行規則第 55 条に定める基準に従い，その水道を管理しなければならない．この基準として，[　イ　]の掃除を[　ウ　]以内ごとに 1 回定期に行うこと，[　イ　]の点検など，水が汚染されるのを防止するために必要な措置を講じることが定められている．

簡易専用水道の[　ア　]は，[　ウ　]以内ごとに 1 回定期に，その水道の管理について地方公共団体の機関又は厚生労働大臣の[　エ　]を受けた者の検査を受けなければならない．

	ア	イ	ウ	エ
(1)	設置者	水　槽	1 年	登録
(2)	水道技術管理者	給水管	1 年	指定
(3)	設置者	給水管	3 年	指定
(4)	水道技術管理者	水　槽	3 年	登録

問題 5 **給水装置及び給水装置工事に関する次の記述のうち，不適当なものはどれか.**

(1) 給水装置工事とは給水装置の設置又は変更の工事をいう．つまり，給水装置を新設，改造，修繕，撤去する工事をいう.

(2) 工場生産住宅に工場内で給水管及び給水用具を設置する作業は，給水用具の製造工程であり給水装置工事に含まれる.

(3) 水道メーターは，水道事業者の所有物であるが，給水装置に該当する.

(4) 給水用具には，配水管からの分岐器具，給水管を接続するための継手が含まれる.

問題 6 **給水装置工事主任技術者の職務に該当する次の記述の正誤の組み合わせのうち，適当なものはどれか.**

ア　給水管を配水管から分岐する工事を施行しようとする場合の配水管の布設位置の確認に関する水道事業者との連絡調整

イ　給水装置工事に関する技術上の管理

ウ　給水装置工事に従事する者の技術上の指導監督

エ　給水装置工事を完了した旨の水道事業者への連絡

	ア	イ	ウ	エ
(1)	正	誤	正	誤
(2)	正	正	誤	正
(3)	誤	正	正	誤
(4)	正	正	正	正

問題 7 **指定給水装置工事事業者制度に関する次の記述のうち，不適当なものはどれか.**

(1) 水道事業者による指定給水装置工事事業者の指定の基準は，水道法により水道事業者ごとに定められている.

(2) 指定給水装置工事事業者は，給水装置工事主任技術者及びその他の給水装置工事に従事する者の給水装置工事の施行技術の向上のために，研修の機会を確保するよう努める必要がある.

(3)水道事業者は，指定給水装置工事事業者の指定をしたときは，遅滞なく，その旨を一般に周知させる措置をとる必要がある．

(4)水道事業者は，その給水区域において給水装置工事を適正に施行することができると認められる者の指定をすることができる．

問題 8　水道法第 15 条の給水義務に関する次の記述のうち，不適当なものはどれか．

(1)水道事業者は，当該水道により給水を受ける者に対し，災害その他正当な理由がありやむを得ない場合を除き，常時給水を行う義務がある．

(2)水道事業者の給水区域内で水道水の供給を受けようとする住民には，その水道事業者以外の水道事業者を選択する自由はない．

(3)水道事業者は，当該水道により給水を受ける者が料金を支払わないときは，供給規程の定めるところにより，その者に対する給水を停止することができる．

(4)水道事業者は，事業計画に定める給水区域内の需要者から給水契約の申し込みを受けた場合には，いかなる場合であっても，これを拒んではならない．

問題 9　水道法に規定する水道事業等の認可に関する次の記述の正誤の組み合わせのうち，適当なものはどれか．

ア　水道法では，水道事業者を保護育成すると同時に需要者の利益を保護するために，水道事業者を監督する仕組みとして，認可制度をとっている．

イ　水道事業経営の認可制度によって，複数の水道事業者の給水区域が重複することによる不合理・不経済が回避される．

ウ　水道事業を経営しようとする者は，市町村長の認可を受けなければならない．

エ　水道用水供給事業者については，給水区域の概念はないので認可制度をとっていない．

	ア	イ	ウ	エ
(1)	正	正	誤	誤

(2)	誤	誤	正	正
(3)	正	誤	正	誤
(4)	誤	正	誤	正

◇給水装置工事法

問題 10 **水道法施行規則第 36 条の指定給水装置工事事業者の事業の運営に関する次の記述の[　　　]内に入る語句の組み合わせのうち，適当なものはどれか．**

「適切に作業を行うことができる技能を有する者」とは，配水管への分水栓の取付け，配水管の[　ア　]，給水管の接合等の配水管から給水管を分岐する工事に係る作業及び当該分岐部から[　イ　]までの配管工事に係る作業について，[　ウ　]その他の地下埋設物に変形，破損その他の異常を生じさせることがないよう，適切な資機材，工法，地下埋設物の防護の方法を選択し，[　エ　]を実施できる者をいう．

	ア	イ	ウ	エ
(1)	維持管理	止水栓	当該給水管	技術上の管理
(2)	穿　孔	水道メーター	当該配水管	正確な作業
(3)	維持管理	水道メーター	当該給水管	正確な作業
(4)	穿　孔	止水栓	当該配水管	技術上の管理

問題 11 **サドル付分水栓の穿孔施工に関する次の記述の正誤の組み合わせのうち，適当なものはどれか．**

ア　サドル付分水栓を取付ける前に，弁体が全閉状態になっているか，パッキンが正しく取付けられているか，塗装面やねじ等に傷がないか等を確認する．

イ　サドル付分水栓は，配水管の管軸頂部にその中心線が来るように取付け，給水管の取出し方向及びサドル付き分水栓が管軸方向から見て傾きがないことを確認する．

ウ　穿孔中はハンドルの回転が軽く感じられる．穿孔の終了に近づくとハンドルの回転は重く感じられるが，最後まで回転させ，完全に穿孔する．

エ　電動穿孔機は，使用中に整流ブラシから火花を発し，また，スイッチのON・OFF時にも火花を発するので，ガソリン，シンナー，ベンジン，都市ガス，LPガス等引火性の危険物が存在する環境の場所では絶対に使用しない．

	ア	イ	ウ	エ
(1)	正	誤	誤	正
(2)	誤	正	正	誤
(3)	正	誤	正	誤
(4)	誤	正	誤	正

問題 12　**給水管の埋設深さ及び占用位置に関する次の記述のうち，不適当なものはどれか．**

(1) 道路を縦断して給水管を埋設する場合は，ガス管，電話ケーブル，電気ケーブル，下水道管等の他の埋設物への影響及び占用離隔に十分注意し，道路管理者が許可した占用位置に配管する．

(2) 浅層埋設は，埋設工事の効率化，工期の短縮及びコスト縮減等の目的のため，運用が開始された．

(3) 浅層埋設が適用される場合，歩道部における水道管の埋設深さは，管路の頂部と路面との距離は0.3m以下としない．

(4) 給水管の埋設深さは，宅地内にあっては0.3m以上を標準とする．

問題 13　**水道配水用ポリエチレン管のEF継手による接合に関する次の記述のうち，不適当なものはどれか．**

(1) 継手との管融着面の挿入範囲をマーキングし，この部分を専用工具(スクレーパ)で切削する．

(2) 管端から200mm程度の内外面及び継手本体の受口内面やインナーコアに付着した油・砂等の異物をウエス等で取り除く．

(3) 管に挿入標線を記入後，継手をセットし，クランプを使って，管と継手を固定する．

(4) コントローラのコネクタを継手に接続のうえ，継手バーコードを読み取り通電を開始し，融着終了後，所定の時間冷却確認後，クランプを取り外す．

問題 14 **給水管の配管工事に関する次の記述のうち，不適当なものはどれか．**

(1)水圧，水撃作用等により給水管が離脱するおそれがある場所にあっては，適切な離脱防止のための措置を講じる．

(2)給水管の配管にあたっては，事故防止のため，他の埋設物との間隔を原則として 20cm 以上確保する．

(3)給水装置は，ボイラー，煙道等高温となる場所，冷凍庫の冷凍配管等に近接し凍結のおそれのある場所を避けて設置する．

(4)宅地内の配管は，できるだけ直線配管とする．

問題 15 **給水管の配管工事に関する次の記述のうち，不適当なものはどれか．**

(1)ステンレス鋼鋼管の曲げ加工は，ベンダーにより行い，加熱による焼曲げ加工等は行ってはならない．

(2)ステンレス鋼鋼管の曲げの最大角度は，原則として 90°(補角)とし，曲げ部分にしわ，ねじれ等がないようにする．

(3)硬質銅管の曲げ加工は，専用パイプベンダーを用いて行う．

(4)ポリエチレン二層管(1 種管)の曲げ半径は，管の外径の 20 倍以上とする．

問題 16 **給水管の明示に関する次の記述の正誤の組み合わせのうち，適当なものはどれか．**

ア　道路部分に布設する口径 75mm 以上の給水管には，明示テープ等により管を明示しなければならない．

イ　道路部分に埋設する管などの明示テープの地色は，道路管理者ごとに定められており，その指示に従い施工する必要がある．

ウ　道路部分に給水管を埋設する際に設置する明示シートは，指定する仕様のものを任意の位置に設置する．

エ　宅地部分に布設する給水管の位置については，維持管理上必要がある場合，明示杭等によりその位置を明示する．

	ア	イ	ウ	エ
(1)	誤	誤	正	正
(2)	正	誤	誤	正
(3)	誤	正	誤	誤
(4)	正	誤	誤	誤

問題 17　水道メーターの設置に関する次の記述のうち，不適当なものはどれか．

(1) 水道メーターの設置に当たっては，メーターに表示されている流水方向の矢印を確認したうえで水平に取付ける．

(2) 水道メーターの設置は，原則として道路境界線に最も近接した宅地内で，メーターの計量及び取替作業が容易であり，かつ，メーターの損傷，凍結等のおそれがない位置とする．

(3) メーターますは，水道メーターの呼び径が 50mm 以上の場合はコンクリートブロック，現場打ちコンクリート，鋳鉄製等で，上部に鉄蓋を設置した構造とするのが一般的である．

(4) 集合住宅等の複数戸に直結増圧式等で給水する建物の親メーターにおいては，ウォータハンマを回避するため，メーターバイパスユニットを設置する方法がある．

問題 18　給水装置の異常現象に関する次の記述の正誤の組み合わせのうち，適当なものはどれか．

ア　給水管に硬質塩化ビニルライニング鋼管を使用していると，亜鉛メッキ鋼管に比べて，内部にスケール(赤錆)が発生しやすく，年月を経るとともに給水管断面が小さくなるので出水不良を起こす．

イ　水道水は，無味無臭に近いものであるが，塩辛い味，苦い味，渋い味等が感じられる場合は，クロスコネクションのおそれがあるので，飲用前に一定時間管内の水を排水しなければならない．

ウ　埋設管が外力によってつぶれ小さな孔があいてしまった場合，給水時にエジェクタ作用によりこの孔から外部の汚水や異物を吸引することがある.

エ　給水装置工事主任技術者は，需要者から給水装置の異常を告げられ，依頼があった場合は，これらを調査し，原因究明とその改善を実施する.

	ア	イ	ウ	エ
(1)	誤	正	誤	正
(2)	正	正	誤	誤
(3)	誤	誤	正	正
(4)	正	誤	正	誤

問題 19　**消防法の適用を受けるスプリンクラーに関する次の記述の正誤の組み合わせのうち，適当なものはどれか.**

ア　水道直結式スプリンクラー設備は，消防法令に適合すれば，給水装置の構造及び材質の基準に適合しなくてもよい.

イ　平成 19 年の消防法改正により，一定規模以上のグループホーム等の小規模社会福祉施設にスプリンクラーの設置が義務付けられた.

ウ　水道直結式スプリンクラー設備の設置に当たり，分岐する配水管からスプリンクラーヘッドまでの水理計算及び給水管，給水用具の選定は，消防設備士が行う.

エ　乾式配管方式の水道直結式スプリンクラー設備は，消火時の水量をできるだけ多くするため，給水管分岐部と電動弁との間を長くすることが望ましい.

	ア	イ	ウ	エ
(1)	誤	正	正	誤
(2)	正	誤	正	誤
(3)	誤	正	誤	正
(4)	正	誤	誤	正

◇給水装置の構造及び性能

問題 20　**水道法の規定に関する次の記述のうち，不適当なものはどれか.**

(1)水道事業者は，当該水道によって水の供給を受ける者の給水装置の構造及び材質が，政令で定める基準に適合していないときは，その基準に適合させるまでの間その者に対する給水を停止することができる.

(2)給水装置の構造及び材質の基準は，水道法16条に基づく水道事業者による給水契約の拒否や給水停止の権限を発動するか否かの判断に用いるためのものであるから，給水装置が有するべき必要最小限の要件を基準化している.

(3)水道事業者は，給水装置工事を適正に施行することができると認められる者の指定をしたときは，供給規程の定めるところにより，当該水道によって水の供給を受ける者の給水装置が当該水道事業者又は当該指定を受けた者(以下，「指定給水装置工事事業者」という.)の施行した給水装置工事に係るものであることを供給条件とすることができる.

(4)水道事業者は，当該給水装置の構造及び材質が政令で定める基準に適合していることが確認されたとしても，給水装置が指定給水装置工事事業者の施行した給水装置工事に係るものでないときは，給水を停止することができる.

問題21 **給水装置の構造及び材質の基準に定める耐圧に関する基準(以下，本問においては「耐圧性能基準」という.)及び厚生労働大臣が定める耐圧に関する試験(以下，本問においては「耐圧性能試験」という.)に関する次の記述のうち，不適当なものはどれか.**

(1)給水装置は，耐圧性能試験により1.75メガパスカルの静水圧を1分間加えたとき，水漏れ，変形，破損その他の異常を生じないこととされている.

(2)耐圧性能基準の適用対象は，原則としてすべての給水管及び給水用具であるが，大気圧式バキュームブレーカ，シャワーヘッド等のように最終の止水機構の流出側に設置される給水用具は，高水圧が加わらないことなどから適用対象から除外されている.

(3)加圧装置は，耐圧性能試験により1.75メガパスカルの静水圧を1分間加えたとき，水漏れ，変形，破損その他の異常を生じないこととされている．

(4)パッキンを水圧で圧縮することにより水密性を確保する構造の給水用具は，耐圧性能試験により1.75メガパスカルの静水圧を1分間加えたとき，水漏れ，変形，破損その他の異常を生じない性能を有するとともに，20キロパスカルの静水圧を1分間加えたとき，水漏れ，変形，破損その他の異常を生じないこととされている．

問題22 **給水装置の構造及び材質の基準に定める逆流防止に関する基準に関する次の記述の正誤の組み合わせのうち，適当なものはどれか．**

ア　減圧式逆流防止器は，厚生労働大臣が定める逆流防止に関する試験(以下，「逆流防止性能試験」という．)により3キロパスカル及び1.5メガパスカルの静水圧を1分間加えたとき，水漏れ，変形，破損その他の異常を生じないことが必要である．

イ　逆止弁及び逆流防止装置を内部に備えた給水用具は，逆流防止性能試験により3キロパスカル及び1.5メガパスカルの静水圧を1分間加えたとき，水漏れ，変形，破損その他の異常を生じないこと．

ウ　減圧式逆流防止器は，厚生労働大臣が定める負圧破壊に関する試験(以下，「負圧破壊性能試験」という．)により流出側からマイナス54キロパスカルの圧力を加えたとき，減圧式逆流防止器に接続した透明管内の水位の上昇が75ミリメートルを超えないことが必要である．

エ　バキュームブレーカは，負圧破壊性能試験により流出側からマイナス54キロパスカルの圧力を加えたとき，バキュームブレーカに接続した透明管内の水位の上昇が3ミリメートルを超えないこととされている．

	ア	イ	ウ	エ
(1)	正	正	誤	誤
(2)	誤	誤	正	正
(3)	誤	正	正	誤
(4)	正	誤	誤	正

問題 23 水撃防止に関する次の記述の正誤の組み合わせのうち，適当なものはどれか.

ア　給水管におけるウォータハンマを防止するには，基本的に管内流速を速くする必要がある.

イ　ウォータハンマが発生するおそれのある箇所には，その手前に近接して水撃防止器具を設置する.

ウ　複式ボールタップは単式ボールタップに比べてウォータハンマが発生しやすくなる傾向があり，注意が必要である.

エ　水槽にボールタップで給水する場合は，必要に応じて波立ち防止板等を設置する.

	ア	イ	ウ	エ
(1)	正	誤	正	誤
(2)	誤	正	誤	正
(3)	誤	正	正	誤
(4)	正	誤	誤	正

問題 24 金属管の侵食に関する次の記述のうち，不適当なものはどれか.

(1) 埋設された金属管が異種金属の管や継手，ボルト等と接触していると，自然電位の低い金属と自然電位の高い金属との間に電池が形成され，自然電位の高い金属が侵食される.

(2) マクロセル侵食とは，埋設状態にある金属材質，土壌，乾湿，通気性，pH，溶解成分の違い等の異種環境での電池作用による侵食をいう.

(3) 金属管が鉄道，変電所等に近接して埋設されている場合に，漏洩電流による電気分解作用により侵食を受ける.

(4) 地中に埋設した鋼管が部分的にコンクリートと接触している場合，アルカリ性のコンクリートに接している部分の電位が，コンクリートと接触していない部分より高くなって腐食電池が形成され，コンクリートと接触していない部分が侵食される.

問題 25 クロスコネクションに関する次の記述の正誤の組み合わせのうち，

令和元年

適当なものはどれか.

ア　クロスコネクションは，水圧状況によって給水装置内に工業用水，排水，ガス等が逆流するとともに，配水管を経由して他の需要者にまでその汚染が拡大する非常に危険な配管である.

イ　給水管と井戸水配管は，両管の間に逆止弁を設置し，逆流防止の措置を講じれば，直接連結することができる.

ウ　給水装置と受水槽以下の配管との接続はクロスコネクションではない.

エ　給水装置と当該給水装置以外の水管，その他の設備とは，一時的な仮設であればこれを直接連結することができる.

	ア	イ	ウ	エ
(1)	誤	正	正	誤
(2)	正	誤	誤	誤
(3)	正	誤	正	誤
(4)	誤	誤	誤	正

問題 26　**水道水の汚染防止に関する次の記述のうち，不適当なものはどれか.**

(1) 鉛製給水管が残存している給水装置において変更工事を行ったとき，需要者の承諾を得て，併せて鉛製給水管の布設替えを行った.

(2) 末端部が行き止まりの給水装置は，停滞水が生じ，水質が悪化するおそれがあるので避けた.

(3) 配管接合用シール材又は接着剤は，これらの物質が水道水に混入し，油臭，薬品臭等が発生する場合があるので，使用量を必要最小限とした.

(4) 給水管路を敷設するルート上に有毒薬品置場，有害物の取扱場等の汚染源があるので，さや管などで適切な防護措置を施した.

問題 27　**下図のように，呼び径 φ 20mm の給水管からボールタップを通して水槽に給水している.**

この水槽を利用するときの確保すべき吐水空間に関する次の記述のうち，適当なものはどれか.

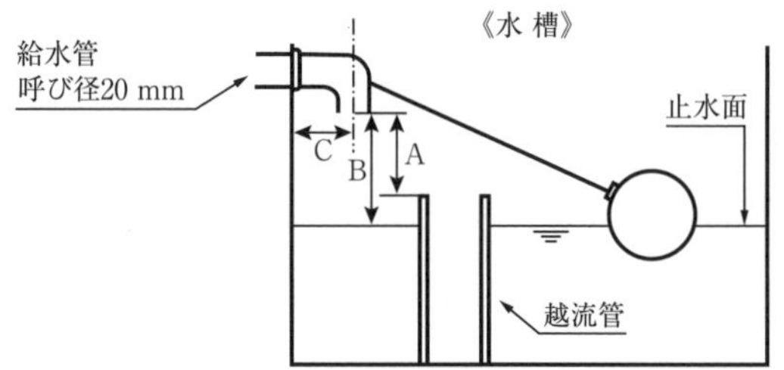

(1)図中の距離Aを 25mm 以上，距離Cを 25mm 以上確保する．

(2)図中の距離Bを 40mm 以上，距離Cを 40mm 以上確保する．

(3)図中の距離Aを 40mm 以上，距離Cを 40mm 以上確保する．

(4)図中の距離Bを 50mm 以上，距離Cを 50mm 以上確保する．

問題 28 給水装置の凍結防止対策に関する次の記述のうち，不適当なものはどれか．

(1)水抜き用の給水用具以降の配管は，配管が長い場合には，万一凍結した際に，解氷作業の便を図るため，取外し可能なユニオン，フランジ等を適切な箇所に設置する．

(2)水抜き用の給水用具以降の配管は，管内水の排水が容易な構造とし，できるだけ鳥居配管やU字形の配管を避ける．

(3)水抜き用の給水用具は，水道メーター下流で屋内立上り管の間に設置する．

(4)内部貯留式不凍給水栓は，閉止時(水抜き操作)にその都度，揚水管内(立上り管)の水を貯留部に流下させる構造であり，水圧に関係なく設置場所を選ばない．

問題 29 給水装置の構造及び材質の基準に定める耐寒に関する基準(以下，本問においては「耐寒性能基準」という.)及び厚生労働大臣が定める耐寒に関する試験(以下，本問においては「耐寒性能試験」という.)に関する次の記述のうち，不適当なものはどれか．

(1)耐寒性能基準は，寒冷地仕様の給水用具か否かの判断基準であり，凍結のおそれがある場所において設置される給水用具はすべてこの基準を満たしていなければならないわけではない.

(2)凍結のおそれがある場所に設置されている給水装置のうち弁類にあっては，耐寒性能試験により零下20度プラスマイナス2度の温度で24時間保持したのちに通水したとき，当該給水装置に係る耐圧性能，水撃限界性能，逆流防止性能及び負圧破壊性能を有するものでなければならない.

(3)低温に暴露した後確認すべき性能基準項目から浸出性能を除いたのは，低温暴露により材質等が変化することは考えられず，浸出性能に変化が生じることはないと考えられることによる.

(4)耐寒性能基準においては，凍結防止の方法は水抜きに限定しないこととしている.

◇給水装置計画論

問題30 **直結給水システムの計画・設計に関する次の記述のうち，不適当なものはどれか.**

(1)給水システムの計画・設計は，当該水道事業者の直結給水システムの基準に従い，同時使用水量の算定，給水管の口径決定，ポンプ揚程の決定等を行う.

(2)給水装置工事主任技術者は，既設建物の給水設備を受水槽式から直結式に切り替える工事を行う場合は，当該水道事業者の担当部署に建物規模や給水計画等の情報を持参して協議する.

(3)直結加圧形ポンプユニットは，末端最高位の給水用具に一定の余裕水頭を加えた高さまで水位を確保する能力を持ち，安定かつ効率的な性能の機種を選定しなければならない.

(4)給水装置は，給水装置内が負圧になっても給水装置から水を受ける容器などに吐出した水が給水装置内に逆流しないよう，末端の給水用具又は末端給水用具の直近の上流側において，吸排気弁の設置が義務付けられている.

問題31 **受水槽式給水に関する次の記述のうち，不適当なものはどれか.**

(1)ポンプ直送式は，受水槽に受水したのち，使用水量に応じてポンプの運転台数の変更や回転数制御によって給水する方式である．

(2)圧力水槽式は，受水槽に受水したのち，ポンプで圧力水槽に貯え，その内部圧力によって給水する方式である．

(3)配水管の水圧が高いときは，受水槽への流入時に給水管を流れる流量が過大となるため，逆止弁を設置することが必要である．

(4)受水槽式は，配水管の水圧が変動しても受水槽以降では給水圧，給水量を一定の変動幅に保持できる．

問題 32 **給水方式の決定に関する次の記述の正誤の組み合わせのうち，適当なものはどれか．**

ア　直結式給水は，配水管の水圧で直接給水する方式(直結直圧式)と，給水管の途中に圧力水槽を設置して給水する方式(直結増圧式)がある．

イ　受水槽式給水は，配水管から分岐し受水槽に受け，この受水槽から給水する方式であり，受水槽出口で配水系統と縁が切れる．

ウ　水道事業者ごとに，水圧状況，配水管整備状況等により給水方式の取扱いが異なるため，その決定に当たっては，設計に先立ち，水道事業者に確認する必要がある．

エ　給水方式には，直結式，受水槽式及び直結・受水槽併用式があり，その方式は給水する高さ，所要水量，使用用途及び維持管理面を考慮し決定する．

	ア	イ	ウ	エ
(1)	誤	正	正	誤
(2)	正	誤	誤	正
(3)	誤	誤	正	正
(4)	正	正	誤	誤

問題 33 **直結式給水による 12 戸の集合住宅での同時使用水量として，次のうち，適当なものはどれか．**

ただし，同時使用水量は，標準化した同時使用水量により計算する方法によるものとし，1戸当たりの末端給水用具の個数と使用水量，同時使用率を考慮した末端給水用具数，並びに集合住宅の給水戸数と同時使用戸数率は，それぞれ表－1から表－3のとおりとする．

（1）　240 L/ 分

（2）　270 L/ 分

（3）　300 L/ 分

（4）　330 L/ 分

表－1　1戸当たりの給水用具の個数と使用水量

給水用具	個数	使用水量(L/分)
台所流し	1	12
洗濯流し	1	12
洗面器	1	8
浴槽(和式)	1	20
大便器（洗浄タンク）	1	12

表－2　末端給水用具数と同時使用水量比

総末端給水用具数	1	2	3	4	5	6	7	8	9	10	15	20	30
同時使用水量比	1.0	1.4	1.7	2.0	2.2	2.4	2.6	2.8	2.9	3.0	3.5	4.0	5.0

表－3　給水戸数と同時使用戸数率

給水戸数	1～3	4～10	11～20	21～30	31～40	41～60	61～80	81～100
同時使用戸数率(%)	100	90	80	70	65	60	55	50

問題34　**受水槽式給水による従業員数140人(男子80人，女子60人)の事務所における標準的な受水槽容量の範囲として，次のうち，適当なものはどれか．**

ただし，1人1日当たりの使用水量は，男子50L，女子100Lとする．

（1）　$4\,m^3 \sim 6\,m^3$

（2）　$6\,m^3 \sim 8\,m^3$

（3）　$8\,m^3 \sim 10m^3$

（4）　$10m^3 \sim 12m^3$

問題 35 **図－1に示す給水装置における直結加圧形ポンプユニットの吐水圧（圧力水頭）として，次のうち，適当なものはどれか.**

ただし，給水管の摩擦損失水頭と逆止弁による損失水頭は考慮するが，管の曲がりによる損失水頭は考慮しないものとし，給水管の流量と動水勾配の関係は，図－2を用いるものとする．また，計算に用いる数値条件は次のとおりとする．

①給水栓の使用水量	30 L/分
②給水管及び給水用具の口径	20mm
③給水栓を使用するために必要な圧力	5 m
④逆止弁の損失水頭	10 m

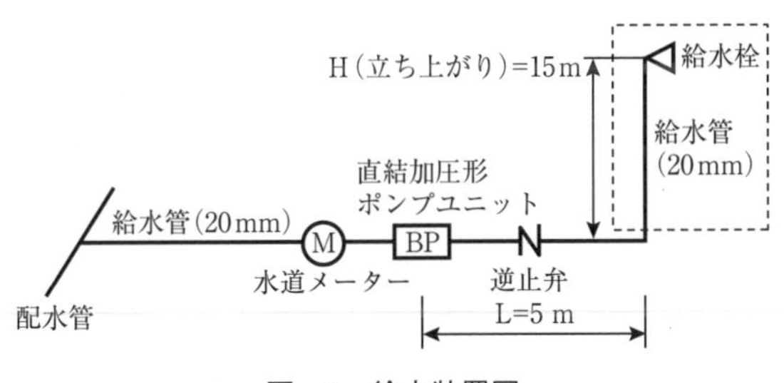

図－1　給水装置図

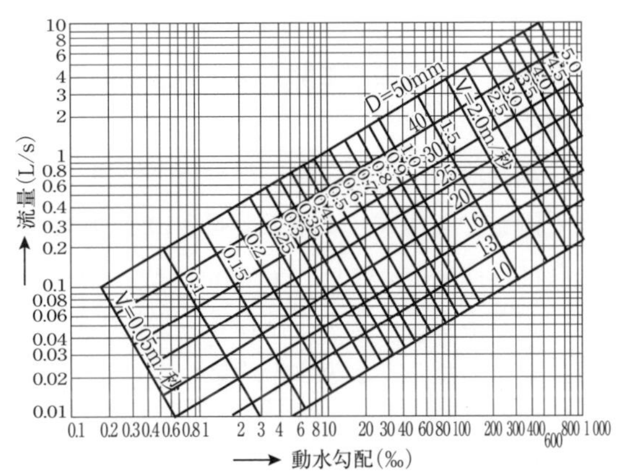

図－2　ウエストン公式による給水管の流量図

（1）　23 m
（2）　28 m
（3）　33 m
（4）　38 m

◇給水装置工事事務論

問題 36　給水装置工事主任技術者（以下，本問においては「主任技術者」という．）の職務に関する次の記述のうち，不適当なものはどれか．

（1）主任技術者は，事前調査においては，地形，地質はもとより既存の地下埋設物の状況等について，十分調査を行わなければならない．
（2）主任技術者は，当該給水装置工事の施主から，工事に使用する給水管や給水用具を指定される場合がある．それらが，給水装置の構造及び材質の基準に適合しないものであれば，使用できない理由を明確にして施主に説明しなければならない．
（3）主任技術者は，職務の一つとして，工事品質を確保するために，現場ごとに従事者の技術的能力の評価を行い，指定給水装置工事事業者に報告しなければならない．
（4）主任技術者は，給水装置工事の検査にあたり，水道事業者の求めに応じて検査に立ち会う．

問題 37　給水装置工事における給水装置工事主任技術者（以下，本問においては「主任技術者」という．）の職務に関する次の記述の正誤の組み合わせのうち，適当なものはどれか．

ア　主任技術者は，調査段階，計画段階に得られた情報に基づき，また，計画段階で関係者と調整して作成した施工計画書に基づき，最適な工程を定めそれを管理しなければならない．
イ　主任技術者は，工事従事者の安全を確保し，労働災害の防止に努めるとともに，水系感染症に注意して水道水を汚染しないよう，工事従事者の健康を管理しなければならない．
ウ　主任技術者は，配水管と給水管の接続工事や道路下の配管工事については，水道施設の損傷，漏水による道路の陥没等の事故を未然に防止するため，必ず現場に立ち会い施行上の指導監督を行わなければならない．

エ　主任技術者は，給水装置工事の事前調査において，技術的な調査を行うが，必要となる官公署等の手続きを漏れなく確実に行うことができるように，関係する水道事業者の供給規程のほか，関係法令等も調べる必要がある．

	ア	イ	ウ	エ
(1)	正	正	誤	正
(2)	誤	誤	正	誤
(3)	誤	正	誤	正
(4)	正	誤	正	誤

問題 38　指定給水装置工事事業者（以下，本問においては「工事事業者」という.）に関する次の記述のうち，不適当なものはどれか.

(1) 水道事業者より工事事業者の指定を受けようとする者は，当該水道事業者の給水区域について工事の事業を行う事業所の名称及び所在地等を記載した申請書を，水道事業者に提出しなければならない．この場合，事業所の所在地は当該水道事業者の給水区域内でなくともよい．

(2) 工事事業者は，配水管から分岐して給水管を設ける工事及び給水装置の配水管への取付口から水道メーターまでの工事を施行するときは，あらかじめ当該給水区域の水道事業者の承認を受けた工法及び工期に適合するように当該工事を施行しなければならない．

(3) 工事事業者の指定の取り消しは，水道法の規定に基づく事由に限定するものではない．水道事業者は，条例などの供給規程により当該給水区域だけに適用される指定の取消事由を定めることが認められている．

(4) 水道法第 16 条の 2 では，水道事業者は，供給規程の定めるところにより当該水道によって水の供給を受ける者の給水装置が当該水道事業者又は工事事業者の施行した給水装置工事に係るものであることを供給条件とすることができるとされているが，厚生労働省令で定める給水装置の軽微な変更は，この限りでない．

問題 39 **給水装置工事に係る記録の作成，保存に関する次の記述のうち，不適当なものはどれか．**

(1)給水装置工事に係る記録及び保管については，電子記録を活用することもできるので，事務の遂行に最も都合がよい方法で記録を作成して保存する．

(2)指定給水装置工事事業者は，給水装置工事の施主の氏名又は名称，施行場所，竣工図，品質管理の項目とその結果等について記録を作成しなければならない．

(3)給水装置工事の記録については，特に様式が定められているものではないが，記録を作成し５年間保存しなければならない．

(4)給水装置工事の記録作成は，指名された給水装置工事主任技術者が作成することになるが，給水装置工事主任技術者の指導・監督のもとで他の従業員が行ってもよい．

問題 40 **給水装置工事の構造及び材質の基準に関する省令に関する次の記述のうち，不適当なものはどれか．**

(1)厚生労働省の給水装置データベースのほかに，第三者認証機関のホームページにおいても，基準適合品の情報提供サービスが行われている．

(2)給水管及び給水用具が基準適合品であることを証明する方法としては，製造業者等が自らの責任で証明する自己認証と製造業者等が第三者機関に証明を依頼する第三者認証がある．

(3)自己認証とは，製造業者が自ら又は製品試験機関等に委託して得たデータや作成した資料によって行うもので，基準適合性の証明には，各製品が設計段階で基準省令に定める性能基準に適合していることの証明で足りる．

(4)性能基準には，耐圧性能，浸出性能，水撃限界性能，逆流防止性能，負圧破壊性能，耐寒性能及び耐久性能の７項目がある．

午後(14：00〜15：00)［学科試験 2］

- 給水装置の概要(10問)
- 給水装置施工管理法(10問)

◇給水装置の概要

問題 41 **給水装置に関する次の記述の正誤の組み合わせのうち，適当なものはどれか．**

ア　給水装置は，水道事業者の施設である配水管から分岐して設けられた給水管及びこれに直結する給水用具で構成され，需要者が他の所有者の給水装置から分岐承諾を得て設けた給水管及び給水用具は給水装置にはあたらない．

イ　水道法で定義している「直結する給水用具」とは，配水管に直結して有圧のまま給水できる給水栓等の給水用具をいい，ホース等，容易に取外しの可能な状態で接続される器具は含まれない．

ウ　給水装置工事の費用の負担区分は，水道法に基づき，水道事業者が供給規程に定めることになっており，この供給規程では給水装置工事の費用は，原則として需要者の負担としている．

エ　マンションにおいて，給水管を経由して水道水をいったん受水槽に受けて給水する設備でも戸別に水道メーターが設置されている場合は，受水槽以降も給水装置にあたる．

	ア	イ	ウ	エ
(1)	正	誤	誤	正
(2)	正	正	誤	誤
(3)	誤	正	誤	正
(4)	誤	正	正	誤

問題 42 **給水管に関する次の記述の正誤の組み合わせのうち，適当なものはどれか．**

ア　ステンレス鋼鋼管は，ステンレス鋼帯から自動造管機により製造される管で，強度的に優れ，軽量化しているので取扱いが容易である．

イ　架橋ポリエチレン管は，耐熱性，耐寒性及び耐食性に優れ，軽量で柔軟性に富んでおり，有機溶剤，ガソリン，灯油等は浸透しない．

ウ　銅管は，アルカリに侵されず，スケールの発生も少なく，耐食性に優れているため薄肉化しているので，軽量で取扱いが容易である．

エ　硬質塩化ビニルライニング鋼管は，鋼管の内面に硬質塩化ビニルをライニングした管で，機械的強度は小さい．

	ア	イ	ウ	エ
(1)	正	誤	正	誤
(2)	誤	正	誤	正
(3)	正	誤	誤	正
(4)	誤	正	正	誤

問題 43 **給水管の接合及び継手に関する次の記述の[　　　]内に入る語句の組み合わせのうち，適当なものはどれか．**

①ステンレス鋼鋼管の主な継手には，伸縮可とう式継手と[　ア　]がある．

②硬質ポリ塩化ビニル管の主な接合方法には，[　イ　]による TS 接合とゴム輪による RR 接合がある．

③架橋ポリエチレン管の主な継手には，[　ウ　]と電気融着式継手がある．

④硬質塩化ビニルライニング鋼管のねじ接合には，[　エ　]を使用しなければならない．

	ア	イ	ウ	エ
(1)	プレス式継手	接着剤	メカニカル式継手	管端防食継手
(2)	プッシュオン継手	ろう付	メカニカル式継手	金属継手
(3)	プッシュオン継手	接着剤	フランジ継手	管端防食継手
(4)	プレス式継手	ろう付	フランジ継手	金属継手

問題 44 **湯沸器に関する次の記述の正誤の組み合わせのうち，適当なものはどれか．**

ア　給水装置として取扱われる貯湯湯沸器は，労働安全衛生法令に規定するボイラー及び小型ボイラーに該当する．

イ　瞬間湯沸器は，給湯に連動してガス通路を開閉する機構を備え，最高85℃程度まで温度を上げることができるが，通常は40℃前後で使用される．

ウ　太陽熱利用貯湯湯沸器では，太陽集熱装置系内に水道水が循環する水道直結型としてはならない．

エ　貯蔵湯沸器は，ボールタップを備えた器内の容器に貯水した水を，一定温度に加熱して給湯する給水用具であり，水圧がかからないため湯沸器設置場所でしか湯を使うことができない．

	ア	イ	ウ	エ
（1）	誤	正	誤	正
（2）	誤	誤	正	正
（3）	正	正	誤	誤
（4）	正	誤	誤	正

問題 45　**給水用具に関する次の記述のうち，不適当なものはどれか．**

（1）2ハンドル式の混合水栓は，湯側・水側の2つのハンドルを操作し，吐水・止水，吐水量の調整，吐水温度の調整ができる．

（2）ミキシングバルブは，湯・水配管の途中に取付けて，湯と水を混合し，設定流量の湯を吐水するための給水用具であり，ハンドル式とサーモスタット式がある．

（3）ボールタップは，フロートの上下によって自動的に弁を開閉する構造になっており，水洗便器のロータンクや，受水槽に給水する給水用具である．

（4）大便器洗浄弁は，大便器の洗浄に用いる給水用具であり，バキュームブレーカを付帯するなど逆流を防止する構造となっている．

問題 46　**直結加圧形ポンプユニットに関する次の記述の正誤の組み合わせのうち，適当なものはどれか．**

ア　直結加圧形ポンプユニットは，給水装置に設置して中高層建物に直接給水することを目的に開発されたポンプ設備で，その機能に必要な構成機器すべてをユニットにしたものである．

イ　直結加圧形ポンプユニットの構成は，ポンプ，電動機，制御盤，流水スイッチ，圧力発信器，圧力タンク，副弁付定水位弁をあらかじめ組み込んだユニット形式となっている場合が多い．

ウ　直結加圧形ポンプユニットは，ポンプを複数台設置し，1台が故障しても自動切替えにより給水する機能や運転の偏りがないように自動的に交互運転する機能等を有している．

エ　直結加圧形ポンプユニットの圧力タンクは，停電によりポンプが停止したとき，蓄圧機能により圧力タンク内の水を供給することを目的としたものである．

	ア	イ	ウ	エ
(1)	誤	正	誤	正
(2)	誤	誤	正	正
(3)	正	正	誤	誤
(4)	正	誤	正	誤

問題 47　給水用具に関する次の記述のうち，不適当なものはどれか．

(1) 減圧弁は，調節ばね，ダイヤフラム，弁体等の圧力調整機構によって，一次側の圧力が変動しても，二次側を一次側より低い一定圧力に保持する給水用具である．

(2) 安全弁（逃し弁）は，水圧が設定圧力よりも上昇すると，弁体が自動的に開いて過剰圧力を逃し，圧力が所定の値に降下すると閉じる機能を持つ給水用具である．

(3) 玉形弁は，弁体が球状のため90°回転で全開，全閉することのできる構造であり，全開時の損失水頭は極めて小さい．

(4) 仕切弁は，弁体が鉛直に上下し，全開・全閉する構造であり，全開時の損失水頭は極めて小さい．

問題 48　水道メーターに関する次の記述の正誤の組み合わせのうち，適当なものはどれか.

ア　水道メーターの遠隔指示装置は，中高層集合住宅や地下街などにおける検針の効率化，また積雪によって検針が困難な場所などに有効である.

イ　たて形軸流羽根車式水道メーターは，メーターケースに流入した水流が，整流器を通って，水平に設置された螺旋状羽根車に沿って流れ，羽根車を回転させる構造であり，よこ形軸流羽根車式に比べ損失水頭が小さい.

ウ　水道メーターは，各水道事業者により使用する形式が異なるため，設計に当たっては，あらかじめこれらを確認する必要がある.

エ　水道メーターの指示部の形態は，計量値をアナログ表示する直読式と，計量値をデジタル表示する円読式がある.

	ア	イ	ウ	エ
(1)	正	正	誤	誤
(2)	誤	誤	正	正
(3)	正	誤	正	誤
(4)	誤	正	誤	正

問題 49　水道メーターに関する次の記述のうち，不適当なものはどれか.

(1) 水道メーターの遠隔指示装置は，発信装置(又は記憶装置)，信号伝達部(ケーブル)及び受信器から構成される.

(2) 水道メーターの計量部の形態で，複箱形とは，メーターケースの中に別の計量室(インナーケース)をもち，複数のノズルから羽根車に噴射水流を与える構造のものである.

(3) 電磁式水道メーターは，給水管と同じ呼び径の直管で機械的可動部がないため耐久性に優れ，小流量から大流量まで広範囲な計測に適する.

(4) 水道メーターの指示部の形態で，機械式とは，羽根車に永久磁石を取付けて，羽根車の回転を磁気センサで電気信号として検出し，集積回路により演算処理して，通過水量を液晶表示する方式である.

問題 50　給水用具の故障と対策に関する次の記述のうち，不適当なものはどれか.

(1)小便器洗浄弁の吐出量が多いので原因を調査した．その結果，調節ねじを開け過ぎていたので，調節ねじを右に回して吐出量を減らした．

(2)水栓から漏水していたので原因を調査した．その結果，弁座に軽度の摩耗が認められたので，パッキンを取り替えた．

(3)ボールタップ付ロータンクの水が止まらなかったので原因を調査した．その結果，リング状の鎖がからまっていたので，鎖を2輪分短くした．

(4)大便器洗浄弁から常に少量の水が流出していたので原因を調査した．その結果，ピストンバルブと弁座の間に異物がかみ込んでいたので，ピストンバルブを取外し異物を除いた．

◇給水装置施工管理法

問題 51 給水装置工事の工程管理に関する次の記述の[　　　]内に入る語句の組み合わせのうち，適当なものはどれか．

工程管理は，[　ア　]に定めた工期内に工事を完了するため，事前準備の[　イ　]や水道事業者，建設業者，道路管理者，警察署等との調整に基づき工程管理計画を作成し，これに沿って，効率的かつ経済的に工事を進めて行くことである．

工程管理するための工程表には，[　ウ　]，ネットワーク等があるが，給水装置工事の工事規模の場合は，[　ウ　]工程表が一般的である．

	ア	イ	ウ
(1)	契約書	材料手配	出来高累計曲線
(2)	契約書	現地調査	バーチャート
(3)	設計書	現地調査	出来高累計曲線
(4)	設計書	材料手配	バーチャート

問題 52 給水装置工事の施工管理に関する次の記述のうち，不適当なものはどれか．

(1)工事着手後速やかに，現場付近住民に対し，工事の施行について協力が得られるよう，工事内容の具体的な説明を行う．

(2)工事内容を現場付近住民や通行人に周知するため，広報板などを使用し，必要な広報措置を行う．

(3)工事の施行に当たり，事故が発生し，又は発生するおそれがある場合は，直ちに必要な措置を講じたうえ，事故の状況及び措置内容を水道事業者や関係官公署に報告する．

(4)工事の施行中に他の者の所管に属する地下埋設物，地下施設その他工作物の移設，防護，切り廻し等を必要とするときは，速やかに水道事業者や埋設管等の管理者に申し出て，その指示を受ける．

問題 53　給水装置工事の施工管理に関する次の記述のうち，不適当なものはどれか．

(1)施工計画書には，現地調査，水道事業者等との協議に基づき作業の責任を明確にした施工体制，有資格者名簿，施工方法，品質管理項目及び方法，安全対策，緊急時の連絡体制と電話番号，実施工程表等を記載する．

(2)配水管からの分岐以降水道メーターまでの工事は，道路上での工事を伴うことから，施工計画書を作成して適切に管理を行う必要があるが，水道メーター以降の工事は，宅地内での工事であることから，施工計画書を作成する必要がない．

(3)常に工事の進捗状況について把握し，施工計画時に作成した工程表と実績とを比較して工事の円滑な進行を図る．

(4)施工に当っては，施工計画書に基づき適正な施工管理を行う．具体的には，施工計画に基づく工程，作業時間，作業手順，交通規制等に沿って工事を施行し，必要の都度工事目的物の品質管理を実施する．

問題 54　配水管から分岐して設けられる給水装置工事に関する次の記述の正誤の組み合わせのうち，適当なものはどれか．

ア　サドル付分水栓を鋳鉄管に取付ける場合，鋳鉄管の外面防食塗装に適した穿孔ドリルを使用する．

イ　給水管及び給水用具は，給水装置の構造及び材質の基準に関する省令の性能基準に適合したもので，かつ検査等により品質確認がされたものを使用する.

ウ　サドル付分水栓の取付けボルト，給水管及び給水用具の継手等で締付けトルクが設定されているものは，その締付け状況を確認する.

エ　配水管が水道配水用ポリエチレン管でサドル付分水栓を取付けて穿孔する場合，防食コアを装着する.

	ア	イ	ウ	エ
(1)	誤	正	正	誤
(2)	正	誤	誤	正
(3)	誤	誤	正	正
(4)	正	正	誤	誤

問題 55 **給水装置工事の品質管理について，穿孔後に現場において確認すべき水質項目の次の組み合わせについて，適当なものはどれか.**

(1)	pH 値，	におい，	濁り，	水温，	味
(2)	残留塩素，	TOC，	pH 値，	水温，	色
(3)	pH 値，	濁り，	水温，	色，	味
(4)	残留塩素，	におい，	濁り，	色，	味

問題 56 **工事用電力設備における電気事故防止の基本事項に関する次の記述のうち，不適当なものはどれか.**

(1) 電力設備には，感電防止用漏電遮断器を設置し，感電事故防止に努める.

(2) 高圧配線，変電設備には，危険表示を行い，接触の危険のあるものには必ず柵，囲い，覆い等感電防止措置を行う.

(3) 水中ポンプその他の電気関係器材は，常に点検と補修を行い正常な状態で作動させる.

(4) 仮設の電気工事は，電気事業法に基づく「電気設備に関する技術基準を定める省令」等により給水装置工事主任技術者が行う.

問題 57 **建設工事公衆災害防止対策要綱に関する次の記述のうち，不適当な**

ものはどれか．

(1)施工者は，歩行者及び自転車が移動さくに沿って通行する部分の移動さくの設置に当たっては，移動さくの間隔をあけないようにし，又は移動さく間に安全ロープ等を張ってすき間のないよう措置しなければならない．

(2)施工者は，道路上に作業場を設ける場合は，原則として，交通流に対する背面から車両を出入りさせなければならない．ただし，周囲の状況等によりやむを得ない場合においては，交通流に平行する部分から車両を出入りさせることができる．

(3)施工者は，工事を予告する道路標識，掲示板等を，工事箇所の前方10メートルから50メートルの間の路側又は中央帯のうち視認しやすい箇所に設置しなければならない．

(4)起業者及び施工者は，車幅制限する場合において，歩行者が安全に通行し得るために歩行者用として別に幅0.75メートル以上，特に歩行者の多い箇所においては幅1.5メートル以上の通路を確保しなければならない．

問題58 建設業法第26条に関する次の記述の[　　　]内に入る語句の組み合わせのうち，適当なものはどれか．

発注者から直接建設工事を請け負った[　ア　]は，下請契約の請負代金の額（当該下請契約が二つ以上あるときは，それらの請負代金の総額）が[　イ　]万円以上になる場合においては，[　ウ　]を置かなければならない．

	ア	イ	ウ
(1)	特定建設業者	1 000	主任技術者
(2)	一般建設業者	4 000	主任技術者
(3)	一般建設業者	1 000	監理技術者
(4)	特定建設業者	4 000	監理技術者

問題59 労働安全衛生法に定める作業主任者に関する次の記述の[　　　]内に入る語句の組み合わせのうち，適当なものはどれか．

事業者は，労働災害を防止するための管理を必要とする[　ア　]で定める作業については，[　イ　]の免許を受けた者又は[　イ　]あるいは[　イ　]の指定する者が行う技能講習に修了した者のうちから，[　ウ　]で定めるところにより，作業の区分に応じて，作業主任者を選任しなければならない．

	ア	イ	ウ
(1)	法律	都道府県労働局長	条例
(2)	政令	都道府県労働局長	厚生労働省令
(3)	法律	厚生労働大臣	条例
(4)	政令	厚生労働大臣	厚生労働省令

問題 60 **建築物の内部，屋上又は最下階の床下に設ける給水タンク及び貯水タンク(以下「給水タンク等」という)の配管設備の構造方法に関する次の記述のうち，不適当なものはどれか．**

(1)給水タンク等の天井は，建築物の他の部分と兼用できる．

(2)給水タンク等の内部には，飲料水の配管設備以外の配管設備を設けない．

(3)給水タンク等の上にポンプ，ボイラー，空気調和機等の機器を設ける場合においては，飲料水を汚染することのないように衛生上必要な措置を講ずる．

(4)最下階の床下その他浸水によりオーバーフロー管から水が逆流するおそれのある場所に給水タンク等を設置する場合にあっては，浸水を容易に覚知することができるよう浸水を検知し警報する装置の設置その他の措置を講じる．

令和元年度
解答と解説

午前[学科試験 1]

◆公衆衛生概論

【問題 1】水道水の消毒および残留塩素に関する問題である.

（1）（適当）

（2）（適当）

（3）（適当）

（4）（不適当）残留塩素がジエチル-*p*-フェニレンジアミン（DPD）と反応して生じる色は桃～桃赤色である．設問の青色は誤り.

答（4）

【問題 2】水道法第4条に規定する水質基準に関する問題である.

ア　（誤）同条第1項第1号では，病原生物に汚染され，または病原生物に汚染されたことを疑わせるような生物もしくは物質を含むものでないこととなっている．設問の許容量を超えるは誤り.

イ　（正）同条同項第2号による.

ウ　（誤）同条同項第5号では，異常な臭味がないこと．ただし，消毒による臭味を除くとなっている.

エ　（正）同条同項第6号による.

答（2）

【問題 3】水道水が直接の感染経路となった集団感染の事例原因に関する問題である.

答（3）

◆水道行政

【問題 4】簡易専用水道の管理に関する問題である.

簡易専用水道の(ア)<u>設置者</u>は，水道法施行規則第55条に定める基準に従い，その水道を管理しなければならない．この基準として，(イ)<u>水槽</u>の掃除を(ウ)<u>1年</u>以内ごとに1回定期に行うこと，(イ)<u>水槽</u>の点検など，水が汚染されるのを防止するために必要な措置を講じることが定められている.

簡易専用水道の(ア)設置者は，(ウ)1年以内ごとに1回定期に，その水道の管理について地方公共団体の機関又は厚生労働大臣の(エ)登録を受けた者の検査を受けなければならない.

答(1)

【問題 5】給水装置および給水装置工事に関する問題である.

（1）（適当）

（2）（不適当）給水管および給水用具の製造工程であり，設問の給水装置に含まれるは誤り.

（3）（適当）

（4）（適当）

答(2)

【問題 6】給水装置工事主任技術者の職務に関する問題である.

ア　(正)水道法施行規則第23条(給水装置工事主任技術者の職務)第1号による.

イ　(正)水道法第25条の4(給水装置工事主任技術者)第3項第1号による.

ウ　(正)同法同条同項第2号による.

エ　(正)水道法施行規則第23条第3号による.

答(4)

【問題 7】指定給水装置工事事業者制度に関する問題である.

（1）（不適当）水道法第25条の3(指定の基準)第1項によって全国一律に定められており，設問の水道事業者ごとは誤り.

（2）（適当）水道法施行規則第36条(事業の運営の基準)第1項第4号による.

（3）（適当）同法第25条の3第2項による.

（4）（適当）同法第16条の2(給水装置工事)第1項による.

答(1)

【問題 8】水道法第15条に規定する給水義務に関する問題である.

（1）（適当）同条第2項による.

（2）（適当）水道事業者は，給水区域内の水道水の供給を受けようとする者の給水契約の申込みに対する応諾と常時給水が義務付けられている．その一方で，水道事業が地域独占事業であることから，水道水の供給を受けようとする住民は，水道事業者を選ぶことはできない．

（3）（適当）同条第3項による．

（4）（不適当）同条第1項により，正当な理由がなければ拒んではならない．設問の「いかなる場合であっても」は誤り．

答（4）

【問題9】水道法に規定する水道事業等の認可に関する問題である．

ア （正）水道法第6条第1項により，国が監督する仕組みとして認可制度をとっている．

イ （正）この認可制度により，有限な水資源の公平な配分の実現が図られ，さらに，水道を利用する国民の利益が保護されることになる．

ウ （誤）同法第6条第1項により，水道事業を経営しようとする者は，厚生労働大臣の認可を受けることとなる．設問の市町村長の認可は誤り．

エ （誤）同法第26条（水道用水供給事業の認可）により，水道用水供給事業者についても水道事業の機能の一部を代替するものであることから，認可は必要である．

答（1）

◆給水装置工事法

【問題10】水道法施行規則第36条の指定給水装置工事事業者の事業の運営に関する問題である．

「適切に作業を行うことができる技能を有する者」とは，配水管への分水栓の取付け，配水管の(ア)穿孔，給水管の接合等の配水管から給水管を分岐する工事に係る作業及び当該分岐部から(イ)水道メーターまでの配管工事に係る作業について，(ウ)当該配水管その他の地下埋設物に変形，破損その他の異常を生じさせることがないよう，適切な資機材，工法，地下埋設物の防護の方法を選択し，(エ)正確な作業を実施できる者をいう．

答（2）

【問題11】サドル付分水栓の穿孔施工に関する問題である．

ア （誤）サドル付分水栓を取り付ける前に，弁体が全開状態になっているかの確認は必ず必要である．設問の全閉状態は誤り．

イ （正）

ウ　(誤)穿孔中はハンドルの回転が重く感じられる．穿孔の終了に近づくとハンドル回転は軽く感じられるが，最後まで回転させ，完全に穿孔する．

エ　(正)

答(4)

【問題12】給水管の埋設深さおよび占用位置に関する問題である．

(1)　(適当)

(2)　(適当)

(3)　(不適当)歩道部における水道管の埋設深さは，管路の頂部と路面との距離は0.5m以下としない．設問の0.3m以下は誤り．

(4)　(適当)

答(3)

【問題13】水道配水用ポリエチレン管のEF継手による接合に関する問題である．

(1)　(適当)

(2)　(不適当)設問の説明はメカニカル式継手による接合方法のものである．

(3)　(適当)

(4)　(適当)

答(2)

【問題14】給水管の配管工事に関する問題である．

(1)　(適当)

(2)　(不適当)他の埋設物との間隔は，原則として30cm以上確保する，設問の20cm以上は誤り．

(3)　(適当)

(4)　(適当)

答(2)

【問題15】給水管の配管工事に関する問題である．

(1)　(適当)

(2)　(適当)

(3)　(不適当)硬質銅管の曲げ加工は行ってはならない．設問は，被覆銅管(軟質コイル管)の曲げ加工の説明であり，その曲げ加工は専用パイプベンダーを用いて行う．

（4）（適当）

答（3）

【問題16】給水管の明示に関する問題である.

ア　（正）

イ　（誤）明示テープの地色は，昭和46年改正の道路法施行令（第12条）などで指定されている.

ウ　（誤）明示シートは，指定された仕様のものを指示された位置に設置することになっている．設問の任意の位置に設置は誤り.

エ　（正）

答（2）

【問題17】水道メーターの設置に関する問題である.

（1）（適当）

（2）（適当）

（3）（適当）

（4）（不適当）水道メーターの取替え時に，断水による影響を回避するためメーターバイパスユニットを設置する方法がある．設問のウォータハンマを回避するためは誤り.

答（4）

【問題18】給水装置の異常現象に関する問題である.

ア　（誤）硬質塩化ビニルライニング鋼管は，管内にスケールが付着しない構造である．設問は，亜鉛メッキ鋼管を使用している状況の説明であることから誤り.

イ　（誤）水道水は，無味無臭に近いものであるが，塩辛い味，苦い味，渋い味などが感じられる場合は，クロスコネクションのおそれがあるので，直ちに飲用を中止しなければならない．設問の一定時間管内の水の排水は誤り.

ウ　（正）

エ　（正）

答（3）

【問題19】消防法の適用を受けるスプリンクラーに関する問題である.

ア　（誤）水道直結式スプリンクラーは，水道法の適用を受ける．設問の適合しなくてもよいは誤り．

イ　(正)

ウ　(正)

エ　(誤)乾式配管方式では，給水管の分岐から電動弁までの間の停滞水をできるだけ少なくするため，給水管分岐部と電動弁との間を短くすることが望ましい．設問の長くするは誤り．

答(1)

◆給水装置の構造及び性能

【問題20】水道法の規定に関する問題である．

(1)　(適当)

(2)　(適当)

(3)　(適当)

(4)　(不適当)設問のとおりであるが，厚生労働省令で定める給水装置の軽微な変更であるときはこの限りでないことから，誤り．

答(4)

【問題21】給水装置の構造及び材質の基準に定める耐圧に関する基準に関する問題である．

(1)　(適当)

(2)　(適当)

(3)　(不適当)加圧装置は，耐圧性能試験により当該加圧装置の最大出力の静水圧を1分間加えたとき，水漏れ，変形，破損その他の異常を生じないこととされている．設問の1.75メガパスカルは誤り．

(4)　(適当)

答(3)

【問題22】給水装置の構造及び材質基準に定める逆流防止に関する問題である．

ア　(正)

イ　(正)

ウ　(誤)減圧式逆流防止器の負圧破壊に関する試験では，流入側からマイナス54キロパスカルの圧力を加えたとき，減圧式逆流防止器に接続した透明管内の水位の上昇が3ミリメートルを超えないこととされている．設問の水位の上昇が75ミリメートルは誤り．

エ　(誤)バキュームブレーカは，負圧破壊性能試験により流入側からマイナス54キロパスカルの圧力を加えたとき，バキュームブレーカに接続した透明管内の水位の上昇が75ミリメートルを超えないこととされている．設問の水位の上昇が3ミリメートルは誤り．

答(1)

【問題23】水撃防止に関する問題である．

ア　(誤)ウォータハンマを防止するには，基本的に管内流速を遅くすべきであり，設問の速くするは誤り．

イ　(正)

ウ　(誤)ウォータハンマが発生しやすいボールタップは単式のほうである．

エ　(正)

答(2)

【問題24】金属管の侵食に関する問題である．

(1)　(不適当)自然電位の低い金属と自然電位の高い金属との間には電池が形成される．このとき，自然電位の低い金属が侵食される．設問の自然電位が高い金属が侵食されるは誤り．

(2)　(適当)

(3)　(適当)

(4)　(適当)

答(1)

【問題25】クロスコネクションに関する問題である．

ア　(正)

イ　(誤)安全な水道水を確保するため，仕切弁や逆止弁を設置して，給水装置と井戸水とを直接連結することは絶対に行ってはならない．

ウ　(誤)給水装置と受水槽以下の配管との接続は，クロスコネクションである．

エ　(誤)一時的な仮設であっても絶対に行ってはならない．

答(2)

【問題26】水道水の汚染防止に関する問題である．

(1)　(適当)

(2)　(適当)

（3）（適当）

（4）（不適当）給水管路の途中に有毒薬品置場，有害物の取扱場などがある場合は，給水管などが破損した際に有毒物や汚物が水道水に混入するおそれがあるので，その影響のないところまで離して配管する．設問のさや管などの防護措置は誤り．

答（4）

【問題27】呼び径φ 20mm の給水管からボールタップを通して水槽に給水する吐水口空間に関する問題である．

（3）（適当）基準省令第5条第1項第2号に吐水口空間の基準が定められており，呼び径φ 20mm の場合は，水平距離と垂直距離を 40mm 以上確保することになっている．

答（3）

【問題28】給水装置の凍結防止対策に関する問題である．

（1）（適当）

（2）（適当）

（3）（適当）

（4）（不適当）内部貯留式不凍給水栓は，0.1 メガパスカル以下のところでは，栓の中に水が溜まって上から溢れ出たり，凍結したりするので，使用場所が限定されている．設問の設置場所を選ばないは誤り．

答（4）

【問題29】給水装置の耐寒に関する基準についての問題である．

（1）（適当）

（2）（不適当）凍結のおそれがある場所に設置されている弁類にあっては，耐寒性能試験により零下 20 度プラスマイナス 2 度の温度で 1 時間保持したのちに通水したとき，各性能を有するものでなければならない．設問の 24 時間保持は誤り．

（3）（適当）

（4）（適当）

答（2）

◆給水装置計画論

【問題30】直結給水システムの計画・設計に関する問題である．

（1）（適当）

（2）（適当）

（3）（適当）

（4）（不適当）給水装置には，末端の給水用具または末端給水用具の直近の上流側において，負圧破壊性能または逆流防止性能を有する給水用具の設置が義務付けられている．設問の吸排気弁は逆流を防止する機能のものではない．

答（4）

【問題31】受水槽式給水に関する問題である．

（1）（適当）

（2）（適当）

（3）（不適当）配水管の水圧が高いときは，受水槽への流入時に給水管を流れる流量が過大となるため，減圧弁を設置する必要がある．設問の逆止弁の設置は誤り．

（4）（適当）

答（3）

【問題32】給水方式の決定に関する問題である．

ア　（誤）直結式給水は，配水管の水圧で直接給水する方式（直結直圧式）と，給水管の途中に直結加圧形ポンプユニットを設置する方式（直結増圧式）がある．

イ　（誤）受水槽式給水は，配水管から分岐し受水槽に受け，この受水槽から給水する方式であり，受水槽入口で配水系統と縁が切れる．設問の受水槽出口は誤り．

ウ　（正）

エ　（正）

答（3）

【問題33】直結式給水による集合住宅での同時使用水量を求める問題である．

同時使用水量比を考慮して給水量を算出する場合，1戸当たりの同時使用水量は，全給水栓の平均水量に同時使用水量比を乗じて求める．総給水用具数が5個の場合の同時使用水量比は，設問の表-2より2.2である．

1戸当たりの同時使用水量を Q とすると，

$Q = (12+12+8+20+12)$〔L/分〕÷5〔個〕×2.2

$=28.16$〔L/(分・戸)〕

1戸当たりの同時使用水量 Q に，戸数と同時使用戸数率を乗じて，集合住宅の全体の同時使用水量を算出する．12戸の場合の同時使用戸数率は設問の表-3より80%であるから，

全体同時使用水量＝28.16〔L/(分・戸)〕×12〔戸〕×0.8

≒270〔L/分〕

答(2)

【問題34】事務所における受水槽容量の範囲を求める問題である．

男子と女子の合計人員の計画1日使用水量は，

男子　80〔人〕×50〔L/人〕＝4 000〔L〕＝4〔m^3〕

女子　60〔人〕×100〔L/人〕＝6 000〔L〕＝6〔m^3〕

合計使用水量は，

4＋6＝10〔m^3〕

標準的な受水槽の容量範囲は，

10〔m^3〕×4/10 ～ 10〔m^3〕×6/10＝4 ～ 6〔m^3〕

答(1)

【問題35】直結加圧形ポンプユニットの吐水圧（圧力水頭）を求める問題である．

直結加圧形ポンプユニットから給水栓までの管の延長は，

5＋15＝20〔m〕

設問の図-2より，縦軸の流量30〔L/分〕＝ 0.5〔L/秒〕の水平線と給水管の口径 D=20〔mm〕の斜め線との交点から垂線を下すと，動水勾配は約180〔‰〕と読み取れる．管の延長に対する損失水頭は，動水勾配×管延長÷ 1 000であるから，

180×20÷1 000＝3.6〔m〕

全体の吐水圧＝管の立ち上がり高さ＋逆止弁の損失水頭＋給水栓の必要圧力＋管の摩擦損失水頭であり，設問の数値条件などから

15＋10＋5＋3.6＝33.6〔m〕

答(3)

◆給水装置工事事務論

【問題36】給水装置工事主任技術者の職務に関する問題である．

（1）（適当）

（2）（適当）

（3）（不適当）給水装置工事の品質を確保するために，現場ごとに従事者の技術的能力の評価と適切な技術的指導を行う必要がある．設問の指定給水装置工事事業者への報告は誤り．

（4）（適当）

答（3）

【問題37】給水装置工事における給水装置工事主任技術者の職務に関する問題である．

ア（正）

イ（正）

ウ（誤）主任技術者は，事故などを未然に防止するため，適切な作業を行うことができる技能を有する者に工事を行わせるか，または実地に監督させるようにしなければならない．説問のように，本人が必ず現場に立ち合うことなどは求められていない．

エ（正）

答（1）

【問題38】指定給水装置工事事業者に関する問題である．

（1）（適当）

（2）（適当）

（3）（不適当）工事事業者の取消しは水道法第25条の11で規定されており，水道事業者の供給規程などでの定めはない．

（4）（適当）

答（3）

【問題39】給水装置工事に係る記録の作成，保存に関する問題である．

（1）（適当）

（2）（適当）

（3）（不適当）給水装置工事の記録の作成保存は3年間であり，設問の5年間は誤り．

（4）（適当）

答（3）

【問題40】給水装置工事の構造及び材質の基準に関する問題である．

（1）（適当）

（2）（適当）

（3）（不適当）設問の証明のほかに，当該製品が製造段階で品質の安定性が確保されていることの証明も必要となることから，設問は誤りである．

（4）（適当）

答（3）

午後［学科試験 2］

◆給水装置の概要

【問題41】給水装置に関する問題である．

ア （誤）需要者が他の所有者の給水装置から分岐承諾を得て設けた給水管および給水用具も給水装置に該当する．

イ （正）

ウ （正）

エ （誤）マンションにおいて，給水管を経由して水道水をいったん受水槽に受けて給水する設備で，戸別に水道メーターが設置されている場合がある．こうしたケースは，受水槽以降であることから給水装置には該当しない．

答（4）

【問題42】給水管に関する問題である．

ア （正）

イ （誤）架橋ポリエチレン管は，耐熱性，耐寒性および耐食性に優れ，軽量で柔軟性に富んでいるが，有機溶剤，ガソリン，灯油などに接すると管に浸透する．

ウ （正）

エ （誤）硬質塩化ビニルライニング鋼管は，鋼管の内面に硬質塩化ビニルをライニングした管であり，機械的強度は大きい．

答（1）

【問題43】給水管の接合および継手に関する問題である．

① ステンレス鋼鋼管の主な継手には，伸縮可とう式継手と(ア)プレス式継手

がある.

② 硬質ポリ塩化ビニル管の主な接合方法には，(イ)接着剤によるTS接合とゴム輪によるRR接合がある.

③ 架橋ポリエチレン管の主な継手には，(ウ)メカニカル式継手と電気融着式継手がある.

④ 硬質塩化ビニルライニング鋼管のねじ接合には，(エ)管端防食継手を使用しなければならない.

答(1)

【問題44】湯沸器に関する問題である.

ア (誤)給水装置として取り扱われる貯湯湯沸器は，労働安全衛生法令に規定するボイラーおよび小型ボイラーには該当しない.

イ (正)

ウ (誤)太陽熱利用貯湯湯沸器では，太陽集熱系内に水道水が循環する水道直結型も存在しており，設問は誤り.

エ (正)

答(1)

【問題45】給水用具に関する問題である.

(1) (適当)

(2) (不適当)ミキシングバルブは湯と水を混合し，設定温度の湯を吐水するための給水用具である．設問の設定流量の湯を吐水するは誤り.

(3) (適当)

(4) (適当)

答(2)

【問題46】直結加圧形ポンプユニットに関する問題である.

ア (正)

イ (誤)直結加圧形ポンプユニットの構成要素には逆止弁を含むバイパス管があるが，設問の副弁付定水位弁は構成要素にはない.

ウ (正)

エ (誤)圧力タンクは，起動時・停止時の圧力変動と定常運転の圧力脈動を抑制することを目的としたものである．設問の停電時に蓄圧機能により圧力タンク内の水を供給するは誤り.

答（4）

【問題47】給水用具に関する問題である.

（1）（適当）

（2）（適当）

（3）（不適当）設問の説明はボール止水栓のものである.

（4）（適当）

答（3）

【問題48】水道メーターに関する問題である.

ア（正）

イ（誤）たて形軸流羽根車式水道メーターは，メーターケースに流入した水流が，整流器を通って，垂直に設置された螺旋状羽根車に沿って流れ，羽根車を回転させる構造であり，よこ形軸流羽根車式に比べ損失水頭がやや大きい．設問の損失水頭が小さいは誤り.

ウ（正）

エ（誤）水道メーターの指示部の形態は，計量値をアナログ表示する円読式と，計量値をデジタル表示する直読式がある.

答（3）

【問題49】水道メーターに関する問題である.

（1）（適当）

（2）（適当）

（3）（適当）

（4）（不適当）設問の説明は水道メーターの指示部の形態が電子式のものである.

答（4）

【問題50】給水用具の故障と対策に関する問題である.

（1）（適当）

（2）（適当）

（3）（不適当）ボールタップ付ロータンクの水が止まらなかった故障原因は鎖がからまっていたためであるから，その対策は鎖を2輪分たるませた，が正しい.

（4）（適当）

答（3）

◆給水装置施工管理法

【問題51】 給水装置工事の工程管理に関する問題である．

工程管理は，(ア)契約書に定めた工期内に工事を完了するため，事前準備の(イ)現地調査や水道事業者，建設業者，道路管理者，警察署等との調整に基づき工程管理計画を作成し，これに沿って，効率的かつ経済的に工事を進めていくことである．

工程管理するための工程表には，(ウ)バーチャート，ネットワーク等があるが，給水装置工事の工事規模の場合は，(ウ)バーチャート工程表が一般的である．

答（2）

【問題52】 給水装置工事の施工管理に関する問題である．

（1）（不適当）工事着手に先立ち，現場付近住民に対し，工事の施行について協力が得られるよう，工事内容の具体的な説明を行うことになる．設問の着手後速やかには誤り．

（2）（適当）

（3）（適当）

（4）（適当）

答（1）

【問題53】 給水装置工事の施工管理に関する問題である．

（1）（適当）

（2）（不適当）水道メーター以降の工事においても，道路上での工事と同様に，施工計画書を作成する必要がある．

（3）（適当）

（4）（適当）

答（2）

【問題54】 配水管から分岐して設けられる給水装置工事に関する問題である．

ア　（誤）サドル付分水栓を鋳鉄管に取り付ける場合，鋳鉄管の内面ライニングに適した穿孔ドリルを使用する．設問の外面防食塗装に適したは誤り．

イ　（正）

ウ　（正）

エ　(誤)サドル付分水栓を取り付けて穿孔するとき，配水管が水道配水用ポリエチレン管である場合は，防食コアは不用である．防食コアは，鋳鉄管に穿孔する際の穿孔断面を防食する目的のものである．

答(1)

【問題55】穿孔後に現場において確認すべき水質項目に関する問題である．

(1)　(不適当)

(2)　(不適当)

(3)　(不適当)

(4)　(適当)

答(4)

【問題56】工事用電力設備における電気事故防止の基本事項に関する問題である．

(1)　(適当)

(2)　(適当)

(3)　(適当)

(4)　(不適当)仮設の電気工事は，電気事業法に基づく「電気設備に関する技術基準を定める省令」などにより，電気技術者が行う．設問の給水装置工事主任技術者が行うは誤り．

答(4)

【問題57】建設工事公衆災害防止対策要綱に関する問題である．

(1)　(適当)

(2)　(適当)

(3)　(不適当)要綱第24(道路上(近接)工事における措置)の3には，施工者は，工事を予告する道路標識，掲示板等を，工事箇所の前方50メートルから500メートルの間の路側または中央帯のうち視認しやすい箇所に設置しなければならないとある．設問の前方10メートルから50メートルの間は誤り．

(4)　(不適当)令和元年9月2日に改正された要綱の第27(歩行者用通路の確保)では，「歩行者が安全に通行し得るために歩行者用として別に幅0.90メートル以上(高齢者や車椅子使用者等の通行が想定されない場合は幅0.75メートル以上)」とされた．

答(正答なし)

【問題58】建設業法第26条に関する問題である.

発注者から直接建設工事を請け負った(ア)特定建設業者は，下請け契約の請負代金の額（当該下請契約が二つ以上あるときは，それらの請負代金の総額）が(イ)4 000万円以上になる場合においては，(ウ)監理技術者を置かなければならない.

答(4)

【問題59】労働安全衛生法に定める作業主任者に関する問題である.

事業者は，労働災害を防止するための管理を必要とする(ア)政令で定める作業については，(イ)都道府県労働局長の免許を受けた者または(イ)都道府県労働局長あるいは(イ)都道府県労働局長の指定する者が行う技能講習に終了した者のうちから，(ウ)厚生労働省令で定めるところにより，作業の区分に応じて，作業主任者を選任しなければならない.

答(2)

【問題60】建築物の内部，屋上または最下階の床下に設ける給水タンクおよび貯水タンクの配管設備の構造に関する問題である.

（1）（不適当）給水タンク等の天井は，建築物の他の部分と兼用しない.
（2）（適当）
（3）（適当）
（4）（適当）

答(1)

第 22 回（平成 30 年度）
給水装置工事主任技術者試験 問題

有効受験者数13,434名／合格者数5,066名／合格率37.7%

午前(10：00～12：30) **[学科試験 1]**

- 公衆衛生概論(3 問)
- 水道行政(6 問)
- 給水装置工事法(10問)
- 給水装置の構造及び性能(10問)
- 給水装置計画論(6 問)
- 給水装置工事事務論(5 問)

◇公衆衛生概論

問題 1 **水道水に混入するおそれのある化学物質による汚染の原因に関する次の記述のうち，不適当なものはどれか．**

(1)フッ素は，地質，工場排水などに由来する．
(2)鉛管を使用していると，遊離炭酸の少ない水に鉛が溶出しやすい．
(3)ヒ素は，地質，鉱山排水，工場排水などに由来する．
(4)シアンは，メッキ工場，精錬所などの排水に由来する．

問題 2 **水道事業等の定義に関する次の記述の[　　　]内に入る語句及び数値の組み合わせのうち，適当なものはどれか．**

水道事業とは，一般の需要に応じて，給水人口が[　ア　]人を超える水道により水を供給する事業をいい，[　イ　]事業は，水道事業のうち，給水人口が[　ウ　]人以下である水道により水を供給する規模の小さい事業をいう．

[　エ　]とは，寄宿舎，社宅，療養所等における自家用の水道その他水道事業の用に供する水道以外の水道であって，[　ア　]人を超える者にその住居に必要な水を供給するもの，又は人の飲用，炊事用，浴用，手洗い用その他人の生活用に供する水量が一日最大で 20m^3 を超えるものをいう．

	ア	イ	ウ	エ
(1)	100	簡易水道	5 000	専用水道
(2)	100	簡易専用水道	1 000	貯水槽水道
(3)	500	簡易専用水道	1 000	専用水道
(4)	500	簡易水道	5 000	貯水槽水道

問題3 水道施設に関する下図の［　　　］内に入る語句の組み合わせのうち，適当なものはどれか．

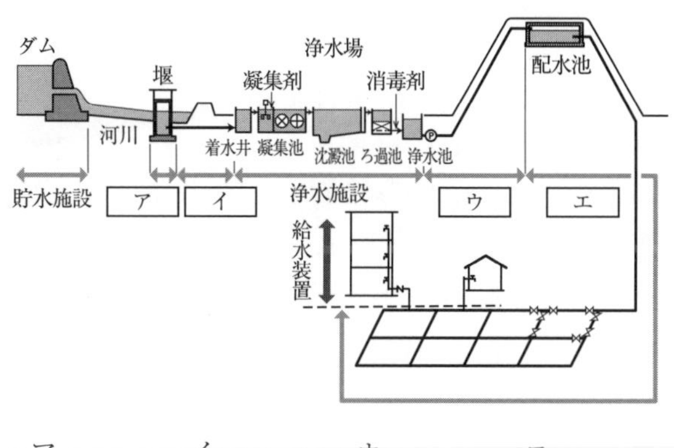

	ア	イ	ウ	エ
(1)	導水施設	取水施設	送水施設	配水施設
(2)	取水施設	導水施設	配水施設	送水施設
(3)	導水施設	取水施設	配水施設	送水施設
(4)	取水施設	導水施設	送水施設	配水施設

◇水道行政

問題4 水道法に規定する水道事業者等の水道水質管理上の措置に関する次の記述のうち，不適当なものはどれか．

(1) 3年ごとに水質検査計画を策定し，需要者に対し情報提供を行う．

(2) 1日1回以上色及び濁り並びに消毒の残留効果に関する検査を行う．

(3) 給水栓における水が，遊離残留塩素0.1mg/L(結合残留塩素ならば0.4 mg/L)以上保持するように塩素消毒をする．

平成30年

(4) 供給する水が人の健康を害するおそれがあることを知ったときは，直ちに給水を停止し，かつ，その水を使用することが危険である旨を関係者に周知しなければならない．

問題 5 指定給水装置工事事業者の責務に関する次の記述の正誤の組み合わせのうち，適当なものはどれか．

ア 指定給水装置工事事業者は，水道法第16条の2の指定を受けた日から2週間以内に給水装置工事主任技術者を選任しなければならない．

イ 指定給水装置工事事業者は，その選任した給水装置工事主任技術者が欠けるに至ったときは，当該事由が発生した日から30日以内に新たに給水装置工事主任技術者を選任しなければならない．

ウ 指定給水装置工事事業者は，事業所の名称及び所在地その他厚生労働省令で定める事項に変更があったときは，当該変更のあった日から2週間以内に届出書を水道事業者に提出しなければならない．

エ 指定給水装置工事事業者は，給水装置工事の事業を廃止し又は休止したときは，当該廃止又は休止の日から30日以内に届出書を水道事業者に提出しなければならない．

	ア	イ	ウ	エ
(1)	正	誤	正	誤
(2)	誤	正	誤	正
(3)	正	誤	誤	正
(4)	誤	正	正	誤

問題 6 水道法に規定する給水装置の検査等に関する次の記述の正誤の組み合わせのうち，適当なものはどれか．

ア 水道事業者は，日出後日没前に限り，指定給水装置工事事業者をして，当該水道によって水の供給を受ける者の土地又は建物に立ち入り，給水装置を検査させることができる．

イ 水道事業者は，当該水道によって水の供給を受ける者の給水装置の構造及び材質が水道法の政令の基準に適合していないときは，供給規程の定めるところにより，給水装置が基準に適合するまでの間その者への給水を停止することができる．

ウ　水道事業によって水の供給を受ける者は，指定給水装置工事事業者に対して，給水装置の検査及び供給を受ける水の水質検査を請求することができる．

エ　水道事業者は，当該水道によって水の供給を受ける者の給水装置の構造及び材質が水道法の政令の基準に適合していないときは，供給規程の定めるところにより，その者の給水契約の申込みを拒むことができる．

	ア	イ	ウ	エ
(1)	誤	正	誤	正
(2)	誤	誤	正	誤
(3)	正	正	誤	誤
(4)	正	誤	正	正

問題 7　**水道法に規定する給水装置及び給水装置工事に関する次の記述のうち，不適当なものはどれか．**

(1) 受水槽式で給水する場合は，配水管の分岐から受水槽への注入口(ボールタップ等)までが給水装置である．

(2) 配水管から分岐された給水管路の途中に設けられる弁類や湯沸器等は給水装置であるが，給水管路の末端に設けられる自動食器洗い機等は給水装置に該当しない．

(3) 製造工場内で管，継手，弁等を用いて湯沸器やユニットバス等を組立てる作業は，給水用具の製造工程であり給水装置工事ではない．

(4) 配水管から分岐された給水管に直結する水道メーターは，給水装置に該当する．

問題 8　**水道法第 14 条に規定する供給規程に関する次の記述のうち，不適当なものはどれか．**

(1) 水道事業者には供給規程を制定する義務がある．

(2) 指定給水装置工事事業者及び給水装置工事主任技術者にとって，水道事業者の給水区域で給水装置工事を施行する際に，供給規程は工事を適正に行うための基本となるものである.

(3)供給規程において，料金が定率又は定額をもって明確に定められている必要がある.

(4)専用水道が設置されている場合においては，専用水道に関し，水道事業者及び当該専用水道の設置者の責任に関する事項が，適正かつ明確に定められている必要がある.

問題 9 **水道事業者等による水道施設の整備に関する次の記述の下線部 (1) から (4) までのうち，不適当なものはどれか.**

水道事業者又は(1)水道用水供給事業者は，一定の資格を有する(2)水道技術管理者の監督のもとで水道施設を建設し，工事した施設を利用して(3)給水を開始する前に，(4)水質検査・施設検査を行う.

◇給水装置工事法

問題 10 **サドル付分水栓の穿孔に関する次の記述の正誤の組み合わせのうち，適当なものはどれか.**

ア　サドル付分水栓を取付ける前に，弁体が全開状態になっているか，パッキンが正しく取付けられているか，塗装面やねじ等に傷がないか等，サドル付分水栓が正常かどうか確認する.

イ　サドル付分水栓の取付け位置を変えるときは，サドル取付ガスケットを保護するため，サドル付分水栓を持ち上げて移動させてはならない.

ウ　サドル付分水栓の穿孔作業に際し，サドル付分水栓の吐水部又は穿孔機の排水口に排水用ホースを連結し，切粉の飛散防止のためホース先端を下水溝に直接接続し，確実に排水する.

エ　防食コアの取付けは，ストレッチャ(コア挿入機のコア取付け部)先端にコア取付け用ヘッドを取付け，そのヘッドに該当口径のコアを差し込み，非密着形コアの場合は固定ナットで軽く止める.

	ア	イ	ウ	エ
(1)	正	正	誤	誤

(2)	誤	正	正	誤
(3)	正	誤	誤	正
(4)	誤	誤	正	正

問題 11 配水管からの給水管分岐に関する次の記述の正誤の組み合わせのうち，適当なものはどれか.

ア　配水管への取付け口における給水管の口径は，当該給水装置による水の使用量に比し，著しく過大でないようにする.

イ　配水管から給水管の分岐の取出し位置は，配水管の直管部又は異形管からとする.

ウ　給水管の取出しには，配水管の管種及び口径並びに給水管の口径に応じたサドル付分水栓，分水栓，割T字管等を用い，配水管を切断しT字管やチーズ等による取出しをしてはならない.

エ　配水管を断水して給水管を分岐する場合の配水管断水作業及び給水管の取出し工事は水道事業者の指示による.

	ア	イ	ウ	エ
(1)	誤	誤	正	誤
(2)	正	誤	正	誤
(3)	誤	正	誤	正
(4)	正	誤	誤	正

問題 12 分岐穿孔に関する次の記述の正誤の組み合わせのうち，適当なものはどれか.

ア　サドル付分水栓によるダクタイル鋳鉄管の分岐穿孔に使用するドリルは，モルタルライニング管の場合とエポキシ樹脂粉体塗装管の場合とでは，形状が異なる.

イ　ダクタイル鋳鉄管に装着する防食コアの挿入機は，製造業者及び機種等が異なっていても扱い方は同じである.

ウ　硬質ポリ塩化ビニル管に分水栓を取付ける場合は，分水電気融着サドル，分水栓付電気融着サドルのどちらかを使用する.

エ　割T字管は，配水管の管軸水平部にその中心がくるように取付け，給水管の取出し方向及び割T字管が管水平方向から見て傾きがないか確認する．

	ア	イ	ウ	エ
(1)	正	誤	誤	正
(2)	正	誤	正	誤
(3)	誤	正	誤	正
(4)	誤	正	正	誤

問題 13　**給水管の埋設深さに関する次の記述の[　　　]内に入る語句の組み合わせのうち，適当なものはどれか．**

公道下における給水管の埋設深さは，[　ア　]に規定されており，工事場所等により埋設条件が異なることから[　イ　]の[　ウ　]によるものとする．

また，宅地内における給水管の埋設深さは，荷重，衝撃等を考慮して[　エ　]を標準とする．

	ア	イ	ウ	エ
(1)	道路法施行令	道路管理者	道路占用許可	0.3m 以上
(2)	水道法施行令	所轄警察署	道路使用許可	0.5m 以上
(3)	水道法施行令	道路管理者	道路使用許可	0.3 m 以上
(4)	道路法施行令	所轄警察署	道路占用許可	0.5m 以上

問題 14　**止水栓の設置及び給水管の布設に関する次の記述のうち，不適当なものはどれか．**

(1)止水栓は，給水装置の維持管理上支障がないよう，メーターます又は専用の止水栓きょう内に収納する．

(2)給水管が水路を横断する場所にあっては，原則として水路の下に給水管を設置する．やむを得ず水路の上に設置する場合には，高水位(H.W.L)より下の高さに設置する．

(3)給水管を建物の柱や壁等に沿わせて配管する場合には，外圧，自重，水圧等による振動やたわみで損傷を受けやすいので，クリップ等のつかみ金具を使用し，管を1～2mの間隔で建物に固定する．

(4)給水管は他の埋設物(埋設管，構造物の基礎等)より30cm以上の間隔を確保し配管することを原則とする．

問題15 水道メーターの設置に関する次の記述のうち，不適当なものはどれか．

(1)水道メーターを地中に設置する場合は，メーターます又はメーター室の中に入れ，埋没や外部からの衝撃から防護するとともに，その位置を明らかにしておく．

(2)水道メーターを集合住宅の配管スペース内等，外気の影響を受けやすい場所へ設置する場合は，凍結するおそれがあるので発泡スチロール等でカバーを施す等の防寒対策が必要である．

(3)集合住宅等に設置される各戸メーターには，検定満期取替え時の漏水事故防止や取替え時間の短縮を図る等の目的に開発されたメーターユニットを使用することが多くなっている．

(4)水道メーターの設置は，原則として給水管分岐部から最も遠い宅地内とし，メーターの検針や取替作業等が容易な場所で，かつ，メーターの損傷，凍結等のおそれがない位置とする．

問題16 給水装置工事に関する次の記述のうち，不適当なものはどれか．

(1)給水管及び給水用具は，最終の止水機構の流出側に設置される給水用具を含め，耐圧性能基準に適合したものを用いる．

(2)給水装置の接合箇所は，水圧に対する充分な耐力を確保するためにその構造及び材質に応じた適切な接合が行われたものでなければならない．

(3)減圧弁，安全弁(逃し弁)，逆止弁，空気弁及び電磁弁は，耐久性能基準に適合したものを用いる．ただし，耐寒性能が求められるものを除く．

(4)家屋の主配管は，配管の経路について構造物の下の通過を避けること等により漏水時の修理を容易に行うことができるようにしなければならない．

問題 17 **給水管の接合方法に関する次の記述のうち，不適当なものはどれか．**

(1)硬質塩化ビニルライニング鋼管，耐熱性硬質塩化ビニルライニング鋼管，ポリエチレン粉体ライニング鋼管の接合は，ねじ接合が一般的である．

(2)ステンレス鋼鋼管及び波状ステンレス鋼管の接合には，伸縮可とう式継手又はTS継手を使用する．

(3)銅管の接合には，トーチランプ又は電気ヒータによるはんだ接合とろう接合がある．

(4)ポリエチレン二層管の接合には，金属継手を使用する．

問題 18 **給水管の配管工事に関する次の記述のうち，不適当なものはどれか．**

(1)ポリエチレン二層管(1種管)を曲げて配管するときの曲げ半径は，管の外径の20倍以上とする．

(2)ステンレス鋼鋼管の曲げ加工は，加熱による焼曲げ加工により行う．

(3)ステンレス鋼鋼管を曲げて配管するときの曲げ半径は，管軸線上において，呼び径の4倍以上でなければならない．

(4)ステンレス鋼鋼管の曲げの最大角度は，原則として90°(補角)とし，曲げ部分にしわ，ねじれ等がないようにする．

問題 19 **消防法の適用を受けるスプリンクラーに関する次の記述のうち，不適当なものはどれか．**

(1)平成19年の消防法改正により，一定規模以上のグループホーム等の小規模社会福祉施設にスプリンクラーの設置が義務付けられた．

(2)水道直結式スプリンクラー設備の工事は，水道法に定める給水装置工事として指定給水装置工事事業者が施工する.

(3)水道直結式スプリンクラー設備の設置で，分岐する配水管からスプリンクラーヘッドまでの水理計算及び給水管，給水用具の選定は，給水装置工事主任技術者が行う.

(4)水道直結式スプリンクラー設備は，消防法適合品を使用するとともに，給水装置の構造及び材質の基準に関する省令に適合した給水管，給水用具を用いる.

◇給水装置の構造及び性能

問題 20 給水装置の耐圧試験に関する次の記述のうち，不適当なものはどれか.

(1)止水栓や分水栓の耐圧性能は，弁を「閉」状態にしたときの性能である.

(2)配管や接合部の施工が確実に行われたかを確認するため，試験水圧1.75MPaを1分間保持する耐圧試験を実施することが望ましい.

(3)水道事業者が給水区域内の実情を考慮し，配管工事後の試験水圧を定めることができる.

(4)給水管の布設後，耐圧試験を行う際に加圧圧力や加圧時間を過大にすると，柔軟性のある合成樹脂管や分水栓等の給水用具を損傷することがある.

問題 21 クロスコネクションに関する次の記述の正誤の組み合わせのうち，適当なものはどれか.

ア　給水管と井戸水配管を直接連結する場合，仕切弁や逆止弁を設置する.

イ　クロスコネクションは，水圧状況によって給水装置内に工業用水，排水，ガス等が逆流するとともに，配水管を経由して他の需要者にまでその汚染が拡大する非常に危険な配管である.

ウ　一時的な仮設であれば，給水装置とそれ以外の水管を直接連結することができる.

エ　クロスコネクションの多くは，井戸水，工業用水及び事業活動で用いられている液体の管と給水管を接続した配管である.

	ア	イ	ウ	エ
(1)	正	誤	正	誤
(2)	誤	誤	正	正
(3)	誤	正	誤	正
(4)	正	正	誤	誤

問題 22 **水の汚染防止に関する次の記述のうち，不適当なものはどれか．**

(1) 洗浄弁，温水洗浄便座，ロータンク用ボールタップは，浸出性能基準の適用対象外の給水用具である．

(2) 合成樹脂管をガソリンスタンド，自動車整備工場等にやむを得ず埋設配管する場合，さや管等により適切な防護措置を施す．

(3) シアンを扱う施設に近接した場所に給水装置を設置する場合は，ステンレス鋼鋼管を使用する．

(4) 給水装置は，末端部が行き止まりとなっていること等により水が停滞する構造であってはならない．ただし，当該末端部に排水機構が設置されているものにあっては，この限りでない．

問題 23 **金属管の侵食防止のための防食工に関する次の記述の正誤の組み合わせのうち，適当なものはどれか．**

ア　ミクロセル侵食とは，埋設状態にある金属材質，土壌，乾湿，通気性，pH 値，溶解成分の違い等の異種環境での電池作用による侵食をいう．

イ　管外面の防食工には，ポリエチレンスリーブ，防食テープ，防食塗料を用いる方法の他，外面被覆管を使用する方法がある．

ウ　鋳鉄管からサドル付分水栓により穿孔，分岐した通水口には，ダクタイル管補修用塗料を塗装する．

エ　軌条からの漏洩電流の通路を遮蔽し，漏洩電流の流出入を防ぐには，軌条と管との間にアスファルトコンクリート板その他の絶縁物を介在させる方法がある．

	ア	イ	ウ	エ
(1)	正	誤	正	誤

(2)	正	誤	誤	正
(3)	誤	正	誤	正
(4)	誤	正	正	誤

問題 24　給水装置の耐久性能基準に関する次の記述のうち，不適当なものはどれか．

(1)耐久性能基準は，頻繁な作動を繰り返すうちに弁類が故障し，その結果，給水装置の耐圧性，逆流防止等に支障が生じることを防止するためのものである．

(2)耐久性能基準は，制御弁類のうち機械的・自動的に頻繁に作動し，かつ通常消費者が自らの意思で選択し，又は設置・交換できるような弁類に適用される．

(3)耐久性能試験に用いる弁類の開閉回数は10万回(弁の開及び閉の動作をもって1回と数える．)である．

(4)耐久性能基準の適用対象は，弁類単体として製造・販売され，施工時に取付けられるものに限られる．

平成30年

問題 25　次のうち，通常の使用状態において，給水装置の浸出性能基準の適用対象外となる給水用具として，適当なものはどれか．

(1)散水栓

(2)受水槽用ボールタップ

(3)洗面所の水栓

(4)バルブ類

問題 26　給水装置の逆流防止性能基準に関する次の記述のうち，不適当なものはどれか．

(1)逆流防止性能基準の適用対象は，逆止弁，減圧式逆流防止器及び逆流防止装置を内部に備えた給水用具である．

(2)逆止弁等は，1次側と2次側の圧力差がほとんどないときも，2次側から水撃圧等の高水圧が加わったときも，ともに水の逆流を防止できるものでなければならない.

（3）減圧式逆流防止器は，逆流防止機能と負圧破壊機能を併せ持つ装置である.

（4）逆流防止性能基準は，給水装置を通じての水道水の逆流により，水圧が変化することを防止するために定められた.

問題 27 **給水装置の耐寒性能基準に関する次の記述のうち，不適当なものはどれか.**

（1）耐寒性能基準は，寒冷地仕様の給水用具か否かの判断基準であり，凍結のおそれがある場所において設置される給水用具はすべてこの基準を満たしていなければならない.

（2）耐寒性能基準においては，凍結防止の方法は水抜きに限定しないこととしている.

（3）耐寒性能試験の－20 ±2℃という試験温度は，寒冷地における冬季の最低気温を想定したものである.

（4）低温に暴露した後確認すべき性能基準項目から浸出性能が除かれているのは，低温暴露により材質等が変化することは考えられず，浸出性能に変化が生じることはないと考えられることによる.

問題 28 **逆流防止に関する次の記述の[　　　]内に入る語句の組み合わせのうち，適当なものはどれか.**

呼び径が 25mm を超える吐水口の場合，確保しなければならない越流面から吐水口の[　ア　]までの垂直距離の満たすべき条件は，近接壁の影響がある場合，近接壁の面数と壁からの離れによって区分される．この区分は吐水口の内径 d の何倍かによって決まる. 吐水口の断面が長方形の場合は,［　イ　］を d とする.

なお，上述の垂直距離の満たすべき条件は，有効開口の内径 d' によって定められるが，この d' とは「吐水口の内径 d」,「こま押さえ部分の内径」,「給水栓の接続管の内径」，の 3 つのうちの[　ウ　]のことである.

	ア	イ	ウ
(1)	中央	短辺	最小内径
(2)	最下端	短辺	最大内径
(3)	中央	長辺	最大内径
(4)	最下端	長辺	最小内径

問題 29 寒冷地における凍結防止対策として，水抜き用の給水用具の設置に関する次の記述のうち，不適当なものはどれか．

(1) 水抜き用の給水用具以降の配管として，水抜き栓からの配管を水平に設置した．

(2) 水抜き用の給水用具以降の配管が長くなったので，取り外し可能なユニオンを設置した．

(3) 水抜き用の給水用具を水道メーター下流側で屋内立ち上がり管の間に設置した．

(4) 水抜きバルブを屋内に露出させて設置した．

◇給水装置計画論

問題 30 給水方式に関する次の記述の正誤の組み合わせのうち，適当なものはどれか．

ア　直結・受水槽併用式給水は，一つの建築物内で直結式，受水槽式の両方の給水方式を併用するものである．

イ　直結・受水槽併用式給水は，給水管の途中に直結加圧形ポンプユニットを設置し，高所に置かれた受水槽に給水し，そこから給水栓まで自然流下させる方式である．

ウ　一般に，直結・受水槽併用式給水においては，受水槽以降の配管に直結式の配管を接続する．

エ　一時に多量の水を使用するとき等に，配水管の水圧低下を引き起こすおそれがある場合は，直結・受水槽併用式給水とする．

	ア	イ	ウ	エ
(1)	正	誤	誤	誤

(2)	誤	正	誤	正
(3)	正	誤	正	正
(4)	誤	正	正	誤

問題 31 給水方式の決定に関する次の記述のうち，不適当なものはどれか.

(1)水道事業者ごとに，水圧状況，配水管整備状況等により給水方式の取扱いが異なるため，その決定に当たっては，設計に先立ち，水道事業者に確認する必要がある.

(2)有毒薬品を使用する工場等事業活動に伴い，水を汚染するおそれのある場所に給水する場合は受水槽式とする.

(3)配水管の水圧変動にかかわらず，常時一定の水量，水圧を必要とする場合は受水槽式とする.

(4)受水槽式給水は，配水管から分岐し受水槽に受け，この受水槽から給水する方式であり，ポンプ設備で配水系統と縁が切れる.

問題 32 直結給水方式に関する次の記述のうち，不適当なものはどれか.

(1)直結給水方式は，配水管から需要者の設置した給水装置の末端まで有圧で直接給水する方式である.

(2)直結直圧式は，配水管の動水圧により直接給水する方式である.

(3)直結増圧式は，給水管に直接，圧力水槽を連結し，その内部圧力によって給水する方式である.

(4)直結加圧形ポンプユニットによる中高層建物への直結給水範囲の拡大により，受水槽における衛生上の問題の解消や設置スペースの有効利用等を図ることができる.

問題 33 給水管の口径決定の手順に関する次の記述の[　　　]内に入る語句の組み合わせのうち，適当なものはどれか.

口径決定の手順は，まず給水用具の[　ア　]を設定し，次に同時に使用する給水用具を設定し，管路の各区間に流れる[　イ　]を求める．次に[　ウ　]を仮定し，その[　ウ　]で給水装置全体の[　エ　]が，配水管の[　オ　]以下であるかどうかを確かめる．

	ア	イ	ウ	エ	オ
（1）	所要 水量	流量	損失 水頭	所要 水頭	計画最小 動水圧の水頭
（2）	所要 水頭	流速	口径	所要 水量	計画 流量
（3）	所要 水量	流量	口径	所要 水頭	計画最小 動水圧の水頭
（4）	所要 水頭	流速	損失 水頭	所要 水量	計画 流量

問題 34　図－1に示す事務所ビル全体（6事務所）の同時使用水量を給水用具給水負荷単位により算定した場合，次のうち，適当なものはどれか．

ここで，6つの事務所には，それぞれ大便器（洗浄タンク），小便器（洗浄タンク），洗面器，事務室用流し，掃除用流しが1栓ずつ設置されているものとし，各給水用具の給水負荷単位及び同時使用水量との関係は，表－1及び図－2を用いるものとする．

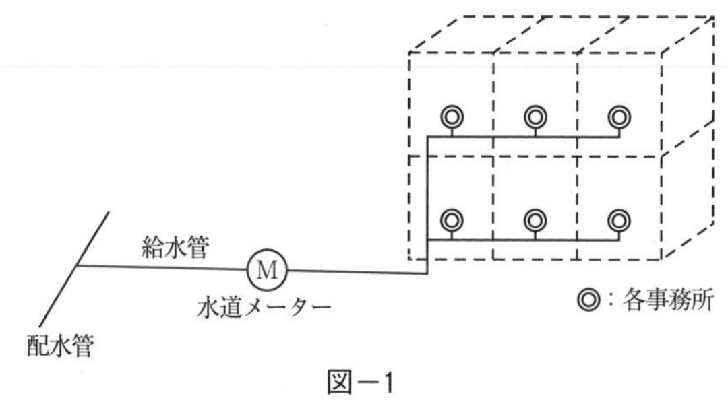

図－1

（1）　128 L/分

（2）　163 L/分

（3）　258 L/分

（4）　298 L/分

表－1　給水用具給水負荷単位

給水用具名	水栓	器具給水負荷単位
		公衆用
大便器	洗浄タンク	5
小便器	洗浄タンク	3
洗面器	給水栓	2
事務室用流し	給水栓	3
掃除用流し	給水栓	4

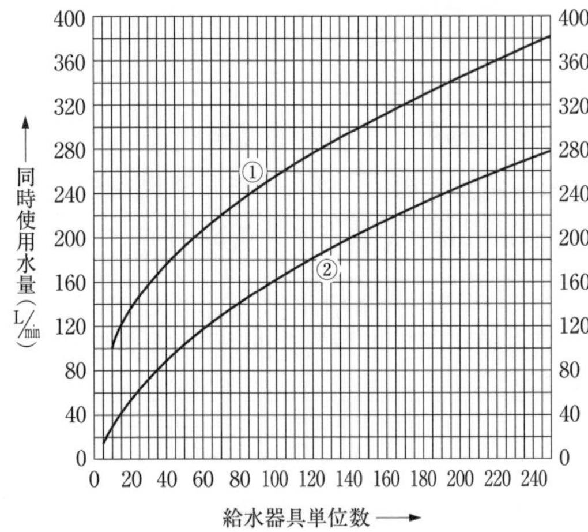

（注）この図の曲線①は大便器洗浄弁の多い場合，
曲線②は大便器洗浄タンクの多い場合に用いる．

図－2　給水用具給水負荷単位による同時使用水量

問題 35　**図－1に示す直結式給水による2階建て戸建て住宅で，全所要水頭として適当なものはどれか．**

なお，計画使用水量は同時使用率を考慮して表－1により算出するものとし，器具の損失水頭は器具ごとの使用水量において表－2により，給水管の動水勾配は表－3によるものとする．

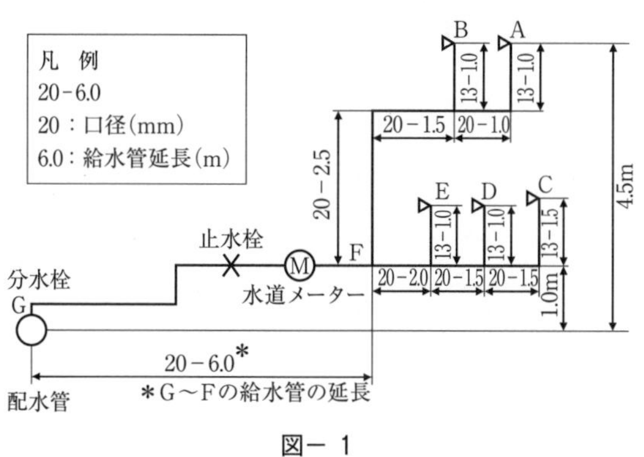

図－1

（1） 9.9m

（2） 12.6m

（3） 14.4m

（4） 15.1m

表－1 計画使用水量

給水用具名	同時使用の有無	計画使用水量
A 台所流し	使用	12(L/分)
B 洗面器	−	8(L/分)
C 浴槽	使用	20(L/分)
D 洗面器	−	8(L/分)
E 大便器	使用	12(L/分)

表－2 器具の損失水頭

給水用具等	損失水頭
給水栓A(台所流し)	0.8(m)
給水栓C(浴槽)	2.3(m)
給水栓E(大便器)	0.8(m)
水道メーター	3.0(m)
止水栓	2.7(m)
分水栓	0.9(m)

平成30年

表－3　給水管の動水勾配

	13mm	20mm
12(L/分)	200(‰)	40(‰)
20(L/分)	600(‰)	100(‰)
32(L/分)	1300(‰)	200(‰)
44(L/分)	2300(‰)	350(‰)
60(L/分)	4000(‰)	600(‰)

◇給水装置工事事務論

問題 36　**指定給水装置工事事業者(以下，本問においては「工事事業者」という.)及び給水装置工事主任技術者(以下，本問においては「主任技術者」という.)に関する次の記述のうち，不適当なものはどれか.**

(1)工事事業者は，主任技術者等の工事従事者の給水装置工事の施行技術の向上のために，研修の機会を確保するよう努めなければならない.

(2)工事事業者は，厚生労働省令で定める給水装置工事の事業の運営に関する基準に従い，適正な給水装置工事の事業の運営に努めなければならない.

(3)主任技術者は，水道法に違反した場合，水道事業者から給水装置工事主任技術者免状の返納を命じられることがある.

(4)工事事業者は，事業所ごとに，主任技術者免状の交付を受けている者のうちから，主任技術者を選任しなければならない.

問題 37　**給水装置工事の記録及び保存に関する次の記述のうち，不適当なものはどれか.**

(1)給水装置工事主任技術者は，単独水栓の取替え及び補修並びにこま，パッキン等給水装置の末端に設置される給水用具の部品の取替え(配管を伴わないものに限る.)であっても，給水装置工事の記録を作成しなければならない.

(2)給水装置工事の記録は，法令に規定された事項が記録され，所定の期間保管することができれば，記録する媒体について特段の制限はない.

(3)指定給水装置工事事業者は，給水装置工事の記録として，施主の氏名又は名称，施行の場所，竣工図等，法令に定められた事項を記録しなければならない．

(4)水道事業者に給水装置工事の施行を申請したときに用いた申請書は，記録として残すべき事項が記載されていれば，その写しを工事記録として保存することができる．

問題 38 **給水装置の構造及び材質の基準(以下，本問においては「構造・材質基準」という．)に関する次の記述のうち，不適当なものはどれか．**

(1)構造・材質基準に関する省令には，浸出等，水撃限界，防食，逆流防止などの技術的細目である7項目の基準が定められている．

(2)厚生労働省では，製品ごとの性能基準への適合性に関する情報が全国的に利用できるよう給水装置データベースを構築している．

(3)第三者認証は，自己認証が困難な製造業者や第三者認証の客観性に着目して第三者による証明を望む製造業者等が活用する制度である．

(4)構造・材質基準に関する省令で定められている性能基準として，給水管は，耐久性能と浸出性能が必要であり，飲用に用いる給水栓は，耐久性能，浸出性能及び水撃限界性能が必要となる．

問題 39 **給水装置工事における給水装置工事主任技術者(以下，本問においては「主任技術者」という．)の職務に関する次の記述のうち，不適当なものはどれか．**

(1)主任技術者は，給水装置工事の事前調査において，酸・アルカリに対する防食，凍結防止等の工事の必要性の有無を調べる必要がある．

(2)主任技術者は，施主から使用を指定された給水管や給水用具等の資機材が，給水装置の構造及び材質の基準に関する省令の性能基準に適合していない場合でも，現場の状況から主任技術者の判断により，その資機材を使用することができる．

(3)主任技術者は，道路下の配管工事について，通行者及び通行車両の安全確保のほか，水道以外のガス管，電力線及び電話線等の保安について万全を期す必要がある．

(4)主任技術者は，自ら又はその責任のもと信頼できる現場の従事者に指示することにより，適正な竣工検査を確実に実施しなければならない.

問題 40 **個々の給水管及び給水用具が満たすべき性能及びその定量的な判断基準(「性能基準」という.)に関する次の記述のうち，不適当なものはどれか.**

(1)給水装置の構造及び材質の基準(以下，本問においては「構造・材質基準」という.)に関する省令は，性能基準及び給水装置工事が適正に施行された給水装置であるか否かの判断基準を明確化したものである.

(2)給水装置に使用する給水管で，構造・材質基準に関する省令を包含する日本工業規格(JIS 規格)や日本水道協会規格(JWWA 規格)等の団体規格の製品であっても，第三者認証あるいは自己認証を別途必要とする.

(3)第三者認証は，第三者認証機関が製品サンプル試験を行い，性能基準に適合しているか否かを判定するとともに，性能基準適合品が安定・継続して製造されているか否か等の検査を行って基準適合性を認証したうえで，当該認証機関の認証マークを製品に表示することを認めるものである.

(4)自己認証は，給水管，給水用具の製造業者等が自ら又は製品試験機関などに委託して得たデータや作成した資料等に基づいて，性能基準適合品であることを証明するものである.

午後(14：00～15：00)**[学科試験 2]**

- 給水装置の概要(10問)
- 給水装置施工管理法(10問)

◇給水装置の概要

問題 41 **給水用具に関する次の記述の正誤の組み合わせのうち，適当なものはどれか.**

ア　ダイヤフラム式逆止弁は，弁体がヒンジピンを支点として自重で弁座面に圧着し，通水時に弁体が押し開かれ，逆圧によって自動的に閉止する構造である.

イ　ボール止水栓は，弁体が球状のため 90° 回転で全開・全閉することができる構造であり，損失水頭は大きい．

ウ　副弁付定水位弁は，主弁に小口径ボールタップを副弁として組合わせ取付けるもので，副弁の開閉により主弁内に生じる圧力差によって開閉が円滑に行えるものである．

エ　仕切弁は，弁体が鉛直に上下し，全開・全閉する構造であり，全開時の損失水頭は極めて小さい．

	ア	イ	ウ	エ
(1)	正	正	誤	誤
(2)	誤	正	正	正
(3)	誤	誤	正	正
(4)	正	誤	誤	正

問題 42　**節水型給水用具に関する次の記述のうち，不適当なものはどれか．**

(1) 定流量弁は，ハンドルの目盛を必要水量にセットしておくと，設定した水量を吐水したのち自動的に止水するものである．

(2) 電子式自動水栓の機構は，手が赤外線ビーム等を遮断すると電子制御装置が働いて，吐水，止水が自動的に制御できるものである．

(3) 自閉式水栓は，ハンドルから手を離すと水が流れたのち，ばねの力で自動的に止水するものである．

(4) 湯屋カランは，ハンドルを押している間は水が出るが，ハンドルから手を離すと自動的に止水するものである．

問題 43　**湯沸器に関する次の記述の[　　　]内に入る語句の組み合わせのうち，適当なものはどれか．**

① ［　ア　］は，器内の吸熱コイル管で熱交換を行うもので，コイル管内を水が通過する間にガスバーナ等で加熱する構造になっている．

② ［　イ　］は，ボールタップを備えた器内の容器に貯水した水を，一定温度に加熱して給湯する給水用具である．

③ ［　ウ　］は，給水管に直結して有圧のまま槽内に貯えた水を直接加熱す

る構造の湯沸器で，湯温に連動して自動的に燃料通路を開閉あるいは電源を入り切りする機能を持っている．

④ ［　エ　］は，熱源に大気熱を利用しているため，消費電力が少ない．

	ア	イ	ウ	エ
(1)	貯湯湯沸器	瞬間湯沸器	貯蔵湯沸器	自然冷媒ヒートポンプ給湯機
(2)	瞬間湯沸器	貯蔵湯沸器	貯湯湯沸器	自然冷媒ヒートポンプ給湯機
(3)	貯湯湯沸器	貯蔵湯沸器	瞬間湯沸器	太陽熱利用貯湯湯沸器
(4)	瞬間湯沸器	貯湯湯沸器	貯蔵湯沸器	太陽熱利用貯湯湯沸器

問題 44 **給水用具に関する次の記述のうち，不適当なものはどれか．**

(1) サーモスタット式の混合水栓は，温度調整ハンドルの目盛を合わせることで安定した吐水温度を得ることができる．

(2) シングルレバー式の混合水栓は，1本のレバーハンドルで吐水・止水，吐水量の調整，吐水温度の調整ができる．

(3) バキュームブレーカは，給水管内に負圧が生じたとき，逆止弁により逆流を防止するとともに逆止弁により二次側（流出側）の負圧部分へ自動的に水を取り入れ，負圧を破壊する機能を持つ給水用具である．

(4) ウォータクーラは，冷却槽で給水管路内の水を任意の一定温度に冷却し，押ボタン式又は足踏式の開閉弁を操作して，冷水を射出する給水用具である．

問題 45 **給水装置工事に関する次の記述の正誤の組み合わせのうち，適当なものはどれか．**

ア　給水装置工事は，水道施設を損傷しないこと，設置された給水装置に起因して需要者への給水に支障を生じさせないこと，水道水質の確保に支障を生じたり公衆衛生上の問題が起こらないこと等の観点から，給水装置の構造及び材質の基準に適合した適正な施行が必要である．

イ　撤去工事とは，給水装置を配水管，又は他の給水装置の分岐部から取外す工事である．

ウ　修繕工事とは，水道事業者が事業運営上施行した配水管の新設及び移設工事に伴い，給水管の付替えあるいは布設替え等を行う工事である．

エ　水道法では，厚生労働大臣は給水装置工事を適正に施行できると認められる者を指定することができ，この指定をしたときは，水の供給を受ける者の給水装置が水道事業者又は指定を受けた者の施行した給水装置工事に係わるものであることを供給条件にすることができるとされている．

	ア	イ	ウ	エ
(1)	正	誤	正	正
(2)	誤	正	誤	正
(3)	正	正	誤	誤
(4)	誤	誤	正	誤

平成30年

問題 46　給水管に関する次の記述の正誤の組み合わせのうち，適当なものはどれか．

ア　架橋ポリエチレン管は，耐熱性，耐寒性及び耐食性に優れ，軽量で柔軟性に富んでおり，管内にスケールが付きにくく，流体抵抗が小さい等の特長がある．

イ　水道配水用ポリエチレン管は，高密度ポリエチレン樹脂を主材料とした管で，耐久性，衛生性に優れるが，灯油，ガソリン等の有機溶剤に接すると，管に浸透し水質事故を起こすことがある．

ウ　耐衝撃性硬質ポリ塩化ビニル管は，硬質ポリ塩化ビニル管の耐衝撃強度を高めるように改良されたものであるが，長期間，直射日光に当たると耐衝撃強度が低下することがある．

エ　ステンレス鋼鋼管は，ステンレス鋼帯から自動造管機により製造される管で，鋼管に比べると耐食性が劣る．

	ア	イ	ウ	エ
(1)	正	誤	誤	正
(2)	誤	誤	正	誤

(3)	誤	正	誤	正
(4)	正	正	正	誤

問題 47 給水管に関する次の記述のうち，不適当なものはどれか．

(1) 硬質塩化ビニルライニング鋼管は，機械的強度が大きく，耐食性に優れている．屋内及び埋設用に対応できる管には外面仕様の異なるものがあるので，管の選定に当たっては，環境条件を十分考慮する必要がある．

(2) 銅管は，引張強さが比較的大きいが，耐食性が劣る．

(3) ポリブテン管は，有機溶剤，ガソリン，灯油等に接すると，管に浸透し，管の軟化・劣化や水質事故を起こすことがあるので，これらの物質と接触させてはならない．

(4) 硬質ポリ塩化ビニル管は，難燃性であるが，熱及び衝撃には比較的弱い．

問題 48 水道メーターに関する次の記述の正誤の組み合わせのうち，適当なものはどれか．

ア　接線流羽根車式水道メーターは，計量室内に設置された羽根車に噴射水流を当て，羽根車を回転させて通過水量を積算表示する構造である．

イ　軸流羽根車式水道メーターは，管状の器内に設置された流れに垂直な軸をもつ螺旋状の羽根車を回転させて，積算計量する構造である．

ウ　たて形軸流羽根車式水道メーターは，メーターケースに流入した水流が整流器を通って，垂直に設置された螺旋状羽根車に沿って上方から下方に流れ，羽根車を回転させる構造である．

エ　電磁式水道メーターは，給水管と同じ呼び径の直管で機械的可動部がないため耐久性に優れ，小流量から大流量まで広範囲な計測に適している．

	ア	イ	ウ	エ
(1)	誤	正	正	誤
(2)	誤	正	誤	正
(3)	正	誤	正	誤

（4）　正　誤　誤　正

問題 49 **給水用具の故障と対策に関する次の記述のうち，不適当なものはどれか．**

（1）受水槽のオーバーフロー管から常に水が流れていたので原因を調査した．その結果，ボールタップの弁座が損傷していたので，パッキンを取替えた．

（2）水栓を開閉する際にウォータハンマが発生するので原因を調査した．その結果，水圧が高いことが原因であったので，減圧弁を設置した．

（3）ボールタップ付きロータンクの水が止まらないので原因を調査した．その結果，リング状の鎖がからまっていたので，鎖のたるみを2輪ほどにした．

（4）小便器洗浄弁の水勢が強く水が飛び散っていたので原因を調査した．その結果，開閉ねじの開け過ぎが原因であったので，開閉ねじを右に回して水勢を弱めた．

問題 50 **給水用具に関する次の記述のうち，不適当なものはどれか．**

（1）二重式逆流防止器は，各弁体のテストコックによる性能チェック及び作動不良時の弁体の交換が，配管に取付けたままできる構造である．

（2）複式逆流防止弁は，個々に独立して作動する二つの逆流防止弁が組み込まれ，その弁体はそれぞればねによって弁座に押しつけられているので，二重の安全構造となっている．

（3）管内に負圧が生じた場合に自動的に多量の空気を吸気して給水管内の負圧を解消する機能を持った給水用具を吸排気弁という．なお，管内に停滞した空気を自動的に排出する機能を併せ持っている．

（4）スイング式逆止弁は，弁体が弁箱又は蓋に設けられたガイドによって弁座に対し垂直に作動し，弁体の自重で閉止の位置に戻る構造のものである．

◇給水装置施工管理法

問題 51 **給水装置工事施工における品質管理項目に関する次の記述のうち，不適当なものはどれか．**

(1) 給水管及び給水用具が給水装置の構造及び材質の基準に関する省令の性能基準に適合したもので，かつ検査等により品質確認がされたものを使用する．

(2) 配水管への取付口の位置は，他の給水装置の取付口と 30cm 以上の離隔を保つ．

(3) サドル付分水栓の取付けボルト，給水管及び給水用具の継手等で締付けトルクが設定されているものは，その締付け状況を確認する．

(4) 穿孔後における水質確認として，残留塩素，におい，濁り，色，味の確認を行う．このうち，特に濁りの確認は穿孔した管が水道管の証しとなることから必ず実施する．

問題 52 **給水装置工事施行における埋設物の安全管理に関する次の記述のうち，不適当なものはどれか．**

(1) 工事の施行に当たって，掘削部分に各種埋設物が露出する場合には，当該埋設物管理者と協議のうえ，適切な表示を行う．

(2) 埋設物に接近して掘削する場合は，周囲地盤のゆるみ，沈下等に十分注意して施工し，必要に応じて埋設物管理者と協議のうえ，防護措置等を講ずる．

(3) 工事の施行に当たっては，地下埋設物の有無を十分に調査するとともに，埋設物管理者に立会いを求める等によってその位置を確認し，埋設物に損傷を与えないように注意する．

(4) 工事中，火気に弱い埋設物又は可燃性物質の輸送管等の埋設物に接近する場合には，溶接機，切断機等火気を伴う機械器具を使用しない．ただし，やむを得ない場合には，所管消防署の指示に従い，保安上必要な措置を講じてから使用する．

問題 53 建設工事公衆災害防止対策要綱に基づく保安対策に関する次の記述のうち，不適当なものはどれか．

(1)作業場における固定さくの高さは 0.8m 以上とし，通行者の視界を妨げないようにする必要がある場合は，さく上の部分を金網等で張り，見通しをよくする．

(2)固定さくの袴部分及び移動さくの横板部分は，黄色と黒色を交互に斜縞に彩色(反射処理)するものとし，彩色する各縞の幅は 10cm 以上 15cm 以下，水平との角度は，45 度を標準とする．

(3)移動さくは，高さ 0.8m 以上 1m 以下，長さ 1m 以上 1.5m 以下で，支柱の上端に幅 15cm 程度の横板を取り付けてあるものを標準とする．

(4)道路標識等工事用の諸施設を設置するに当たって必要がある場合は，周囲の地盤面から高さ 0.8m 以上 2m 以下の部分については，通行者の視界を妨げることのないよう必要な措置を講じなければならない．

平成30年

問題 54 次の記述のうち公衆災害に該当するものとして，適当なものはどれか．

(1)交通整理員が交通事故に巻き込まれ，死亡した．

(2)建設機械が転倒し，作業員が負傷した．

(3)水道管を毀(き)損したため，断水した．

(4)作業員が掘削溝に転落し，負傷した．

問題 55 給水装置工事の施行に関する次の記述の[　　　]内に入る語句の組み合わせのうち，適当なものはどれか．

[　ア　]は，災害等による給水装置の損傷を防止するとともに，給水装置の損傷の復旧を迅速かつ適切に行えるようにするために，[　イ　]から[　ウ　]までの間の給水装置に用いる給水管及び給水用具について，その構造及び材質等を指定する場合がある．したがって，指定給水装置工事事業者が給水装置工事を受注した場合は，[　イ　]から[　ウ　]までの使用材料について[　ア　]に確認する必要がある．

	ア	イ	ウ
(1)	水道事業者	道路境界	水道メーター
(2)	水道事業者	配水管への取付口	水道メーター
(3)	道路管理者	配水管への取付口	末端の給水栓
(4)	道路管理者	道路境界	末端の給水栓

問題 56 **給水装置工事の施工管理に関する次の記述の[　　　]内に入る語句の組み合わせのうち，適当なものはどれか．**

施工管理の責任者は，施工内容に沿った[　ア　]を作成し，[　イ　]に周知を図っておく．また，工事施行に当たっては，工程管理を行うとともに，労働災害等を防止するための[　ウ　]を行う．

給水装置工事の施工管理の責任者は，[　エ　]である．

	ア	イ	ウ	エ
(1)	施工計画書	付近住民	安全対策	水道技術管理者
(2)	施工管理書	工事従事者	品質管理	水道技術管理者
(3)	施工計画書	工事従事者	安全対策	給水装置工事主任技術者
(4)	施工管理書	付近住民	品質管理	給水装置工事主任技術者

問題 57 **労働安全衛生に関する次の記述のうち，不適当なものはどれか．**

(1) 労働安全衛生法で定める事業者は，作業主任者が作業現場に立会い，作業の進行状況を監視しなければ，土止め支保工の切りばり又は腹起こしの取付け又は取り外しの作業を施行させてはならない．

(2) クレーンの運転業務に従事する者が，労働安全衛生法施行令で定める就業制限に係る業務に従事するときは，これに係る免許証その他資格を証する書面を携帯していなければならない．

(3) 硫化水素濃度 10ppm を超える空気を吸入すると，硫化水素中毒を発生するおそれがある．

(4)労働安全衛生法で定める事業者は，掘削面の幅が2m以上の地山の掘削(ずい道及びたて坑以外の坑の掘削を除く)には，地山の掘削作業主任者を選任しなければならない.

問題58 **建設業法第1条(目的)の次の記述の[　　　]内に入る語句の組み合わせのうち，正しいものはどれか.**

この法律は，建設業を営む者の[　ア　]の向上，建設工事の請負契約の適正化等を図ることによつて，建設工事の適正な[　イ　]を確保し，[　ウ　]を保護するとともに，建設業の健全な発達を促進し，もつて[　エ　]の福祉の増進に寄与することを目的とする.

	ア	イ	ウ	エ
(1)	資質	施工	発注者	公共
(2)	資質	利益	受注者	公共
(3)	地位	施工	受注者	工事の施行に従事する者
(4)	地位	利益	発注者	工事の施行に従事する者

問題59 **建設業の許可に関する次の記述のうち，適当なものはどれか.**

(1)建設業の許可を受けようとする者で，二以上の都道府県の区域内に営業所を設けて営業しようとする場合にあっては，それぞれの都道府県知事の許可を受けなければならない.

(2)建設工事を請け負うことを営業とする者は，工事1件の請負代金の額に関わらず建設業の許可が必要である.

(3)一定以上の規模の工事を請け負うことを営もうとする者は，建設工事の種類ごとに国土交通大臣又は都道府県知事の許可を受けなければならない.

(4)建設業の許可に有効期限の定めはなく，廃業の届出をしない限り有効である.

問題 60 **建築基準法に規定されている建築物に設ける飲料水の配管設備などに関する次の記述のうち，不適当なものはどれか.**

(1)給水管の凍結による破壊のおそれのある部分には，有効な防凍のための措置を講ずる.

(2)給水タンク内部には，飲料水及び空調用冷温水の配管設備以外の配管設備を設けてはならない.

(3)水槽，流しその他水を入れ，又は受ける設備に給水する飲料水の配管設備の水栓の開口部にあっては，これらの設備のあふれ面と水栓の開口部との垂直距離を適当に保つ等有効な水の逆流防止のための措置を講じなければならない.

(4)給水タンクを建築物の内部に設ける場合において，給水タンクの天井，底又は周壁を建築物の他の部分と兼用しない.

平成 30 年度
解答と解説

午前[学科試験 1]

◆公衆衛生概論

【問題 1】水道水に混入するおそれのある化学物質による汚染の原因に関する問題である.

（1）（適当）

（2）（不適当）鉛管を使用していると，遊離炭素の多い水に鉛が溶けやすくなる．設問の遊離炭素の少ない水は誤り.

（3）（適当）

（4）（適当）

答（2）

【問題 2】水道事業等の定義に関する問題である.

水道事業とは，一般の需要に応じて，給水人口が(ア)100 人を超える水道により水を供給する事業をいい，(イ)簡易水道事業は，水道事業のうち，給水人口が(ウ)5 000 人以下である水道により水を供給する規模の小さい事業をいう.

(エ)専用水道とは，寄宿舎，社宅，療養所等における自家用の水道その他水道事業の用に供する水道以外の水道であって，(ア)100 人を超える者にその住居に必要な水を供給するもの，又は人の飲用，炊事用，浴用，手洗い用その他人の生活用に供する水量が一日最大で $20m^3$ を超えるものをいう.

答（1）

【問題 3】水道施設に関する問題である.

ア：取水施設，イ：導水施設，ウ：送水施設，エ：配水施設の組み合わせが正しい.

答（4）

◆水道行政

【問題 4】水道法に規定する水道事業者等の水道水質管理上の措置に関する問題である.

（1）（不適当）水道法第 24 条の 2 に定める同法施行規則第 17 条の 5（情報提供）に，水質検査計画は，毎事業年度の開始前に需要者に対し情報提供を行う，と規定されている．設問の 3 年ごとは誤り．

（2）（適当）水道法第 20 条第 1 項で定める同法施行規則第 15 条（定期及び臨時の水質検査）第 1 号イによる．

（3）（適当）水道法第 22 条（衛生上の措置）で定める同法施行規則第 17 条（衛生上必要な措置）第 3 号による．

（4）（適当）水道法第 23 条（給水の緊急停止）第 2 項による．

答（1）

【問題 5】指定給水装置工事事業者の責務に関する問題である．

ア （正）水道法施行規則第 21 条（給水装置工事主任技術者の選任）による．

イ （誤）水道法施行規則第 21 条（給水装置工事主任技術者の選任）第 2 項に，当該事由が発生した日から 2 週間以内に新たな給水装置工事主任技術者を選任しなければならない，と規定されている．設問の 30 日以内は誤り．

ウ （誤）水道法第 25 条の 7 で定める同法施行規則第 34 条（変更の届出）第 2 項に，当該変更のあった日から 30 日以内に届出書を水道事業者に提出しなければならない，と規定されている．設問の 2 週間以内は誤り．

エ （正）水道法 25 条の 7 で定める同法施行規則第 35 条（廃止等の届出）による．

答（3）

【問題 6】給水装置の検査等に関する問題である．

ア （誤）水道法第 17 条（給水装置の検査）に，水道事業者は，日出後日没前に限り，その職員をして，当該水道によって水の供給を受ける者の土地または建物に立ち入り，給水装置を検査させることができる，と規定されている．設問の指定給水装置工事事業者をしては誤り．

イ （正）水道法第 16 条（給水装置の構造及び材質）による．

ウ （誤）水道法第 18 条（検査の請求）に，水道事業によって水の供給を受ける者は，当該水道事業者に対して，給水装置の検査および供給を受ける水の水質検査を請求することができる，と規定されている．設問の給水装置工事事業者に対しては誤り．

エ （正）水道法第 16 条（給水装置の構造及び材質）による．

答（1）

【問題 7】給水装置および給水装置工事に関する問題であり，水道法第 3 条(用語の定義)の定めによる.

（1） (適当)同条第 9 項より，給水装置とは，需要者に水を供給するために水道事業者の施設した配水管から分岐して設けられた給水管およびこれに直結する給水用具をいう．よって，ビルなどで水道水をいったん受水槽に受けて給水する場合には，配水管の分岐から受水槽への注入口(ボールタップなど)までが給水装置であり，受水槽以降は給水装置に該当しない.

（2） (不適当)同条第 9 項より，自動食器洗い機等は給水用具であり，給水装置に該当する.

（3） (適当)製造工程内の給水用具は給水装置ではない.

（4） (適当)同条第 9 項による．水道メーターは水道事業者の所有物であるが，給水装置に該当する.

答（2）

【問題 8】水道法第 14 条に規定する供給規定に関する問題である.

（1） (適当)同条による.

（2） (適当)同条による.

（3） (適当)同条第 2 項第 2 号による.

（4） (不適当)水道法第 3 条第 6 項で定義されており，同条の供給規定の定めには当たらない.

答（4）

【問題 9】水道施設の整備に関する問題である.

水道施設の整備は，水道法第 12 条(技術者による布設工事の監督)による一定資格を有する布設工事監督者の監督のもとで水道施設を建設する．したがって，（2）水道技術管理者の監督は誤り.

答（2）

◆給水装置工事法

【問題10】サドル付分水栓の穿孔に関する問題である.

ア　(正)

イ　(誤)サドル付分水栓の取付け位置を変えるときは，サドル取付ガスケットを保護するため，サドル付分水栓は持ち上げて移動させる．設問の移動させてはならないは誤り.

ウ　(誤)サドル付分水栓の穿孔作業に際し，サドル付分水栓の吐水部または穿孔機の排水口に排水用ホースを連結し，切粉の飛散防止のためホース先端をバケツなどに差し込み確実に排水する．設問の下水溝に直接接続は誤り.

エ　(正)

答 (3)

【問題11】配水管からの給水管分岐に関する問題である.

ア　(正)

イ　(誤)配水管から給水管の分岐の取出し位置は，配水管の直管部からとし，異形管と継手から行ってはならない.

ウ　(誤)給水管の取出しには，配水管の管種および口径ならびに給水管の口径に応じたサドル付分水栓，分水栓，割 T 字管等を用いる方法のほか，配水管を切断し T 字管やチーズ等を用いて取り出す方法もある.

エ　(正)

答 (4)

【問題12】分岐穿孔に関する問題である.

ア　(正)

イ　(誤)ダクタイル鋳鉄管に装着する防食コアの挿入機は，製造業者および機種等により取扱いが異なるので，必ず取扱説明書をよく読んで器具を使用する.

ウ　(誤)硬質ポリ塩化ビニル管に分水栓を取り付ける場合は，配水管の折損防止のため，サドル付分水栓を使用する.

エ　(正)

答 (1)

【問題13】給水管の埋設深さに関する問題である.

公道下における給水管の埋設深さは，(ア)<u>道路法施行令</u>に規定されており，工事場所等により埋設条件が異なることから(イ)<u>道路管理者</u>の(ウ)<u>道路占用許可書</u>によるものとする.

また, 宅地内における給水管の埋設深さは, 荷重, 衝撃等を考慮して(エ) <u>0.3m 以上</u>を標準とする.

答(1)

【問題14】止水栓の設置および給水管の布設に関する問題である.

(1) (適当)

(2) (不適当)給水管が水路を横断する場所にあっては, 原則として水路の下に給水管を設置する. やむを得ず水路の上に設置する場合には, 高水位(H.W.L)以上の高さに設置する. 設問の高水位より下の高さは誤り.

(3) (適当)

(4) (適当)

答(2)

【問題15】水道メーターの設置に関する問題である.

(1) (適当)

(2) (適当)

(3) (適当)

(4) (不適当)水道メーターの設置は, 原則として給水管分岐部から最も近い宅地内とし, メーターの検針や取替作業などが容易な場所で, かつ, メーターの損傷, 凍結などのおそれがない位置とする. 設問の給水管分岐部から最も遠い位置は誤り.

答(4)

【問題16】給水装置工事に関する問題である.

(1) (不適当)給水管および給水用具は, 最終の止水機構の流出側に設置される給水用具を除き, 耐圧性能基準に適合したものを用いる. 設問の最終の流出側に設置される給水用具を含めは誤り.

(2) (適当)

(3) (適当)

(4) (適当)

答(1)

【問題17】給水管の接合方法に関する問題である.

(1) (適当)

(2) (不適当)ステンレス鋼鋼管および波状ステンレス鋼管の接合には, 伸縮可とう式継手またはプレス式継手を使用する. 設問の TS 継手は誤り.

（3）（適当）

（4）（適当）

答（2）

【問題18】給水管の配管工事に関する問題である.

（1）（適当）（注：『給水装置工事技術指針 2020』では 25 倍以上とされているので現在では「不適当」となる）

（2）（不適当）ステンレス鋼鋼管の曲げ加工は，加熱による焼曲げ加工を行ってはならない.

（3）（適当）

（4）（適当）

答（2）

【問題19】消防法の適用を受けるスプリンクラーに関する問題である.

（1）（適当）

（2）（適当）

（3）（不適当）水道直結式スプリンクラー設備の設置で，分岐する配水管からスプリンクラーヘッドまでの水理計算および給水管，給水用具の選定は消防設備士が行う．設問の給水装置工事主任技術者は誤り.

（4）（適当）

答（3）

◆給水装置の構造及び性能

【問題20】給水装置の耐圧試験に関する問題である.

（1）（不適当）止水栓や分水栓の耐圧性能は，弁を「開」状態にしたときの性能試験である.

（2）（適当）

（3）（適当）

（4）（適当）

答（1）

【問題21】クロスコネクションに関する問題である.

ア　（誤）給水装置と当該給水装置以外の水管，その他の設備とは，仕切弁や逆止弁を介しても直接連結することは絶対に行ってはならない（水道法施行令第６条第１項第６号).

イ (正)

ウ (誤)一般的な仮設であっても，これを給水装置と直接連結することは絶対に行ってはならない.

エ (正)

答(３)

【問題22】水の汚染防止に関する問題である.

(１) (適当)

(２) (適当)

(３) (不適当)給水装置は，シアン，六価クロムその他の水を汚染するおそれのある物を貯留し，または取り扱う施設に近接して設置されていてはならない(給水装置の構造及び材質の基準に関する省令第２条第３項).

(４) (適当)

答(３)

【問題23】金属管の侵食防止のための防食工に関する問題である.

ア (誤)マクロセル侵食とは，埋設状態にある金属材質，土壌，乾湿，通気性，pH 値，溶解成分の違いなどの異種環境での電池作用による侵食をいう.設問のミクロセル侵食は誤り.

イ (正)

ウ (誤)鋳鉄管からサドル付分水栓により穿孔，分岐した通水口には，防食コアを挿入するなど，適切な防護措置を施す.設問のダクタイル管補修用塗料を塗装するは誤り.

エ (正)

答(３)

【問題24】給水装置の耐久性能基準に関する問題である.

(１) (適当)

(２) (不適当)耐久性能基準は，制御弁類のうち機械的・自動的に頻繁に作動し，かつ，通常消費者が自らの意思で選択し，または設置・交換しないような弁類に適用される.

(３) (適当)

（4）（適当）

答（2）

【問題25】給水装置の浸出性能基準の適用対象外に関する問題である.

浸出性能基準の適用対象は，通常の使用状態において飲用に供する水が，接触する可能性のある給水管および給水用具に限定されており，散水栓は適用対象外.

答（1）

【問題26】給水装置の逆流防止性能基準に関する問題である.

（1）（適当）

（2）（適当）

（3）（適当）

（4）（不適当）逆流防止性能基準は，給水装置の吐水口からの汚水の逆流により，公共への危害などが生じることを防止するために定められている．設問の水圧が変化することを防止するためは誤り.

答（4）

【問題27】給水装置の耐寒性能基準に関する問題である.

（1）（不適当）耐寒性能基準は寒冷地仕様の給水用具か否かの判断基準であり，凍結のおそれがある場所において設置される給水用具がすべてこの基準を満たしていなければならないわけではない．ただし，凍結のおそれがある場所において，この基準を満たしていない給水用具を設置する場合は，別途，断熱材で被覆するなどの凍結防止措置を講じなければならない.

（2）（適当）

（3）（適当）

（4）（適当）

答（1）

【問題28】逆流防止に関する問題である.

呼び径が 25mm を超える吐水口の場合，確保しなければならない越流面から吐水口の(ア)最下端までの垂直距離の満たすべき条件は，近接壁の影響がある場合，近接壁の面数と壁からの離れによって区分される．この区分は吐水口の内径 d の何倍かによって決まる．吐水口の断面が長方形の場合は，(イ)長

辺を d とする．

なお，上述の垂直距離の満たすべき条件は，有効開口の内径 d' によって定められるが，この d' とは「吐水口の内径 d」，「こま押さえ部分の内径」，「給水栓の接続管の内径」，の 3 つのうちの(ウ)最小内径のことである．

答（4）

【問題29】寒冷地における凍結防止対策に関する問題である．

（1）（不適当）水抜き用の給水用具以降の配管として，水抜き栓からの配管を先上がりとする．設問の配管を水平にすることは，管内水の排出が容易でない構造であることから誤り．

（2）（適当）

（3）（適当）

（4）（適当）

答（1）

◆給水装置計画論

【問題30】給水方式に関する問題である．

ア　（正）

イ　（誤）高置水槽式は，受水槽に受水した後に直結加圧形ポンプユニットを設置し，高所に置かれた高置水槽に給水し，そこから給水栓まで自然流下させる方式である．設問の直結・受水槽併用式給水は誤り．

ウ　（誤）一般に，直結・受水槽併用式給水は，一つの建築物内で直結式，受水槽式の両方の給水方式を併用するものである．設問の受水槽以降の配管に直結式の配管を接続するは誤り．

エ　（誤）一時に多量の水を使用するときなどに，配水管の水圧低下を引き起こすおそれがある場合は，受水槽式給水とする．設問の直結・受水槽併用式給水は誤り．

答（1）

【問題31】給水方式の決定に関する問題である．

（1）（適当）

（2）（適当）

（3）（適当）

（4）（不適当）受水槽式給水は，配水管から分岐し受水槽に受け，この受水槽から給水する方式であり，受水槽入口で配水系統と縁が切れる．設問のポンプ設備で縁が切れるは誤り．

答（4）

【問題32】直結給水方式に関する問題である．

（1）（適当）

（2）（適当）

（3）（不適当）圧力水槽式は，給水管に直接，圧力水槽を連結し，その内部圧力によって給水する方式である．設問の直結増圧式は誤り．

（4）（適当）

答（3）

【問題33】給水管の口径決定の手順に関する問題である．

口径決定の手順は，まず給水用具の(ア)<u>所要水量</u>を設定し，次に同時に使用する給水用具を設定し，管路の各区間に流れる(イ)<u>流量</u>を求める．次に(ウ)<u>口径</u>を仮定し，その(ウ)<u>口径</u>で給水装置全体の(エ)<u>所要水頭</u>が，配水管の(オ)<u>計画最小動水圧の水頭</u>以下であるかどうかを確かめる．

答（3）

【問題34】図－1に示す事務所ビル全体(6 事務所)の同時使用水量を給水用具給水負荷単位により求める問題である．

まず，表－1の各種給水用具の給水用具給水負荷単位に給水用具数を乗じたものを累計する．

給水器具単位数＝ 各種給水用具の給水用具給水負荷単位×給水用具数

＝(5 ＋ 3 ＋ 2 ＋ 3 ＋ 4)× 6 ＝ 17 × 6

＝ 102

次に，図－2の同時使用水量図を利用して同時使用水量を求める．解説34_図－2’に示すように，給水器具単位数 102 から垂線を延ばし，曲線②との交点から左に水平移動して，同時使用水量との交点を求めると，およそ163L/min が適切．

答（2）

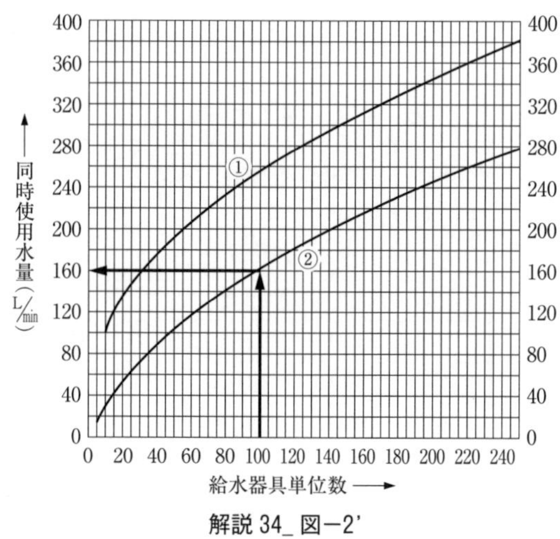

解説 34_ 図－2'

【問題35】図－１に示す直結式給水による２階建て戸建て住宅で，全所要水頭を求める問題である．

解説 35_ 図－1' のように給水栓 A，給水栓 C，給水栓 E の立ち上がり点をそれぞれ A'，C'，E' とすると，A ～ F 間，C ～ F 間，E ～ E' 間の所要水頭は，表－4・5・6 のように求められる．

A ～ F 間の所要水頭 4.7m ＜ C ～ F 間の所要水頭 5.4m

よって，F 点での所要水頭は 5.4m となる．また，F ～ G 間の所要水頭は表－7 のように求められる．したがって，全所要水頭は，

C ～ F 間の所要水頭 + F ～ G 間の所要水頭 = 5.4 + 9.7

= 15.1〔m〕

答（4）

表－4　A ～ F 間の所要水頭

区　間	流量〔L/分〕	口　径	動水勾配〔‰〕①	管延長〔m〕②	損失水頭〔m〕③=①×②/1 000	立上げ高さ〔m〕④	所要水頭〔m〕⑤=③+④	備　考
給水栓 A	12	13	給水用具の損失水頭		0.8		0.8	表-2より
給水管 A～A'間	12	13	200	1.0	0.2	1.0	1.2	表-3より

給水管A'～F間	12	20	40	5.0	0.2	2.5	2.7	表-3より
						計	4.7	

表－5　C～F 間の所要水頭

区　間	流量〔L/分〕	口　径	動水勾配〔‰〕①	管延長〔m〕②	損失水頭〔m〕③=①×②/1 000	立上げ高さ〔m〕④	所要水頭〔m〕⑤=③+④	備　考
給水栓C	20	13	給水用具の損失水頭		2.3		2.3	表-2より
給水管C～C'間	20	13	600	1.5	0.9	1.5	2.4	表-3より
給水管C'～E'間	20	20	100	3.0	0.3		0.3	表-3より
給水管E'～F間	32	20	200	2.0	0.4		0.4	表-3より
						計	5.4	

表－6　E～E' 間の所要水頭

区　間	流量〔L/分〕	口　径	動水勾配〔‰〕①	管延長〔m〕②	損失水頭〔m〕③=①×②/1 000	立上げ高さ〔m〕④	所要水頭〔m〕⑤=③+④	備　考
給水栓E	12	13	給水用具の損失水頭		0.8		0.8	表-2より
給水管E～E'間	12	13	200	1.0	0.2	1.0	1.2	表-3より
						計	2.0	

表－7　F～G 間の所要水頭

区　間	流量〔L/分〕	口　径	動水勾配〔‰〕①	管延長〔m〕②	損失水頭〔m〕③=①×②/1 000	立上げ高さ〔m〕④	所要水頭〔m〕⑤=③+④	備　考
給水管F～G間	44	20	350	6.0	2.1	1.0	3.1	表-3より
	44	20	水道メーター		3.0		3.0	表-2より
	44	20	止水栓		2.7		2.7	
	44	20	分水栓		0.9		0.9	
						計	9.7	

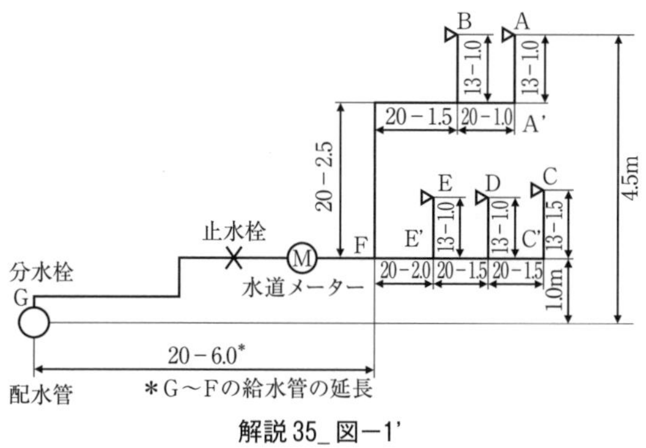

解説 35_ 図－1'

◆給水装置工事事務論

【問題36】指定給水装置工事事業者および給水装置工事主任技術者に関する問題である.

（1）（適当）

（2）（適当）

（3）（不適当）水道法第 25 条の 5（給水装置工事主任技術者免状）第 3 項により，主任技術者は，水道法に違反した場合，厚生労働大臣から給水装置工事主任技術者免状の返納を命じられることがある．設問の水道事業者からは誤り.

（4）（適当）

答（3）

【問題37】給水装置工事の記録および保存に関する問題である.

（1）（不適当）水道法施行規則第 36 条（事業の運営の基準）第 6 号により，給水装置の軽微な変更を除き，給水装置工事に関する記録を作成することになっている．ただし，設問は同法施行規則第 13 条に定める給水装置工事の軽微な変更であり，工事の記録作成から除かれている.

（2）（適当）

（3）（適当）

（4）（適当）

答（1）

【問題38】給水装置の構造および材質の基準に関する問題である．

（1）（適当）

（2）（適当）

（3）（適当）

（4）（不適当）構造・材質基準に関する省令で定められている性能基準として，給水管は耐圧性能と浸出性能が必要であり，飲用に用いる給水栓は耐圧性能，浸出性能，水撃限界性能が必要となる．設問の給水管および飲用に用いる給水栓は耐久性能が必要は誤り．

答（4）

【問題39】給水装置工事における給水装置工事主任技術者の職務に関する問題である．

（1）（適当）

（2）（不適当）主任技術者は，施主から使用を指定された給水管や給水用具等の資機材が，給水装置の構造及び材質の基準に関する省令の性能基準に適合していないものであれば，使用できない理由を明確にして施主等に説明することになる．設問の性能基準に適合していない場合でも使用することができるは誤り．

（3）（適当）

（4）（適当）

答（2）

【問題40】給水管および給水用具が満たすべき性能およびその定量的な判断基準に関する問題である．

（1）（適当）

（2）（不適当）給水装置に使用する給水管で，構造・材質基準に関する省令を包含する日本産業規格（JIS 規格）や日本水道協会規格（JWWA 規格）などの団体規格，その性能基準項目の全部に係る性能条件が基準省令の性能基準と同等以上の基準に適合していることが表示されている製品については，性能基準に適合しているものと判断して使用することができることになっている．設問の第三者認証あるいは自己認証を別途必要とするは誤り．

（3）（適当）

（4）（適当）

答（2）

午後[学科試験 2]

◆給水装置の概要

【問題41】給水用具に関する問題である．

ア　(誤)スイング式逆止弁は，弁体がヒンジピンを支点として自重で弁座面に圧着し，通水時に弁体が押し開かれ，逆圧によって自動的に閉止する構造である．設問のダイヤフラム式逆止弁は誤り．

イ　(誤)ボール止水栓は，弁体が球状のため 90° 回転で全開・全閉することができる構造であり，損失水頭は小さい．設問の損失水頭が大きいは誤り．

ウ　(正)

エ　(正)

答（3）

【問題42】節水型給水用具に関する問題である．

（1）（不適当）定量水栓は，ハンドルの目盛を必要水量にセットしておくと，設定した水量を吐水した後，自動的に止水するものである．設問の定流量弁は誤り．

（2）（適当）

（3）（適当）

（4）（適当）

答（1）

【問題43】湯沸器に関する問題である．

①(ア)瞬間湯沸器は，器内の吸熱コイル管で熱交換を行うもので，コイル管内を水が通過する間にガスバーナなどで加熱する構造になっている．

②(イ)貯蔵湯沸器は，ボールタップを備えた器内の容器に貯水した水を，一定温度に加熱して給湯する給水用具である．

③(ウ)貯湯湯沸器は，給水管に直結して有圧のまま槽内に貯えた水を直接加熱する構造の湯沸器で，湯温に連動して自動的に燃料通路を開閉あるいは電源を入り切りする機能を持っている．

④(エ)自然冷媒ヒートポンプ給湯機は，熱源に大気熱を利用しているため，消

費電力が少ない.

答（2）

【問題44】給水用具に関する問題である.

（1）（適当）

（2）（適当）

（3）（不適当）バキュームブレーカは，給水管内に負圧が生じたとき，逆止弁により逆流を防止するとともに，逆止弁により二次側（流出側）の負圧部分へ自動的に空気を取り入れ，負圧を破壊する機能を持つ給水用具である．設問の自動的に水を取り入れるは誤り.

（4）（適当）

答（3）

【問題45】給水装置工事に関する問題である.

ア（正）

イ（正）

ウ（誤）修繕工事とは，給水装置の原形を変えないで給水管，給水栓などを修理する工事である.

エ（誤）水道法では，水道事業者は給水装置工事を適正に施行できると認められる者を指定することができ，この指定をしたときは，水の供給を受ける者の給水装置が水道事業者または指定を受けた者の施行した給水装置工事に係わるものであることを供給条件にすることができるとされている．設問の厚生労働大臣は誤り.

答（3）

【問題46】給水管に関する問題である.

ア（正）

イ（正）

ウ（正）

エ（誤）ステンレス鋼鋼管は，ステンレス鋼帯から自動造管機により製造される管で，鋼管に比べると耐食性に優れている.

答（4）

【問題47】給水管に関する問題である.

（1）（適当）

（2） （不適当）銅管は，引張強さが比較的大きく，耐食性にも優れている．
（3） （適当）
（4） （適当）

答（2）

【問題48】水道メーターに関する問題である．

ア （正）
イ （誤）軸流羽根車式水道メーターは，管状の器内に設置された流れに平行な軸をもつ螺旋状の羽根車を回転させて，積算計量する構造である．設問の流れに垂直な軸は誤り．
ウ （誤）たて形軸流羽根車式水道メーターは，メーターケースに流入した水流が整流器を通って，垂直に設置された螺旋状羽根車に沿って下方から上方に流れ，羽根車を回転させる構造である．設問の上方から下方に流れは誤り．
エ （正）

答（4）

【問題49】給水用具の故障と対策に関する問題である．

（1） （不適当）受水槽のオーバーフロー管から常に水が流れていたので原因を調査した．その結果，ボールタップの弁座が損傷していたので，ボールタップを取り替えた．設問のパッキンを取り替えたは誤り．
（2） （適当）
（3） （適当）
（4） （適当）

答（1）

【問題50】給水用具に関する問題である．

（1） （適当）
（2） （適当）
（3） （適当）
（4） （不適当）リフト式逆止弁は，弁体が弁箱または蓋に設けられたガイドによって弁座に対し垂直に作動し，弁体の自重で閉止の位置に戻る構造である．設問のスイング式逆止弁は誤り．

答（4）

◆給水装置施工管理法

【問題51】給水装置工事施工における品質管理項目に関する問題である.

（1）（適当）

（2）（適当）

（3）（適当）

（4）（不適当）穿孔後における水質確認として，残留塩素，におい，濁り，色，味の確認を行う．このうち，特に残留塩素の確認は穿孔した管が水道管の証しとなることから必ず実施する．設問の濁りの確認は誤り.

答（4）

【問題52】給水装置工事施行における埋設物の安全管理に関する問題である.

（1）（適当）

（2）（適当）

（3）（適当）

（4）（不適当）工事中，火気に弱い埋設物または可燃性物質の輸送管などの埋設物に接近する場合には，溶接機，切断機など火気を伴う機械器具を使用しない．ただし，やむを得ない場合には，当該埋設物管理者と協議し，保安上必要な措置を講じてから使用する．設問の所管消防署の指示に従うは誤り.

答（4）

【問題53】建設工事公衆災害防止対策要綱に基づく保安対策に関する問題である.

（1）（不適当）作業場における固定さくの高さは 1.2m 以上とし，通行者の視界を妨げないようにする必要がある場合は，さく上の部分を金網などで張り，見通しをよくする．設問の 0.8m は誤り.

（2）（適当）

（3）（適当）

（4）（適当）

答（1）

【問題54】公衆災害に関する問題である.

公衆災害とは，「当該工事の関係者以外の第三者（公衆）に対する生命，身体および財産に関する危害ならびに迷惑をいう」と定義されている．ここでの迷惑には，騒音，振動，ほこり，においなどのほか，水道や電気などの施設の毀損による断水や停電も入る．設問の（1）（2）（4）は公衆災害に当たらない．

答（3）

【問題55】給水装置工事の施行に関する問題である．

(ア)水道事業者は，災害などによる給水装置の損傷を防止するとともに，給水装置の損傷の復旧を迅速かつ適切に行えるようにするために，(イ)配水管への取付口から(ウ)水道メーターまでの間の給水装置に用いる給水管および給水用具について，その構造および材質などを指定する場合がある．したがって，指定給水装置工事事業者が給水装置工事を受注した場合は，(イ)配水管への取付口から(ウ)水道メーターまでの使用材料について(ア)水道事業者に確認する必要がある．

答（2）

【問題56】給水装置工事の施工管理に関する問題である．

施工管理の責任者は，施工内容に沿った(ア)施工計画書を作成し，(イ)工事従事者に周知を図っておく．また，工事施行に当たっては，工程管理を行うとともに，労働災害などを防止するための(ウ)安全対策を行う．給水装置工事の施工管理の責任者は，(エ)給水装置工事主任技術者である．

答（3）

【問題57】労働安全衛生に関する問題である．

（1）（適当）

（2）（適当）

（3）（適当）

（4）（不適当）労働安全衛生法で定める事業者は，掘削面の高さが2m以上の地山の掘削（ずい道およびたて抗以外の抗の掘削を除く）には，地山の掘削作業主任者を選任しなければならない．設問の掘削面の幅は誤り．

答（4）

【問題58】建設業法第1条（目的）に関する問題である．

この法律は，建設業を営む者の(ア)資質の向上，建設工事の請負契約の適正化等を図ることによって，建設工事の適正な(イ)施工を確保し，(ウ)発注者を保護するとともに，建設業の健全な発達を促進し，もつて(エ)公共の福祉の増進に寄与することを目的とする．

答(1)

【問題59】建設業の許可に関する問題である．

（1）（不適当）建設業法第３条第１項により，建設業の許可を受けようとする者で，二以上の都道府県の区域内に営業所を設けて営業しようとする場合にあっては，国土交通大臣の許可を受けなければならない．設問のそれぞれの都道府県知事の許可は誤り．

（2）（不適当）建設業法第３条第１項により，建設業法施行令第１条の2(軽微な建設工事)の工事は適用対象外とされている．したがって，設問の工事１件の請負代金の額に関わらず建設業の許可が必要は誤り．

（3）（適当）

（4）（不適当）建設業法第３条第３項により，建設業の許可は，５年ごとにその更新を受けなければ，その期間の経過によってその効力を失う．設問の許可に有効期限の定めはなく，廃業の届出をしない限り有効であるは誤り．

答(3)

【問題60】建築基準法に規定されている飲料水の配管設備に関する問題である．

（1）（適当）

（2）（不適当）給水タンク内部には，飲料水の配管設備以外の配管設備は設けてはならない(平成 22 年 3 月 29 日国土交通省告示第 243 号 第一二 イ(3)による)．

（3）（適当）

（4）（適当）

答(2)

第 21 回（平成 29 年度）
給水装置工事主任技術者試験問題

有効受験者数14,650名／合格者数6,406名／合格率43.7%

午前（10：00～12：30）**［学科試験 1］**

- 公衆衛生概論（3 問）
- 水道行政（6 問）
- 給水装置工事法（10 問）
- 給水装置の構造及び性能（10 問）
- 給水装置計画論（6 問）
- 給水装置工事事務論（5 問）

◇公衆衛生概論

問題 1 水系感染症の原因となる次の病原微生物のうち，浄水場での塩素消毒が有効でないものはどれか．

（1）病原性大腸菌 O157（オー）
（2）レジオネラ属菌
（3）クリプトスポリジウム
（4）ノロウイルス

問題 2 残留塩素に関する次の記述のうち，不適当なものはどれか．

（1）給水栓における残留塩素濃度は，結合残留塩素の場合は 0.1mg/L 以上，遊離残留塩素の場合は，0.4mg/L 以上を保持していなければならない．
（2）一般に使用されている塩素系消毒剤としては，次亜塩素酸ナトリウム，液化塩素（液体塩素），次亜塩素酸カルシウム（高度さらし粉を含む）がある．
（3）残留塩素とは，消毒効果のある有効塩素が水中の微生物を殺菌消毒したり，有機物を酸化分解した後も水中に残留している塩素のことである．

(4)遊離残留塩素には，次亜塩素酸と次亜塩素酸イオンがある．

問題3 **水道法第4条に規定する水質基準に関する次の記述のうち，不適当なものはどれか．**

(1)病原生物に汚染され，又は病原生物に汚染されたことを疑わせるような生物若しくは物質を含むものでないこと．

(2)シアン，水銀その他の有毒物質を含まないこと．

(3)外観は，ほとんど無色透明であること．

(4)消毒による臭味がないこと．

◇水道行政

問題4 **水道法に規定する水道事業の認可に関する次の記述のうち，不適当なものはどれか．**

(1)水道法では，水道事業者を保護育成すると同時に需要者の利益を保護するために，水道事業者を監督する仕組みとして認可制度をとっている．

(2)水道事業を経営しようとする者は，市町村長の認可を受けなければならない．

(3)水道事業経営の認可制度によって，複数の水道事業者の供給区域が重複することによる不合理・不経済が回避される．

(4)水道用水供給事業については，給水区域の概念はないが，水道事業の機能の一部を代替するものであることから，認可制度をとっている．

問題5 **水道法第19条の水道技術管理者に関する次の記述のうち，不適当なものはどれか．**

(1)水道事業者は，水道の管理について技術上の業務を担当させるため，水道技術管理者1人を置かなければならない．この場合，水道事業者は，自ら水道技術管理者となることはできない．

(2)水道技術管理者は，水道により供給される水の水質検査に関する事務に従事し，及びこれらの事務に従事する他の職員を監督しなければならない.

(3) 水道技術管理者は，水道施設が水道法第5条の規定による施設基準に適合しているかどうかの検査に関する事務に従事し，及びこれらの事務に従事する他の職員を監督しなければならない.

(4) 水道技術管理者は，給水装置の構造及び材質が水道法第16条の規定に基づく政令で定める基準に適合しているかどうかの検査に関する事務に従事し，及びこれらの事務に従事する他の職員を監督しなければならない.

問題6 **水道法第15条の給水義務に関する次の記述のうち，不適当なものはどれか.**

(1) 水道事業者は，当該水道により給水を受ける者が料金を支払わないときは，供給規程の定めるところにより，その者に対する給水を停止することができる.

(2) 水道事業者は，当該水道により給水を受ける者に対し，正当な理由がありやむを得ない場合を除き，常時給水を行う義務がある.

(3) 水道事業者は，事業計画に定める給水区域内の需要者から給水契約の申し込みを受けたときは，いかなる場合であってもこれを拒んではならない.

(4) 水道事業者は，当該水道により給水を受ける者が正当な理由なしに給水装置の検査を拒んだときは，供給規程の定めるところにより，その者に対する給水を停止することができる.

問題7 **水道法に規定する給水装置工事主任技術者の職務としての水道事業者との連絡又は調整に関する次の記述の正誤の組み合わせのうち，適当なものはどれか.**

ア　配水管から分岐して給水管を設ける工事に係る工法，工期その他の工事上の条件に関する連絡調整.

イ　水道メーターの下流側に給水管及び給水栓を設ける工事に係る工法，工期その他の工事上の条件に関する連絡調整.

ウ　給水装置工事(水道法施行規則第13条に規定する給水装置の軽微な変更を除く.)に着手した旨の連絡.

エ　給水装置工事(水道法施行規則第13条に規定する給水装置の軽微な変更を除く.)を完了した旨の連絡.

	ア	イ	ウ	エ
(1)	正	誤	誤	正
(2)	誤	正	正	正
(3)	正	誤	正	正
(4)	正	正	誤	誤

問題8　**水道法施行規則に定める給水装置工事の事業の運営の基準に関する次の記述のうち，不適当なものはどれか.**

(1)給水装置工事ごとに，給水装置工事主任技術者の職務を行う者を指名すること.

(2)配水管から分岐して給水管を設ける工事及び給水装置の配水管への取付口から水道メーターまでの工事を施行する場合において，水道事業者の承認を受けた工法，工期等の条件に適合するよう工事を行うこと.

(3)構造材質基準に適合しない給水装置を設置しないこと．また，給水管の切断等に適さない機械器具を使用しないこと.

(4)工事ごとに，給水装置工事主任技術者に所要の記録を作成させ，それを1年間保存すること.

問題9　**水道法に規定する給水装置及び給水装置工事に関する次の記述のうち，不適当なものはどれか.**

(1)配水管から分岐された給水管に直結する水道メーターは，給水装置に該当する.

(2)受水槽以降の給水管に設置する給水栓，湯沸器等の給水設備は給水装置に該当しない.

(3)配水管から分岐された給水管に直結して温水洗浄便座を設置する工事は，給水装置工事に該当する.

（4）配水管から分岐された給水管に直結して自動販売機を設置する工事は，給水装置工事に該当しない．

◇給水装置工事法

問題 10　給水管の取出し工事に関する次の記述のうち，不適当なものはどれか．

（1）配水管への取付口における給水管の口径は，当該給水装置による水の使用量に比べて著しく過大であってはならない．

（2）異形管から給水管を取出す場合は，外面に付着した土砂や外面被覆材を除去し，入念に清掃したのち施工する．

（3）硬質ポリ塩化ビニル管に分水栓を取付ける場合は，配水管の折損防止のためサドル付分水栓を使用する．

（4）サドル付分水栓の配水管への取付けは，取付けボルトナットの均等締付けを行った後，最終の締付け強さを，トルクレンチを用いて確認する．

問題 11　サドル付分水栓穿孔（せんこう）に関する次の記述の正誤の組み合わせのうち，適当なものはどれか．

ア　サドル付分水栓によるダクタイル鋳鉄管の分岐穿孔に使用するドリルは，配水管の内面ライニングの仕様に応じた適切なものを使用する．

イ　磨耗したドリル及びカッターは，管のライニング材のめくれ，剥離等が生じやすいので使用してはならない．

ウ　穿孔作業は，穿孔する面が円弧であるため，ドリルの芯がずれないよう穿孔ドリルを強く押し下げ，すばやく穿孔を開始する．

エ　ダクタイル鋳鉄管のサドル付分水栓の穿孔箇所には，穿孔断面の防食のための水道事業者が指定する防錆剤（ぼうせいざい）を塗布する．

	ア	イ	ウ	エ
（1）	正	正	誤	誤
（2）	誤	正	正	誤
（3）	正	誤	正	正

(4)	誤	誤	誤	正

問題 12 **給水管の配管工事に関する次の記述のうち，不適当なものはどれか．**

(1) 宅地内の主配管は，家屋の基礎の外回りに布設することを原則とし，スペースなどの問題でやむを得ず構造物の下を通過させる場合は，さや管を設置しその中に配管する．

(2) さや管ヘッダ工法で使用する給水管としては，主にポリエチレン二層管が使用されている．

(3) さや管ヘッダ工法では，床下にヘッダを設置し，床に点検口を設けて点検できるようにするのが一般的である．

(4) 水圧，水撃作用等により給水管が離脱するおそれのある場所には，適切な離脱防止のための措置を講じる．

問題 13 **公道における給水装置工事の現場管理に関する次の記述の正誤の組み合わせのうち，適当なものはどれか．**

ア　下水道，ガス，電気，電線等の地下埋設物の近くを掘削する場合は，道路管理者の立ち会いを求める．

イ　掘削に当たっては，工事場所の交通安全などを確保するために保安設備を設置し，必要に応じて保安要員（交通誘導員等）を配置する．

ウ　掘削深さが 1.5m 以内であっても自立性に乏しい地山の場合は，施工の安全性を確保するため適切な勾配を定めて断面を決定するか，又は土留工を施すこと．

エ　工事の施行によって生じた建設発生土や建設廃棄物等は，「廃棄物の処理及び清掃に関する法律」やその他の規定に基づき，工事施行者が適正かつ速やかに処理する．

	ア	イ	ウ	エ
(1)	誤	正	正	正
(2)	正	誤	正	誤
(3)	正	誤	誤	正
(4)	誤	正	正	誤

問題 14 消防法の適用を受けるスプリンクラーに関する次の記述のうち，不適当なものはどれか．

(1) 水道直結式スプリンクラー設備の工事は，水道法に定める給水装置工事として指定給水装置工事事業者が施工する．

(2) 水道直結式スプリンクラーは水道法の適用を受けることから，分岐する配水管からスプリンクラーヘッドまでの水理計算及び給水管，給水用具の選定は，給水装置工事主任技術者が行う．

(3) 乾式配管による水道直結式スプリンクラー設備は，給水管の分岐から電動弁までの間の停滞水をできるだけ少なくするため，給水管分岐部と電動弁との間を短くすることが望ましい．

(4) 災害その他正当な理由によって，一時的な断水や水圧低下等により水道直結式スプリンクラー設備の性能が十分発揮されない状況が生じても水道事業者に責任がない．

問題 15 給水装置の異常現象に関する次の記述のうち，不適当なものはどれか．

(1) 給水管に亜鉛めっき鋼管が使用されていると，内部にスケール（赤錆）が発生しやすく，年月を経るとともに給水管断面が小さくなるので出水不良を起こすことがある．

(2) 水道水が赤褐色になる場合は，鋳鉄管，鋼管の錆（さび）が流速の変化，流水の方向変化等により流出したものである．

(3) 配水管の工事等により断水した場合，通水の際の水圧によりスケール等が水道メーターのストレーナに付着し出水不良となることがあるので，このような場合はストレーナを清掃する．

(4) 配水管工事の際に水道水に砂や鉄粉が混入した場合，給水用具を損傷することもあるので，給水栓を取り外して，管内からこれらを除去しなければならない．

問題 16 各管種の継手及び接合に関する次の記述のうち，不適当なものはどれか．

(1) 銅管の接合には継手を使用するが，25mm以下の給水管の直管部は，胴継ぎとすることができる．

(2) ステンレス鋼管のプレス式継手による接合は，専用締付け工具を使用するもので，短時間に接合でき，高度な技術を必要としない方法である．

(3) 硬質塩化ビニルライニング鋼管のねじ接合において，管の切断はパイプカッター，チップソーカッター，ガス切断等を使用して，管軸に対して直角に切断する．

(4) ダクタイル鋳鉄管のNS形及びGX形継手は，大きな伸縮余裕，曲げ余裕をとっているため，管体に無理な力がかかることなく継手の動きで地盤の変動に適応することができる．

問題17 給水管の接合に関する次の記述の正誤の組み合わせのうち，適当なものはどれか．

ア　硬質塩化ビニルライニング鋼管のねじ継手に外面樹脂被覆継手を使用する場合は，埋設の際，さらに防食テープを巻く等の防食処理等を施す必要がある．

イ　銅管のろう接合とは，管の差込み部と継手受口との隙間にろうを加熱溶解して，毛細管現象により吸い込ませて接合する方法である．

ウ　ポリエチレン粉体ライニング鋼管のEF継手による接合は，接合方法がマニュアル化され，かつEFコントローラによる最適融着条件が自動制御されるなどの特長がある．また，異形管部分の離脱防止対策が不要である．

エ　ダクタイル鋳鉄管の接合に使用する滑剤は，継手用滑剤に適合するものを使用し，グリース等の油剤類は絶対に使用しない．

	ア	イ	ウ	エ
(1)	正	正	誤	誤
(2)	誤	正	正	誤
(3)	誤	正	誤	正
(4)	正	誤	誤	正

問題 18 配管工事の留意点に関する次の記述のうち，不適当なものはどれか．

(1)水路の上越し部，鳥居配管となっている箇所等，空気溜まりを生じるおそれがある場所にあっては空気弁を設置する．

(2)地階又は2階以上に配管する場合は，修理や改造工事に備えて，各階ごとに止水栓を設置する．

(3)給水管を他の埋設管に近接して布設すると，給水管等の漏水によるサンドブラスト現象により損傷を与えるおそれがあるため，原則として他の埋設管より30cm以上の間隔を確保し，配管する．

(4)高水圧を生じるおそれのある場所としては，水撃作用が生じるおそれのある箇所や，配水管の位置に対し著しく低い場所にある給水装置，直結増圧式給水による低層階部が挙げられるが，そのような場所には逆止弁を設置する．

問題 19 給水管の配管工事に関する次の記述のうち，不適当なものはどれか．

(1)給水管は，設置場所の土圧，輪荷重その他の荷重に対し十分な耐力を有する材質のものを選定するほか，地震等の変位に対応できるよう伸縮可撓(かとう)性に富んだ継手又は給水管とする．

(2)直管を曲げ配管できる材料としては，ライニング鋼管，銅管，ポリエチレン二層管がある．

(3)給水装置は，ボイラー，煙道等高温となる場所，冷凍庫の冷凍配管等に近接し凍結のおそれのある場所は避けて設置する．

(4)給水装置工事は，いかなる場合でも衛生に十分注意し，工事の中断時又は一日の工事終了後には，管端にプラグ等で栓をし，汚水等が流入しないようにする．

◇給水装置の構造及び性能

問題 20 給水装置の水撃限界性能基準に関する次の記述のうち，不適当なものはどれか．

(1)水撃限界性能基準は，水撃発生防止仕様の給水用具であるか否かの判断基準であるので，水撃作用を生じるおそれのある給水用具はすべてこの基準を満たしていなければならない．

(2) 水撃限界性能基準は，水撃作用により給水装置に破壊等が生じることを防止するためのものである．

(3) 水撃作用とは，止水機構を急に閉止した際に管路内に生じる圧力の急激な変動作用をいう．

(4) 水撃限界性能基準では，湯水混合水栓等において同一の仕様の止水機構が水側と湯側についているような場合は，いずれか一方の止水機構について試験を行えばよい．

問題 21 **給水管及び給水用具に適用される性能基準に関する次の記述のうち，適当なものはどれか．**

(1) 浄水器は，耐圧性能基準，浸出性能基準及び耐久性能基準を満たす必要がある．

(2) 耐久性能基準は，電磁弁には適用されるが，逆止弁及び空気弁は適用対象外である．

(3) 飲用，洗髪用の水栓，水洗便所のロータンク用ボールタップ等の末端給水用具は浸出性能基準の適用対象である．

(4) シャワーヘッド，水栓のカランは，耐圧性能基準の適用対象外である．

問題 22 **給水装置の逆流防止性能基準に関する次の記述の正誤の組み合わせのうち，適当なものはどれか．**

ア　逆止弁等は，1次側と2次側の圧力差がほとんどないときも，2次側から水撃圧等の高水圧が加わったときも，ともに水の逆流を防止できるものでなければならない．

イ　逆流防止性能基準における高水圧時の試験水圧は，1.5MPaとなっている．

ウ　減圧式逆流防止器は，逆流防止機能と負圧破壊機能を併せ持つ装置であることから，両性能を有することを要件としている．

エ　逆流防止装置を内部に備えた給水用具については，内部に備えられている逆流防止装置を給水用具から取りはずして試験を行ってはならない．

	ア	イ	ウ	エ
(1)	正	正	正	誤
(2)	正	誤	誤	正
(3)	誤	正	誤	正
(4)	誤	誤	正	誤

問題 23 次のうち，通常の使用状態において，給水装置の浸出性能基準の適用対象外となる給水用具として，適当なものはどれか．

(1)継手類

(2)バルブ類

(3)洗面所の水栓

(4)ふろ用の水栓

問題 24 配管工事後の耐圧試験に関する次の記述の正誤の組み合わせのうち，適当なものはどれか．

ア　配管工事後の耐圧試験の水圧は基準省令において定められており，水道事業者が独自に定めることができない．

イ　給水管の布設後耐圧試験を行う際には，加圧圧力や加圧時間を適切な大きさ，長さにしなくてはならない．過大にすると柔軟性のある合成樹脂管や分水栓等の給水用具を損傷するおそれがある．

ウ　波状ステンレス鋼鋼管は，水圧を加えると波状部分が膨張し圧力が低下する．これは管の特性であり，気温，水温等で圧力低下の状況が異なるので注意が必要である．

エ　分水栓，止水栓の耐圧試験は，止水性の試験ではないので，すべて「開」状態で実施する．

	ア	イ	ウ	エ
(1)	誤	誤	正	正
(2)	正	正	誤	誤
(3)	誤	正	誤	正
(4)	正	誤	正	誤

問題 25 **水道水の汚染防止に関する次の記述のうち，不適当なものはどれか．**

(1) 末端部が行き止まりとなる給水管は，停滞水が生じ，水質が悪化するおそれがあるため極力避ける．

(2) 給水管路に近接してシアン，六価クロム等の有毒薬品置場，有害物の取扱場，汚水槽等の汚染源がある場合は，給水管をさや管などにより適切に保護する．

(3) 合成樹脂管をガソリンスタンド，自動車整備工場等に埋設配管する場合は，油分などの浸透を防止するため，さや管などにより適切な防護措置を施す．

(4) 配管接合用シール材又は接着剤は，これらの物質が水道水に混入し，油臭，薬品臭等が発生する場合があるので，必要最小限の使用量とする．

問題 26 **金属管の侵食に関する次の記述の正誤の組み合わせのうち，適当なものはどれか．**

ア　埋設された金属管が異種金属の管や継手，ボルト等と接触していると，自然電位の低い金属と自然電位の高い金属との間に電池が形成され，自然電位の高い金属が侵食される．

イ　自然侵食にはマクロセル及びミクロセルがあり，マクロセル侵食とは，腐食性の高い土壌，バクテリアによる侵食をいう．

ウ　金属管が鉄道，変電所等に近接して埋設されている場合に，漏洩(えい)電流による電気分解作用により侵食を受ける．このとき，電流が金属管から流出する部分に侵食が起きる．

エ　地中に埋設した鋼管が部分的にコンクリートと接触している場合，アルカリ性のコンクリートに接している部分の電位が，コンクリートと接触していない部分より高くなって腐食電池が形成され，コンクリートと接触していない部分が侵食される．

	ア	イ	ウ	エ
(1)	正	誤	正	誤
(2)	正	正	誤	誤

(3)	誤	正	誤	正
(4)	誤	誤	正	正

問題 27 **クロスコネクションに関する次の記述の正誤の組み合わせのうち，適当なものはどれか.**

ア　給水管と井戸水配管を直接連結する場合，両管の間に逆止弁を設置し，逆流防止の措置を講じる必要がある.

イ　クロスコネクションは，水圧状況によって給水装置内に工業用水，排水，ガス等が逆流するとともに，配水管を経由して他の需要者にまでその汚染が拡大する非常に危険な配管である.

ウ　給水装置と当該給水装置以外の水管，その他の設備とは，一時的な仮設であってもこれを直接連結することは絶対に行ってはならない.

エ　給水装置と受水槽以下の配管との接続はクロスコネクションではない.

	ア	イ	ウ	エ
(1)	正	誤	誤	正
(2)	誤	正	正	誤
(3)	誤	正	誤	正
(4)	正	誤	正	誤

問題 28 **負圧破壊性能基準に関する次の記述のうち，不適当なものはどれか.**

(1) バキュームブレーカとは，器具単独で販売され，水受け容器からの取付け高さが施工時に変更可能なものをいう.

(2) バキュームブレーカは，負圧破壊性能試験により流入側からマイナス 54kPa の圧力を加えたとき，バキュームブレーカに接続した透明管内の水位の上昇が 75mm を超えないこととされている.

(3) 負圧破壊装置を内部に備えた給水用具とは，製品の仕様として負圧破壊装置の位置が施工時に変更可能なものをいう.

(4) 水受け部と吐水口が一体の構造であり，かつ水受け部の越流面と吐水口の間が分離されていることにより水の逆流を防止する構造の給水用具は，負圧破壊性能試験により流入側からマイナス 54kPa の圧力を加えたとき，吐水口から水を引き込まないこととされている．

問題 29　**凍結事故の処理に関する次の記述のうち，不適当なものはどれか．**

（1）異種の配管材料が混在しているユニット化装置，ステンレス鋼鋼管等においては，材料の比熱差による破断を避けるため，温水による解氷ではなく電気による解氷を行う．

（2）蒸気を耐熱ホースで凍結管に注入する解氷方法は硬質ポリ塩化ビニル管，ポリエチレン二層管の合成樹脂管に対する凍結解氷に有効である．

（3）電気解氷による場合，給水管がガス管，その他金属管と接触していないことを確認する必要がある．

（4）凍結が発生した場合，凍結範囲が拡大することを防ぐため，速やかに処置する必要がある．

◇給水装置計画論

問題 30　**給水方式の決定に関する次の記述の正誤の組み合わせのうち，適当なものはどれか．**

ア　直結式給水は，配水管の水圧で直結給水する方式(直結直圧式)と，給水管の途中に圧力水槽を設置して給水する方式(直結増圧式)がある．

イ　水道事業者ごとに，水圧状況，配水管整備状況等により給水方式の取扱いが異なるため，その決定に当たっては，設計に先立ち，水道事業者に確認する必要がある．

ウ　給水方式には，直結式，受水槽式及び直結・受水槽併用式があり，その方式は給水する高さ，所要水量，使用用途及び維持管理面を考慮し決定する．

エ　受水槽式給水は，配水管から分岐し受水槽に受け，この受水槽から給水する方式であり，受水槽出口で配水系統と縁が切れる．

	ア	イ	ウ	エ
（1）	正	正	誤	誤
（2）	正	誤	誤	正
（3）	誤	誤	正	正
（4）	誤	正	正	誤

問題 31 **受水槽式の給水方式に関する次の記述のうち，不適当なものはどれか．**

(1) 一時に多量の水を使用するとき，又は，使用水量の変動が大きいとき等に配水管の水圧低下を引き起こすおそれがある場合は，受水槽式とする．

(2) 有毒薬品を使用する工場等事業活動に伴い，水を汚染するおそれのある場所に給水する場合は受水槽式とする．

(3) ポンプ直送式は，受水槽に受水したのち，使用水量に応じてポンプの運転台数の変更や回転数制御によって給水する方式である．

(4) 一つの高置水槽から適当な水圧で給水できる高さの範囲は，10 階程度なので，高層建物では高置水槽や吸排気弁をその高さに応じて多段に設置する必要がある．

問題 32 **直結給水システムの計画及び設計に関する次の記述の正誤の組み合わせのうち，適当なものはどれか．**

ア 直結加圧形ポンプユニットに近接して設置する逆流防止器の形式は，当該水道事業者の直結給水システムの基準等による．

イ 当該水道事業者の直結給水システムの基準等に従い，同時使用水量の算定，給水管の口径の決定，ポンプ揚程の決定等を行う．

ウ 既設建物の給水設備を受水槽式から直結式に切り替える場合にあっては，当該水道事業者の直結給水システムの基準等を確認する．

エ 給水装置は，給水装置内が負圧になっても給水装置から水を受ける容器などに吐出した水が給水装置内に逆流しないよう，逆流防止措置が義務付けられている．

	ア	イ	ウ	エ
(1)	正	誤	正	誤
(2)	誤	正	誤	正
(3)	正	正	正	正
(4)	誤	正	正	誤

問題 33 直結式給水による10戸の集合住宅での同時使用水量として，次のうち，適当なものはどれか．

ただし，同時使用水量は，標準化した同時使用水量により計算する方法によるものとし，1戸当たりの末端給水用具の個数と使用水量，同時使用率を考慮した末端給水用具数，並びに集合住宅の給水戸数と同時使用戸数率は，それぞれ表－1から表－3のとおりとする．

（1）　200 L/ 分

（2）　250 L/ 分

（3）　300 L/ 分

（4）　350 L/ 分

表－1　1戸当たりの給水用具の個数と使用水量

給水用具	個数	使用水量(L/ 分)
台所流し	1	12
洗濯流し	1	12
浴槽(和式)	1	20
大便器(洗浄タンク)	1	12

表－2　末端給水用具数と同時使用水量比

総末端給水用具数	1	2	3	4	5	6	7	8	9	10	15	20	30
同時使用水量比	1.0	1.4	1.7	2.0	2.2	2.4	2.6	2.8	2.9	3.0	3.5	4.0	5.0

表－3　給水戸数と同時使用戸数率

戸数	1～3	4～10	11～20	21～30	31～40	41～60	61～80	81～100
同時使用戸数率(%)	100	90	80	70	65	60	55	50

問題 34 受水槽式による総戸数90戸(2LDK 40戸，3LDK 50戸)の集合住宅1棟の標準的な受水槽容量の範囲として，次のうち，適当なものはどれか．

ただし，2LDK1戸当たりの居住人員は3人，3LDK1戸当たりの居住人員は4人とし，1人1日当たりの使用水量は250Lとする．

（1）　$16m^3 \sim 32m^3$

平成29年

（2）　$32m^3 \sim 48m^3$

（3）　$48m^3 \sim 64m^3$

（4）　$64m^3 \sim 80m^3$

問題 35 **図－1に示す給水装置におけるB点の余裕水頭として，次のうち，適当なものはどれか.**

ただし，計算に当たってA～Bの給水管の摩擦損失水頭，分水栓，甲形止水栓，水道メーター及び給水栓の損失水頭は考慮するが，曲がりによる損失水頭は考慮しないものとする．また，損失水頭等は，図－2～図－4を使用して求めるものとし，計算に用いる数値条件は次のとおりとする.

①A点における配水管の水圧　水頭として30m

②給水管の流量　0.6 L/秒

③A～Bの給水管，分水栓，甲形止水栓，水道メーター及び給水栓の口径20mm

（1）　8m

（2）　12m

（3）　16m

（4）　20m

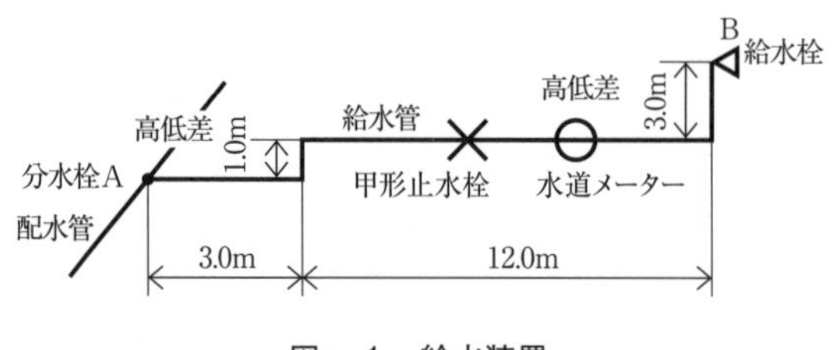

図－1　給水装置

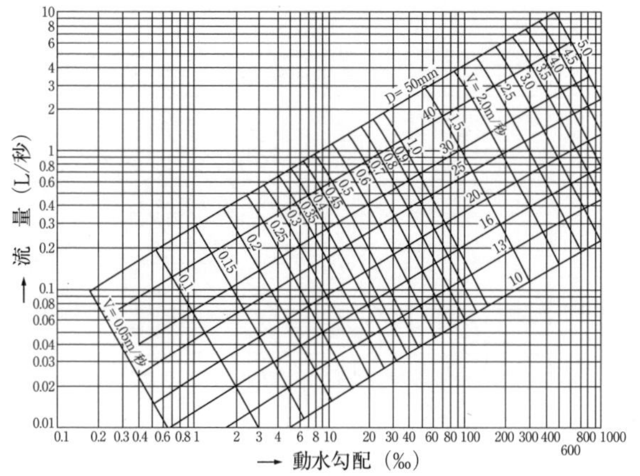

図－2　ウエストン公式による給水管の流量図

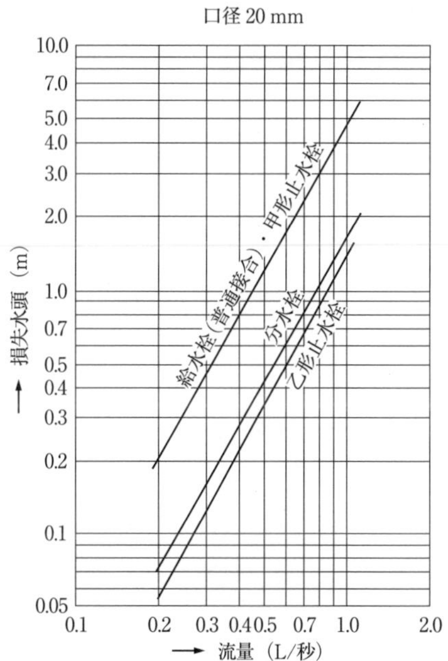

図－3　水栓類の損失水頭（給水栓，止水栓，分水栓）

平成29年

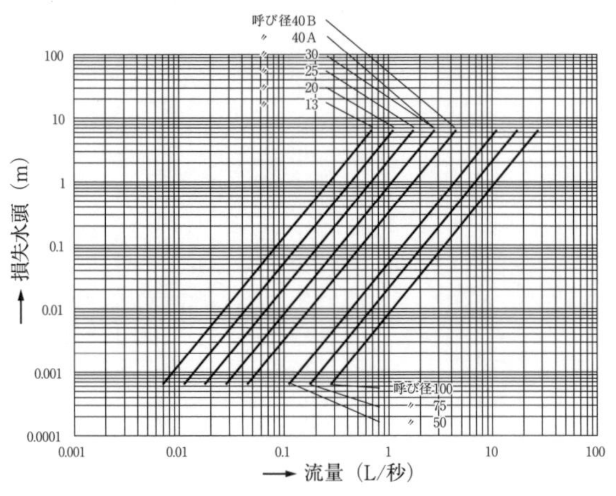

図－4　水道メーターの損失水頭

◇給水装置工事事務論

問題 36　給水装置工事に係る記録の作成，保存に関する次の記述のうち，不適当なものはどれか．

(1) 給水装置工事の記録については，定められた様式に従い書面で作成し，保存しなければならない．

(2) 指定給水装置工事事業者は，給水装置工事の施主の氏名又は名称，施行場所，竣工図，品質管理の項目とその結果等についての記録を作成しなければならない．

(3) 給水装置工事の記録作成は，指名された給水装置工事主任技術者が作成することになるが，給水装置工事主任技術者の指導・監督のもとで他の従業員が行ってもよい．

(4) 給水装置工事主任技術者は，給水装置工事を施行する際に生じた技術的な問題点などについて，整理して記録にとどめ，以後の工事に活用していくことが望ましい．

問題 37　給水装置工事における給水装置工事主任技術者（以下，本問においては「主任技術者」という．）の職務に関する次の記述の正誤の組み合わせのうち，適当なものはどれか．

ア　主任技術者は，給水装置工事の事前調査において，酸・アルカリに対する防食，凍結防止等の工事の必要性の有無を調べる必要がある．

イ　主任技術者は，給水装置工事の事前調査において，技術的な調査を行うが，必要となる官公署等の手続きを漏れなく確実に行うことができるように，関係する水道事業者の供給規程のほか，関係法令等も調べる必要がある．

ウ　主任技術者は，給水装置工事に従事する者の技術上の指導監督を誠実に行わなければならない．

エ　主任技術者は，給水装置工事における適正な竣工検査を確実に実施するため，自らそれにあたらなければならず，現場の従事者を代理としてあたらせることはできない．

	ア	イ	ウ	エ
（1）	誤	正	誤	正
（2）	正	誤	正	誤
（3）	正	正	正	誤
（4）	正	正	誤	正

平成29年

問題 38　**指定給水装置工事事業者（以下，本問においては「工事事業者」という．）による給水装置工事主任技術者（以下，本問においては「主任技術者」という．）の選任等に関する次の記述の正誤の組み合わせのうち，適当なものはどれか．**

ア　主任技術者が，水道法に違反したときは，厚生労働大臣は主任技術者の免状の返納を命ずることができる．

イ　工事事業者は，選任した主任技術者が欠けるに至った場合，新たな主任技術者を選任しなければならないが，その選任の期限は特に定められていない．

ウ　工事事業者は，給水装置工事の事業を行う事業所ごとに複数の主任技術者を選任することができる．

エ　工事事業者は，主任技術者の選任にあたり，同一の主任技術者を複数の事業所で選任することはできない．

	ア	イ	ウ	エ
(1)	誤	正	正	誤
(2)	正	誤	誤	誤
(3)	誤	正	誤	正
(4)	正	誤	正	誤

問題 39 **給水装置の構造及び材質の基準に関する省令(以下，本問においては「基準省令」という.)に定める性能基準の適合に関する次の正誤の組み合わせのうち，適当なものはどれか.**

ア　自己認証は，給水管，給水用具の製造業者等が自ら又は製品試験機関などに委託して得たデータや作成した資料等に基づいて，性能基準適合品であることを証明するものである.

イ　第三者認証とは，中立的な第三者機関が製品試験や工場検査等を行い，基準に適合しているものについては基準適合品として登録して認証製品であることを示すマークの表示を認める方法である.

ウ　自己認証において，設計段階での基準適合性が証明されたことによりすべての製品が安全であるといえる.

エ　給水装置に使用する給水管で，基準省令を包含する日本工業規格(JIS 規格)や日本水道協会規格(JWWA 規格)等の団体規格の製品は，JIS マークや JWWA マーク等によって規格適合が表示されていれば性能基準適合品として使用することができる.

	ア	イ	ウ	エ
(1)	正	正	誤	正
(2)	誤	正	正	誤
(3)	正	正	誤	誤
(4)	誤	誤	正	正

問題 40 **基準適合品の確認方法として厚生労働省が構築している「給水装置データベース」に関する記述のうち，不適当なものはどれか.**

(1)「給水装置データベース」とは，製品ごとの性能基準への適合性に関する情報が全国的に利用できるものである.

(2)「給水装置データベース」では，基準に適合した製品名，製造業者名，基準適合の内容等に関する情報を集積しているが，基準適合性の証明方法に関する情報はない.

(3)厚生労働省の「給水装置データベース」のほかに，第三者認証機関のホームページにおいても情報提供サービスが行われている.

(4)「給水装置データベース」に掲載されている情報は，製造業者等の自主情報に基づくものであり，内容についてはその情報提供者が一切の責任を負うことになっている.

午後(14：00～15：00)［学科試験 2］

- 給水装置の概要(10問)
- 給水装置施工管理法(10問)

◇給水装置の概要

問題 41　給水装置に関する次の記述の正誤の組み合わせのうち，適当なものはどれか.

ア　給水装置は，当該給水装置以外の水管や給水用具でない設備に接続しないこと，ふろなどの水受け容器に給水する場合は給水管内への水の逆流を防止する措置を講じること，材質が水道水の水質に影響を及ぼさないこと，内圧・外圧に対し十分な強度を有していること等が必要である.

イ　水道法で定義している「直結する給水用具」とは，給水管に容易に取外しのできない構造として接続し，有圧のまま給水できる給水栓等の給水用具をいい，ホース等で，容易に取外しの可能な状態で接続される器具は含まれない.

ウ　水道法により水道事業者は供給規程を定めることになっており，この供給規程では，給水装置工事の費用については，原則として当該給水装置の新設又は撤去は水道事業者が，改造又は修繕の費用については需要者が負担することとしている.

エ　需要者が，他の所有者の給水装置(水道メーターの上流側)から分岐承諾を得て設けた給水管及び給水用具は，給水装置には当たらない.

	ア	イ	ウ	エ
（1）	正	誤	正	正
（2）	誤	正	誤	正
（3）	誤	誤	正	誤
（4）	正	正	誤	誤

問題 42 **給水管の接合及び継手に関する次の記述の[　　　]内に入る語句の組み合わせのうち，適当なものはどれか．**

① ステンレス鋼鋼管の継手の種類としては，［　ア　］とプレス式継手がある．

② 架橋ポリエチレン管の継手の種類としては，メカニカル式継手と［　イ　］がある．

③ 水道配水用ポリエチレン管の継手の種類としては，［　イ　］，金属継手と［　ウ　］がある．

④ ポリエチレン二層管の継手には，［　エ　］が用いられる．

	ア	イ	ウ	エ
（1）	プッシュオン継手	電気融着式継手	フランジ継手	金属継手
（2）	プッシュオン継手	熱融着式継手	メカニカル式継手	管端防食継手
（3）	伸縮可とう式継手	熱融着式継手	フランジ継手	管端防食継手
（4）	伸縮可とう式継手	電気融着式継手	メカニカル式継手	金属継手

問題 43 **浄水器に関する次の記述の正誤の組み合わせのうち，適当なものはどれか．**

ア　浄水器の濾過材は，ポリエチレン，ポリスルホン，ポリプロピレン等からできた中空糸膜を中心とした濾過膜に限定される．

イ　浄水器の濾過材のカートリッジは有効期限を確認し，適切に交換することが必要である．

ウ　浄水器の中には，残留塩素や濁度を減少させることのほか，トリハロメタン等の微量有機物や鉛，臭気等を減少させる性能を持つ製品がある．

エ　浄水器のうち，浄水器単独で製造・販売され，消費者が取付けを行うものは給水用具に該当する．

	ア	イ	ウ	エ
(1)	誤	正	正	誤
(2)	誤	正	誤	正
(3)	正	誤	誤	正
(4)	正	誤	正	誤

問題 44　給水用具に関する次の記述の正誤の組み合わせのうち，適当なものはどれか．

ア　止水栓は，給水の開始，中止及び給水装置の修理その他の目的で給水を制限又は停止するために使用する給水用具である．

イ　ダイヤフラム式ボールタップは，圧力室内部の圧力変化を利用しダイヤフラムを動かすことにより吐水，止水を行うもので，給水圧力による止水位の変動が大きい．

ウ　ボールタップは，フロートの上下によって自動的に弁を開閉する構造のもので，一般形ボールタップはテコの構造によって単式と複式とに区分される．

エ　玉形弁は，止水部が落しこま構造であり，損失水頭が大きい．また，流水抵抗によってこまパッキンが摩耗するので，止水できなくなるおそれがある．

	ア	イ	ウ	エ
(1)	誤	誤	正	正
(2)	正	誤	正	誤
(3)	誤	正	正	誤
(4)	正	誤	誤	正

問題 45　給水用具に関する次の記述の[　　　　]内に入る語句の組み合わせのうち，適当なものはどれか．

①［　ア　］は，各弁体のテストコックによる性能チェック及び作動不良時の弁体の交換が，配管に取付けたままできる構造である．

②［　イ　］は，一次側の流水圧で逆止弁体を押し上げて通水し，停止又は逆圧時は逆止弁体が自重と逆圧で弁座を閉じる構造である．

③［　ウ　］は，1個の弁体をばねによって弁座に押しつける構造のものでⅠ型とⅡ型がある．

④［　エ　］は，寒冷地などの水抜き配管で，不凍栓を使用して二次側配管内の水を排水し凍結を防ぐ配管において，排水時に同配管内に空気を導入して水抜きを円滑にする自動弁である．

	ア	イ	ウ	エ
（1）	二重式逆流防止器	ダイヤフラム式逆止弁	減圧式逆流防止器	吸気弁
（2）	複式逆流防止弁	ダイヤフラム式逆止弁	単式逆流防止弁	空気弁
（3）	二重式逆流防止器	自重式逆流防止弁	単式逆流防止弁	吸気弁
（4）	複式逆流防止弁	自重式逆流防止弁	減圧式逆流防止器	空気弁

問題46　**給水用具に関する次の記述のうち，不適当なものはどれか．**

（1）大便器洗浄弁は，大便器の洗浄に用いる給水用具であり，JIS B 2061：2013（給水栓）又はそれに準じた構造のものは，瞬間的に多量の水を必要とするので配管は口径20mm以上としなければならない．

（2）定流量弁は，ばね，オリフィス，ニードル式等による流量調整機構によって，一次側の圧力に関わらず流量が一定になるよう調整する給水用具である．

（3）貯蔵湯沸器は，ボールタップを備えた器内の容器に貯水した水を，一定温度に加熱して給湯する給水用具である．

（4）サドル付分水栓は，配水管に取付けるサドル機構と不断水分岐を行う止水機構を一体化した分水栓で，分岐口径は13～50mmである．

問題 47 **水道メーターに関する次の記述の正誤の組み合わせのうち，適当なものはどれか．**

ア　水道メーターは，需要者が使用する水量を積算計量する計量器であり，水道法に定める特定計量器の検定に合格したものを設置しなければならない．

イ　水道メーターの検定有効期間は，8年であるため，その期間内に検定に合格したメーターと交換しなければならない．

ウ　水道メーターの計量方法は，流れている水の流速を測定して流量に換算する流速式(推測式)と，水の体積を測定する容積式(実測式)に分類され，我が国で使用されている水道メーターは，ほとんどが容積式である．

エ　水道メーターは，許容流量範囲を超えて水を流すと，正しい計量ができなくなるおそれがあるため，適正使用流量範囲，瞬時使用の許容流量等に十分留意して水道メーターの呼び径を決定する必要がある．

	ア	イ	ウ	エ
(1)	正	誤	誤	正
(2)	誤	正	正	誤
(3)	正	誤	正	誤
(4)	誤	正	誤	正

問題 48 **水道メーターに関する次の記述のうち，不適当なものはどれか．**

(1) 水道メーターの計量部の形態が可逆式のものは，正方向と逆方向からの通過水量を計量する計量室をもっており，正方向は加算，逆方向は減算する構造である．

(2) 電磁式水道メーターは，羽根車に永久磁石を取付けて，羽根車の回転を磁気センサで電気信号として検出し，集積回路により演算処理して，通過水量を液晶表示する方式である．

(3) 水道メーターの遠隔指示装置は，設置したメーターの指示水量をメーターから離れた場所で能率よく検針するために設けるものである．

(4) 水道メーターは，各水道事業者により，使用する形式が異なるため，設計に当たっては，あらかじめこれらを確認する必要がある．

問題49 **給水用具の故障と対策に関する次の記述の正誤の組み合わせのうち，適当なものはどれか．**

ア　ボールタップ付ロータンクの水が止まらないので原因を調査した．その結果，フロート弁が損傷していたので，新しい浮玉に交換した．

イ　水栓の水の出が悪いので原因を調査した．その結果，水栓のストレーナにゴミが詰まっていたので，水栓を取外し，ストレーナのゴミを除去した．

ウ　大便器洗浄弁から常に少量の水が流出していたので原因を調査した．その結果，ピストンバルブと弁座の間に異物がかみ込んでいたので，ピストンバルブを取外し異物を除いた．

エ　小便器洗浄弁の吐水量が多いので原因を調査した．その結果，調節ねじが開き過ぎていたので，調節ネジを左に回して吐水量を減らした．

	ア	イ	ウ	エ
(1)	誤	誤	正	誤
(2)	正	誤	誤	正
(3)	誤	正	正	誤
(4)	正	誤	正	正

問題50 **給水用具の故障と対策に関する次の記述のうち，不適当なものはどれか．**

(1) 副弁付定水位弁から水が出ないので原因を調査した．その結果，ストレーナに異物が詰まっていたので，分解して清掃した．

(2) 水栓を使用すると水撃作用（ウォータハンマ）が生じていたので原因を調査した．その結果，こまとパッキンの外径が不揃いであったので，正規なものに取替えた．

(3) 大便器洗浄弁から常に大量の水が流出していたので原因を調査した．その結果，ピストンバルブのストレーナに異物が詰まっていたので，ピストンバルブを取出しブラシで軽く清掃した．

(4) 受水槽のボールタップからの補給水が止まらないので原因を調査した．その結果，ボールタップの弁座が損傷していたので，ボールタップのパッキンを取替えた．

◇給水装置施工管理法

問題 51 **施工管理に関する次の記述の[　　]内に入る語句の組み合わせのうち，適当なものはどれか．**

施工管理の責任者は，事前に当該工事の施工内容を把握し，それに沿った[　ア　](実施工程表，施工体制，施工方法，品質管理方法，安全対策等)を作成し，[　イ　]に周知を図っておく．また，工事施行に当たっては，計画に基づく工程管理，工程に応じた工事品質の確認並びに工事進捗に合わせて公衆災害及び[　ウ　]を防止するための安全対策を行うなど施工管理にあたるものとする．

	ア	イ	ウ
(1)	安全計画書	工事従事者	施工不良
(2)	安全計画書	水道事業者	労働災害
(3)	施工計画書	工事従事者	労働災害
(4)	施工計画書	水道事業者	施工不良

問題 52 **給水装置工事に関する次の記述の正誤の組み合わせのうち，適当なものはどれか．**

ア　工事内容を現場付近住民や通行人に周知するため，広報板等を使用し，必要な広報措置を行う．

イ　配水管を断水して給水管を分岐する工事の場合は，水道事業者との協議に基づいて，断水広報等を考慮した断水工事日が設定されるので，それを基準日として天候等を考慮した工程を組む．

ウ　品質管理記録は，施工管理の結果であり適正な工事を証明する証しとなるので，給水装置工事主任技術者は品質管理の実施とその記録の作成を怠ってはならない．ただし，宅地内の給水装置工事についてはこの限りではない．

エ　工事着手後，現場付近住民に対し，工事の施行について協力が得られるよう，工事内容の具体的な説明を行う．

	ア	イ	ウ	エ
(1)	正	正	誤	誤

(2)	正	誤	正	誤
(3)	誤	正	誤	正
(4)	誤	誤	正	正

問題 53 下図は，道路工事を必要としない場合の給水装置工事の工事受注から工事完了（引き渡し）までの一般的な工程の抜粋である．［　　　］に入る語句の次の組み合わせのうち，適当なものはどれか．

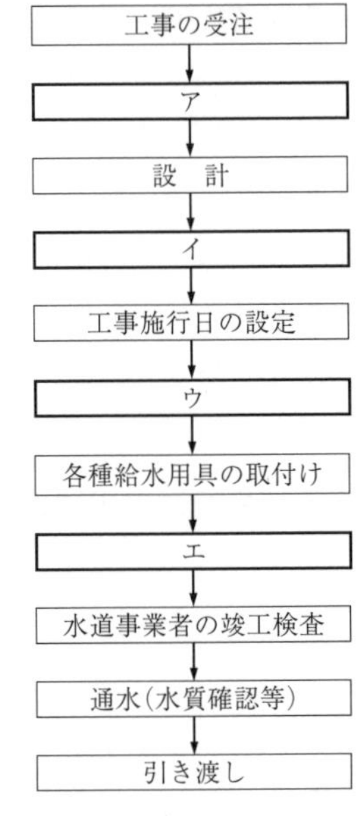

	ア	イ	ウ	エ
(1)	現地調査	水道事業者による設計審査	構造・材質基準適合の確認	工事事業者の検査（耐圧試験等）
(2)	水道事業者による設計審査	現地調査	工事事業者の検査（耐圧試験等）	構造・材質基準適合の確認
(3)	現地調査	水道事業者による設計審査	工事事業者の検査（耐圧試験等）	構造・材質基準適合の確認
(4)	水道事業者による設計審査	現地調査	構造・材質基準適合の確認	工事事業者の検査（耐圧試験等）

問題 54 給水装置工事の工程管理に関する次の記述の[　　　]内に入る語句の組み合わせのうち，適当なものはどれか．

工程管理は，一般的に計画，実施，[　ア　]に大別することができる．計画の段階では，給水管や給水用具の施工順序や方法，建築工事との日程調整，機械器具及び工事用材料の手配，技術者や配管技能者を含む[　イ　]を手配し準備する．工事は[　ウ　]の指導監督のもとで実施する．

	ア	イ	ウ
(1)	管理	作業主任者	技能を有する者
(2)	検査	作業従事者	技能を有する者
(3)	管理	作業従事者	給水装置工事主任技術者
(4)	検査	作業主任者	給水装置工事主任技術者

問題 55 公道上の作業現場における交通保安対策に関する次の記述のうち，不適当なものはどれか．

(1) 工事現場の掘削土砂，工事用機械器具及び材料が交通の妨害，付近住民の迷惑又は事故発生の原因にならないよう現場付近は常に整理整頓しておく．

(2) 道路上に作業場を設ける場合は，原則として交通流に平行する部分から車両を出入りさせなければならない．

(3) 道路上に設置した作業場内には，原則として，作業に使用しない車両を駐車させてはならない．

(4) 施工者は，道路管理者及び所轄警察署長の指示するところに従い，道路標識，標示板等で必要なものを設置しなければならない．

問題 56 給水装置工事の現場における電気事故防止の基本事項に関する次の記述のうち，不適当なものはどれか．

(1) 水中ポンプその他の電気関係器材は，常に点検と補修を行い正常な状態で作動させる．

(2) 電線を造営物にステップルで仮止めするなどの仮設の電気工事は，電気事業法に基づく「電気設備に関する技術基準を定める省令」などにより電気技術者が行わなければならない.

（3）高圧配線，変電設備には危険表示を行い，接触の危険のあるものには必ず柵，囲い，覆い等感電防止措置を行う.

（4）感電事故防止のために，電力設備に配線用遮断器を設置する.

問題 57 **建築基準法に規定されている給水タンクに関する次の記述のうち，不適当なものはどれか.**

（1）浸水によりオーバーフロー管から水が逆流するおそれのある場所の給水タンクには，浸水を検知し警報する装置の設置その他を講ずる.

（2）建築物の内部に設ける給水タンクは，外部から天井，底又は周壁の保守点検を容易かつ安全に行うことができるようにする.

（3）圧力タンク等を除き有効容量が2 m^3 未満の給水タンクには，オーバーフロー管を設ける必要がない.

（4）給水タンクに設けるマンホールは，直径60cm以上の円が内接することができるものとする.

問題 58 **建設業法と給水装置工事主任技術者に関する次の記述のうち，不適当なものはどれか.**

（1）給水装置工事主任技術者は，管工事業における経営事項審査の評価の対象である.

（2）給水装置工事主任技術者免状の交付を受けたのち，管工事に関し実務経験を6か月以上有する給水装置工事主任技術者は，管工事業における営業所の専任技術者になることができる.

（3）建設業法に基づき管工事業の営業所専任技術者となった給水装置工事主任技術者は，工事を適正に実施するため，技術上の管理や工事の施行に従事する者の技術上の指導監督の職務を行わなければならない.

（4）建設業の許可が必要のない小規模な工事に携わる給水装置工事主任技術者においても，建設業法の知識は必要である.

問題 59 **労働安全衛生に関する次の記述のうち，不適当なものはどれか.**

(1)作業主任者の主な職務は，作業の方法を決定し作業を直接指揮すること，器具及び工具を点検し不良品を取り除くこと，保護帽及び安全靴等の使用状況を監視することである.

(2)掘削面の高さが1.5m以上となる地山の掘削（ずい道及びたて坑以外の坑の掘削を除く.）作業については，地山の掘削作業主任者を選任しなければならない.

(3)事業者は，爆発，酸化等を防止するため換気することができない場合又は作業の性質上換気することが著しく困難な場合を除き，酸素欠乏危険作業を行う場所の空気中の酸素濃度を18%以上に保つように換気しなければならない.

(4)事業者は，酸素欠乏危険作業を行う場所において酸素欠乏のおそれが生じたときは，直ちに作業を中止し，労働者をその場所から退避させなければならない.

問題60 建築基準法に規定されている配管設備などの技術的基準に関する次の記述のうち，適当なものはどれか.

(1)コンクリートへの埋設などにより腐食するおそれのある部分には，その材質に応じ有効な腐食防止のための措置を講ずる.

(2)いかなる場合においても，構造耐力上主要な部分を貫通して配管してはならない.

(3)圧力タンク及び給湯設備には，安全装置を設ける必要はない.

(4)エレベーターの昇降路内に給水の配管設備を設置しても問題ない.

平成 29 年度
解答と解説

午前[学科試験 1]

◆公衆衛生概論

【問題 1】水系感染症の原因となる微生物の塩素消毒に関する問題である.

（1）（有効）

（2）（有効）

（3）（有効ではない）クリプトスポリジウムは，水や食べ物の中では殻に覆われたオーシストの形で存在する．オーシストの殻は非常に硬く，塩素消毒に対して抵抗性を示すことから，一般の浄水場の塩素消毒では不活化できない.

（4）（有効）

答（3）

【問題 2】残留塩素に関する問題である.

（1）（不適当）水道法施行規則第 17 条（衛生上必要な措置）第 1 項第 3 号により，給水栓における水が，遊離残留塩素の場合は 0.1mg/L（結合残留塩素の場合は 0.4mg/L）以上の濃度を保持するよう塩素消毒をする.

（2）（適当）

（3）（適当）

（4）（適当）

答（1）

【問題 3】水道法第 4 条（水質基準）に関する問題である.

（1）（適当）

（2）（適当）

（3）（適当）

（4）（不適当）同法同条第 1 項第 5 号で,「異常な臭味がないこと．ただし，消毒による臭味は除く」と定められている.

答（4）

◆水道行政

【問題 4】水道法に規定する水道事業の認可に関する問題である.

（1）（適当）水道法第 6 条（事業の認可及び経営主体）では，水道事業者を地域独占事業として経営する権利を国が与えることとして，水道事業者を保護育成すると同時に需要者の利益を保護するために国が監督するという仕組みとして認可制度をとっている．

（2）（不適当）同法同条第 1 項により，水道事業を経営しようとする者は，厚生労働大臣の認可を受けなければならない．設問の市町村長の認可は誤り．

（3）（適当）同法第 8 条（認可基準）第 1 項第 4 号による．

（4）（適当）同法第 26 条（事業の認可）による．

答（2）

【問題 5】水道法第 19 条（水道技術管理者）に関する問題である．

（1）（不適当）同条第 1 項により，水道事業者は，水道の管理について技術上の業務を担当させるため，水道技術管理者 1 人を置かなければならない．ただし，自ら水道技術管理者となることを妨げない．

（2）（適当）同条第 2 項第 4 号による．

（3）（適当）同条第 2 項第 1 号による．

（4）（適当）同条第 2 項第 3 号による．

答（1）

【問題 6】水道法第 15 条（給水義務）に関する問題である．

（1）（適当）同条第 3 項による．

（2）（適当）同条第 2 項による．

（3）（不適当）同条第 1 項により，水道事業者は，事業計画に定める給水区域内の需要者から給水契約の申込みを受けたときは，正当な理由があればこれを拒んでもよい．

（4）（適当）同条第 3 項による．

答（3）

【問題 7】給水装置工事主任技術者の職務に関する問題である．

ア　（正）水道法第 25 条の 4（給水装置工事主任技術者）第 3 項第 4 号に定める同法施行規則第 23 条（給水装置工事主任技術者の職務）第 2 号による．

イ　（誤）同施行規則同条第 2 号により，工法，工期その他の工事上の条件に関して水道事業者と連絡調整を行うのは，「配水管から分岐して給水管を設ける工事」と「給水装置の配水管への取付口から水道メーターまでの工事」であり，水道メーター下流側の施行の連絡調整は職務に当たらない．

ウ　(誤)同施行規則同条の職務に当たらない．

エ　(正)同施行規則同条第 3 号による．

答 (1)

【問題 8】水道法施行規則第 36 条(事業の運営の基準)に関する問題である．

（1）（適当)同施行規則同条第 1 号による．

（2）（適当)同施行規則同条第 3 号による．

（3）（適当)同施行規則同条第 5 号による．

（4）（不適当)同施行規則同条第 6 号により，当該記録をその作成の日から 3 年間保存する．

答 (4)

【問題 9】給水装置および給水装置工事に関する問題で，水道法第 3 条(用語の定義)第 9 項の定めによる．

（1）（適当)水道メーターは，水道事業者の所有物ではあるが，給水装置に該当する．

（2）（適当)水道水をいったん受水槽に受けて給水する場合，配水管の分岐から受水槽への注入口(ボールタップ)までが給水装置であり，受水槽以降の給水設備は給水装置に該当しない．

（3）（適当)設問の温水洗浄便座を設置する工事は，直結する給水用具として給水装置工事に該当する．

（4）（不適当)設問の自動販売機を設置する工事は，直結する給水用具として給水装置工事に該当する．

答 (4)

◆給水装置工事法

【問題10】給水管の取出し工事に関する問題である．

（1）（適当)

（2）（不適当)異形管と継手からの給水管の取出しは行ってはならない．

（3）（適当)

（4）（適当)

答 (2)

【問題11】サドル付分水栓の穿孔に関する問題である.

ア (正)

イ (正)

ウ (誤)穿孔ドリルの刃先が管面に接するまでハンドルを静かに回転し,穿孔を開始する.穿孔する面が円弧であり,穿孔ドリルを強く押し下げると,ドリル芯がずれて正常な状態の穿孔ができず,この後の防食コア装着に支障が出るおそれがある.そのため,最初はドリルの芯がずれないようにゆっくりとドリルを下げる.

エ (誤)ダクタイル鋳鉄管のサドル付分水栓の穿孔箇所には,その防食のために水道事業者が指定する防食コアを装着する.設問の防錆剤を塗布するは誤り.

答 (1)

【問題12】給水管の配管工事に関する問題である.

(1) (適当)

(2) (不適当)品確法(住宅の品質確保の促進等に関する法律)への対応のため,主に架橋ポリエチレン管,ポリブテン管などを用いたさや管ヘッダ工法による屋内配管の採用が増えており,ポリエチレン二層管は使用されない.

(3) (適当)

(4) (適当)

答 (2)

【問題13】公道における給水装置工事の現場管理に関する問題である.

ア (誤)地下埋設物の近くを掘削する場合は,必要により,それぞれの埋設物の管理者の立会いを求める.設問の道路管理者の立会いは誤り.

イ (正)

ウ (正)

エ (正)

答 (1)

【問題14】消防法の適用を受けるスプリンクラーに関する問題である.

(1) (適当)

(2) (不適当)水道直結式スプリンクラーは水道法の適用を受けるが,分岐する配水管からスプリンクラーヘッドまでの水理計算および給水管や給水用具の選定は消防設備士が行う．設問の給水装置工事主任技術者が行うは誤り．

（3）（適当）

（4）（適当）

答（2）

【問題15】給水装置の異常現象に関する問題である．

（1）（適当）

（2）（適当）

（3）（適当）

（4）（不適当）配水管工事の際に水道水に砂や鉄粉が混入した場合，給水用具を損傷することもあるので，水道メーターを取り外して，管内からこれらを除去しなければならない．設問の給水栓を取り外すは誤り．

答（4）

【問題16】各管種の継手と接合に関する問題である．

（1）（適当）

（2）（適当）

（3）（不適当）硬質塩化ビニルライニング鋼管のねじ接合において，管の切断は自動金のこ盤(帯のこ盤，弦のこ盤)，ねじ切り機に搭載された自動丸のこ機などを使用して，管軸に対して直角に切断する．管に悪影響を及ぼすパイプカッターやチップソーカッター，ガス切断，高速砥石は使用してはならない．

（4）（適当）

答（3）

【問題17】給水管の接合に関する問題である．

ア　(誤)硬質塩化ビニルライニング鋼管のねじ継手には，管端防食継手を使用する．埋設の際には，外面樹脂被覆継手(管端防食継手の外面を合成樹脂で覆った継手)を使用することが望ましく，この継手を使用しない場合は，防食テープを巻くといった防食処理などを施す必要がある．

イ　(正)

ウ　(誤)設問の説明は水道配水用ポリエチレン管の接合方法のものであり，

ポリエチレン紛体ライニング鋼管の接合は，ねじ接合が一般的である．
エ （正）

答（3）

【問題18】配管工事の留意点に関する問題である．

（1）（適当）

（2）（適当）

（3）（適当）

（4）（不適当）高水圧を生じるおそれのある場所としては，水撃作用が生じるおそれのある箇所や，配水管の位置に対し著しく低い場所にある給水装置，直結増圧式給水による低層階部が挙げられるが，そのような場所には減圧弁を設置する．設問の逆止弁の設置は適当ではない．

答（4）

【問題19】給水管の配管工事に関する問題である．

（1）（適当）

（2）（不適当）直管を曲げて配管できる材料には，ステンレス鋼鋼管，銅管，ポリエチレン二層管がある．一方，ライニング鋼管は直管の曲げ配管はできない．

（3）（適当）

（4）（適当）

答（2）

◆給水装置の構造及び性能

【問題20】

（1）（不適当）水撃限界性能基準は，水撃発生防止仕様の給水用具であるか否かの判断基準であり，水撃作用を生じるおそれのある給水用具がすべてこの基準を満たしていなければならないわけではない．水撃作用を生じるおそれがあるが，この基準を満たしていない給水用具を設置する場合は，別途，水撃防止器具を設置するなどの措置を講じることとされている．

（2）（適当）

（3）（適当）

（4）（適当）

答（1）

【問題21】給水管と給水用具に適用される性能基準に関する問題である.

（1）（不適当）基準省令第1条(耐圧に関する基準), 第2条(浸出等に関する基準)により, 浄水器は, 耐圧性能基準と浸出性能基準を満たす必要があるが, 耐久性能基準は含まれない. また, 給水用具の種類, 設置場所により逆流防止性能基準が適用される.

（2）（不適当）同省令第7条(耐久に関する基準)による耐久性能基準は, 設問の空気弁, 逆止弁も適用対象であり, 弁類単体として製造・販売され, 施工時に取り付けられるもの(電磁弁, 減圧弁, 安全弁(逃がし弁), 逆止弁, 空気弁)に限ることとしている.

（3）（不適当）同省令第2条(浸出等に関する基準)は, 飲用に供する水を供給する末端給水用具が対象である. したがって, 設問の水洗便所のロータンク用ボールタップは適用対象外である.

（4）（適当）

答（4）

【問題22】給水装置の逆流防止性能基準に関する問題である.

ア（正）

イ（正）

ウ（正）

エ（誤）逆流防止装置を内部に備えた給水用具は, 内部に備え付けられている逆流防止装置を給水用具から取り外して試験を行っても差し支えない.

答（1）

【問題23】給水装置の浸出性能基準の適用対象外となる給水用具に関する問題である.

基準省令第2条(浸出等に関する基準)の適用対象外の器具(末端給水用具)は, 次のとおりである.

・風呂用, 洗髪用, 食器洗浄用などの水栓

・洗浄弁, 洗浄便座, 散水栓

・水栓便器のロータンク用ボールタップ

・風呂給湯専用の給湯機および風呂釜

答（4）

【問題24】配管工事後の耐圧試験に関する問題である.

ア　(誤)基準省令第1条第2項(基準省令に係る事項)により，配管工事後の耐圧試験の水圧は基準省令で定められており，水道事業者が給水区域内の実情を考慮し，試験水圧を定めることができる.

イ　(正)

ウ　(誤)耐圧試験を実施する際に注意しなければならないのは，柔軟性のあるポリエチレン二層管，架橋ポリエチレン管，ポリブテン管であり，設問の波状ステンレス鋼鋼管はこれに含まれない.

エ　(正)

答(3)

【問題25】水道水の汚染防止に関する問題である.

(1)　(適当)

(2)　(不適当)基準省令第2条(浸出などに関する基準)第3項により，給水装置は，シアン，六価クロムその他水を汚染するおそれのある物を貯留し，または取り扱う施設に近接して設置してはならない.

(3)　(適当)

(4)　(適当)

答(2)

【問題26】金属管の侵食に関する問題である.

ア　(誤)埋設された金属管が異種金属の管や継手，ボルトなどと接触していると，自然電位の低い金属と自然電位の高い金属の間に電池作用が形成され，自然電位の低い金属が侵食される.

イ　(誤)マクロセル侵食とは，埋設状態にある金属材質，土壌，乾湿，通気性，pH，溶解成分の違いなどの異種環境での電池作用による侵食である．設問の腐食性の高い土壌，バクテリアによる侵食は，ミクロセル侵食である.

ウ　(正)

エ　(正)

答(4)

【問題27】クロスコネクションに関する問題である.

ア　(誤)水道法施行令第6条(給水装置の構造及び材質の基準)第1項第6号により，当該給水装置以外の水管その他の設備に直接連結されていないこと，となっており，設問の給水管と井戸水配管の直接連結は行ってはならない.

イ　(正)

ウ　(正)

エ　(誤)給水装置と受水槽以下の配管との接続はクロスコネクションとなる.

答(2)

【問題28】負圧破壊性能基準に関する問題である.

（1）（適当）

（2）（適当）

（3）（不適当)負圧破壊装置を内部に備えた給水用具とは，製品の仕様として負圧破壊装置の位置が一定に固定されているものをいう.

（4）（適当）

答(3)

【問題29】凍結事故の処理に関する問題である.

（1）（不適当)異種の配管材料が混在しているユニット化装置，ステンレス鋼鋼管では，局部的に異常な加熱部が生じることがあり，使用方法を誤ると漏電や火災の事故を起こすおそれがあるため，電気による解氷は避けなければならない.

（2）（適当）

（3）（適当）

（4）（適当）

答(1)

◆給水装置計画論

【問題30】給水方式の決定に関する問題である.

ア　(誤)直結式給水は，配水管の水圧で直結給水する方式(直結直圧式)と，給水管の途中に直結加圧形ポンプユニットを設置する方式(直結増圧式)がある．設問の配管途中に圧力水槽を設置した方式は誤り.

イ　(正)

ウ　(正)

エ　(誤)受水槽式給水は，配水管から分岐して受水槽に受け，この受水槽から給水する方式であり，受水槽入口で配水系統と縁が切れることになる.

設問の受水槽出口は誤り.

答（4）

【問題31】受水槽式の給水方式に関する問題である.

（1）（適当）

（2）（適当）

（3）（適当）

（4）（不適当）一つの高置水槽から適当な水圧で給水できる高さの範囲は10 階程度なので，高層建物では高置水槽や減圧弁をその高さに応じて多段に設置する必要がある．設問の吸排気弁の設置は適当ではない.

答（4）

【問題32】直結給水システムの計画および設計に関する問題である.

ア（正）

イ（正）

ウ（正）

エ（正）

答（3）

【問題33】集合住宅での同時使用水量を求める問題である.

表－1より1戸当たりの給水用具の数は4個で，1戸当たりの給水用具の総使用水量は各使用水量の合計であるから，

1戸の給水用具の総使用水量＝12＋12＋20＋12

＝56〔L/分〕

4個の給水用具の平均使用水量は，

56〔L/分〕÷4〔個〕＝14.0〔L/分〕

表－3より戸数10戸の同時使用戸数率は90％であるから，同時使用戸数は，

10〔戸〕×0.9＝9〔戸〕

9戸の使用水量は，

14.0〔L/分〕×9〔戸〕＝126〔L/分〕

表－2より総末端給水用具数4個の同時使用水量比は2.0なので，同時使用水量は，

126〔L/分〕×2.0＝252〔L/分〕≒250〔L/分〕

答（2）

【問題34】集合住宅１棟の標準的な受水槽容量を求める問題である．

まず，計画１日使用水量を，１人１日当たりの使用水量×使用人数で算出する．

2LDK の使用人数は，

40〔戸〕×3〔人/戸〕＝120〔人〕

3LDK の使用人数は，

50〔戸〕×4〔人 / 戸〕＝200〔人〕

計画１日使用水量は，

250〔L/(人･日)〕×(120〔人〕＋200〔人〕)＝80 000〔L〕

＝80〔m^3〕

受水槽容量は，計画１日使用水量の 4/10 ～ 6/10 であるから，

80〔m^3〕×0.4＝32〔m^3〕

80〔m^3〕×0.6＝48〔m^3〕

よって，32m^3 ～ 48m^3 が受水槽容量の範囲である．

答（2）

【問題35】余裕水頭を求める問題である．

管路による摩擦損失水頭は次式で求められる．

$$\text{管路による摩擦損失水頭〔m〕} = \frac{\text{管路延長〔m〕}\times\text{動水勾配〔‰〕}}{1\,000}$$

管路延長は，

3.0＋1.0＋12.0＋3.0＝19.0〔m〕

また，図－2 より，口径 20mm，流量 0.6L/ 秒の動水勾配は 220〔‰〕とわかる．したがって，管路による摩擦損失水頭は，

$$\frac{19.0\text{〔m〕}\times 220\text{〔‰〕}}{1\,000} = 4.18\text{〔m〕} \fallingdotseq 4.2\text{〔m〕}$$

次に，各器具の損失水頭を求める．図－3 より，分水栓＝0.6〔m〕，甲型止水栓＝1.8〔m〕，給水栓＝1.8〔m〕である．また，図－4 より，水道メーター＝2.0〔m〕である．したがって，給水用具の損失水頭は，

0.6＋1.8＋1.8＋2.0＝6.2〔m〕

また，立ち上がり高さの損失水頭は，

1.0＋3.0＝4.0〔m〕

総損失水頭は，以上の損失水頭を合計したものであるから，

4.2 + 6.2 + 4.0 = 14.4〔m〕

B 点の余裕水頭は，配水管水圧 − 総損失水頭で求められる．

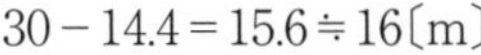

30 − 14.4 = 15.6 ≒ 16〔m〕

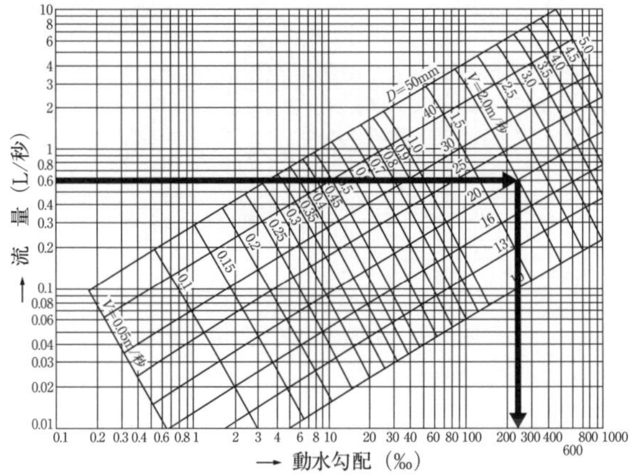

図－２　ウエストン公式による給水管の流量図

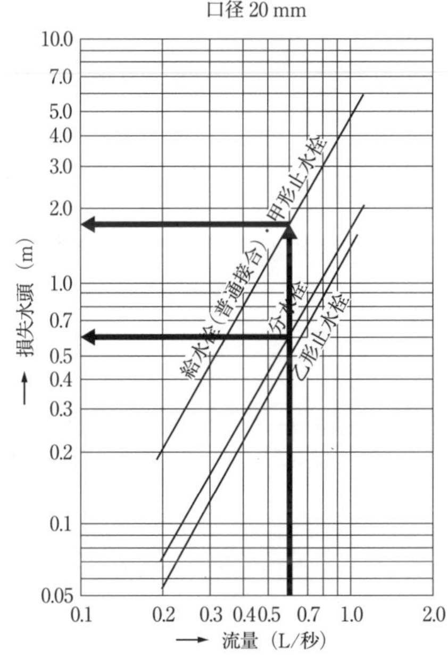

図－３　水栓類の損失水頭（給水栓，止水栓，分水栓）

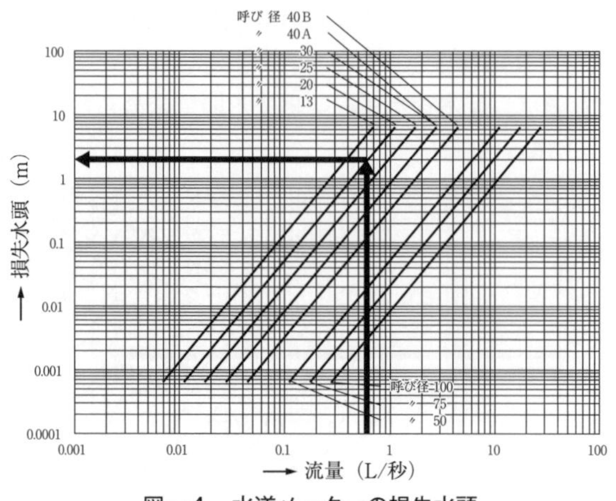

図－4　水道メーターの損失水頭

答（3）

◆給水装置工事事務論

【問題36】給水装置工事に係る記録の作成，保存に関する問題である．

（1）（不適当）給水装置工事の記録は，特に様式が定められているものではない．

（2）（適当）

（3）（適当）

（4）（適当）

答（1）

【問題37】給水装置工事主任技術者の職務に関する問題である．

ア　（正）

イ　（正）

ウ　（正）

エ　（誤）主任技術者は，自らまたはその責任のもと信頼できる現場の従事者に指示することにより，適正な竣工検査を確実に実施しなければならない．

答（3）

【問題38】給水装置工事主任技術者の選任などに関する問題である．

ア　（正）

イ　（誤）水道法施行規則第 21 条（給水装置工事主任技術者の選任）第 2 項に

より，指定給水装置工事事業者は，その選任した給水装置工事主任技術者が欠けるに至ったときは，当該事由が発生した日から 2 週間以内に新たに給水装置工事主任技術者を選任しなければならない.

ウ　(正)

エ　(誤)ただし，一の給水装置工事主任技術者が当該二以上の給水装置工事主任技術者となってもその職務を行うに当たって特に支障がないときは，この限りではない(同施行規則同条第 3 項).

答(4)

【問題39】給水装置の構造及び材質の基準に関する省令に定める性能基準の適合に関する問題である.

ア　(正)

イ　(正)

ウ　(誤)設計段階での基準適合性の証明だけでなく，給水装置に用いる製品は,

・性能基準に適合していることを自己認証により証明された製品

・第三者認証機関によって認証され，当該認証機関が品質確認を行った証である認証済みマークが表示されている製品

・日本産業規格(JIS)，日本水道協会規格(JWWA)などの製品

のいずれかに該当した製品でなければならない.

エ　(正)

答(1)

【問題40】厚生労働省の「給水装置データベース」に関する問題である.

(1)　(適当)

(2)　(不適当)基準に適合した製品名，製造業者名，基準適合の内容，基準適合性の証明方法および基準適合性を証明したものに関する情報を集積している.

(3)　(適当)

(4)　(適当)

答(2)

午後［学科試験 2］

◆給水装置の概要

【問題41】給水装置に関する問題である.

ア　(正)

イ　(正)

ウ　(誤)給水装置工事の費用の負担区分は，水道法第 14 条(供給規程)の規定に基づき，当該水道事業者が供給規程に定めることとなっている．この供給規程では，同法施行規則第 12 条の 3 第 1 項第 2 号に規定されているように，給水装置工事費は，原則として，当該給水装置を新設，改造，修繕および撤去する需要者の負担としている.

エ　(誤)需要者が，他の所有者の給水装置(水道メーターの上流側)から分岐承諾を得て設けた給水管および給水用具も給水装置である.

答(4)

【問題42】給水管の接合および継手に関する問題である.

①ステンレス鋼鋼管の継手の種類としては，(ア)伸縮可とう式継手とプレス式継手がある.

②架橋ポリエチレン管の継手の種類としては，メカニカル式継手と(イ)電気融着式継手がある.

③水道配水用ポリエチレン管の継手の種類としては，(イ)電気融着式継手，金属継手と(ウ)メカニカル式継手がある.

④ポリエチレン二層管の継手には，(エ)金属継手が用いられる.

答(4)

【問題43】浄水器に関する問題である.

ア　(誤)濾過材には，設問に挙げられているもののほか，セラミックス，ゼオライト，不織布，天然サンゴ，イオン交換樹脂などがある.

イ　(正)

ウ　(正)

エ　(誤)消費者が取付けを行うもの(給水栓直結型および据置き型)は，給水用具ではない.

答(1)

【問題44】給水用具に関する問題である.

ア　(正)

イ　(誤)ダイヤフラム式ボールタップは，主な特徴として，給水圧力による止水位の変動が小さい.

ウ　(正)

エ　(誤)玉形弁は，止水部が吊りこま構造である．なお，設問の説明は，甲形止水栓のものである.

答(2)

【問題45】給水用具に関する問題である.

①(ア)二重式逆流防止器は，各弁体のテストコックによる性能チェックおよび作動不良時の弁体の交換が，配管に取り付けたままできる構造である.

②(イ)自重式逆流防止弁は，一次側の流水圧で逆止弁体を押し上げて通水し，停止または逆圧時は逆止弁体が自重と逆圧で弁座を閉じる構造である.

③(ウ)単式逆流防止弁は，1個の弁体をばねによって弁座に押しつける構造のものでⅠ型とⅡ型がある.

④(エ)吸気弁は，寒冷地などの水抜き配管で，不凍栓を使用して二次側配管内の水を排水し凍結を防ぐ配管において，排水時に同配管内に空気を導入して水抜きを円滑にする自動弁である.

答(3)

【問題46】給水用具に関する問題である.

(1)　(不適当)大便器洗浄弁で，JIS B 2061：2017(給水栓)またはそれに準じた構造のものは，瞬間的に大量の水を必要とするので配管口径は25mm 以上としなければならない.

(2)　(適当)

(3)　(適当)

(4)　(適当)

答(1)

【問題47】水道メーターに関する問題である.

ア　(誤)水道メーターは，計量法に定める特定計量器の検定に合格したものでなければならない．設問の水道法は誤り.

イ　(正)

ウ　(誤)わが国で使用されている水道メーターは，ほとんどが流速式である.

エ　(正)

答(4)

【問題48】水道メーターに関する問題である.

(1)　(適当)

(2)　(不適当)設問の説明は，電磁式水道メーターではなく，電子式水道メーターのものである.

(3)　(適当)

(4)　(適当)

答(2)

【問題49】給水用具の故障と対策に関する問題である.

ア　(誤)ボールタップ付ロータンクの水が止まらないので原因を調査した．その結果，フロート弁が損傷していたので，新しいフロート弁に交換した，が正しい記述である.

イ　(正)

ウ　(正)

エ　(誤)小便器洗浄弁の吐水量が多いので原因を調査した．その結果，調節ねじが開き過ぎていたので，調節ねじを右に回して吐水量を減らした，が正しい記述である．設問の左に回すは誤り.

答(3)

【問題50】給水用具の故障と対策に関する問題である.

(1)　(適当)

(2)　(適当)

(3)　(適当)

(4)　(不適当)受水槽のボールタップからの補給水が止まらないので原因を調査した．その結果，ボールタップの弁座が損傷していたので，ボールタップを取り替えた，が正しい記述である．設問のパッキンの交換は誤り.

答(4)

◇給水装置施工管理法

【問題51】施工管理に関する問題である.

施工管理の責任者は，事前に当該工事の施工内容を把握し，それに沿った(ア)施工計画書(実施工程表，施工体制，施工方法，品質管理方法，安全対策等)を作成し，(イ)工事従事者に周知を図っておく．また，工事施行に当たっては，計画に基づく工程管理，工程に応じた工事品質の確認ならびに工事進捗に合わせて公衆災害および(ウ)労働災害を防止するための安全対策を行うなど施工管理にあたるものとする.

答(3)

【問題52】給水装置工事に関する問題である.

ア (正)

イ (正)

ウ (誤)品質管理記録は，施工管理の結果であり適正な工事を証明する証しとなるので，給水装置主任技術者は品質管理の実施とその作成の記録を怠ってはならない．この品質管理記録は，宅地内の給水装置工事についても同様である.

エ (誤)工事の施行は工事着手に先立ち，現場住民に対し，工事の施行について協力が得られるよう，工事内容の具体的な説明を行う．設問の工事着手後の説明は誤り.

答(1)

【問題53】給水装置工事の流れに関する問題である.

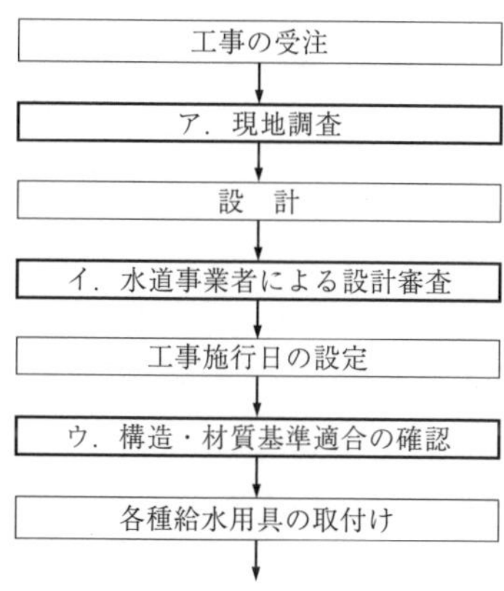

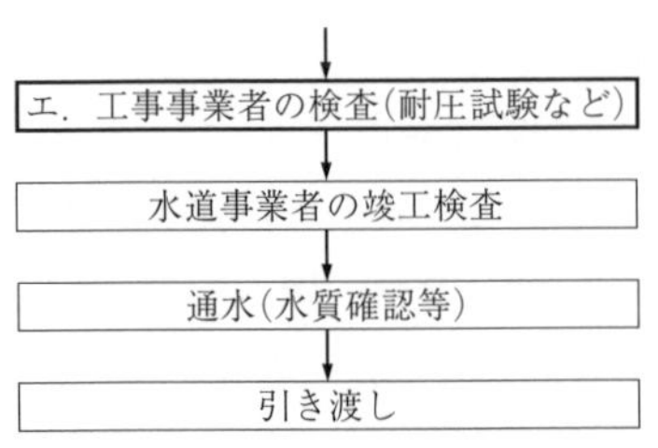

答（1）

【問題54】給水装置工事の工程管理に関する問題である．

工程管理は，一般的に計画，実施，(ア)管理に大別することができる．計画の段階では，給水管や給水用具の施工順序や方法，建築工事との日程調整，機械器具および工事用材料の手配，技術者や配管技能者を含む(イ)作業従事者を手配し準備する．工事は(ウ)給水装置工事主任技術者の指導監督のもとで実施する．

答（3）

【問題55】公道上の作業現場における交通保安対策に関する問題である．

（1）（適当）

（2）（不適当）道路上に作業場を設ける場合は，原則として，交通流の背面から車両を出入りさせなければならない．設問の交通流に平行する部分からの出入りは誤り．

（3）（適当）

（4）（適当）

答（2）

【問題56】電気事故防止の基本事項に関する問題である．

（1）（適当）

（2）（適当）

（3）（適当）

（4）（不適当）感電事故防止のために，電力設備に感電防止用漏電遮断器を設置しなければならない．設問の配線用遮断器の設置は誤り．

答（4）

【問題57】建築基準法に規定されている給水タンクに関する問題である．

（1）（適当）

（2） (適当)

（3） (不適当)圧力タンク(内部が常時加圧構造の給水タンク等)などを除き，ほこりその他の衛生上有害なものが入らない構造のオーバーフロー管を有効に設けることになっており，設問の有効容量が 2m^3 未満の給水タンクにはオーバーフロー管を設ける必要がない，は誤り．

（4） (適当)

答（3）

【問題58】建設業法と給水装置工事主任技術者に関する問題である．

（1） (適当)

（2） (不適当)給水装置工事主任技術者免状の交付を受けたのち，管工事に関し実務経験を１年以上有する給水装置工事主任技術者は，管工事業における営業所の専任技術者になることができる．設問の実務経験6か月以上は誤り．

（3） (適当)

（4） (適当)

答（2）

【問題59】労働安全衛生に関する問題である．

（1） (適当)

（2） (不適当)掘削面の高さが 2.0m 以上となる地山の掘削(ずい道およびたて坑の掘削を除く)作業については，地山の掘削作業主任者を選任しなければならない．設問の 1.5m 以上は誤り．

（3） (適当)

（4） (適当)

答（2）

【問題60】建築基準法に規定されている配管設備などの技術的基準に関する問題である．

（1） (適当)

（2） (不適当)構造耐力上主要な部分を貫通して配管する場合は，建築物の構造耐力上支障を生じないようにする(建築基準法施行令第 129 条の２の 4(給水，排水その他の配管設備の設置及び構造)第１項第２号)．

（3） (不適当)圧力タンクおよび給湯設備には，有効な安全装置を設ける

(同施行令同条同項第 4 号).

(4) (不適当)エレベーターの昇降路内には給水の配管設備を設置してはならない(同施行令同条同項第 3 号).

答(1)

第 20 回（平成 28 年度）
給水装置工事主任技術者試験 問題

有効受験者数14,459名／合格者数4,875名／合格率33.7%

午前(10：00〜12：30)［学科試験 1］

- 公衆衛生概論(3 問)
- 水道行政(6 問)
- 給水装置工事法(10問)
- 給水装置の構造及び性能(10問)
- 給水装置計画論(6 問)
- 給水装置工事事務論(5 問)

◇公衆衛生概論

問題 1 水系感染症に関する次の記述のうち，不適当なものはどれか.

(1) 水道では，病原性大腸菌 O157(オー) の感染予防のために，残留塩素の確保が有効な手段である.

(2) ノロウイルスは，ウイルスに汚染された食品や水により経口感染し，下痢，腹痛，吐気，嘔吐，発熱などの症状を起こす.

(3) レジオネラ属菌は，土壌や地下水，河川水等に広く存在しており，塩素に抵抗性があるため，飲用によるレジオネラ属症感染のおそれがある.

(4) クリプトスポリジウムは，水や食べ物のなかでは殻で覆われたオーシストの形で存在し，塩素消毒に対して抵抗性を示す.

問題 2 水道水の塩素消毒に関する次の記述のうち，不適当なものはどれか.

(1) 残留塩素とは，消毒効果のある有効塩素が水中の微生物を殺菌消毒したり，有機物を酸化分解した後も水中に残留している塩素のことである.

(2) 一般に水道で使用される消毒剤は，液化塩素(液体塩素)，次亜塩素酸ナトリウム及び次亜塩素酸カルシウムの3種類である．

(3)残留塩素には遊離残留塩素と結合残留塩素があり，殺菌効果は遊離残留塩素の方が強い．

(4)残留塩素の測定には，ジエチル-*p*-フェニレンジアミン(DPD)と反応して生じる黄色を標準比色液と比する方法がある．

問題3 水道の利水障害(日常生活での水利用への差し障り)とその原因物質に関する次の組み合わせのうち，不適当なものはどれか．

	利水障害	原因物質
(1)	カビ臭	ヒ素，フッ素
(2)	味	亜鉛，鉄
(3)	色	銅，マンガン
(4)	泡だち	界面活性剤

◇水道行政

問題4 水道事業に関する次の記述の[　　　]内に入る語句の組み合わせのうち，適当なものはどれか．

水道法では，水道事業を地域独占事業として経営する権利を国が与えることとして，水道事業者を[　ア　]すると同時に需要者の[　イ　]ために国が監督するという仕組みとして[　ウ　]制度をとっている．

	ア	イ	ウ
(1)	保護育成	義務を定める	許可
(2)	規　制	義務を定める	認可
(3)	保護育成	利益を保護する	認可
(4)	規　制	利益を保護する	許可

問題5 水道法に規定する給水装置の検査に関する次の記述のうち，不適当なものはどれか．

(1)水道事業者は，日出後日没前に限り，その職員をして，当該水道によって水の供給を受ける者の土地又は建物に立ち入り，給水装置を検査さ

平成28年

せることができる.

(2)水道事業によって水の供給を受ける者は，指定給水装置工事事業者に対して，給水装置の検査及び供給を受ける水の水質検査を請求することができる.

(3)水道技術管理者は，水道技術管理者本人又はその者の監督の下，給水装置工事終了後に当該給水装置が給水装置の構造及び材質の基準に適合しているか否かの竣工検査を実施しなければならない.

(4)水道事業者は，当該水道によって水の供給を受ける者の給水装置の構造及び材質が水道法の政令の基準に適合していないときは，供給規程の定めるところにより，その者への給水を停止することができる.

問題6 **指定給水装置工事事業者(以下，本問においては「工事事業者」という.)制度に関する次の記述のうち，不適当なものはどれか.**

(1)工事事業者の指定の基準には，「厚生労働省令で定める機械器具を有する者であること.」がある.

(2)工事事業者の指定の基準は，地域の実情に応じて，指定を行う水道事業者ごとに定められている.

(3)工事事業者は，水道事業者の要求があれば，工事事業者が施行した給水装置工事に関し必要な報告又は資料の提出をしなければならない.

(4)水道事業者は，工事事業者が指定の基準に適合しなくなったときは，指定を取り消すことができる.

問題7 **水道法に定められている給水装置工事主任技術者の職務に関する次の記述のうち，不適当なものはどれか.**

(1)給水装置工事に係る給水装置の構造及び材質が構造材質基準に適合していることの確認

(2)給水管を配水管から分岐する工事を施行しようとする場合の配水管の布設位置の確認に関する水道事業者との連絡調整

(3)水道メーターの下流側から給水栓までの工事を施行しようとする場合の工法，工期その他の工事上の条件に関する水道事業者との連絡調整

(4)給水装置工事(給水装置の軽微な変更を除く.)を完了した旨の水道事業者への連絡

問題8 **水道法第14条に規定する供給規程に関する次の記述のうち,不適当なものはどれか.**

(1)給水装置工事の費用の負担区分及びその額の算出方法並びに水道事業者及び需要者の責任に関する事項が,適正かつ明確に定められていること.

(2)料金が定率又は定額をもって明確に定められていること.

(3)特定の者に対して不当な差別的取扱いをするものでないこと.

(4)専用水道が設置されている場合においては,専用水道に関し,水道事業者及び当該専用水道の設置者の責任に関する事項が,適正かつ明確に定められていること.

問題9 **水道法第15条の給水義務に関する次の記述のうち,不適当なものはどれか.**

(1)水道事業者の給水区域内で水道水の供給を受けようとする住民には,その水道事業者以外の水道事業者を選択する自由がある.

(2)水道事業者は,事業計画に定める給水区域内の需要者から給水契約の申し込みを受けた場合には,正当な理由がない限り,これを拒否してはならない.

(3)水道事業者は,正当な理由があってやむを得ない場合には,給水区域の全部又は一部につきその間給水を停止することができる.

(4)水道事業者は,当該水道により給水を受ける者が料金を支払わないときは,供給規程の定めるところにより,その者に対する給水を停止することができる.

◇給水装置工事法

問題 10 **水道法施行規則第36条の指定給水装置工事事業者の事業の運営に関する次の記述の[　　　]内に入る語句の組み合わせのうち，正しいものはどれか．**

配水管から分岐して給水管を設ける工事及び給水装置の配水管への取付口から[　ア　]までの工事を施行する場合において，[　イ　]及び他の地下埋設物に変形，破損その他異常を生じさせることがないよう[　ウ　]を行うことができる[　エ　]を従事させ，又はその者に当該工事に従事する他の者を実施に監督させること．

	ア	イ	ウ	エ
（1）	水道メーター	当該給水管	技術上の管理	技能を有する者
（2）	止水栓	当該配水管	技術上の管理	給水装置工事主任技術者
（3）	水道メーター	当該配水管	適切に作業	技能を有する者
（4）	止水栓	当該給水管	適切に作業	給水装置工事主任技術者

問題 11 **配水管からの給水管の分岐に関する次の記述の正誤の組み合わせのうち，適当なものはどれか．**

ア　硬質ポリ塩化ビニル管に分水栓を取付ける場合は，もみ込むねじ山数は，漏水防止等を考慮して3山以上必要である．

イ　配水管を切断してT字管，チーズ等により給水管を取出す場合は，断水に伴う需要者への広報等に時間を要するので，十分余裕を持って水道事業者と協議する．

ウ　給水管の取出しは配水管の直管部とするが，やむを得ない場合は異形管部からの取出しを行ってもよい．

エ　不断水分岐作業の終了後は，水質確認(残留塩素，におい，色，濁り，味)を行う．

	ア	イ	ウ	エ
（1）	正	誤	誤	正
（2）	誤	正	正	誤
（3）	正	誤	正	誤
（4）	誤	正	誤	正

問題 12 水道配水用ポリエチレン管からの分岐穿孔（せんこう）に関する次の記述のうち，不適当なものはどれか.

（1）水道配水用ポリエチレン管にサドル分水栓を取付ける場合には，サドルが管と同じ材質で電気融着によって固定するものもある.

（2）分水 EF サドル及び分水栓付 EF サドルを取付ける場合は，管の切削面と取付けるサドル内面全体に，潤滑剤を浸みこませたペーパータオルでむらがないように潤滑剤を塗布する.

（3）穿孔機は，手動式で，カッターは押し切りタイプと切削タイプがある. 穿孔機のカッターが押し切りタイプの場合には，排水ホースの取付けは不要である.

（4）分水 EF サドルの場合には，押し切りタイプのカッターが内蔵されているので，キャップを外し，工具を用いて穿孔を行い，カッターをもとの位置まで戻しキャップを取付ける.

問題 13 給水管の明示に関する次の記述のうち，不適当なものはどれか.

（1）道路部分に布設する口径75mm以上の給水管には，埋設管明示テープなどにより管を明示し，明示テープには埋設物の名称，管理者，埋設年度を表示しなければならない.

（2）埋設管明示テープの地色は，各道路管理者により定められており，その指示に従い施工する必要がある.

（3）明示シートと管頂の離れは，各水道事業者の指示による.

（4）宅地部分に布設する給水管の位置については，維持管理上必要がある場合は，明示杭等によりその位置を明示する.

問題 14 給水装置の維持管理に関する次の記述のうち，不適当なものはどれか.

（1）適正に施工された給水装置であっても，その後の維持管理の適否は安全な水の供給に大きな影響を与えるため，給水装置工事主任技術者は，給水装置の維持管理について需要者に対して適切な情報提供を行う.

（2）配水管からの分岐以降水道メーターまでの間で，水道事業者が無料で漏水修繕する範囲は，水道事業者ごとに定められている．

(3) 水道メーターの下流側から末端給水用具までの間の維持管理は，すべて需要者の責任である．

(4) 指定給水装置工事事業者は，末端給水装置から供給された水道水の水質に関して異常があった場合には，まず給水用具等に異常がないか確認した後に水道事業者に報告しなければならない．

問題 15 **水道メーターの設置に関する次の記述の正誤の組み合わせのうち，適当なものはどれか．**

ア　水道メーターの設置は，原則として家屋に最も近接した宅地内とし，メーターの計量や取替作業が容易で，かつ，メーターの損傷，凍結等のおそれがない位置とする．

イ　水道メーターは，集合住宅の配管スペース内に設置される場合を除き，いかなる場合においても損傷，凍結を防止するため地中に設置しなければならない．

ウ　集合住宅等に設置される各戸メーターには，検定満期取替え時の漏水事故防止や取替えを容易にしたメーターユニットがある．

エ　集合住宅等の複数戸に直結増圧式などで給水する建物の親メーターや直結給水の商業施設等においては，水道メーター取替時に断水による影響を回避するため，メーターバイパスユニットを設置する方法がある．

	ア	イ	ウ	エ
(1)	誤	誤	正	正
(2)	正	正	誤	誤
(3)	誤	誤	誤	正
(4)	誤	正	誤	正

問題 16 **給水管の接合に関する次の記述の正誤の組み合わせのうち，適当なものはどれか．**

ア　硬質ポリ塩化ビニル管の TS 継手は，接合後の静置時間を十分とる必要があるが，その間は接合部分に引っ張り及び曲げの力を加えても問題はない．

イ　ポリエチレン二層管の接合には，管種(1 種・2 種)に適合した金属継手を使用する.

ウ　架橋ポリエチレン管の熱融着式継手による接合は，加熱用ヒーターフェースで管外面と継手内面を加熱して溶融圧着する.

エ　ステンレス鋼鋼管の伸縮可とう式継手は，埋設地盤の変動に対応できるように継手に伸縮可とう性を持たせたものであり，接合はワンタッチ方式が主である.

	ア	イ	ウ	エ
(1)	正	誤	正	誤
(2)	誤	正	誤	正
(3)	正	誤	誤	正
(4)	誤	正	正	誤

問題 17 **給水管の埋設深さ及び占用位置に関する次の記述の[　　　]内に入る語句の組み合わせのうち，適当なものはどれか.**

道路法施行令第 11 条の 3 第 1 項第二号では，埋設深さについて「水管又はガス管の本線の頂部と路面との距離が[　ア　](工事実施上やむを得ない場合にあっては[　イ　])を超えていること」と規定されている．しかし，他の埋設物との交差の関係等で，土被りを標準又は規定値まで取れない場合は，[　ウ　]と協議することとし，必要な防護措置を施す.

宅地内における給水管の埋設深さは，荷重，衝撃等を考慮して[　エ　]以上を標準とする.

	ア	イ	ウ	エ
(1)	1.5m	0.9m	道路管理者	0.5m
(2)	1.2m	0.6m	道路管理者	0.3m
(3)	1.5m	0.6m	水道事業者	0.3m
(4)	1.2m	0.9m	水道事業者	0.5m

問題 18 **給水管の配管に関する次の記述の正誤の組み合わせのうち，適当なものはどれか．**

ア　給水管は，露出配管する場合は管内水圧に対し，地中埋設する場合は管内水圧及び土圧，輪荷重その他の外圧に対し十分な強度を有していることが必要である．

イ　不断水による分岐工事に際しては，水道事業者が認めている配水管口径に応じた分岐口径を超える口径での分岐等，配水管の強度を上げるような分岐工法とする．

ウ　高水圧に対応するためには，分岐部や埋設深度が変化する部分及び地中埋設配管から建物内の配管との接続部にも，伸縮可とう性のある管や継手を使用することが望ましい．

エ　配水管の取付口から水道メーターまでの使用材料等については，地震対策並びに漏水時及び災害時等の緊急工事を円滑かつ効率的に行う観点から，水道事業者が指定している場合が多いので確認する．

	ア	イ	ウ	エ
(1)	誤	誤	正	正
(2)	誤	正	誤	正
(3)	正	誤	誤	正
(4)	正	誤	正	誤

問題 19 **給水管の接合に関する次の記述のうち，適当なものはどれか．**

(1) ライニング鋼管の接合において，埋設の際に，管端防食継手の外面を合成樹脂で覆った外面樹脂被覆継手を使用する場合は，さらに防食テープを巻く等の防食処理等を施す必要がある．

(2) ダクタイル鋳鉄管の接合に使用する滑剤には，継手用滑剤に適合するものを使用し，グリース等の油剤類を用いる．

(3) 水道配水用ポリエチレン管のEF継手による接合は，接合方法がマニュアル化され，かつEFコントローラによる最適融着条件が自動制御されるなどの特長があるが，異形管部分の離脱防止対策が必要である．

(4) 銅管のろう接合とは，管の差込み部と継手受口との隙間にろうを加熱溶解して，毛細管現象により吸い込ませて接合する方法である．

◇給水装置の構造及び性能

問題 20 **配管工事後の耐圧試験に関する次の記述の正誤の組み合わせのうち，適当なものはどれか．**

ア　配管工事後の耐圧試験の水圧は，水道事業者が給水区域内の実情を考慮し，定めることができる．

イ　新設工事の場合は，配管や接合部の施工が確実に行われたかを確認するため，試験水圧0.75MPaを1分間保持する耐圧試験を実施することが望ましい．

ウ　耐圧試験を実施する場合，管が膨張し圧力が低下することに注意しなければならないのは，柔軟性のあるポリエチレン二層管，架橋ポリエチレン管，ポリブテン管である．

エ　分水栓，止水栓等止水機能のある給水用具の止水性能を確認するため，止水機能のある栓の弁はすべて「閉」状態で耐圧試験を実施する．

	ア	イ	ウ	エ
(1)	正	誤	正	誤
(2)	正	正	誤	誤
(3)	誤	正	誤	正
(4)	正	誤	正	正

平成28年

問題 21 **ウォータハンマの防止に関する次の記述の正誤の組み合わせのうち，適当なものはどれか．**

ア　ウォータハンマの発生のおそれのある場合で，給水管の水圧が高い時は，安全弁（逃し弁）を設置し給水圧を下げる．

イ　ウォータハンマの発生のおそれのある箇所には，その手前に近接して水撃防止器具を設置する．

ウ　複式ボールタップは単式ボールタップに比べてウォータハンマが発生しやすくなる傾向があり，注意が必要である．

エ　水槽にボールタップで給水する場合は，必要に応じて波立ち防止板等を設置する．

	ア	イ	ウ	エ
(1)	正	誤	正	誤
(2)	正	誤	誤	正
(3)	誤	正	正	誤
(4)	誤	正	誤	正

問題 22 **管の侵食防止のための防食工に関する次の記述の正誤の組み合わせのうち，適当なものはどれか．**

ア　鋳鉄管からサドル付分水栓などにより穿孔，分岐した通水口には，ダクタイル管補修用塗料を塗布するなど適切な防錆（ぼうせい）措置を施す．

イ　管外面の防食工には，ポリエチレンスリーブ，防食テープ，防食塗料を用いる方法の他，外面被覆管を使用する方法がある．

ウ　鋳鉄管の切管の内面防食には，管端防食継手を使用する．

エ　絶縁接続法とは，管路に電気的絶縁継手を挿入して，管の電気抵抗を大きくし，管に流出入する漏洩（えい）電流を減少させる方法である．

	ア	イ	ウ	エ
(1)	正	誤	正	誤
(2)	正	誤	誤	正
(3)	誤	正	誤	正
(4)	誤	正	正	誤

問題 23 **水の汚染防止に関する次の記述の正誤の組み合わせのうち，適当なものはどれか．**

ア　既設給水装置に鉛製給水管が使用されていたので，変更工事に併せて布設替えした．

イ　シアンを扱う施設に近接した場所であったため，鋼管を使用して配管した．

ウ　有機溶剤が地下に浸透するおそれのある場所であったため，ポリブテン管を用いて配管した．

エ　一時的，季節的に使用されない給水装置には，給水管内に長期間水の停滞を生じることがあるため，適量の水を適時飲用以外で使用することにより，その水の衛生性を確保した.

	ア	イ	ウ	エ
(1)	正	誤	誤	正
(2)	正	誤	正	誤
(3)	誤	正	誤	正
(4)	誤	正	正	誤

問題 24 **給水装置の構造及び材質の基準に関する次の記述のうち，不適当なものはどれか.**

(1)当該給水装置以外の水管その他の設備に直接連結されていないこと.

(2)配水管への取付口における給水管の口径は，当該給水装置による水の使用量に比し，著しく過大でないこと.

(3)水圧，土圧その他の荷重に対して充分な耐力を有し，かつ，水が汚染され，又は漏れるおそれがないものであること.

(4)配水管への取付口の位置は，他の給水装置の取付口から20センチメートル以上離れていること.

問題 25 **給水装置の耐久性能基準に関する次の記述のうち，不適当なものはどれか.**

(1)耐久性能基準は，制御弁類のうち機械的・自動的に頻繁に作動し，かつ通常消費者が自らの意思で選択し，又は設置・交換できるような弁類に適用する.

(2)弁類は，耐久性能試験により10万回の開閉操作を繰り返す.

(3)耐久性能基準の適用対象は，弁類単体として製造・販売され，施工時に取付けられるものに限ることとする.

(4)ボールタップについては，通常故障が発見しやすい箇所に設置されており，耐久性能基準の適用対象にしないこととしている.

問題 26 給水装置の浸出性能基準の適用対象外となる次の給水用具の組み合わせのうち，適当なものはどれか．

ア　散水栓

イ　受水槽用ボールタップ

ウ　バルブ類

エ　洗浄便座

（1）　アとウ

（2）　アとエ

（3）　イとウ

（4）　イとエ

問題 27 下図に示す吐水口を有する給水装置で，呼び径が20mmのものについて，逆流防止のために確保しなければならない近接壁からの水平距離に関する次の記述のうち，適当なものはどれか．

ただし，図に示す壁のみが近接壁であるものとする．

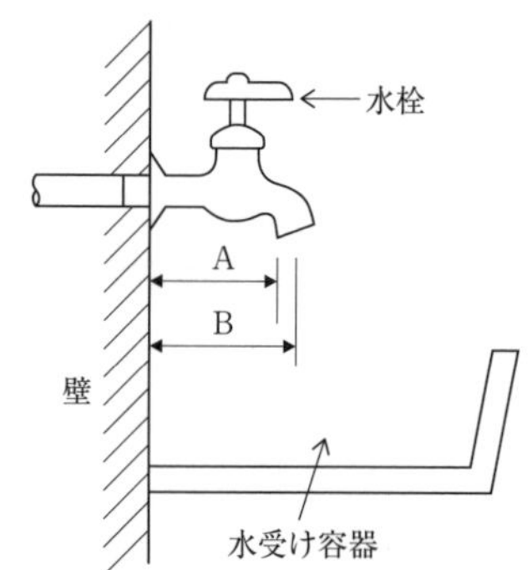

（1）　図中の距離 A を 40mm 以上確保する．

（2）　図中の距離 A を 60mm 以上確保する．

（3）　図中の距離 B を 40mm 以上確保する．

（4）　図中の距離 B を 60mm 以上確保する．

問題 28 下図に示す横取出しの越流管について，確保しなければならない吐水口空間として，適当なものはどれか．

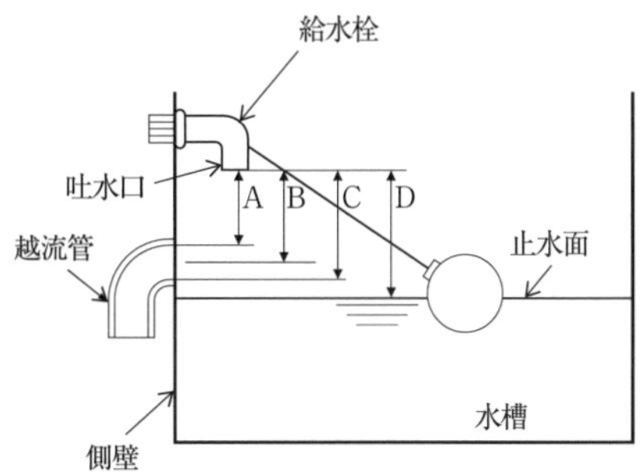

（1） 図中の A

（2） 図中の B

（3） 図中の C

（4） 図中の D

平成28年

問題 29 寒冷地における凍結防止対策として設置する水抜き用の給水用具の設置に関する次の記述のうち，不適当なものはどれか．

（1）水抜き用の給水用具は水道メーター上流側に設置する．

（2）水抜き用の給水用具の排水口付近には，水抜き用浸透ますを設置するか，又は排水口付近を切込砂利等により埋戻す．

（3）水抜き用の給水用具以降の配管は，できるだけ鳥居配管や U 字形の配管を避ける．

（4）水抜き用の給水用具以降の配管が長い場合には，取り外し可能なユニオン，フランジ等を適切な箇所に設置する．

◇給水装置計画論

問題 30　直結式の給水方式に関する次の記述のうち，不適当なものはどれか．

（1）直結給水方式は，配水管から需要者の設置した給水装置の末端まで有圧で直接給水する方式で，水質管理がなされた安全な水を需要者に直接供給することができる．

（2）直結直圧式については，給水サービスの向上を図るため，各水道事業者において，現状における配水管の水圧等の供給能力及び配水管の整備計画と整合させ，逐次その対象範囲の拡大を図っている．

（3）直結増圧式による各戸への給水方法には，給水栓まで直接給水する直送式と，既設改造の場合等でポンプより高所に置かれた受水槽に給水し，そこから給水栓まで自然流下させる高置水槽式がある．

（4）直結増圧式は，配水管が断水したときに給水装置からの逆圧が大きいことから直結加圧形ポンプユニットに近接して有効な減圧弁を設置する．

問題 31　受水槽式の給水方式に関する次の記述の正誤の組み合わせのうち，適当なものはどれか．

ア　受水槽式は，水道水を一旦受水槽で受け給水する方式で，配水管の水圧が変動しても受水槽以降では給水圧，給水量を一定の変動幅に保持できるなどの長所がある．

イ　圧力水槽式は，受水槽に受水したのち，使用水量に応じてポンプの運転台数の変更や回転数制御によって給水する方式である．

ウ　有毒薬品を使用する工場等事業活動に伴い，水を汚染するおそれのある場所に給水する場合は，受水槽式とする．

エ　配水管の水圧が高いときは，受水槽への流入時に給水管を流れる流量が過大となるため，定水位弁，逆止弁を設置することが必要である．

	ア	イ	ウ	エ
（1）	正	正	誤	誤
（2）	正	誤	正	誤
（3）	誤	誤	正	正
（4）	誤	正	誤	正

問題 32 **計画使用水量に関する次の記述のうち，不適当なものはどれか．**

（1）計画使用水量は，給水管口径等の給水装置系統の主要諸元を計画する際の基礎となるものであり，建物の用途及び水の使用用途，使用人数，給水栓の数等を考慮した上で決定する．

（2）受水槽式給水における受水槽への給水量は，受水槽の容量と使用水量の時間的変化を考慮して定める．

（3）直結増圧式給水を行うに当たっては，一日当たりの計画使用水量を適正に設定することが，適切な配管口径の決定及び直結加圧形ポンプユニットの適正容量の決定に不可欠である．

（4）同時使用水量とは，給水栓，給湯器等の末端給水用具が同時に使用された場合の使用水量であり，瞬時の最大使用水量に相当する．

問題 33 **給水管の口径の決定に関する次の記述の［　　　］内に入る語句の組み合わせのうち，適当なものはどれか．**

給水管の口径は，各水道事業者の定める配水管の水圧において，［　ア　］を十分に供給できるもので，かつ［　イ　］も考慮した合理的な大きさにする．

口径は，給水用具の立上がり高さと［　ア　］に対する［　ウ　］を加えたものが，給水管を取り出す配水管の［　エ　］の水頭以下となるよう計算によって定める．

	ア	イ	ウ	エ
（1）	同時使用水量	施工性	総損失水頭	計画最大静水圧
（2）	計画使用水量	経済性	総余裕水頭	計画最大静水圧
（3）	同時使用水量	施工性	総余裕水頭	計画最小動水圧
（4）	計画使用水量	経済性	総損失水頭	計画最小動水圧

問題 34 **図－１に示す給水装置において，B 地点の余裕水頭が5mの場合の給水栓からの流出量として，次のうち，適当なものはどれか．**

（1）　18 L/ 分

（2）　28 L/ 分

（3）　38 L/ 分

（4）　48 L/分

なお，計算に用いる数値条件は次のとおりとし，給水管の流量と動水勾配の関係は，図－2を用いて求めるものとする．

・A ～ B 間の給水管の口径　20mm

・分水栓，甲形止水栓，水道メーター及び給水栓並びに管の曲がりによる損失水頭の合計　8 m

・A 地点における配水管の水圧　水頭として 20m

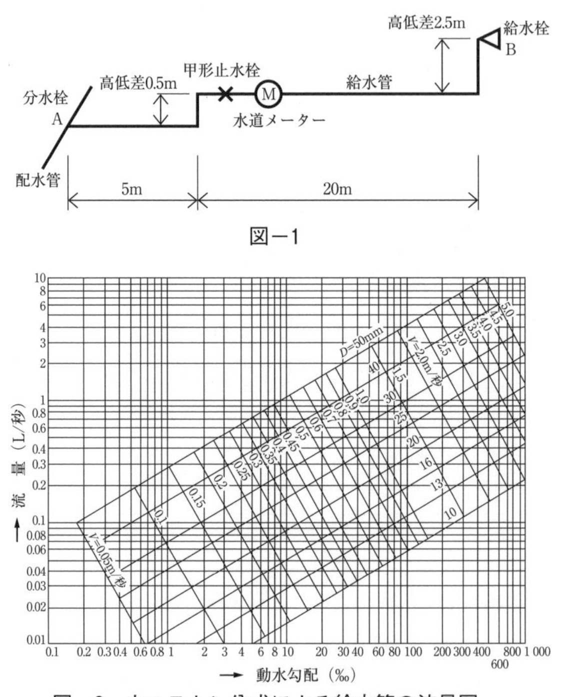

図−1

図−2　ウエストン公式による給水管の流量図

問題 35　**給水装置工事の図面作成に関する次の記述の正誤の組み合わせのうち，適当なものはどれか．**

ア　給水管及び配水管の口径と給水管の延長の単位は mm とし，単位記号はつけない．

イ　作図に当たっては必ず方位を記入し，北の方向を上にすることを原則とする．

ウ　平面図で表すことのできない部分に関して，縮尺の変更による拡大図等により図示し，この図を詳細図という．

エ　管種及び口径の表示は，平面図・立面図とも給水管及び給湯管について，それぞれ一口径，一管種に限り省略することができる．この場合，省略した口径，管種を凡例表示する．

	ア	イ	ウ	エ
（1）	正	正	誤	正
（2）	正	誤	正	誤
（3）	誤	正	正	正
（4）	誤	正	誤	誤

◇給水装置工事事務論

問題 36　給水装置工事主任技術者（以下，本問においては「主任技術者」という．）の職務に関する次の記述の正誤の組み合わせのうち，適当なものはどれか．

ア　主任技術者に求められる知識と技能は，給水装置工事における工程の各段階において必要となる技術的な知識，技能はもとより，水道事業者が定めている供給規程に基づき工事着手に至るまでの手続きや，工事後の竣工検査の手続き等多岐にわたる．

イ　主任技術者は，道路下の配管工事について，通行者及び通行車両など，工事の実施に伴う公衆に対する安全の確保を図らなければならないが，水道管と同様に埋設してあるガス管，電力線及び電話線等の保安についてまでは，特に配慮は求められない．

ウ　主任技術者は，給水装置工事に使用する給水管や給水用具について，その製品の製造業者等に対して性能基準に適合していることが判断できる資料の提出を求めること等により，基準適合品であることを確認したうえで，使用しなければならない．

エ　主任技術者は，工事従事者の安全を確保し，労働災害の防止に努めるとともに，工事従事者の健康状態を管理し，水系感染症に注意して水道水を汚染しないよう管理しなければならない.

	ア	イ	ウ	エ
(1)	正	誤	誤	正
(2)	正	正	誤	正
(3)	誤	正	正	誤
(4)	正	誤	正	正

問題 37 **指定給水装置工事事業者(以下,本問においては「工事事業者」という.)による給水装置工事主任技術者(以下,本問においては「主任技術者」という.)の選任に関する次の記述のうち,不適当なものはどれか.**

(1)主任技術者は,給水装置工事を適切に行わず,水道法に違反したときは,厚生労働大臣から主任技術者の免状の返納を命じられることがある.この場合,工事事業者が行った当該主任技術者の選任は効力を失うことになる.

(2)工事事業者は,選任した主任技術者が欠けるに至った場合,新たな主任技術者を選任しなければならないが,その選任の期限は特に定められていない.

(3)工事事業者の指定を受けようとする者が提出する申請書の記載事項には,それぞれの事業所において選任されることとなる主任技術者の氏名も含まれる.

(4)工事事業者は,給水装置工事の事業を行う事業所ごとに,主任技術者を選任しなければならない.

問題 38 **給水装置工事に係る記録の作成,保存に関する次の記述の正誤の組み合わせのうち,適当なものはどれか.**

ア　指定給水装置工事事業者は,施行した給水装置工事に係る記録を作成し,5年間保存しなければならない.

イ　給水装置工事の記録については,水道事業者に給水装置工事の施行を申請したときに用いた申請書に記録として残すべき事項が記載されていれば，その写しを記録として保存してもよい．

ウ　給水装置工事の記録の作成は，指名された給水装置工事主任技術者が行うことになるが，給水装置工事主任技術者の指導・監督のもとで他の従業員が行ってもよい．

エ　給水装置工事の記録については，電子媒体のみで保存することは認められていない．

	ア	イ	ウ	エ
(1)	誤	正	正	誤
(2)	正	誤	誤	正
(3)	正	正	誤	誤
(4)	誤	誤	正	正

問題39 **給水装置の構造及び材質の基準に関する省令(以下，本問においては「基準省令」という．)に関する次の記述のうち，適当なものはどれか．**

平成28年

(1)基準省令は，個々の給水管及び給水用具が満たすべき性能及びその定量的な判断基準(「性能基準」という．)及び給水装置工事が適正に施行された給水装置であるか否かの判断基準を明確化したものであるが，このうち性能基準は6項目の基準からなっている．

(2)基準適合性の証明方法は，「自己認証」及び「第三者認証」であり，また，JIS規格等に適合している製品は，すべて基準適合品である．

(3)基準省令に定められている性能基準は，給水管及び給水用具ごとのその性能と使用場所に応じて適用される．例えば，給水管は，耐圧性能と浸出性能及び耐久性能が必要であり，飲用に用いる給水栓は，耐圧性能，浸出性能，耐久性能及び水撃限界性能が必要である．

(4)給水装置用材料が基準省令に適合しているか否かの判断資料として，また，制度の円滑な実施のために，厚生労働省では製品ごとの性能基準への適合性に関する情報が全国的に利用できるよう給水装置データベースを構築している．

問題 40 **給水装置の構造及び材質の基準に関する省令(以下，本問においては「基準省令」という.)に定める性能基準に関する次の記述のうち，不適当なものはどれか.**

(1)自己認証における基準適合性や品質の安定性を示す証明書等は，製品の種類ごとに，消費者や指定給水装置工事事業者，水道事業者等に提出される.

(2)第三者認証とは，中立的な第三者機関が製品試験や工場検査等を行い，基準に適合しているものについては基準適合品として登録して認証製品であることを示すマークの表示を認める方法である.

(3)自己認証とは，製造業者が自ら作成した資料のみによって行うもので，基準適合性の証明には，各製品が設計段階で基準省令に定める性能基準に適合していることの証明と製品段階で品質の安定性が確保されていることの証明が必要となる.

(4)第三者認証機関は，社会的に高い信頼性が求められるとともに，合理的かつ透明性を有する業務の運営を行うこと，国際的に整合のとれた認証業務を行うことが必要である.

午後(14：00～15：00) [学科試験 2]

- 給水装置の概要(10問)
- 給水装置施工管理法(10問)

◇給水装置の概要

問題 41 **水道メーターに関する次の記述の[　　　]内に入る語句の組み合わせのうち，適当なものはどれか.**

水道メーターは，[　ア　]に定める特定計量器の検定に合格したものを設置し，検定有効期間である[　イ　]以内に，検定に合格したメーターと交換しなければならない.

水道メーターの計量方法は，水の体積を測定する容積式(実測式)と，流れている水の流速を測定して流量に換算する流速式(推測式)に分類され，我が国で使用されている水道メーターのほとんどが[　ウ　]である.

水道メーターは，主に[　エ　]と通過水量が比例することに着目して計量する羽根車式が使用されている.

	ア	イ	ウ	エ
(1)	水道法	6年	容積式	羽根車の回転数
(2)	計量法	8年	流速式	羽根車の回転数
(3)	計量法	6年	流速式	羽根車への水圧
(4)	水道法	8年	容積式	羽根車への水圧

問題 42 **水道メーターに関する次の記述の正誤の組み合わせのうち，適当なものはどれか.**

ア　水道メーターの遠隔指示装置は，中高層集合住宅や地下街などにおける検針の効率化，また積雪によって検針が困難な場合などに有効である.

イ　水道メーターの指示部の形態は，計量値をアナログ表示する直読式と，計量値をデジタル表示する円読式がある.

ウ　水道メーターは，各水道事業者により使用する型式が異なるため，設計に当たっては，あらかじめこれらを確認する必要がある.

エ　水道メーターの計量部の形態が単箱式のものは，メーターケースの中に別の計量室をもち，ノズルから羽根車に噴射水流を与える構造となっている.

	ア	イ	ウ	エ
(1)	正	正	誤	誤
(2)	誤	誤	正	正
(3)	正	誤	正	誤
(4)	誤	正	誤	正

問題 43 **給水用具の故障に関する次の記述の正誤の組み合わせのうち，適当なものはどれか.**

ア　小便器洗浄弁の吐水量が少なかった．調査したところ，調整ねじが閉め過ぎだったので，調整ねじを左に回して吐水量を増やした.

平成28年

イ　副弁付定水位弁の故障で水が出なくなった．調査したところ，ストレーナに異物が詰まっていたので，取り外して副弁付定水位弁を使用した．

ウ　水栓から不快音がした．調査したところ，スピンドルの孔とこま軸の外径が合わなく，がたつきがあったため，スピンドルを取替えた．

エ　受水槽のボールタップの故障で水が止まらなくなった．調査したところ，パッキンが摩耗していたので，パッキンを取替えた．

	ア	イ	ウ	エ
(1)	正	誤	正	誤
(2)	誤	誤	誤	正
(3)	正	正	誤	誤
(4)	正	誤	誤	正

問題 44　給水用具に関する次の記述の正誤の組み合わせのうち，適当なものはどれか．

ア　吸排気弁は，給水立て管頂部に設置され，管内に負圧が生じた場合に自動的に多量の空気を排気して給水管内の負圧を解消する機能を持った給水用具である．

イ　逆止弁は，逆圧による水の逆流を防止する給水用具であり，ばね式，リフト式，スイング式，ダイヤフラム式等がある．

ウ　ボール止水栓は，弁体が球状のため 90° 回転で全開，全閉することのできる構造であり，損失水頭は極めて小さい．

エ　減圧弁は，調整ばね，ダイヤフラム，弁体等の圧力調整機構によって，二次側の圧力が変動しても，一次側を二次側より低い一定圧力に保持する給水用具である．

	ア	イ	ウ	エ
(1)	誤	正	誤	正
(2)	誤	正	正	誤
(3)	正	誤	正	誤
(4)	正	誤	誤	正

問題45 給水用具に関する次の記述の[　　　]内に入る語句の組み合わせのうち，適当なものはどれか．

①甲形止水栓は，止水部が落としこま構造であり，損失水頭が[　ア　]．

②[　イ　]は，弁体が弁箱又は蓋に設けられたガイドによって弁座に対し垂直に作動し，弁体の自重で閉止の位置に戻る構造である．

③バキュームブレーカは，給水管内に負圧が生じたとき，サイホン作用により使用済の水等が逆流し水が汚染されることを防止するため，逆止弁により逆流を防止するとともに逆止弁より二次側(流出側)の負圧部分へ自動的に[　ウ　]を取り入れ，負圧を破壊する機能を持つ給水用具である．

④[　エ　]は，管内に停滞した空気を自動的に排出する機能を持った給水用具である．

	ア	イ	ウ	エ
(1)	大きい	スイング式逆止弁	水道水	空気弁
(2)	小さい	スイング式逆止弁	空　気	排気弁
(3)	大きい	リフト式逆止弁	空　気	空気弁
(4)	小さい	リフト式逆止弁	水道水	排気弁

問題46 貯湯湯沸器に関する次の記述の[　　　]内に入る語句の組み合わせのうち，適当なものはどれか．

給水装置として取扱われる貯湯湯沸器は，そのほとんどが[　ア　]にかかる圧力が[　イ　]以下で，かつ伝熱面積が[　ウ　]の構造のもので，労働安全衛生法令に規定するボイラー及び小型ボイラーに該当しない簡易ボイラーといわれるものである．貯湯湯沸器は，給水管に直結するので[　エ　]及び安全弁(逃し弁)の設置が必須である．

	ア	イ	ウ	エ
(1)	配管部	100kPa	$4m^2$ 以下	定流量弁
(2)	配管部	300kPa	$8m^2$ 以下	減圧弁
(3)	貯湯部	300kPa	$8m^2$ 以下	定流量弁
(4)	貯湯部	100kPa	$4m^2$ 以下	減圧弁

問題 47 **給水用具の故障に関する次の記述のうち，不適当なものはどれか．**

(1) 湯沸器にはいろいろの種類があり，その構造も複雑である．故障が発生した場合は，需要者等が修理することは困難かつ危険であり，簡易なもの以外は，製造業者に修理を依頼する．

(2) ボールタップ付ロータンクの水が止まらなかった．調査したところ，鎖がからまっていたため，鎖のたるみを無くした．

(3) 大便器洗浄弁から常に大量の水が流出していた．調査したところ，ピストンバルブの小孔が詰まっていたので，ピストンバルブを取外し，小孔を掃除した．

(4) 水栓のスピンドルのがたつきがあった．調査したところ，スピンドルのねじ山が摩耗していたので，水栓を取替えた．

問題 48 **給水装置工事に関する次の記述の[　　　]内に入る語句の組み合わせのうち，適当なものはどれか．**

給水装置工事は，[　ア　]を損傷しないこと，設置された給水装置に起因して需要者への給水に支障を生じないこと，[　イ　]の確保に支障を生じたり公衆衛生上の問題が起こらないこと等の観点から，給水装置の構造及び材質の基準に適合した適正な施行が必要である．このため，水道法では，[　ウ　]は給水装置工事を適正に施行できると認められる者の指定をすることができ，この指定をしたときは，水の供給を受ける者の給水装置が水道事業者又は指定を受けた者の施行した給水装置工事に係るものであることを[　エ　]とすることができるとされている．

	ア	イ	ウ	エ
(1)	水道施設	水道水質	水道事業者	供給条件
(2)	水道施設	安　全	水道事業者	施行条件
(3)	給水用具	水道水質	厚生労働大臣	施行条件
(4)	給水用具	安　全	厚生労働大臣	供給条件

問題 49 **給水管に関する次の記述の正誤の組み合わせのうち，適当なものはどれか．**

ア　硬質塩化ビニルライニング鋼管は，鋼管の内面に硬質塩化ビニルをライニングした管で，機械的強度が大きく，耐食性に優れている．

イ　ステンレス鋼鋼管は，鋼管と比べると特に耐食性に優れている．また，強度的に優れ，軽量化しているので取扱いが容易である．

ウ　硬質ポリ塩化ビニル管は，耐熱性，耐寒性及び耐食性に優れ，軽量で柔軟性に富んでおり，管内にスケールが付きにくく，流体抵抗が小さい等の特長を備えており，さや管ヘッダ工法や先分岐工法において使用されている．

エ　耐熱性硬質塩化ビニルライニング鋼管は，鋼管の内面に耐熱性硬質塩化ビニルをライニングした管である．この管の用途は，給湯・冷温水などであり，連続使用許容温度は85° C 以下である．

	ア	イ	ウ	エ
(1)	誤	誤	正	誤
(2)	誤	正	誤	正
(3)	正	正	誤	正
(4)	正	誤	正	誤

問題 50 **直結加圧形ポンプユニットに関する次の記述の正誤の組み合わせのうち，適当なものはどれか．**

ア　直結加圧形ポンプユニットは，給水装置に設置して中高層建物に直接給水することを目的に開発されたポンプ設備で，その機能に必要な構成機器すべてをユニットにしたものである．

イ　直結加圧形ポンプユニットの圧力タンクは，停電によりポンプが停止したとき，蓄圧機能により圧力タンク内の水を供給することを目的としたものである．

ウ　直結加圧形ポンプユニットは，通常，加圧ポンプ，制御盤，圧力タンク，副弁付定水位弁をあらかじめ組み込んだユニット形式となっている場合が多い．

エ　直結加圧形ポンプユニットは，ポンプを複数台設置し，１台が故障しても自動切替えにより給水する機能や運転の偏りがないように自動的に交互運転する機能等を有している．

	ア	イ	ウ	エ
(1)	正	誤	誤	正
(2)	誤	正	誤	正
(3)	正	正	正	誤
(4)	誤	誤	正	誤

◇給水装置施工管理法

問題 51　建設工事公衆災害防止対策要綱土木工事編に基づく交通保安対策に関する次の記述のうち，不適当なものはどれか．

(1) 施工者は，工事用の諸施設を設置するに当たって必要がある場合は，周囲の地盤面から高さ0.8メートル以上２メートル以下の部分については，通行者の視界を妨げることのないよう必要な措置を講じなければならない．

(2) 道路を掘削した箇所を埋戻したのち，仮舗装を行う際にやむを得ない理由で段差が生じた場合は，10パーセント以内の勾配ですりつけるものとし，施工上すりつけが困難な場合には，標示板などによって通行車両に予知させなければならない．

(3) 施工者は，工事を予告する道路標識，標示板等を，工事箇所の前方50メートルから500メートルの間の路側又は中央帯のうち視認しやすい箇所に設置しなければならない．

(4) 起業者及び施工者は，車道幅員を制限する場合において，歩行者が安全に通行し得るために歩行者用として別に幅0.75メートル以上，特に歩行者の多い箇所においては幅1.5メートル以上の通路を確保しなければならない．

問題 52 **建設工事公衆災害防止対策要綱土木工事編に基づく作業場に設置するさくに関する次の記述の[　　　]内に入る数値の組み合わせのうち，適当なものはどれか.**

作業場における固定さくの高さは[　ア　]メートル以上とし，通行者の視界を妨げないようにする必要がある場合は，さく上の部分を金網等で張り，見通しをよくする.

また，移動さくは，高さ0.8メートル以上１メートル以下，長さ１メートル以上1.5メートル以下で，支柱の上端に幅[　イ　]センチメートル程度の横板を取り付けてあるものを標準とする.

固定さくの袴部分及び移動さくの横板部分は，黄色と黒色を交互に斜縞に彩色(反射処理)するものとし，彩色する各縞の幅は10センチメートル以上[　ウ　]センチメートル以下，水平との角度は[　エ　]度を標準とする.

	ア	イ	ウ	エ
(１)	1.2	15	15	45
(２)	1.8	15	30	90
(３)	1.2	30	15	90
(４)	1.8	30	30	45

問題 53 **建設業法に関する次の記述のうち，不適当なものはどれか.**

(１)建設業の許可は，５年ごとにその更新を受けなければ，その期間の経過によって，その効力を失う.

(２)一定以上の規模の建設工事を請け負うことを営もうとする者は，国土交通大臣又は都道府県知事の許可を受けることになるが，特定建設業の許可は国土交通大臣となる.

(３)公共性のある施設又は工作物に関する建設工事を発注者から直接請け負おうとする建設業者は，経営事項審査を受けなければならない.

(４)政令で定める軽微な建設工事のみを請け負うことを営業とする者は，建設業の許可を必要としないが，軽微な建設工事一件の請負代金の額は，建築一式工事とそれ以外の工事では異なる.

問題 54 **労働安全衛生法施行令に規定する作業主任者を選任しなければならない作業として，次の記述のうち，不適当なものはどれか．**

(1)土止め支保工の切りばり又は腹おこしの取付け又は取外しの作業

(2)酸素欠乏症にかかるおそれ及び硫化水素中毒にかかるおそれのある場所として厚生労働大臣が定める場所における作業

(3)掘削面の高さが2m以上となる地山の掘削(ずい道及びたて坑以外の坑の掘削を除く)の作業

(4)つり上げ荷重が1t以上の移動式クレーンの玉掛けの業務

問題 55 **建築基準法に規定されている5階建ての建物に設ける飲料水の配管設備に関する次の記述のうち，不適当なものはどれか．**

(1)給水立て主管からの各階への主要な分岐管には，分岐点に近接した部分で，かつ，操作が容易な部分に止水弁を設ける．

(2)水受け容器に給水する飲料水の配管設備の水栓の開口部にあっては，その設備のあふれ面と水栓の開口部との垂直距離を適当に保つ等有効な水の逆流防止のための措置を講ずる．

(3)ウォータハンマが生じるおそれがある場合においては，給水管に逆止弁を設ける等のウォータハンマ防止措置を講ずる．

(4)給水管の貫通する部分及び当該貫通する部分からそれぞれ両側に1m以内の距離にある部分は不燃材料で造る．

問題 56 **給水装置工事の施工管理に関する次の記述のうち，不適当なものはどれか．**

(1)施工計画書は，維持管理に必要な要点が的確に記載してあれば簡単なものでもよい．

(2)施工計画書に品質管理項目と管理方法，管理担当者を定め実施する．その結果を記録にとどめるほか，実施状況を写真撮影し，工事記録としてとどめておく．

(3)施工にあたっては，施工計画に基づく工程，作業時間，作業手順，交通規制等に沿って工事を施行し，必要の都度工事目的物の品質確認を実施する．

(4) 施工計画書に基づき，給水装置工事主任技術者は，施工過程でチェックを行い，施工計画書のとおり進められているか，法令順守がなされているかを絶えず確認する．

問題 57 **給水装置工事の施工管理に関する次の記述のうち，不適当なものはどれか．**

(1) 一般に指定給水装置工事事業者は，給水装置工事の施行範囲を制限されることなく，工事を施行することができる．ただし，水道事業者が範囲を定めているところがある．

(2) 指定給水装置工事事業者が公道内の給水装置工事を受注した場合は，工事等の範囲を当該水道事業者に確認する必要がある．

(3) 配水管からの分岐以降水道メーターまでの工事は，道路上での工事を伴うことから，施工計画書を作成して適切に管理を行う必要があるが，水道メーター以降の工事については，施工計画書を作成する必要がない．

(4) 配水管からの分岐以降水道メーターまでの工事は，あらかじめ水道事業者の承認を受けた工法，工期その他の工事上の条件に適合するように施行しなければならない．

問題 58 **給水装置工事の定義に関する次の記述の正誤の組み合わせのうち，適当なものはどれか．**

ア　給水装置工事とは，計画の立案，工事の施工，竣工検査までの一連の工事の過程の全部又は一部のことで，工事に先立って行う調査は含まれない．

イ　給水装置工事には，製造工場内における給水管及び給水用具の製造や組み立ては含まれない．

ウ　給水装置工事には，給水装置の新設，改造，修繕の工事が含まれ，給水装置を取り外す撤去の工事は含まれない．

エ　水道法において，給水装置工事とは給水装置の設置又は変更の工事と定義されている．

	ア	イ	ウ	エ
(1)	誤	正	誤	正
(2)	正	誤	正	誤
(3)	誤	正	正	誤
(4)	正	誤	誤	正

問題59　配水管への取付けから水道メーターまでの給水装置工事の施工管理に関する次の記述のうち，不適当なものはどれか．

(1) 給水装置工事主任技術者は，水道事業者，発注者等が常に施工状況の確認ができるよう必要な資料，写真の取りまとめを行っておく．

(2) 工事着手に先立ち，現場付近住民に対し，工事内容について具体的な説明を行い，工事の施行について十分な協力が得られるように努めなければならない．

(3) 給水装置工事主任技術者は，水道工事における労働災害の発生事例や，工事現場における災害防止の手法にかかわる書籍等を参考に，工事従事者の身の安全を図るための努力を怠ってはならない．

(4) 工事の施工に当たり，事故が発生した場合には，水道事業者や関係官公署に事故状況の報告を行い，緊急措置について指示を受けたうえで，必要な措置を講じなければならない．

問題60　給水装置工事の安全管理に関する次の記述のうち，不適当なものはどれか．

(1) 埋設物に接近して掘削する場合は，周辺地盤のゆるみ，沈下等に十分注意して施工し，必要に応じて道路管理者と協議のうえ，防護措置等を講ずる．

(2) 工事中，内容に応じた適切な人材を配置するとともに，関係者に工事用機械器具の特徴等の留意点を十分周知し，操作を誤らないように使用する．

(3)工事中，火気に弱い埋設物又は可燃性物質の輸送管等の埋設物に接近する場合は，溶接機，切断機等火気を伴う機械器具を使用しない.

(4)材料等には荷くずれのないよう十分な処置を講じ，運搬，積みおろしの際に，衝撃を与えないよう丁寧に扱い，歩行者や車両の通行に危険のないよう十分に注意する.

平成 28 年度 解答と解説

午前［学科試験 1］

◇公衆衛生概論

【問題 1】水系感染症に関する問題である.

（1）（適当）

（2）（適当）

（3）（不適当）レジオネラ属菌に対して塩素は有効だが, スライムやスケール, 錆こぶなどに潜り込んだ菌に殺菌効果は及ばない.

（4）（適当）

答（3）

【問題 2】水道水の塩素消毒に関する問題である.

（1）（適当）

（2）（適当）

（3）（適当）

（4）（不適当）残留塩素の測定は, 給水栓の水質検査や作業現場で使いやすい簡易測定法として, 残留塩素がジエチル - *p* - フェニレンジアミン (DPD) と反応して生じる「桃～桃赤色」を標準比色液と比較する. 黄色の反応色ではない.

答（4）

【問題 3】水道の利水障害（日常生活で水利用への差し障り）とその原因物質に関する組み合わせの問題である.

（1）（不適当）カビ臭は, 湖沼の富栄養化によって藻類が繁殖するとジェオスミンや 2 - メチルイソボルネオールなどの「有機物質」が産生され, これらが飲料水に混入することが原因となる. ヒ素やフッ素はカビ臭の原因ではない.

（2）（適当）

（3）（適当）

（4）（適当）

答（1）

◇水道行政

【問題 4】水道事業の認可に関する問題である.

水道法では，水道事業を地域独占事業として経営する権利を国が与えることとして，水道事業者を(ア)保護育成すると同時に需要者の(イ)利益を保護するために国が監督するという仕組みとして(ウ)認可制度をとっている.

答(3)

【問題 5】水道法に規定する給水装置の検査に関する問題である.

（1） (適当)水道法第17条(給水装置の検査)第1項による.

（2） (不適当)同法第18条(検査の請求)第1項では，「水道事業によって水の供給を受ける者は，当該『水道事業者』に対して給水装置の検査及び供給を受ける水の水質検査を請求することができる」となっており，指定給水装置工事事業者ではない.

（3） (適当)同法第19条(水道技術管理者)第2項第3号による.

（4） (適当)同法第16条(給水装置の構造及び材質)による.

答(2)

【問題 6】指定給水装置工事事業者制度に関する問題である.

（1） (適当)水道法第25条の3(指定の基準)第1項第2号による.

（2） (不適当)同法同条第1項で，指定の基準は全国一律に定められており，地域の実情に応じたものではない.

（3） (適当)同法施行規則第36条(事業の運営の基準)による.

（4） (適当)同法第25条の11(指定の取消し)による.

答(2)

【問題 7】給水装置工事主任技術者の職務に関する問題である.

（1） (適当)水道法第25条の4(給水装置工事主任技術者)第3項第3号による.

（2） (適当)同法同条同項第4号に定める同法施行規則第23条(給水装置工事主任技術者の職務)第1号による.

（3） (不適当)同施行規則同条第2号により，工法，工期その他の工事上の条件に関して水道事業者と連絡調整を行うのは,「配水管から分岐して給水管を設ける工事」と「給水装置の配水管への取付口から水道メーターまでの工事」を施行する場合であり，水道メーターの下流側から給水栓までの工事を施行しようとする場合ではない.

（4）（適当）同施行規則同条第 3 号による.

答（3）

【問題 8】水道法第14条（供給規程）に関する問題である.

（1）（適当）同条第 2 項第 3 号による.

（2）（適当）同項第 2 号による.

（3）（適当）同項第 4 号による.

（4）（不適当）同項第 5 号では,「『貯水槽水道』が設置される場合においては,『貯水槽水道』に関し, 水道事業者及び当該貯水槽水道の設置の責任に関する事項が, 適正かつ明確に定められていること」とされており, 専用水道ではない.

答（4）

【問題 9】水道法第15条（給水義務）に関する問題である.

（1）（不適当）同法第15条には設問のような規定はなく, 当該の水道事業者以外の他の水道事業者を選択する自由は, 住民にはない.

（2）（適当）同条第 1 項による.

（3）（適当）同条第 2 項による.

（4）（適当）同条第 3 項による.

答（1）

◆給水装置工事法

【問題10】水道法施行規則第36条（事業の運営の基準）に関する問題である.

配水管から分岐して給水管を設ける工事及び給水装置の配水管への取付口から(ア)水道メーターまでの工事を施行する場合において, (イ)当該配水管及び他の地下埋設物に変形, 破損その他異常を生じさせることがないよう(ウ)適切に作業を行うことができる(エ)技能を有する者を従事させ, 又はその者に当該工事に従事する他の者を実施に監督させること.

答（3）

【問題11】配水管からの給水管の分岐に関する問題である.

ア　（誤）配水管からの分岐で分水栓を用いる場合は, もみ込むねじ山数は, 漏水防止などを考慮して 3 山以上が必要である. ただし, 配水管が硬質ポリ塩化ビニルの場合は, 配水管の折損防止のためサドル付分水栓を用いることになっており，もみ込むねじ山数は関係しない．

イ　(正)

ウ　(誤)給水管の取出しは，配水管の直管部からのみであり，異形管部や継手からの取出しを行ってはならない．

エ　(正)

答(4)

【問題12】水道配水用ポリエチレン管からの分岐穿孔に関する問題である．

（1）(適当)

（2）(不適当)分水 EF サドルと分水栓付 EF サドルを取り付ける場合は，管の切断面と取り付けるサドル内面全体を，「エタノールまたはアセトン」などを浸み込ませたペーパータオルで「清掃」する．設問の「潤滑剤を浸み込ませたペーパータオルで…潤滑剤を塗布する」は誤り．

（3）(適当)

（4）(適当)

答(2)

【問題13】給水管の明示に関する問題である．

（1）(適当)

（2）(不適当)埋設管明示テープの地色は，道路法施行令第12条(構造に関する基準)と同法施行規則第 4 条の 3 の 2（電線等の名称等の明示)により，水道管は青色，工業水管は白色，ガス管は緑色，下水道管は茶色，電話線は赤色，電力線はオレンジ色と定められており，各道路管理者が定めるものではない．

（3）(適当)

（4）(適当)

答(2)

【問題14】給水装置の維持管理に関する問題である．

（1）(適当)

（2）(適当)

（3）(適当)

（4）(不適当)末端給水装置から供給された水道水の水質に関して異常があった場合に，まず対応するのは「水道事業者」であり，指定給水装置工事事業者ではない．これは，水質異常が発生した場合，その末端給水装置だけでなく付近に位置する給水装置にも影響を及ぼすことがあり，その場合に配水管に影響を与えないようにするためである．

答（4）

【問題15】水道メーターの設置に関する問題である．

ア　(誤)水道メーターの設置は，原則として「道路境界線」に最も近接した宅地内であり，家屋に最も近接した位置ではない．

イ　(誤)水道メーターは，場所によっては地上に設置することもあり，そうした場合は，損傷，凍結などに対して十分配慮する必要がある．設問の「いかなる場合においても…地中に設置しなければならない」は誤り．

ウ　(正)

エ　(正)

答（1）

【問題16】給水管の接合に関する問題である．

ア　(誤)硬質ポリ塩化ビニル管の TS 継手は，接合後の静置時間を十分とる必要があり，呼び径 50mm 以下は 30 秒以上，呼び径 75mm 以上は 60 秒以上静置することになっていて，その間は接合部分に引っ張りや曲げの力を加えてはならない．

イ　(正)

ウ　(誤)架橋ポリエチレン管の接合には，メカニカル式継手と電気融着式継手がある．設問の記述はポリブテン管の接合の内容である．

エ　(正)

答（2）

【問題17】給水管の埋設深さと占用位置に関する問題である．

道路法施行令第11条の 3 第 1 項第 2 号では，埋設深さについて「水管又はガス管の本線の頂部と路面との距離が(ア) 1.2m（工事実施上やむを得ない場合にあっては(イ) 0.6m)を超えていること」と規定されている．しかし，他の埋設物との交差の関係等で，土被りを標準又は規定値まで取れない場合は，(ウ)道路管理者と協議することとし，必要な防護措置を施す．

宅地内における給水管の埋設深さは，荷重，衝撃等を考慮して(エ) 0.3m 以上を標準とする．

答（2）

【問題18】給水管の配管に関する問題である.

ア　(正)

イ　(誤)不断水による分岐工事に際しては，水道事業者が認めている配水管口径に応じた分岐口径を超える口径の分岐など，「配水管の強度を低下させる」ような分岐工法は避ける．設問の「配水管の強度を上げるような分岐工法とする」は誤り.

ウ　(誤)伸縮可とう性のある管や継手の使用は，「地震力に対応するため」であり，高水圧に対応するためではない.

エ　(正)

答(3)

【問題19】給水管の接合に関する問題である.

(1)　(不適当)ライニング鋼管の接合では，埋設の際に，管端防食継手の外面を合成樹脂で覆った外面樹脂被覆継手を使用することが望ましく，外面樹脂被覆継手を「使用しない場合」は，防食テープを巻くなどの防食処理等を施す必要がある.

(2)　(不適当)ダクタイル鋳鉄管の接合に使用する滑剤には，継手用滑剤に適合するものを使用し，グリースなどの油剤類は「絶対に使用してはならない」.

(3)　(不適当)水道配水用ポリエチレン管の EF 継手による接合では，異形管部分の離脱防止対策は「不要」である.

(4)　(適当)

答(4)

◆給水装置の構造及び性能

【問題20】配管工事後の耐圧試験に関する問題である.

ア　(正)

イ　(誤)新設工事の場合は，配管や接合部の施工が確実に行われたかを確認するため，試験水圧「1.75MPa」を 1 分間保持する.

ウ　(正)

エ　(誤)分水栓，止水栓など止水機能のある給水用具の止水性能を確認するため，止水機能のある栓の弁はすべて「開」状態で耐圧試験を実施する.

答(1)

【問題21】ウォータハンマの防止に関する問題である.

ア　(誤)ウォータハンマの発生のおそれのある場合で，給水管の水圧が高い時は,「減圧弁，定流量弁など」を設置する.

イ　(正)

ウ　(誤)複式ボールタップは単式ボールタップに比べてウォータハンマが「発生しにくい傾向」がある.

エ　(正)

答(4)

【問題22】管の侵食防止のための防食工に関する問題である.

ア　(誤)鋳鉄管からサドル付分水栓などにより穿孔，分岐した通水口には,「防食コアを挿入する」. 設問の「ダクタイル管補修用塗料を塗布する」は誤り.

イ　(正)

ウ　(誤) 鋳鉄管の切管の内面防食には,「ダクタイル管補修用塗料を塗布する」. 設問の「管端防食継手を使用する」は誤り.

エ　(正)

答(3)

【問題23】水の汚染防止に関する問題である.

ア　(正)

イ　(誤)給水装置の構造及び材質の基準に関する省令第2条(浸出等に関する基準)第3項により，給水装置は，シアンを扱う施設に近接して設置してはならない.

ウ　(誤)同省令同条第4項により，有機溶剤が地下に浸透するおそれのある場所では，硬質塩化ビニル管，ポリエチレン二層管，水道配水用ポリエチレン管，架橋ポリエチレン管，ポリブテン管などの合成樹脂管は，有機溶剤に侵されやすいので使用してはならない.

エ　(正)

答(1)

【問題24】給水装置の構造および材質の基準に関する問題である.

（1）（適当）

（2）（適当）

（3）（適当）

（4）（不適当）配水管への取付口の位置は，他の給水装置の取付口から「30cm」以上離れていること．

答（4）

【問題25】給水装置の耐久性能基準に関する問題である．

（1）（不適当）耐久性能基準は，制御弁類のうち機械的・自動的に頻繁に作動し，かつ通常消費者が自らの意思で選択し，または設置・交換「しない」ような弁類に適用する．

（2）（適当）

（3）（適当）

（4）（適当）

答（1）

【問題26】給水装置の浸出性能基準の適用対象外に関する問題である．

受水槽用ボールタップとバルブ類は「適用対象」の給水用具である．

答（2）

【問題27】吐水口空間の水平距離に関する問題で，呼び径が20mm 以上の場合，図中の距離Bは40mm 以上確保する，が正しい．

答（3）

【問題28】横取出し越流管の吐水口空間の問題で，図中のB が吐水口空間である．

答（2）

【問題29】寒冷地における凍結防止対策に関する問題である．

（1）（不適当）水抜き用の給水用具は水道メーター「下流側」に設置する．

（2）（適当）

（3）（適当）

（4）（適当）

答（1）

◆給水装置計画論

【問題30】直結式の給水方式に関する問題である．

（1）（適当）

（2）（適当）

（3）（適当）

（4）（不適当）直結増圧式は，配水管が断水したときに給水装置からの逆圧が大きいことから，直結加圧形ポンプユニットに近接して有効な「逆止弁」を設置する．

答（4）

【問題31】受水槽式の給水方式に関する問題である．

ア （正）

イ （誤）「ポンプ直送式」は，受水槽に受水したのち，使用水量に応じてポンプの運転台数の変更や回転数制御によって給水する方式である．

ウ （正）

エ （誤）配水管の水圧が高いときは，受水槽への流入時に給水管の流量が過大となるため，「減圧弁，定流量弁など」を設置する必要がある．

答（2）

【問題32】計画使用水量に関する問題である．

（1）（適当）

（2）（適当）

（3）（不適当）直結増圧式給水を行うに当たっては，「同時使用水量」を適正に設定することが，適切な配管口径の決定および直結加圧形ポンプユニットの適正容量の決定に不可欠である．

（4）（適当）

答（3）

【問題33】給水管の口径決定に関する問題である．

給水管の口径は，各水道事業者の定める配水管の水圧において，(ア)計画使用水量を十分に供給できるもので，かつ(イ)経済性も考慮した合理的な大きさにする．

口径は，給水用具の立上がり高さと(ア)計画使用水量に対する(ウ)総損失水頭を加えたものが，給水管を取り出す配水管の(エ)計画最小動水圧の水頭以下となるよう計算によって定める．

答（4）

【問題34】給水栓からの流出量を求める問題で，図－2を用いて，口径と動水勾配から流量を求める．口径は 20mm と与えられている．

摩擦損失水頭 h = A 点における配水管の水頭 −（立上がり + 給水用具ならびに管の曲がりによる損失水頭 + 余裕水頭）

$h = 20 - (0.5 + 2.5 + 8 + 5) = 4$〔m〕

管延長 $L = 5 + 0.5 + 20 + 2.5 = 28$〔m〕

動水勾配 I は，摩擦損失水頭 h を管延長 L で除して，千分率‰（パーミル）で表す．

$$I = \frac{h}{L} \times 1\,000 = \frac{4}{28} \times 1\,000 \fallingdotseq 143〔‰〕$$

図 − 2 の動水勾配 143‰を垂直に上に延ばし，口径 20mm の線との交点を求める．その交点から左に水平移動し，流量との交点を求めると，およそ 0.47L/ 秒である．これを分単位に換算すると，

$0.47 \times 60 = 28.2$〔L/ 分〕

答（2）

【問題35】給水装置の図面作成に関する問題である．

ア　（誤）給水管および配水管の口径の単位は「mm」，給水管の延長の単位は「m」とし，いずれも単位記号は付けない．

イ　（正）

ウ　（正）

エ　（正）

答（3）

◆給水装置工事事務論

【問題36】給水装置工事主任技術者の職務に関する問題である．

ア　（正）

イ　（誤）主任技術者の職務の一つが工事の安全管理であり，特に道路下の配管工事については，通行者と通行車両の安全確保とともに，ガス管，電力線，電話線などの保安についても万全を期すことが求められる．

ウ　（正）

エ　（正）

答（4）

【問題37】指定給水装置工事事業者による給水装置工事主任技術者の選任に関する問題である．

（1）（適当）

（2） (不適当)水道法施行規則第 21 条(給水装置工事主任技術者の選任)第2項により，選任した主任技術者が欠けるに至った場合は，当該事由が発生した日から2週間以内に新たに給水装置工事主任技術者を選任しなければならない.

（3） (適当)

（4） (適当)

答(2)

【問題38】給水装置工事に係る記録の作成，保存に関する問題である.

ア (誤)指定給水装置工事事業者は，施行した給水装置工事に係る記録を作成し，「3年間」保存しなければならない(水道法施行規則第 36 条第6号).

イ (正)

ウ (正)

エ (誤)給水装置工事の記録は，事務の遂行に最も都合よい方法で記録を作成して保存すればよいとされており，電子媒体のみで保存することも認められる.

答(1)

【問題39】給水装置の構造及び材質の基準に関する省令についての問題である.

（1） (不適当)性能基準は，耐圧，浸出等，水撃限界，防食，逆流防止，耐寒，耐久の「7」項目からなっている.

（2） (不適当)JIS 規格等に適合している製品は，その規格の登録認証機関がそれぞれの性能基準への適合を証明している製品であるものの，すべてが基準省令の適合品というわけではない.

（3） (不適当)たとえば，給水管は「耐圧性能と浸出性能」が必要であり，飲用に用いる給水栓は「耐圧性能，浸出性能，水撃限界性能」が必要である. また，設問にある「耐久性能」は，給水管と飲用に用いる給水栓には不要である.

（4） (適当)

答(4)

【問題40】給水装置の構造及び材質の基準に関する省令の性能基準についての問題である.

（1） (適当)

（2）（適当）

（3）（不適当）自己認証とは，製造業者が自らの責任のもとで性能基準適合製品を製造（もしくは輸入）するものである．その基準適合性の証明は，製造業者が自ら作成した資料のみによって行うのではなく，製品試験機関などに委託して得られたデータや資料などを用いることもできる．また，各製品が設計段階で基準省令に定める性能基準に適合していることの証明と「製造段階」で品質の安定性が確保されていることの証明が必要である．

（4）（適当）

答（3）

午後［学科試験 2］

◆給水装置の概要

【問題41】水道メーターに関する問題である．

水道メーターは，(ア)計量法に定める特定計量器の検定に合格したものを設置し，検定有効期間である(イ)8年以内に，検定に合格したメーターと交換しなければならない．

水道メーターの計量方法は，水の体積を測定する容積式（実測式）と，流れている水の流速を測定して流量に換算する流速式（推測式）に分類され，我が国で使用されている水道メーターのほとんどが(ウ)流速式である．

水道メーターは，主に(エ)羽根車の回転数と通過水量が比例することに着目して計量する羽根車式が使用されている．

答（2）

【問題42】水道メーターに関する問題である．

ア （正）

イ （誤）水道メーターの指示部の形態は，計量値を「デジタル表示する直読式」と，計量値を「アナログ表示する円読式」がある．

ウ （正）

エ （誤）水道メーターの計量部の形態が「複箱式」のものは，メーターケースの中に別の計量室を持ち，ノズルから羽根車に噴射水流を与える構造となっている．

答（3）

【問題43】給水用具の故障に関する問題である．

ア　(正)

イ　(誤)副弁付定水位弁の故障で水が出なくなった．調査したところ，ストレーナーに異物が詰まっていたので「分解して清掃した」．設問の「取り外して副弁付定水位弁を使用した」は不適当．

ウ　(誤)水栓から不快音がした．調査したところ，スピンドルの孔とこま軸の外径が合わなく，がたつきがあったため，「摩耗したこまを取り替えた」．設問の「スピンドルを取り替えた」は不適当．

エ　(正)

答(4)

【問題44】給水用具に関する問題である．

ア　(誤)吸排気弁は，給水立て管頂部に設置され，管内に負圧が生じた場合に自動的に多量の空気を「吸気する」ものである．

イ　(正)

ウ　(正)

エ　(誤)減圧弁は，調整ばね，ダイヤフラム，弁体などの圧力調整機構によって，「一次側」の圧力が変動しても，「二次側を一次側より低い」一定圧力に保持する給水用具である．

答(2)

【問題45】給水用具に関する問題である．

①甲形止水栓は，止水部が落としこま構造であり，損失水頭が(ア)大きい．

②(イ)リフト式逆止弁は，弁体が弁箱または蓋に設けられたガイドによって弁座に対し垂直に作動し，弁体の自重で閉止の位置に戻る構造である．

③バキュームブレーカは，給水管内に負圧が生じたとき，サイホン作用により使用済みの水などが逆流し水が汚染されることを防止するため，逆止弁により逆流を防止するとともに逆止弁より二次側(流出側)の負圧部分へ自動的に(ウ)空気を取り入れ，負圧を破壊する機能を持つ給水用具である．

④(エ)空気弁は，管内に停滞した空気を自動的に排出する機能を持った給水用具である．

答(3)

【問題46】貯湯湯沸器に関する問題である.

給水装置として取り扱われる貯湯湯沸器は，そのほとんどが(ア)貯湯部にかかる圧力が(イ) 100kPa 以下で，かつ伝熱面積が(ウ) $4\,m^2$ 以下の構造のもので，労働安全衛生法令に規定するボイラーおよび小型ボイラーに該当しない簡易ボイラーといわれるものである．貯湯湯沸器は，給水管に直結するので(エ)減圧弁および安全弁(逃し弁)の設置が必須である.

答(4)

【問題47】給水用具の故障に関する問題である.

（1）（適当）

（2）（不適当）ボールタップ付ロータンクの水が止まらなかった．調査したところ，鎖がからまっていたため，「鎖をたるませた(リング鎖の場合は2輪ほどたるませた)」．設問の「鎖のたるみをなくした」は不適当.

（3）（適当）

（4）（適当）

答(2)

【問題48】給水装置工事に関する問題である.

給水装置工事は，(ア)水道施設を損傷しないこと，設置された給水装置に起因して需用者への給水に支障を生じないこと，(イ)水道水質の確保に支障を生じたり公衆衛生上の問題が起こらないことなどの観点から，給水装置の構造及び材質の基準に適合した適正な施行が必要である．このため，水道法では，(ウ)水道事業者は給水装置工事を適正に施行できると認められる者の指定をすることができ，この指定をしたときは，水の供給を受ける者の給水装置が水道事業者または指定を受けた者の施行した給水装置工事に係るものであることを(エ)供給条件とすることができるとされている.

答(1)

【問題49】給水管に関する問題である.

ア　(正)

イ　(正)

ウ　(誤)「架橋ポリエチレン管」は，耐熱性，耐寒性および耐食性に優れ，軽量で柔軟性に富んでおり，管内にスケールが付きにくく，流体抵抗が小さいなどの特長を備えており，さや管ヘッダ工法や先分岐工法において使用されている.

エ （正）

答（3）

【問題50】直結加圧形ポンプユニットに関する問題である.

ア （正）

イ （誤）直結加圧形ポンプユニットの圧力タンクは,「起動時・停止時の圧力変動と定常運転時の圧力脈動を抑制するため」のものである. 設問の「蓄圧機能により圧力タンク内の水を供給する」目的のものではない.

ウ （誤）直結加圧形ポンプユニットは, 通常, 加圧ポンプ, 制御盤, 圧力タンク,「バイパス管」などをあらかじめ組み込んだユニット形式である. 設問の「副弁付定水位弁」は組み込まれていない.

エ （正）

答（1）

◆給水装置施工管理法

【問題51】建設工事公衆災害防止対策要綱土木工事編に基づく交通保安対策に関する問題である.

（1） （適当）同要綱第23（道路敷（近傍）工事における措置）第2項による.

（2） （不適当）同要綱第26（仮復旧期間における車両交通のための路面維持）により, 道路を掘削した箇所を埋め戻したのち, 仮舗装を行う際にやむを得ない理由で段差が生じた場合は,「5 パーセント」以内の勾配ですりつける.

（3） （適当）同要綱第 24（道路上（近接）工事における措置）第 3 項による.

（4） （適当）同要綱第 27（歩行者用通路の確保）第 1 項による（注：幅 0.9 メートル以上（高齢者や車椅子使用者の通行が想定されない場合は 0.75 メートル以上）に改定）.

答（2）

【問題52】建設工事公衆災害防止対策要綱土木工事編に基づく作業場に設置するさくに関する問題である.

作業場における固定さくの高さは（ア） 1.2 メートル以上とし, 通行者の視界を妨げないようにする必要がある場合は, さく上の部分を金網などで張り, 見通しをよくする.

また，移動さくは，高さ 0.8 メートル以上 1 メートル以下，長さ 1 メートル以上 1.5 メートル以下で，支柱の上端に幅(イ) <u>15</u> センチメートル程度の横板を取り付けてあるものを標準とする.

固定さくの袴部分および移動さくの横板部分は，黄色と黒色を交互に斜縞に彩色(反射処理)するものとし，彩色する各縞の幅は 10 センチメートル以上(ウ) <u>15</u> センチメートル以下，水平との角度は(エ) <u>45</u> 度を標準とする(注：令和元年 9 月 2 日国土交通省告示第 496 号改正により，彩色する各縞の幅は 10 センチメートル以下(15 センチメートル以下の規定は削除)となった).

答（1）

【問題53】 建設業法に関する問題である.

（1） (適当)同法第 3 条(建設業の許可)第 3 項による.

（2） (不適当)同法第 3 条第 1 項により，特定建設業の許可も「国土交通大臣または都道府県知事」の許可を受けることになる.

（3） (適当)同法第 27 条の 23(経営事項審査)による.

（4） (適当)同法第 3 条第 1 項，同法施行令第 1 条の 2 (法第 3 条第 1 項ただし書の軽微な建設工事)による.

答（2）

【問題54】労働安全衛生法施行令に規定する作業主任者を選任しなければならない作業に関する問題である.

（1） (適当)同施行令第 6 条(作業主任者を選任すべき作業)第 10 号による.

（2） (適当)同条第 21 号による.

（3） (適当)同条第 9 号による.

（4） (不適当)設問の「つり上げ荷重が 1 t 以上の移動式クレーンの玉掛け作業」は作業主任者の業務ではなく，「玉掛け技能講習を修了した者」が作業できることになっている.

答（4）

【問題55】建築基準法に規定されている 5 階建ての配管設備に関する問題である.

（1） (適当)平成22 年 3 月29 日国土交通省告示第243 号第 1・1・ロによる

（2） (適当)同法施行令第 129 条の 2 の 4 (給水，排水その他の配管設備の設置及び構造）第２項第２号による．

（３）（不適当）同告示第１・１・イにより，ウォーターハンマが生じるおそれがある場合においては，給水管に「エアーチャンバー」を設ける．設問の「逆止弁」は誤り．

（４）（適当）同施行令同条第１項第７号イによる． **答**（３）

【問題56】給水装置工事の施工管理に関する問題である．

（１）（不適当）施工計画書は「施工管理」に必要な要点が記載してあるものであり，維持管理ではない．

（２）（適当）

（３）（適当）

（４）（適当）

答（１）

【問題57】 給水装置工事の施工管理に関する問題である．

（１）（適当）

（２）（適当）

（３）（不適当）水道メーター以降の工事についても施工計画書を作成する必要がある．

（４）（適当）

答（３）

【問題58】給水装置工事の定義（水道法第３条第11 項）に関する問題である．

ア （誤）給水装置工事とは，計画の立案，工事の施工，竣工検査までの一連の過程の全部または一部のことで，工事に先立って行う調査も含まれる．

イ （正）

ウ （誤）給水装置工事には，給水装置の新設，改造，修繕の工事が含まれ，給水装置を取り外す撤去の工事も含まれる．

エ （正）

答（１）

【問題59】 配水管への取付けから水道メーターまでの給水装置工事の施工管理に関する問題である．

（１）（適当）

（2）（適当）

（3）（適当）

（4）（不適当）工事の施工に当たり，事故が発生した場合には，「直ちに必要な措置を講じたうえ，事故の状況と措置内容を水道事業者や関係官公署に報告する」．

答（4）

【問題60】給水装置工事の安全管理に関する問題である．

（1）（不適当）埋設物に接近して掘削する場合は，周辺地盤のゆるみ，沈下などに十分注意して施工し，必要に応じて「埋設物管理者」と協議のうえ，防護措置などを講ずる．

（2）（適当）

（3）（適当）

（4）（適当）

答（1）

第 19 回（平成 27 年度）
給水装置工事主任技術者試験 問題

有効受験者数13,978名／合格者数4,348名／合格率31.1%

午前 (10：00～12：30) [学科試験 1]

- 公衆衛生概論(3 問)
- 水道行政(6 問)
- 給水装置工事法(10問)
- 給水装置の構造及び性能(10問)
- 給水装置計画論(6 問)
- 給水装置工事事務論(5 問)

◇公衆衛生概論

問題 1 水道施設に関する下図の[　　　　]内に入る語句の組み合わせのうち，適当なものはどれか.

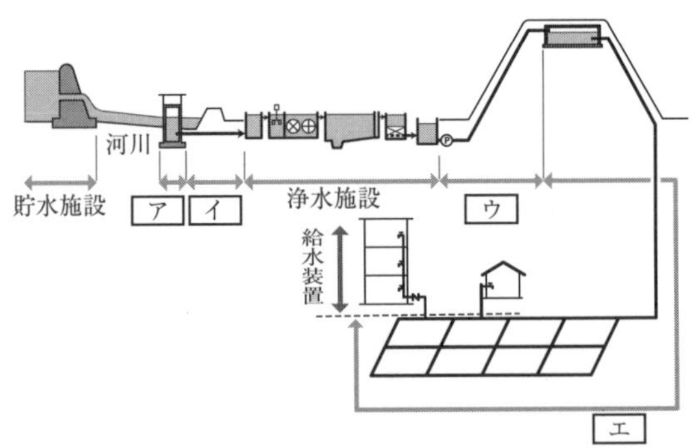

	ア	イ	ウ	エ
(1)	取水施設	送水施設	導水施設	配水施設
(2)	導水施設	取水施設	配水施設	送水施設
(3)	取水施設	導水施設	送水施設	配水施設
(4)	取水施設	導水施設	配水施設	送水施設

問題 2 水道の浄水処理に関する次の記述のうち，不適当なものはどれか．

(1) 急速ろ過法とは，一般に原水に凝集剤を加えて沈でん処理をしたのち，砂ろ過を行う浄水方法である．

(2) 緩速ろ過法とは，一般に原水を普通沈でん処理したのち，ろ過池の砂層に繁殖した好気性生物により水を浄化する浄水方法である．

(3) 急速ろ過法，緩速ろ過法ともに，砂ろ過を行った後，消毒のための塩素剤を注入する．

(4) 緩速ろ過法では，溶解性の鉄やマンガンを除去するため，ろ過池の前に塩素を入れる前塩素処理を行う．

問題 3 化学物質の飲料水への汚染経路や健康影響に関する次の記述のうち，不適当なものはどれか．

(1) フッ素の飲料水への混入は，地質や工場排水等に由来する．過度に摂取すると，体内沈着によって斑状歯や骨折の増加等を引き起こす．

(2) 有機溶剤であるトリクロロエチレンが，未処理のまま土壌に浸透して飲料用の地下水に混入した事例がある．

(3) 水道原水中の有機物質が浄水場で注入される凝集剤と反応して，発がん性が報告されているトリハロメタン類が生成される．

(4) 鉛製の給水管を使用していると，pH 値の低い水や遊離炭酸の多い水に鉛が溶出しやすい．

◇水道行政

問題 4 水道法第14条の供給規程に関する次の記述のうち，不適当なものはどれか．

(1) 供給規程は，水道事業者と水道の需要者との給水契約の内容を示すものである．

(2) 都道府県知事は，料金，給水装置工事の費用の負担区分その他の供給条件について，供給規程を定めなければならない．

(3) 水道事業者は，供給規程を，その実施の日までに一般に周知させる措置をとらなければならない．

(4)供給規程は，特定の者に対して不当な差別的取扱いをするものであってはならない．

問題 5 **供給規程（水道法第14条）が満たすべき要件に関する次の記述のうち，不適当なものはどれか．**

(1)貯水槽水道が設置されている場合においては，貯水槽水道に関し，水道事業者及び当該貯水槽水道の設置者の責任に関する事項が，適正かつ明確に定められていること．

(2)料金が，能率的な経営の下における適正な原価に照らし公正妥当なものであること．

(3)水道事業者及び指定給水装置工事事業者の責任に関する事項並びに給水装置工事の費用の負担区分及びその額の算出方法が，適正かつ明確に定められていること．

(4)料金が，定率又は定額をもって明確に定められていること．

問題 6 **水道法第15条の給水義務に関する次の記述のうち，不適当なものはどれか．**

(1)水道事業者は，当該水道により給水を受ける者が料金を支払わないときは，供給規程の定めるところにより，その者に対する給水を停止することができる．

(2)水道事業者は，当該水道により給水を受ける者に対し，正当な理由がありやむを得ない場合を除き，常時給水を行う義務がある．

(3)水道事業者は，当該水道により給水を受ける者が正当な理由なしに給水装置の検査を拒んだときは，供給規程の定めるところにより，その者に対する給水を停止することができる．

(4)水道事業者は，事業計画に定める給水区域内の需要者から給水契約の申込みを受けたときは，いかなる場合であってもこれを拒んではならない．

問題7 水道法に定められている給水装置工事主任技術者の職務に関する次の記述のうち，不適当なものはどれか．

(1)給水装置工事に係る給水装置の構造及び材質が給水装置の構造及び材質の基準に適合していることの確認

(2)給水管を配水管から分岐する工事を施行しようとする場合の配水管の布設位置の確認に関する水道事業者との連絡調整

(3)水道メーターの下流側から給水栓までの工事を施行しようとする場合の工法，工期その他の工事上の条件に関する水道事業者との連絡調整

(4)給水装置工事を完了した旨の水道事業者への連絡

問題8 水道法に規定する給水装置及び給水装置工事に関する次の記述のうち，不適当なものはどれか．

(1)配水管から分岐された給水管に直結する水道メーターは，給水装置に該当する．

(2)ビルなどで水道水を一旦受水槽に受けて給水する場合，受水槽以降の給水栓，ボールタップ，湯沸器等の給水用具は給水装置には該当しない．

(3)給水装置工事とは給水装置の設置又は変更の工事をいい，給水装置を撤去する工事は給水装置工事ではない．

(4)工場生産住宅に，工場内で給水管及び給水用具を設置する作業は，給水装置工事ではない．

問題9 指定給水装置工事事業者(以下，本問においては「工事事業者」という.)制度に関する次の記述のうち，不適当なものはどれか．

(1)工事事業者の指定の基準は，地域の実情に応じて，指定を行う水道事業者ごとに定められている．

(2)工事事業者は，工事ごとに，指名した給水装置工事主任技術者に所要の記録を作成させ，それを3年間保存しなければならない．

(3)工事事業者は，水道事業者の要求があれば，水道事業者が行う給水装置の検査に給水装置工事主任技術者を立ち会わせなければならない．

(4)水道事業者は，指定の基準を満たす者から申請があれば，工事事業者

として指定しなければならない.

◇給水装置工事法

問題 10　給水管の取出し工事に関する次のア～エの記述のうち，不適当なものの数はどれか.

ア　水道事業者によっては，配水管の分岐から止水栓までの給水管の口径を限定している場合があるため，水道事業者と事前に協議し指示を受ける必要がある.

イ　給水装置の配水管への取付口から水道メーターまでの工事を施行する場合は，当該配水管及び他の地下埋設物に変形，損傷等が生じないよう給水装置工事主任技術者が当該工事に従事する者を実施に監督しなければならない.

ウ　配水管からの給水管の取出しにあたっては，ガス管，工業用水道管等の水道以外の管から誤分岐接続しないよう，明示テープ，消火栓，仕切弁等の位置の確認及び音聴，電動ドリルでの試験穿孔等により当該配水管であることを確認のうえ，施工しなければならない.

エ　配水管からの分岐以降止水栓までの給水装置材料及び工法等については，災害時等の道路陥没などの被害を防止する観点から，管種や耐震性等を道路管理者が指定しているため確認が必要である.

（1）　1
（2）　2
（3）　3
（4）　4

問題 11　配水管からの給水管の取出し方法に関する次の記述のうち，不適当なものはどれか.

（1）サドル付分水栓によるダクタイル鋳鉄管の分岐穿孔に使用するドリルは，モルタルライニング管の場合とエポキシ樹脂粉体塗装管の場合とで形状が異なる.

（2）ダクタイル鋳鉄管に装着する防食コアは非密着形と密着形があるが，

挿入機は製造業者及び機種等が異なっても扱い方は同じである.

(3)水道配水用ポリエチレン管に分水栓付EFサドルを取付ける場合は,管を融着する箇所にサドルの長さよりひと回り大きい標線を記入し,削り残しや切削むらの確認のため切削面にマーキングを施したうえで,スクレーパーを用いて標線の範囲内の管表面を切削する.

(4)割T字管は,配水管の管軸水平部にその中心がくるように取付け,給水管の取出し方向及び割T字管が管水平方向から見て傾きがないか確認する.

問題 12 **サドル付分水栓の穿孔施工に関する次の記述のうち,適当なものはどれか.**

(1)サドル付分水栓を取付ける前に,弁体が全閉状態になっているか,パッキンが正しく取付けられているか,塗装面やねじ等に傷がないか等を確認する.

(2)サドル付分水栓の取付け位置を変えるときは,サドル取付けガスケットを保護するため,配水管の表面を滑らせて移動させる.

(3)サドル付分水栓の穿孔作業に際し,サドル付分水栓の吐水部へ排水ホースを連結させ,切粉を下水溝等へ確実に排水する.

(4)配水管がポリエチレンスリーブで被覆されている場合は,サドル付分水栓取付け位置の中心から20cm程度離れた両位置をゴムバンド等により固定してから切り開き,ゴムバンドの位置まで折り返し,配水管の管肌をあらわす.

問題 13 **給水管の浅層埋設に関する次の記述のうち,不適当なものはどれか.**

(1)浅層化の通達(平成11年3月31日付建設省道政発第32号,道国発第5号)による浅層埋設の適用対象となる硬質ポリ塩化ビニル管は,口径200mm以下のものである.

(2)浅層化の通達に対する各都市の道路管理者の埋設深さについての対応は,それぞれの地域の実情に合わせて一定の基準を設けて実施している.

(3) 道路を縦断して給水管を埋設する場合は，ガス管など他の埋設物への影響及び占用離隔に十分注意し，道路管理者が許可した占用位置に配管する．

(4) 浅層埋設の適用対象となる管種及び口径の使用にあたっては，埋設深さなどについて道路管理者に確認のうえ，埋設深さを可能な限り浅くする．

問題 14 **工事の施行にあたっての現場管理に関する次の記述の[　　　]内に入る語句の組み合わせのうち，適当なものはどれか．**

道路工事にあたっては，交通の安全等について[　ア　]及び所轄警察署長と事前に相談しておく．

工事の施行によって生じた建設発生土，建築廃棄物等は，「廃棄物の[　イ　]に関する法律」その他の規定に基づき，[　ウ　]が責任をもって適正かつ速やかに処理する．

給水装置工事の施行中に万一不測の事故等が発生した場合に備え，工事に際しては，あらかじめ所轄警察署等の連絡先を，[　エ　]に周知徹底をしておく．

	ア	イ	ウ	エ
(1)	道路管理者	リサイクル	工事発注者	工事従事者
(2)	水道事業者	処理及び清掃	工事施行者	工事発注者
(3)	水道事業者	リサイクル	工事施行者	工事発注者
(4)	道路管理者	処理及び清掃	工事施行者	工事従事者

問題 15 **止水栓の設置及び給水管の防護に関する次の記述の正誤の組み合わせのうち，適当なものはどれか．**

ア　配水管などから分岐して最初に設置する止水栓の位置は，原則として道路内で宅地の近くとする．

イ　止水栓は，給水装置の維持管理上支障がないよう，メーターます又は専用の止水栓きょう内に収納する．

ウ　構造物の基礎や壁を貫通させて給水管を設置する場合は，貫通部に配管スリーブなどを設け，スリーブとの間隙を弾性体で充填し，給水管の損傷を防止する．

エ　水路を横断する場所にあっては，原則として水路を上越しして高水位以上の高さに配管する．

	ア	イ	ウ	エ
(1)	誤	正	誤	正
(2)	正	誤	誤	正
(3)	誤	正	正	誤
(4)	正	誤	正	誤

問題 16　**消防法の適用を受ける水道直結式スプリンクラー設備に関する次の記述のうち，不適当なものはどれか．**

(1)水道直結式スプリンクラー設備の設置にあたり，分岐する配水管からスプリンクラーヘッドまでの水理計算及び給水管，給水用具の選定は，消防設備士が行う．

(2)乾式配管方式の水道直結式スプリンクラー設備は，消火時の水量をできるだけ多くするため，給水管分岐部と電動弁との間を長くすることが望ましい．

(3)水道直結式スプリンクラー設備は，消防法令適合品を使用するとともに，給水装置の構造及び材質の基準に適合した給水管，給水用具であること，また，設置される設備は給水装置の構造及び材質の基準に適合していること．

(4)災害その他正当な理由によって，一時的な断水や水圧低下によりスプリンクラー設備の性能が十分発揮されない状況が生じても水道事業者に責任がない．

問題 17　**給水管の配管工事に関する次のア～エの記述のうち，適当なものの数はどれか．**

ア　ライニング鋼管の切断は，自動金のこ盤やねじ切り機に搭載された自動丸のこ機などを使用して，管軸に対し直角に切断する．管に悪影響を及ぼすパイプカッターやチップソーカッター，ガス切断，高速砥石は使用しない．

イ　硬質ポリ塩化ビニル管をTS継手(接着形)により接合する場合，JWWA規格「水道用硬質塩化ビニル管の接着剤」として品質確認済みの硬質ポリ塩化ビニル管用と耐衝撃性硬質ポリ塩化ビニル管用がある．

ウ　銅管の接合は，トーチランプ又は電気ヒータによるはんだ接合とろう接合がある．接合には継手を使用し，いかなる口径の給水管も直管部を胴継ぎとすることはできない．

エ　ステンレス鋼鋼管の接合に使用する伸縮可とう式継手は，埋設地盤の変動に対応できるように継手に伸縮可とう性を持たせたものであり，接合はスライド式が主である．

(1)　1
(2)　2
(3)　3
(4)　4

問題 18　**給水装置工事に関する次の記述の正誤の組み合わせのうち，適当なものはどれか．**

ア　口径20mmのポリエチレン1種二層管を配管するにあたり，曲げ半径を60cmで管を曲げて配管した．

イ　給水管を埋設するにあたり，ガス供給管と平行になるため，事故防止と修理作業を考慮して，給水管とガス供給管の離隔を30cm確保して埋設した．

ウ　呼び径50mmの硬質ポリ塩化ビニル管のTS継手の接合において，接着剤を塗布後，直ちにさし口を継手の受口にさし込み，管の戻りを防ぐため20秒間そのまま保持した．

エ　ポリエチレン二層管の接合の際に，管種(1種・2種)に適合した金属継手を分解して，袋ナット，リングの順序で管に部品を通し，リングは割りのない方を袋ナット側に向けた．

	ア	イ	ウ	エ
(1)	誤	誤	正	正
(2)	正	誤	正	誤

(3)	正	正	誤	誤
(4)	誤	正	誤	正

問題 19 給水管の配管工事に関する次の記述のうち，不適当なものはどれか．

(1) 給水管を地中埋設する場合は管内水圧及び土圧，輪荷重その他の外圧に対し十分な強度を有していることが必要で，そのためには適切な管厚のものを選定する必要がある．

(2) 給水管を施工上やむを得ず曲げ加工して配管する場合，曲げ配管が可能な材料としては，ライニング鋼管，銅管，ポリエチレン二層管がある．

(3) 水圧，水撃作用等により給水管の接合部が離脱するおそれがある継手は，硬質ポリ塩化ビニル管のRR継手，K形及びT形ダクタイル鋳鉄管の接合部がある．

(4) 給水装置工事は，いかなる場合でも衛生に十分注意し，工事の中断時又は一日の工事終了後には，管端にプラグなどで栓をし，汚水などが流入しないようにする．

◇給水装置の構造及び性能

問題 20 下図のように，呼び径13mmの給水管からボールタップを通して水槽に給水している．

この水槽を，事業活動に伴って薬品を入れる水槽として利用するとき，確保すべき吐水口空間に関する次の記述のうち，適当なものはどれか．

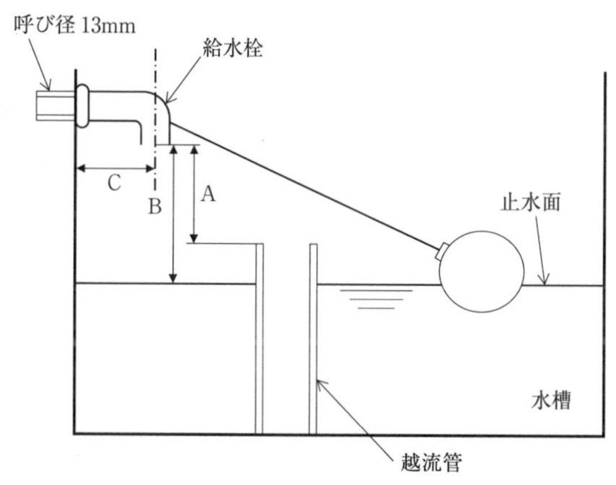

(1) 図中の距離Aを100mm以上，図中の距離Cを50mm以上確保する．
(2) 図中の距離Bを100mm以上，図中の距離Cを25mm以上確保する．
(3) 図中の距離Aを200mm以上，図中の距離Cを25mm以上確保する．
(4) 図中の距離Bを200mm以上，図中の距離Cを50mm以上確保する．

問題 21 **逆流防止に関する次の記述のうち，不適当なものはどれか．**

(1) 大気式及び圧力式バキュームブレーカは，水受け容器の越流面の上方150mm以上の位置に設置する．
(2) 呼び径25mm以下の給水管で浴槽に給水する場合，越流面からの吐水口空間は50mm以上を確保する．
(3) 化学薬品の製造業又は取扱業等，水を汚染するおそれのある有害物質などを取扱う場所に給水する給水装置は，給水方式を受水槽式とすることを原則とする．
(4) 圧力式バキュームブレーカは，バキュームブレーカに逆圧(背圧)がかかるところにも設置できる．

問題 22 **寒冷地における凍結防止対策として設置する水抜き用の給水用具に関する次の記述のうち，不適当なものはどれか．**

(1) 外部排水式不凍給水栓には，逆止弁を取り付け，排水口に砂利などを施して排出水が浸透しやすい構造とする．
(2) 積雪の多い地域では，原則として，屋内設置式水抜き栓を用いる．
(3) 水抜きバルブは，地下室などで水抜き栓を設置できない場合に取付けるもので，排水は器具本体の排水口に配管を接続して，浸透ますなどに放流する．
(4) 水抜き用の給水用具下流側の先上がり配管・埋設配管は，1/300以下の勾配とする．

問題 23 **配管工事後の耐圧試験及び水撃防止に関する次の記述の正誤の組み合わせのうち，適当なものはどれか．**

ア　配管工事後の耐圧試験の試験水圧は定量的な基準はなく，水道事業者が給水区域内の実情を考慮し，試験水圧を定めることができる．

イ　耐圧試験を実施する場合，管が膨張し圧力が低下することに注意しなければならないのは，柔軟性のあるポリエチレン二層管，架橋ポリエチレン管，ポリブテン管，ポリエチレン粉体ライニング鋼管である．

ウ　給水管におけるウォータハンマを防止するには，基本的に管内流速を速くする必要がある．

エ　ウォータハンマが発生するおそれのある箇所には，その手前に近接して水撃防止器具を設置する．

	ア	イ	ウ	エ
(1)	正	誤	正	誤
(2)	正	誤	誤	正
(3)	誤	正	誤	正
(4)	誤	誤	正	正

問題 24　**水の汚染防止に関する次の記述の正誤の組み合わせのうち，適当なものはどれか．**

ア　鉛製給水管が残存している給水装置において変更工事を行ったとき，併せて鉛製給水管の布設替えを行った．

イ　末端部が行き止まりの給水装置は，停滞水が生じ，水質が悪化するおそれがあるので，極力避けた．

ウ　給水管，継手及び給水管に接続されるすべての給水用具は浸出性能基準に適合していなければならないので，浸出性能基準に適合した給水用具を使用した．

エ　給水管路の途中に有毒薬品置場，有害物の取扱場，汚水槽等の汚染源があるので，さや管などで適切な防護措置を施した．

	ア	イ	ウ	エ
(1)	正	誤	正	誤
(2)	正	誤	誤	正
(3)	正	正	誤	誤
(4)	誤	誤	正	正

問題 25 **管の侵食防止のための防食工に関する次の記述の正誤の組み合わせのうち，適当なものはどれか．**

ア　サドル付分水栓などの給水用具を外面防食するため，ポリエチレンシートを使用してサドル付分水栓全体を覆うようにして包み込み，粘着テープなどで確実に密着及び固定し，土壌との接触を断って侵食の防止を図った．

イ　鋼管の外面防食のため，防食塗料を塗布する際，管外面を清掃し継手部との段差をマスチックで埋めた後，プライマを塗布し，防食塗料を１回塗布した．

ウ　金属管が他の構造物を貫通するので，ポリエチレンスリーブ，防食テープ等を使用し，管が直接構造物に接触しないよう施工した．

エ　鋳鉄管からサドル付分水栓などにより穿孔，分岐した通水口には，ダクタイル管補修用塗料を塗布するなど適切な防錆(せい)措置を施した．

	ア	イ	ウ	エ
(1)	正	誤	正	誤
(2)	正	誤	誤	正
(3)	正	正	誤	誤
(4)	誤	誤	正	正

問題 26 **クロスコネクション及び水の汚染防止に関する次の記述の正誤の組み合わせのうち，適当なものはどれか．**

ア　給水装置と当該給水装置以外の水管，その他の設備とは，仕切弁や逆止弁が介在しても，また，一時的な仮設であってもこれを直接連結することは絶対に行ってはならない．

イ　クロスコネクションの例として，当該給水装置と井戸水，工業用水，事業活動で用いられている液体の管と接続した配管が多いが，受水槽以下の配管との接続はクロスコネクションとはいえない．

ウ　合成樹脂管は有機溶剤などに侵されやすいので，そのおそれがある箇所には使用しないこととし，やむを得ず使用する場合は，さや管などで適切な防護措置を施す．

エ　配管接合作業において使用する接着剤やシール材等は，水道水に混入しても油臭，薬品臭等が発生することはない．

	ア	イ	ウ	エ
(1)	正	誤	正	誤
(2)	正	誤	誤	正
(3)	正	正	誤	誤
(4)	誤	誤	正	正

問題 27 **給水装置の耐圧性能基準に関する次の記述の正誤の組み合わせのうち，適当なものはどれか．**

ア　1.75MPa という試験水圧は，通常の使用状態における水圧，ウォータハンマによる水撃圧等を考慮し，現在の日本の水道の使用圧力において給水装置に加わり得る最大水圧として設定したものである．

イ　耐圧性能基準は，水道の水圧により給水装置に水漏れ，破壊等が生じることを防止するためのものであり，安全性確保のため最終の止水機構の流出側に設置されている給水用具にも適用される．

ウ　弁類は，耐久性能試験により10万回の開閉操作を繰り返した後でも，耐圧性能を有するものでなければならない．

エ　O（オー）リングは装着時の密着力で水密性を確保する構造のものであるため，低水圧時には密着力が低下し外部への漏水が生じるおそれがあり，20kPa の低水圧試験も併せて行うこととしている．

	ア	イ	ウ	エ
(1)	正	誤	正	誤
(2)	誤	正	誤	正
(3)	誤	正	正	誤
(4)	正	誤	誤	正

問題 28 **給水装置の水撃限界性能基準に関する次の記述のうち，不適当なものはどれか．**

(1) 水撃限界性能基準は，給水用具の止水機構が急閉止する際に生じる水撃作用により，給水装置に破壊などが生じることを防止するためのものである．

(2) 水撃限界性能基準の適用対象は，水撃作用を生じるおそれのある給水用具であり，水栓，ボールタップ，電磁弁，元止め式瞬間湯沸器等がこれに該当する．

(3) 水撃限界性能基準は，水撃発生防止仕様の給水用具であるか否かの判断基準であり，水撃作用を生じるおそれのある給水用具はすべてこの基準を満たしていなければならない．

(4) 水撃限界性能基準では，湯水混合水栓などにおいて，同一の仕様の止水機構が水側と湯側に付いているような場合は，いずれか一方の止水機構について試験を行えばよい．

問題 29 **給水装置の耐寒性能基準に関する次の記述のうち，適当なものはどれか．**

(1) 耐寒性能基準は，寒冷地仕様の給水用具か否かの判断基準であり，凍結のおそれがある場所において設置される給水用具はすべてこの基準を満たしていなければならない．

(2) 耐寒性能基準においては，凍結防止の方法は水抜きに限定している．

(3) 耐寒性能試験の－10±2℃という試験温度は，寒冷地における冬季の最低気温を想定したものである．

(4) 低温に暴露した後に確認すべき性能基準項目から浸出性能を除いたのは，低温暴露により材質などが変化することは考えられず，浸出性能に変化が生じることはないと考えられることによる．

◇給水装置計画論

問題 30 **受水槽式の給水方式に関する次の記述の[　　　]内に入る語句の組み合わせのうち，適当なものはどれか．**

受水槽式給水は，配水管から分岐し受水槽に受け，この受水槽から給水する方式であり，[　ア　]で配水系統と縁が切れる．

受水槽の容量は，[　イ　]によって定めるが，配水管の口径に比べ単位時間当たりの受水量が大きい場合には，配水管の水圧が低下し，付近の給水に支障を及ぼすことがある．このような場合には，[　ウ　]を設けたり，タイムスイッチ付電動弁を取り付けて水圧が高い時間帯に限って受水することもある．

	ア	イ	ウ
（1）	受水槽入口	計画１日使用水量	定流量弁
（2）	受水槽入口	同時使用水量	減圧弁
（3）	受水槽出口	計画１日使用水量	減圧弁
（4）	受水槽出口	同時使用水量	定流量弁

問題 31　給水方式に関する次の記述のうち，不適当なものはどれか．

（1）給水方式は複数存在しており，給水する高さ，所要水量，使用用途及び維持管理面を考慮して給水方式を決定する．

（2）直結式給水は，配水管の水圧で直結給水する方式（直結直圧式）と，給水管の途中に直結加圧形ポンプユニットを設置して給水する方式（直結増圧式）がある．

（3）直結・受水槽併用式給水は，一つの建築物内で直結式，受水槽式の両方の給水方式を併用するものである．

（4）受水槽式給水には，ポンプ直送式，高置水槽式，直圧水槽式がある．

問題 32　直結式給水による15戸の集合住宅での同時使用水量として，次のうち，適当なものはどれか．

ただし，同時使用水量は，標準化した同時使用水量により計算する方法によるものとし，１戸当たりの末端給水用具の個数と使用水量，末端給水用具数と同時使用水量比の関係，並びに集合住宅の給水戸数と同時使用戸数率は，それぞれ表－１から表－３のとおりとする．

（1）　225（L/分）

（2）　350（L/分）

（3）　400（L/分）

（4）　500（L/分）

表－1　1戸当たりの給水用具の個数と使用水量

給水用具	個数	使用水量(L/分)
台所流し	1	12
洗濯流し	1	12
浴槽(洋式)	1	30
大便器(洗浄タンク)	1	13
洗面器	1	8

表－2　末端給水用具数と同時使用水量比

総末端給水用具数	1	2	3	4	5	6	7	8	9	10	15	20
同時使用水量比	1.0	1.4	1.7	2.0	2.2	2.4	2.6	2.8	2.9	3.0	3.5	4.0

表－3　給水戸数と同時使用戸数率

戸数	1～3	4～10	11～20	21～30	31～40	41～60	61～80	81～100
同時使用戸数率(%)	100	90	80	70	65	60	55	50

問題 33　**下図に示す給水管(口径20mm)において，AからFに向かって36L/分の水を流した場合，管路A～F間の管の摩擦損失水頭と高低差の合計として，次のうち，適当なものはどれか.**

ただし，水道メーター，給水用具類は配管内に無く，管の曲がりによる損失水頭は考慮しない．また，給水管の水量と動水勾配の関係は，図－1を用いて求めるものとする.

なお，A～B，C～D，E～Fは水平方向に，B～C，D～Eは鉛直方向に配管されている

（1）　5 m

（2）　6 m

（3）　8 m

（4）　10 m

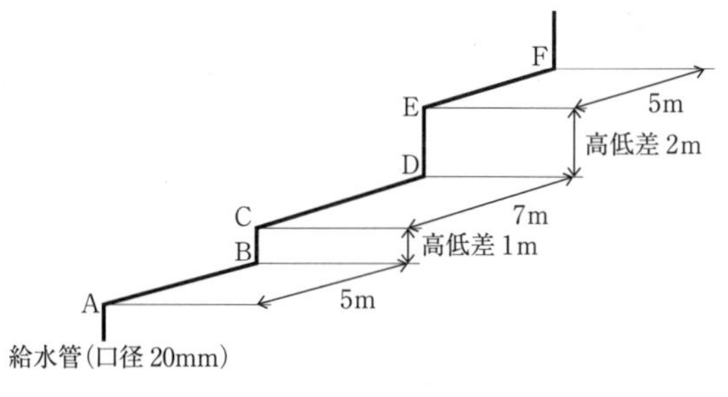

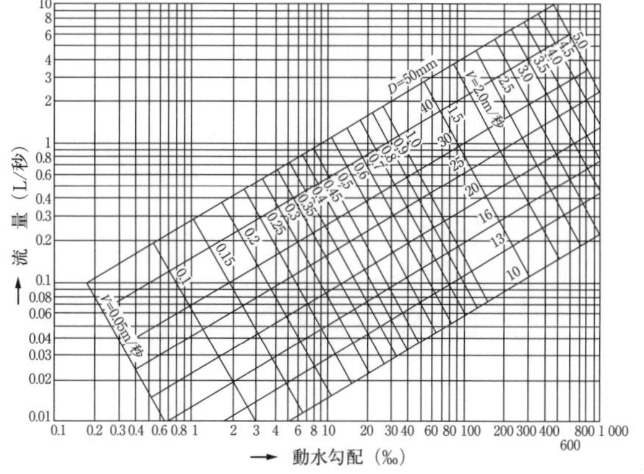

図－１　ウエストン公式による給水管の流量図

問題 34 給水装置工事の図面作成に関する次の記述のうち，不適当なものはどれか．

(1)給水装置工事の計画，施行に際しては立面図を，また，必要に応じて平面図や詳細図を作成する．

(2)平面図は，縮尺 1/100 ～ 1/500 の範囲で作成する．

(3)作図にあたっては必ず方位を記入し，北の方向を上にすることを原則とする．

(4)受水槽式給水の場合の図面は，直結給水部分と受水槽以下に分ける．

問題 35 **下図に示す給水装置について，給水管の口径を20mmとした場合のA～B間の総損失水頭は，口径を25mmにした場合のA～Bの総損失水頭の何倍になるか．次のうち，最も近い値はどれか．**

ただし，A～B間の総損失水頭は，A～B間の給水管の摩擦損失水頭，分水栓，甲形止水栓，水道メーター及び給水栓の損失水頭の総和とし，曲がりによる損失は考慮せず，高低差も無いものとする．

また，損失水頭等は，図－1から図－3を使用して求めるほか，計算に用いる数値条件は次のとおりとする．

①給水管の流量は口径20mm，25mmいずれの場合も 30L/分とする．

②分水栓，甲形止水栓，水道メーター及び給水栓の口径は給水管と同じである．（例えば，給水管の口径が20mmの場合は，分水栓，甲形止水栓，水道メーター及び給水栓の口径も20mmである．）

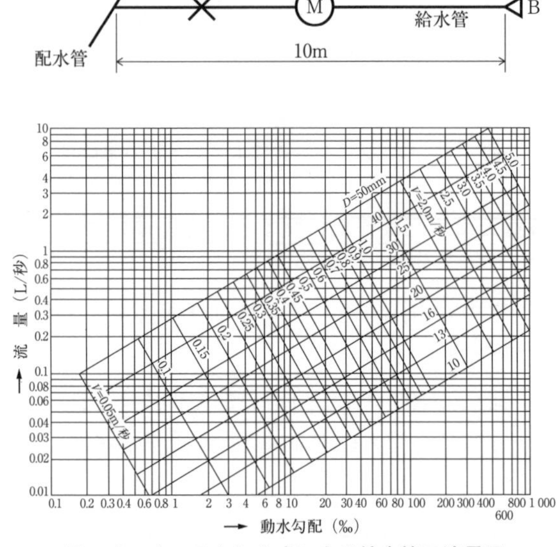

図－1　ウエストン公式による給水管の流量図

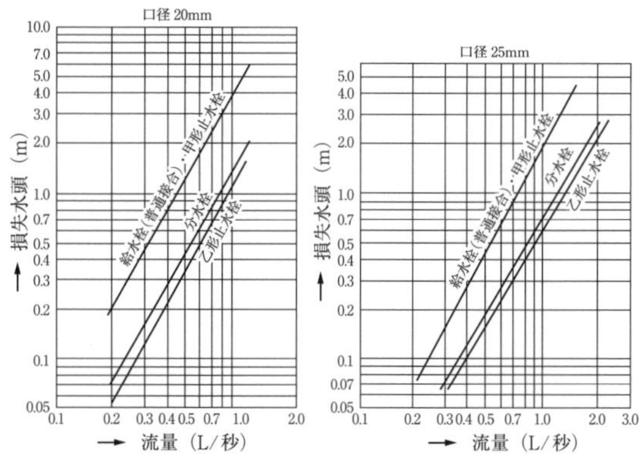

図－ 2　水栓類の損失水頭（給水栓，止水栓，分水栓）

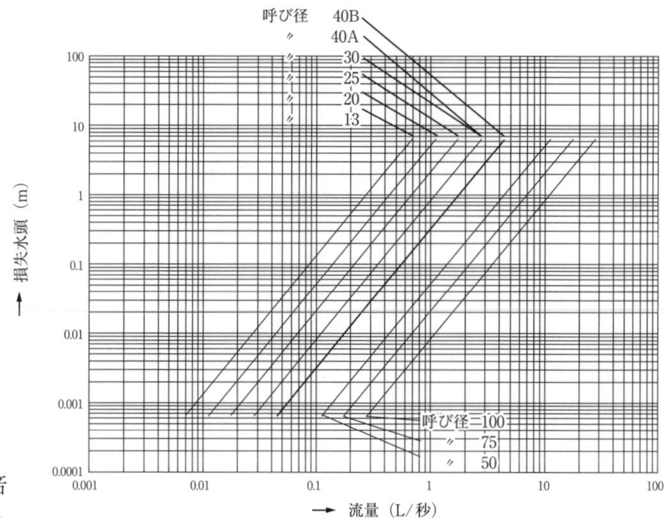

図－ 3　水道メーターの損失水頭

（1）　1.3 倍
（2）　1.6 倍
（3）　2.1 倍
（4）　2.6 倍

◇給水装置工事事務論

問題 36　給水装置工事における給水装置工事主任技術者（以下，本問においては「主任技術者」という．）の職務に関する次の記述の正誤の組み合わせのうち，適当なものはどれか．

平成27年

ア　主任技術者は，給水装置工事の事前調査において，酸・アルカリに対する防食，凍結防止等の工事の必要性の有無を調べる必要がある．

イ　主任技術者は，施主から使用を指定された給水管や給水用具等の資機材が，給水装置の構造及び材質の基準に関する省令の性能基準に適合していない場合でも，現場の状況から主任技術者の判断により，その資機材を使用することができる．

ウ　主任技術者は，道路下の配管工事について，通行者及び通行車両の安全確保の他，水道以外のガス管，電力線及び電話線等の保安についても配慮を求められる．

エ　主任技術者は，給水装置工事における適正な竣工検査を確実に実施するため，自らそれにあたらなければならず，現場の従事者を代理としてあたらせることはできない．

	ア	イ	ウ	エ
(1)	誤	正	誤	正
(2)	正	誤	正	誤
(3)	正	正	誤	誤
(4)	誤	誤	正	正

問題 37　**給水装置工事に係る記録の作成，保存に関する次の記述のうち，不適当なものはどれか．**

(1) 給水装置工事主任技術者は，給水装置工事を施行する際に生じた技術的な問題点などについて，整理して記録にとどめ，以後の工事に活用していくことが望ましい．

(2) 指定給水装置工事事業者は，給水装置工事の施主の氏名又は名称，施行場所，竣工図，品質管理の項目とその結果等についての記録を作成しなければならない．

(3) 給水装置工事の記録については，特に様式が定められているものではない．電子記録を活用するなど，事務の遂行に最も都合がよい方法で記録を作成して保存すればよい．

(4) 給水装置工事の記録の作成は，給水装置工事主任技術者が行い，他の従業員に行わせることはできない.

問題38 **指定給水装置工事事業者(以下, 本問においては「工事事業者」という.)による給水装置工事主任技術者(以下, 本問においては「主任技術者」という.)の選任に関する次の記述の正誤の組み合わせのうち, 適当なものはどれか.**

ア　工事事業者は, 給水装置工事の事業を行う事業所ごとに, 主任技術者を選任しなければならない.

イ　工事事業者は, 選任した主任技術者の氏名, 主任技術者が交付を受けた免状の交付番号に変更があった場合は, その旨を水道事業者に届け出なければならない.

ウ　工事事業者は, 主任技術者を選任した場合は, 水道事業者に届け出なければならないが, 主任技術者を解任した場合については特に定められていない.

エ　工事事業者は, 主任技術者の選任にあたり, 同一の主任技術者を複数の事業所で選任することはできない.

	ア	イ	ウ	エ
(1)	正	正	誤	誤
(2)	誤	誤	正	正
(3)	誤	正	誤	正
(4)	正	誤	正	誤

平成27年

問題39 **給水装置の構造及び材質の基準に係る認証制度に関する次の記述の[　　]内に入る語句の組み合わせのうち, 適当なものはどれか.**

給水装置の構造及び材質の基準が明確化, 性能基準化され, 給水管や給水用具が基準に適合しているか否かの確認が容易になったことから, 製造者などが自らの責任で[　ア　]を消費者などに証明する[　イ　]を基本としている. もう一つの証明方法として製造者などの希望に応じて行う[　ウ　]がある. これは, [　イ　]が困難な製造者や[　ウ　]はより客観性が高いことに着目してそれによる証明を望む製造者などが活用している.

	ア	イ	ウ
(1)	操 作 性	自 己 認 証	第三者認証
(2)	操 作 性	第三者認証	自 己 認 証
(3)	基準適合性	自 己 認 証	第三者認証
(4)	基準適合性	第三者認証	自 己 認 証

問題 40　給水装置の構造及び材質の基準(以下，本問においては「構造・材質基準」という.)に関する次の記述のうち，不適当なものはどれか.

(1) 日本工業規格(JIS)，製造者などの団体の規格，海外認証機関の規格等の製品規格のうち，その性能基準項目の全部に係る性能条件が給水装置の構造及び材質の基準に関する省令(以下，本問においては「基準省令」という.)の性能基準と同等以上の製品規格である場合，その規格により製造された製品については，構造・材質基準に適合しているものと判断して使用することができる.

(2) 構造・材質基準適合品であれば，給水装置工事に使用することができるので，それらを使用すれば，自動的に給水装置が構造・材質基準に適合することになる.

(3) 基準省令に定められている性能基準は，給水管及び給水用具ごとにその性能と使用場所に応じて適用される. 例えば，給水管には耐圧性能と浸出性能の基準が適用される必要があり，飲用に用いる給水栓には，耐圧性能，浸出性能及び水撃限界性能の基準が適用される必要がある.

(4) 厚生労働省では，給水装置用材料が使用可能か否かの判断のため，製品ごとの基準省令に定められている性能基準への適合性に関する情報を，全国的に利用できる給水装置データベースとして構築し提供している.

午後[学科試験 2]

- 給水装置の概要(10問)
- 給水装置施工管理法(10問)

◇給水装置の概要

問題 41 給水用具に関する次のア～エの記述のうち，適当なものの数はどれか．

ア　ばね，オリフィス，ニードル式等による流量調整機構によって，一次側の圧力にかかわらず流量が一定になるように調整する給水用具を定流量弁という．

イ　複式逆流防止弁は，個々に独立して作動する二つの逆流防止弁が組み込まれ，その弁体はそれぞればねによって弁座に押しつけられているので，二重の安全構造となっている．

ウ　管内に負圧が生じた場合に自動的に多量の空気を吸気して給水管内の負圧を解消する機能を持った給水用具を吸排気弁という．

なお，管内に停滞した空気を自動的に排出する機能を合わせ持っている．

エ　スイング式逆止弁は，弁体が弁箱又は蓋に設けられたガイドによって弁座に対し垂直に作動し，弁体の自重で閉止の位置に戻る構造のものである．

（1）　1

（2）　2

（3）　3

（4）　4

問題 42 湯沸器に関する次の記述の正誤の組み合わせのうち，適当なものはどれか．

ア　給水装置として取り扱われる貯湯湯沸器は，そのほとんどが貯湯部にかかる圧力が100kPa以下で，かつ伝熱面積が $4m^2$ 以下の構造のものである．

イ　瞬間湯沸器は，給湯に連動してガス通路を開閉する機構を備え，最高85℃程度まで上げることができるが，通常は40℃前後で使用される．

ウ　太陽熱利用貯湯湯沸器は，太陽集熱装置系と上水道系が蓄熱槽内で別系統となっている二回路式と太陽集熱装置系内に水道水が循環する水道直結式の2種類に分類できる．

エ　貯蔵湯沸器は，ボールタップを備えた器内の容器に貯水した水を，一定温度に加熱して給湯するもので，水圧がかからないため湯沸器設置場所でしか湯を使うことができない．

	ア	イ	ウ	エ
(1)	誤	正	誤	正
(2)	正	正	誤	正
(3)	正	誤	正	誤
(4)	誤	誤	正	誤

問題 43　**給水用具に関する次の記述のうち，不適当なものはどれか．**

(1) ボールタップは，フロートの上下によって自動的に弁を開閉する構造になっており，水洗便器のロータンクや，受水槽に給水する給水用具である．

(2) バキュームブレーカは，給水管内に負圧が生じたとき，サイホン作用により使用済みの水等が逆流し水が汚染されることを防止するため，逆止弁により逆流を防止するとともに逆止弁により二次側(流出側)の負圧部分へ自動的に水を取り入れ，負圧を破壊する機能を持つ給水用具である．

(3) 空気弁は，管内に停滞した空気を自動的に排出する機能を持った給水用具である．

(4) ウォータクーラは，冷却槽で給水管路内の水を任意の一定温度に冷却し，押ボタン式又は足踏式の開閉弁を操作して，冷水を射出する給水用具である．

問題 44　**水道メーターに関する次の記述の[　　　]内に入る語句の組み合わせのうち，適当なものはどれか．**

たて形軸流羽根車式水道メーターは，メーターケースに流入した水流が，整流器を通って，[　ア　]に設置された螺(ら)旋状羽根車に沿って[　イ　]に流れ，羽根車を回転させる構造となっている．水の流れがメーター内で[　ウ　]するため，よこ形軸流羽根車式にくらべて損失水頭が[　エ　]．

	ア	イ	ウ	エ
(1)	水平	下方から上方	直流	やや小さい
(2)	垂直	上方から下方	直流	やや大きい
(3)	水平	上方から下方	迂流	やや小さい
(4)	垂直	下方から上方	迂流	やや大きい

問題 45　水道メーターに関する次の記述のうち，不適当なものはどれか．

(1) 電磁式水道メーターは，給水管と同じ呼び径の直管で機械的可動部がないため耐久性に優れ，小流量から大流量まで広範囲な計測に適する．

(2) 水道メーターは，計量法に定める特定計量器の検定に合格したものを設置する．検定有効期間 8 年を経過した後に，検定に合格したメーターと交換しなければならない．

(3) 水道メーターの遠隔指示装置は，設置したメーターの指示水量をメーターから離れた場所で能率よく検針するために設けるものであり，発信装置(又は記憶装置)，信号伝送部(ケーブル)及び受信器から構成される．

(4) 水道メーターの構造で，複箱式とは，メーターケースの中に別の計量室(インナーケース)をもち，複数のノズルから羽根車に噴射水流を与える構造のものである．

平成27年

問題 46　給水用具の故障に関する次の記述の正誤の組み合わせのうち，適当なものはどれか．

ア　水栓から漏水しているのは，弁座の摩耗，損傷が原因の一つと考えられる．

イ　ボールタップ付ロータンク内に水が貯まらないのは，ストレーナに異物が詰まっていることが原因の一つと考えられる．

ウ　大便器洗浄弁から水撃が生じるのは，弁座パッキンを押しているビスの緩みが原因の一つと考えられる．

エ　小便器洗浄弁から多量の水が流れっぱなしとなるのは，開閉ねじの開け過ぎが原因の一つと考えられる．

	ア	イ	ウ	エ
(1)	正	誤	正	誤

(2)	誤	正	誤	正
(3)	正	正	誤	誤
(4)	誤	誤	正	正

問題 47 給水装置に関する次の記述の正誤の組み合わせのうち，適当なものはどれか.

ア　給水装置は，水道事業者の施設である配水管から分岐して設けられた給水管及びこれに直結する給水用具によって構成される．よって，需要者が，他の所有者の給水装置から分岐承諾を得て設けた給水管及び給水用具は，給水装置には当たらない.

イ　水道法で定義している「直結する給水用具」とは，給水管に容易に取外しのできない構造として接続し，有圧のまま給水できる給水栓などの給水用具をいい，ホースなど，容易に取外しの可能な状態で接続される器具は含まれない.

ウ　給水装置は，当該給水装置以外の水管や給水用具でない設備に接続する場合は給水管内への水の逆流を防止する装置を講じること，材質が水道水の水質に影響を及ぼさないこと，内圧・外圧に対し十分な強度を有していること等が必要である.

エ　ビルなどで一旦水道水を受水槽に受けて給水する場合には，配水管から分岐して設けられた給水管から受水槽への注入口までが給水装置であり，受水槽以下はこれに当たらない.

	ア	イ	ウ	エ
(1)	正	正	誤	誤
(2)	正	誤	正	正
(3)	誤	正	誤	正
(4)	誤	誤	正	誤

問題 48 給水装置工事に関する次の記述の［　　　］内に入る語句の組み合わせのうち，適当なものはどれか.

水道法における給水装置工事の定義は，給水装置の［　ア　］の工事とされている.

給水装置工事は，水道施設を損傷しないこと，設置された給水装置に起因して需要者への給水に支障を生じないこと，水道水質の確保に支障を生じ公衆衛生上の問題が起こらないこと等の観点から，[　イ　]に適合した適正な施行が必要である.

水道法では，[　ウ　]は給水装置工事を適正に施行できると認められる者の指定をすることができ，この指定をしたときは，水の供給を受ける者の給水装置が水道事業者又は[　エ　]の施行した給水装置工事に係るものであることを供給条件とすることができるとされている.

	ア	イ	ウ	エ
(1)	新設又は改造	配管設備等の技術的基準	水道事業者	給水装置工事主任技術者
(2)	設置又は変更	配管設備等の技術的基準	厚生労働大臣	給水装置工事主任技術者
(3)	新設又は改造	給水装置の構造及び材質の基準	厚生労働大臣	指定給水装置工事事業者
(4)	設置又は変更	給水装置の構造及び材質の基準	水道事業者	指定給水装置工事事業者

問題 49　給水管に関する次の記述のうち，適当なものはどれか.

(1) 波状ステンレス鋼管は，変位吸収性を有しているため，耐震性に富むとともに，波状部において任意の角度を形成でき，継手が少なくてすむ等の配管施工の容易さを備えている.

(2) 耐衝撃性硬質ポリ塩化ビニル管は，90℃以下の給湯配管に使用できる. この管は，金属管と比べ温度による伸縮量が大きいため，配管方法によってその伸縮を吸収する必要がある.

(3) ポリブテン管は，高温時でも高い強度を持ち，しかも金属管に起こりやすい浸食もないので温水用配管に適している. なお，この管は，架橋ポリエチレン管に比べ，管に傷がつきにくく，運搬や施工に際しての取扱いは容易である.

(4) 銅管には，硬質銅管と軟質銅管があるが，現場での手曲げ配管には適していない．軽量で柔軟性があり，耐寒性能があることから寒冷地の配管に多く使われている．

問題 50 **給水管の接合及び継手に関する次の記述の[　　　]内に入る語句の組み合わせのうち，適当なものはどれか．**

①硬質塩化ビニルライニング鋼管のねじ接合には，[　ア　]継手を使用しなければならない．

②ステンレス鋼鋼管の主な継手には，伸縮可とう式継手と[　イ　]継手がある．

③硬質ポリ塩化ビニル管の主な接合方法は，接着剤による TS 接合とゴム輪による[　ウ　]接合がある．

④架橋ポリエチレン管の主な継手には，メカニカル式継手と[　エ　]継手がある．

	ア	イ	ウ	エ
(1)	管端防食	スライド式	RR	熱融着式
(2)	金　属	プレス式	EF	熱融着式
(3)	金　属	スライド式	EF	電気融着式
(4)	管端防食	プレス式	RR	電気融着式

◇給水装置施工管理法

問題 51 **配水管から分岐して設けられる給水装置工事に関する次の記述の正誤の組み合わせのうち，適当なものはどれか．**

ア　配水管への取付口の位置は，他の給水装置の取付口と 30cm 以上の離隔を保つ．

イ　配水管が鋳鉄管の場合，穿孔端面の腐食を防止する防食コアを装着する．

ウ　サドル付分水栓を鋳鉄管に取り付ける場合，鋳鉄管の外面防食塗装に適した穿孔ドリルを使用する．

エ　穿孔後における水質確認(残留塩素，におい，濁り，色，味)を行う．このうち，特に濁りの確認は穿孔した管が水道管の証(あかし)となることから必ず実施する．

	ア	イ	ウ	エ
(1)	正	正	誤	誤
(2)	正	誤	誤	正
(3)	誤	誤	正	正
(4)	誤	正	正	誤

問題 52 **給水装置工事の施工計画書に関する次の記述の[　　　]内に入る語句の組み合わせのうち，適当なものはどれか．**

施工計画書は，緊急時なども含め[　ア　]が常に見ることができるよう，[　イ　]への情報提供も考慮し，例えば工事現場内に設置してある「工事中看板」に吊るしておくなどの措置を講じる．ただし，この場合は，施工計画書に[　ウ　]の個人情報は記載しないなど個人情報保護への配慮が必要である．なお，[　エ　]が不在でも電話連絡が図れるようにしておくことも重要である．

	ア	イ	ウ	エ
(1)	通行者や歩行者	作業従事者等	受注者等	施工者
(2)	作業従事者等	付近住民	発注者等	責任者
(3)	作業従事者等	付近住民	受注者等	施工者
(4)	通行者や歩行者	作業従事者等	発注者等	責任者

問題 53 **給水装置工事の施工管理に関する次の記述の[　　　]内に入る語句の組み合わせのうち，適当なものはどれか．**

[　ア　]は，[　イ　]による給水装置の損傷を防止するとともに，給水装置の損傷の復旧を迅速かつ適切に行えるようにするために，[　ウ　]から[　エ　]までの間の給水装置に用いる給水管及び給水用具について，その構造及び材質等を指定する場合がある．したがって，給水装置工事を受注した場合は，[　ウ　]から[　エ　]までの使用材料について[　ア　]に確認する必要がある．

	ア	イ	ウ	エ
(1)	水道事業者	災 害 等	配水管への取付口	水道メーター
(2)	水道事業者	品質不良	宅 地 内	水道メーター
(3)	建設業者	災 害 等	宅 地 内	末端の給水器具
(4)	建設業者	品質不良	配水管への取付口	末端の給水器具

問題 54 下図は給水装置工事の工事受注から工事着手までの一般的な工程である．［　　］内に入る語句の組み合わせのうち，適当なものはどれか．

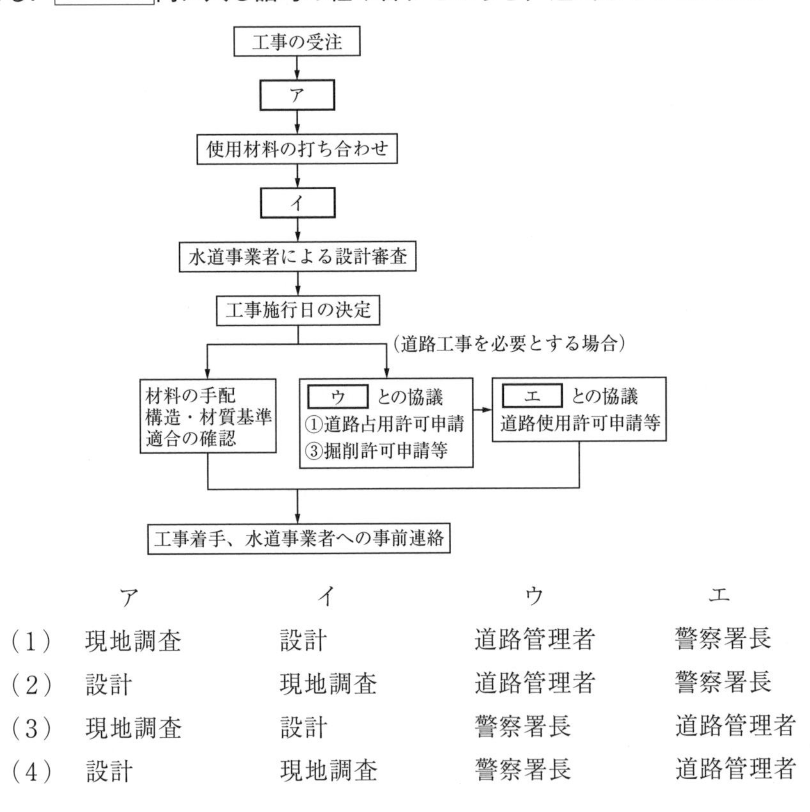

	ア	イ	ウ	エ
(1)	現地調査	設計	道路管理者	警察署長
(2)	設計	現地調査	道路管理者	警察署長
(3)	現地調査	設計	警察署長	道路管理者
(4)	設計	現地調査	警察署長	道路管理者

問題 55 給水装置工事の現場における工事用電力設備に関する次のア～エの

記述のうち，不適当なものの数はどれか．

ア　仮設の電気工事は，電気事業法に基づく電気設備に関する技術基準を定める省令などにより給水装置工事主任技術者が行う．

イ　高圧配線，変電設備には危険表示を行い，接触の危険のあるものには必ず柵（さく），囲い，覆い等の感電防止措置を講じる．

ウ　電力設備には，感電防止用漏電遮断器を設置し，感電事故防止に努める．

エ　水中ポンプその他の電気関係器材は，常に点検と補修を行い正常な状態で作動させる．

（1）　1
（2）　2
（3）　3
（4）　4

問題 56　**建設工事公衆災害防止対策要綱土木工事編に基づく交通保安対策に関する次の記述の[　　　]内に入る数値の組み合わせのうち，適当なものはどれか．**

施工者は，工事用の道路標識などの諸施設を設置するにあたって必要がある場合は，周囲の地盤面から高さ0.8m以上[　ア　]m 以下の部分については，通行者の視界を妨げることのないよう必要な措置を講じなければならない．

起業者及び施工者は，土木工事のために一般の交通の用に供する部分の通行を制限する必要のある場合においては，道路管理者及び所轄警察署長から特に指示がない場合は，制限した後の道路の車線が 1 車線の場合にはその車道幅員は3m以上とし，2 車線となる場合にはその車道幅員は[　イ　]m 以上を標準とする．

この場合において，歩行者が安全に通行し得るために歩行者用として別に幅[　ウ　]m 以上，特に歩行者の多い箇所においては幅[　エ　]m 以上の通路を確保しなければならない．

	ア	イ	ウ	エ
（1）	2	5	0.75	1
（2）	2	5.5	0.75	1.5
（3）	1.5	5	0.5	1.5
（4）	1.5	5.5	0.5	1

問題 57 **公道における給水装置工事の安全管理に関する次の記述の正誤の組み合わせのうち，適当なものはどれか.**

ア　工事中，火気に弱い埋設物又は可燃性物質の輸送管等の埋設物に接近する場合は，溶接機，切断機等火気を伴う機械器具を使用しない．ただし，やむを得ない場合は，当該埋設物管理者と協議し，保安上必要な措置を講じてから使用する．

イ　工事の施行にあたっては，地下埋設物の有無を十分に調査するとともに，接近する埋設物がある場合は道路管理者に立会いを求めその位置を確認し，埋設物に損傷を与えないよう注意する．

ウ　工事の施行にあたって，掘削部分に各種埋設物が露出する場合には，防護協定などを順守して措置し，当該埋設物管理者と協議のうえで適切な表示を行う．

エ　埋設物に接近して掘削する場合は，周囲地盤のゆるみ，沈下等に十分注意して施工し，道路管理者と協議のうえ，必要に応じて防護措置を講じる．

	ア	イ	ウ	エ
(1)	誤	正	誤	正
(2)	誤	正	正	誤
(3)	正	誤	誤	正
(4)	正	誤	正	誤

問題 58 **建設業法に関する次の記述のうち，不適当なものはどれか.**

(1) 下請負人としてのみ建設工事を施工する者は，請負金額の大小にかかわらず，一般建設業の許可で工事を請け負うことができる．

(2) 建設業を営もうとする者であって，その営業にあたって，その者が発注者から直接請負う1件の建設工事につき，建築一式工事を除き，下請代金の額の総額が3 000万円以上となる下請契約をして施工しようとする場合は，特定建設業の許可を受けなければならない．

(3) 建設業を営もうとする者は，政令で定める軽微な建設工事のみを請け負う場合を除き，建設工事の種類ごとに建設業の許可を受けなければならない．

(4) 建設業の許可は，3年ごとにその更新を受けなければ，その期間の経過によって，その効力を失う．

問題 59 **労働安全衛生に関する次の記述のうち，不適当なものはどれか．**

(1) 掘削面の高さが2m以上となる地山の掘削（ずい道及びたて坑以外の抗の掘削を除く．）作業については，地山の掘削作業主任者を選任しなければならない．

(2) 地山の掘削作業主任者の主な職務は，作業の方法を決定し作業を直接指揮すること，器具及び工具を点検し不良品を取り除くこと，安全帯等及び保護帽の使用状況を監視することである．

(3) 事業者は，爆発，酸化等を防止するため換気することができない場合又は作業の性質上換気することが著しく困難な場合を除き，酸素欠乏危険作業を行う場所の空気中の酸素濃度を15％以上に保つように換気しなければならない．

(4) 事業者は，酸素欠乏危険作業を行う場所において酸素欠乏のおそれが生じたときは，直ちに作業を中止し，労働者をその場所から退避させなければならない．

問題 60 **受水槽を有する5階建ての建築物の給水設備が，建築基準法に定める飲料水の配管設備である場合の次の記述のうち，不適当なものはどれか．**

(1) 給水タンクは，底部を除き天井及び周壁は建築物の他の部分と兼用しない．

(2) 給水タンクに設けるマンホールは，直径60cm以上の円が内接することができるものとする．

(3) 給水タンクは，水抜管を設けるなど内部の保守点検を容易に行うことができる構造とする．

(4) 給水タンクの上にポンプ，ボイラー，空気調和機等の機器を設ける場合は，飲料水を汚染することのないように衛生上必要な措置を講じる．

平成 27 年度
解答と解説

午前［学科試験１］

◆公衆衛生概論

【問題１】水道施設の機能を表した概要図の問題である．

アは取水施設，イは導水施設，ウは送水施設，エは配水施設である．

答（３）

【問題２】水道の浄水処理に関する問題である．

（１）（適当）

（２）（適当）

（３）（適当）

（４）（不適当）緩速ろ過法では，消毒のための塩素剤を「砂ろ過を行った後」に注入する．

答（４）

【問題３】飲料水に起因する健康影響に関する問題である．

（１）（適当）

（２）（適当）

（３）（不適当）浄水場で注入され，水道原水中の有機物質が反応してトリハロメタン類が生成されるのは，凝集剤ではなく「塩素」である．

（４）（適当）

答（３）

◆水道行政

【問題４】水道法第 14 条（供給規程）に関する問題である．

（１）（適当）

（２）（不適当）料金，給水装置工事の費用の負担区分その他の供給条件について，供給規程を定めなければならないのは，都道府県知事ではなく「水道事業者」である（同条第１項）．

（３）（適当）供給規程の周知で，同条第４項による．

（４）（適当）供給規程の要件で，同条第２項第４号による．

答（２）

【問題 5】供給規程が満たすべき要件の問題である.

（1）（適当）水道法第 14 条第 2 項 5 号による.

（2）（適当）同条同項第 1 号による.

（3）（不適当）同条同項第 3 号により，水道事業者および指定給水装置工事事業者ではなく「需要者」の責任に関する事項ならびに給水装置工事の費用負担区分およびその額の算出方法が，適正かつ明確に定められていること，と定められている.

（4）（適当）同条同項第 2 号による.

答（3）

【問題 6】水道法第15 条(給水義務)に関する問題である.

（1）（適当）同条第 3 項による.

（2）（適当）同条第 2 項による.

（3）（適当）同条第 3 項による.

（4）（不適当）水道事業者は，事業計画に定める給水区域内の需要者から給水契約の申込みを受けたときは，「正当な理由がなければ」，これを拒んではならない(同条第 1 項). ちなみに，拒むことができる正当な理由とは，給水契約の受諾義務のなかで，水道施設が未整備であることなどが挙げられる.

答（4）

【問題 7】水道法に定められている給水装置工事主任技術者の職務に関する問題である.

（1）（適当）同法第 25 条の 4(給水装置工事主任技術者)第 3 項第 3 号による.

（2）（適当）同条第 3 項第 4 号による連絡調整事項で，同法施行規則第 23 条(給水装置工事主任技術者の職務)第 1 項第 1 号による.

（3）（不適当）水道メーターの下流側から給水栓までの工事を施行しようとする場合の工法ではなく，「配水管の取付口から水道メーターまでの工事の範囲の工法」について水道事業者との連絡調整が必要となる(同施行規則同条同項第 2 号).

（4）（適当）同施行規則同条同項第 3 号による.

答（3）

【問題 8】水道法に規定する給水装置および給水装置工事に関する問題である.

（1）（適当）第3条（用語の定義）第9項による．水道メーターは水道事業者の所有物ではあるが，給水装置に該当する．

（2）（適当）ビルなどで水道水をいったん受水槽に受けて給水する場合には，配水管の分岐から受水槽への注入口（ボールタップなど）までが給水装置であり，受水槽以降の給水設備は給水装置に該当しない．

（3）（不適当）給水装置工事とは給水装置の設置または変更の工事をいい，給水装置を撤去する工事も給水装置工事に含まれる（第3条第11項）．

（4）（適当）給水用具の製造工程であり，給水装置工事ではない．

答（3）

【問題9】指定給水装置工事事業者制度に関する問題である．

（1）（不適当）工事事業者の指定の基準は，地域の実情に応じて指定を行う水道事業者ごとに定められているのではなく，「全国一律」に定められている（水道法第25条の3（指定の基準）第1項）．

（2）（適当）第25条の8（事業の基準），同法施行規則第36条（事業の運営の基準）第1項第6号による．

（3）（適当）同法第25条の9（給水装置工事主任技術者の立会い）による．

（4）（適当）同法第25条の3第1項による．

答（1）

◇給水装置工事法

【問題10】給水管の取出し工事に関する問題である．

ア （正）

イ （誤）給水装置の配水管への取付口から水道メーターまでの工事を施行する場合に，当該配水管および他の地下埋設物に変形，損傷などが生じないようにするため定められているのは，「給水装置工事主任技術者が当該工事に従事する者を実施に監督する」ことではなく，「適切に作業を行うことができる技能を有する者を従事させ，又はその者に当該工事に従事する他の者を実施に監督させる」ことである（同施行規則第36条（事業の運営の基準）第1項第2号）．

ウ （誤）設問は「配水管からの給水管の取出しにあたっては，ガス管，工業用水道管等の水道以外の管から誤分岐接続しないよう，明示テープ，消火栓，仕切弁等の位置の確認及び音聴，電動ドリルでの試験穿孔などにより」となっているが，当該配水管の確認には試験掘削などでの確認が求められており，電動ドリルでの確認は不適切である．

エ　(誤)配水管からの分岐以降止水栓までの給水装置材料および工法などについては，災害時などの道路陥没などの被害を防止する観点から，管種や耐震性などを「水道事業者」が指定している．

答（3）

【問題11】配水管からの給水管の取出し方法に関する問題である．

（1）（適当）

（2）（不適当）ダクタイル鋳鉄管に装着する防食コアは非密着形と密着形があり，挿入機は「製造業者および機種などにより取扱いが異なる」ので，必ず取扱説明書をよく読んで器具を使用する．

（3）（適当）

（4）（適当）

答（2）

【問題12】サドル付分水栓の穿孔施工に関する問題である．

（1）（不適当）サドル付分水栓を取り付ける前に，「弁体を全開状態にして」穿孔する必要がある．

（2）（不適当）サドル付分水栓の取付け位置を変えるときは，サドル取付けガスケットはサドルと配水管の水密性を確保するためのゴム製シール材であることから，それを保護するため，「サドル付分水栓を持ち上げて」移動させる．

（3）（不適当）サドル付分水栓の穿孔作業に際しては，「サドル付分水栓の吐水部へ排水ホースを連結させ，切粉を下水溝などへ確実に排水する」のではなく，「下水溝などへ切粉を直接排水しないようにホースの先端はバケツなどに差し込む」方法で排水する．

（4）（適当）

答（4）

【問題13】給水管の浅層埋設に関する問題である．

「浅層埋設」とは，道路下において埋設工事の効率化，工期の短縮およびコスト縮減などの目的のため，旧建設省から各地方建設局に対し「電線，水管，ガス管又は下水道管を道路の下に設ける場合における埋設の深さ等について」(平成11年3月31日付建設省道政発第32号，道国発第5号)の通達がなされて運用が開始されたものである．

（1）（不適当)浅層埋設の適用対象となる硬質ポリ塩化ビニル管は，口径「300mm」以下のものである．

（2）（適当)

（3）（適当)

（4）（適当)

答(1)

【問題14】工事の施行にあたっての現場管理に関する問題である．

道路工事にあたっては，交通の安全等について(ア)道路管理者及び所轄警察署長と事前に相談しておく．

工事の施行によって生じた建設発生土，建築廃棄物等は，「廃棄物の(イ)処理及び清掃に関する法律」その他の規定に基づき，(ウ)工事施行者が責任をもって適正かつ速やかに処理する．

給水装置工事の施行中に万一不測の事故等が発生した場合に備え，工事に際してはあらかじめ所轄警察署等の連絡先を，(エ)工事従事者に周知徹底をしておく．

答(4)

【問題15】止水栓の設置および給水管防護に関する問題である．

ア　(誤)配水管などから分岐して最初に設置する止水栓の位置は，原則として「宅地内の道路境界線の近く」とする．

イ　(正)

ウ　(正)

エ　(誤)水路を横断する場所にあっては，原則として「水路の下」に配管する．

答(3)

【問題16】消防法の適用を受ける水道直結式スプリンクラー設備に関する問題である．

（1）（適当)

（2）（不適当)乾式配管方式の水道直結式スプリンクラー設備は，「停滞水をできるだけ少なく」するため，給水管分岐部と電動弁との間を「短くする」ことが望ましい．

（3）（適当）

（4）（適当）

答（2）

【問題17】給水管の配管工事に関する問題である.

ア （適当）

イ （適当）

ウ （不適当）設問の「いかなる口径の給水管も直管部を胴継ぎすることはできない」という部分は誤りで,「25mm 以下の給水管の直管部は胴継ぎすることができる」.

エ （不適当）ステンレス鋼鋼管の接合に使用する伸縮可とう式継手は，埋設地盤の変動に対応できるように継手に伸縮可とう性を持たせたものであり，接合は「ワンタッチ方式」が主である.

答（2）

【問題18】給水装置工事に関する問題である.

ア （正）

イ （正）

ウ （誤）呼び径 50mm の硬質ポリ塩化ビニル管の TS 継手による接合では，接着剤を塗布後，直ちにさし口を継手の受口にさし込み，管の戻りを防ぐため「30 秒間以上」そのまま保持する.

エ （誤）ポリエチレン二層管の接合の際には，管種（1 種・2 種）に適合した金属継手を分解して袋ナット，リングの順序で管に部品を通し，リングは割りの「ある方」を袋ナット側に向ける.

答（3）

【問題19】給水管の配管工事に関する問題である.

（1）（適当）

（2）（不適当）施工上やむを得ず給水管を曲げ加工して配管する場合，曲げ配管が可能な材料は銅管，ポリエチレン二層管であり，ライニング鋼管は曲げ配管はできない.

（3）（適当）

（4）（適当）

答（2）

◆給水装置の構造及び性能

【問題20】水槽を，事業活動に伴って薬品を入れる水槽として利用するとき，確保すべき吐水口空間に関する問題である．

吐水口空間の確保は，特に水槽内での状況において重要であり，一定の基準に適合する必要がある．吐水口空間の基準は，給水装置の構造及び材質の基準に関する省令第 5 条(逆流防止に関する基準)ほかによる．

答(3)

【問題21】逆流防止に関する問題である．

(1)　(適当)

(2)　(適当)

(3)　(適当)

(4)　(不適当)圧力式バキュームブレーカは，逆圧(背圧)がかかるところには「設置できない」．

答(4)

【問題22】寒冷地における凍結防止対策として設置する水抜き用の給水用具に関する問題である．

(1)　(適当)

(2)　(適当)

(3)　(適当)

(4)　(不適当)水抜き用の給水用具下流側の先上がり配管・埋設配管は，1/300「以上」の勾配とする．

答(4)

【問題23】配管工事後の耐圧試験および水撃防止に関する問題である．

ア　(正)

イ　(誤)耐圧試験を実施する場合，管が膨張し圧力が低下することに注意しなければならないのは，柔軟性のあるポリエチレン二層管，架橋ポリエチレン管，ポリブテン管である．ポリエチレン粉体ライニング鋼管は金属管であり，管が膨張して圧力が低下することはない．

ウ　(誤)給水管におけるウォーターハンマを防止するには，基本的に管内流速を「遅くする」必要がある．水撃圧は流速に比例することから，一般的には 1.5 ～ 2.0m/s 以下とする．

エ　(正)

答(2)

【問題24】水の汚染防止に関する問題である.

ア　(正)

イ　(正)

ウ　(誤)浸出性能基準の適用対象は，給水管，末端給水用具以外の給水用具(継手，バルブ類など)，飲用に供する水を供給する末端給水用具であり，設問中の「給水管に接続されるすべての給水用具」が基準に適合していなければならないわけではない．たとえば，末端給水用具のうち，風呂用・洗髪用・食器洗浄用などの水栓，洗浄弁，洗浄装置付き便座，散水栓などは適用対象外である.

エ　(誤)給水管路の途中に有毒薬品置き場，有害物の取扱場，汚水槽などの汚染源がある箇所で配管する場合は，給水管などが破損した際に有毒物や汚染物が水道水に混入するおそれがあるので，その影響のないところまで離して配管する．設問の「さや管などで防護措置を施した」だけでは不十分である.

答(3)

【問題25】管の侵食防止に関する問題である.

ア　(正)

イ　(誤)鋼管の外面防食のために防食塗料を塗布する際は，管外面を清掃し継手部との段差をマスチックで埋めた後，プライマを塗布し，防食塗料を「2回以上」塗布する.

ウ　(正)

エ　(誤)鋳鉄管からサドル付分水栓などにより穿孔，分岐した通水口には，ダクタイル管補修用塗料を塗布するのではなく，「防食コアの挿入」などを行う.

答(1)

【問題26】クロスコネクションおよび水の汚染防止に関する問題である.

ア　(正)

イ　(誤)設問の「受水槽以下の配管との接続はクロスコネクションとはいえない」という部分は誤りで，そうした配管の接続でもクロスコネクションとなり得る.

ウ　(正)

エ　(誤)配管接合作業において使用する接着剤やシール材などは,「水道水に混入して, 油臭, 薬品臭などが発生する場合がある」ので, 必要最小限の材料を使用する.

答(1)

【問題27】給水装置の耐圧性能基準に関する問題である.

ア　(正)

イ　(誤)最終の止水機構の流出側に設置されている給水用具は, 最終の止水機構を閉止することにより漏水などを防止できること, 高水圧が加わらないことから適用対象から除外されている.

ウ　(正)

エ　(誤)O リングは, 装着時の密着力で水密性を確保する構造のものであり, 水圧で圧縮することにより水密性を確保するものではないため, 低水圧試験の対象から除外されている.

答(1)

【問題28】給水装置の水撃限界性能基準に関する問題である.

(1)　(適当)

(2)　(適当)

(3)　(不適当)水撃作用を生じるおそれのある給水用具はすべて, 水撃限界性能基準を満たしていなければならないわけではない. たとえば, 水撃作用を生じるおそれがあり, この基準を満たしていない給水用具を設置する場合は, 別途水撃防止器具を設置するなどの措置を講じることになっている.

(4)　(適当)

答(3)

【問題29】給水装置の耐寒性能基準に関する問題である.

(1)　(不適当)耐寒性能基準は, 寒冷地仕様の給水用具か否かの判断基準であるが, 凍結のおそれがある場所において設置される給水用具がすべてこの基準を満たしていなければならないわけではない. 凍結のおそれがある場所で，この基準を満たしていない給水用具を設置する場合は，別途，断熱材で被覆するなどの凍結防止措置を講じる．

（2）（不適当）耐寒性能基準では，凍結防止の方法を水抜きに限定しているわけではない．たとえば，構造が複雑で水抜きが必ずしも容易でない給水用具などでは，通水時にヒータで加熱するなど種々の凍結防止方法の選択肢が考えられるとしている．

（3）（不適当）耐寒性能試験で寒冷地における冬季の最低気温を想定した試験温度は，－10 ± 2 ℃ではなく「－20 ± 2 ℃」である．

（4）（適当）

答（4）

◆給水装置計画論

【問題30】受水槽式の給水方式に関する問題である．

受水槽給水は，配水管から分岐し受水槽に受け，この受水槽から給水する方式であり，(ア)受水槽入口で配水系統と縁が切れる．

受水槽の容量は，(イ)計画１日使用水量によって定めるが，配水管の口径に比べ単位時間当たりの受水量が大きい場合には，配水管の水圧が低下し，付近の給水に支障を及ぼすことがある．このような場合には，(ウ)定流量弁を設けたり，タイムスイッチ付電動弁を取り付けて水圧が高い時間帯に限って受水することもある．

答（1）

【問題31】給水方式に関する問題である．

（1）（適当）

（2）（適当）

（3）（適当）

（4）（不適当）受水槽式給水には，ポンプ直送式，高置水槽式，「圧力水槽式」がある．

答（4）

【問題32】直結式給水による集合住宅での同時使用水量を求める問題である．

同時使用水量比を考慮して給水量を算出する場合，１戸当たりの同時使用水量は，全給水栓の平均水量に同時使用水量比を乗じて求める．総給水用具数が5個の場合の同時使用水量比は表－２より2.2である．１戸当たり同時使用水

量を Q とすると,

$$Q = (12 + 12 + 30 + 13 + 8)〔L/分〕 ÷ 5〔個〕 × 2.2$$
$$= 33〔L/(分・戸)〕$$

1戸当たりの同時使用水量 Q に,戸数と同時使用戸数率を乗じて集合住宅全体の同時使用水量を算出する.15戸の場合の同時使用戸数率は表－3より80%であるから,

$$全体同時使用水量 = 33〔L/(分・戸)〕 × 15〔戸〕 × 0.8$$
$$= 396〔L/分〕$$

答(3)

【問題33】管路の摩擦損失水頭と高低差の合計を求める問題である.

摩擦損失水頭 h は,管路延長 L と動水勾配 I から,

$$h = (I × L) ÷ 1\ 000$$

で表される.

流量 36L/分を秒換算すると 0.6L/秒である.図－1で,流量 0.6L/秒の水平線と口径 D = 20mm の斜め線との交点から垂線を下ろすと,動水勾配の値はおよそ 250‰と読み取れる.

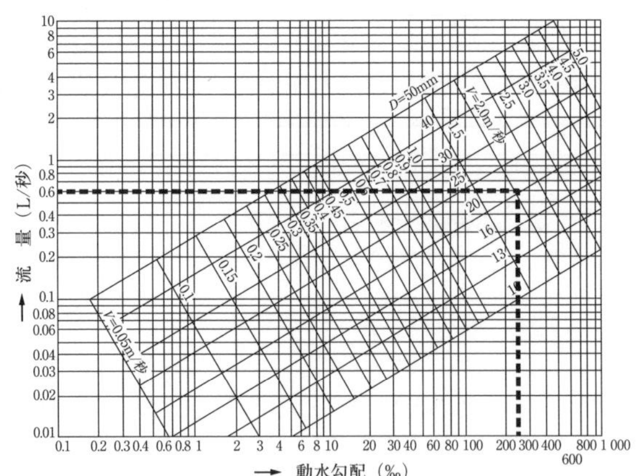

図－1　ウエストン公式による給水管の流量図

管路延長 L = 5 + 1 + 7 + 2 + 5 = 20 m であり,これに動水勾配を乗じたものが摩擦損失水頭となる.

$$h = 20 × 250 ÷ 1\ 000 = 5.0〔m〕$$

この摩擦損失水頭に高低差3 m を加えたものが求める値である.

5 + 3 = 8〔m〕

答（3）

【問題34】給水装置の図面作成に関する問題である．

（1）（不適当）給水装置工事の計画，施行に際しては「平面図」を，また必要に応じて「立面図」や詳細図を作成する．

（2）（適当）

（3）（適当）

（4）（適当）

答（1）

【問題35】給水管の口径を変更した場合における，総損失水頭を比較する問題である．

まず，口径 20mm のケースと口径 25mm のケースそれぞれの総損失水頭を求める．なお，流量 30L/ 分を秒換算すると 0.5L/ 秒となる．

<口径 20mm のケース>

①給水管の摩擦損失水頭

図－1で，流量 0.5L/ 秒の水平線と口径 20mm の斜め線の交点から垂線を下ろすと，動水勾配は 180‰と読み取れる．180‰ = 180/1 000 であり，管延長は 10m であるから，摩擦損失水頭は，

10 × 180/1 000 = 1.8〔m〕

②分水栓の損失水頭

図－2の左の図で，流量 0.5L/ 秒の垂直線と分水栓の斜め線の交点から水平線を左に引くと，損失水頭はおよそ 0.43 m と読み取れる．

③甲形止水栓の損失水頭

図－2の左の図で，同じく流量 0.5L/ 秒の垂直線と甲形止水栓の斜め線の交点から水平線を左に引くと，損失水頭はおよそ 1.30 m と読み取れる．

④水道メーターの損失水頭

図－3で，流量 0.5L/ 秒の垂直線と呼び径 20〔mm〕の斜め線の交点から水平線を左に引くと，損失水頭はおよそ 1.03 m と読み取れる．

⑤給水栓の損失水頭

図－2の左の図で，流量 0.5L/ 秒の垂直線と給水栓の斜め線の交点から水平

線を左に引くと，損失水頭はおよそ 1.30 m と読み取れる．

総損失水頭は①〜⑤の合計であるから，

総損失水頭 = 1.8 + 0.43 + 1.30 + 1.03 + 1.30 = 5.86〔m〕

<口径 25mm のケース>

⑥給水管の摩擦損失水頭

図－1で，流量 0.5L/秒の水平線と口径 25mm の斜め線の交点から垂線を下ろすと，動水勾配は 60‰と読み取れる．60‰ = 60/1 000 であり，管延長は 10m であるから，摩擦損失水頭は，

10 × 60/1 000 = 0.6〔m〕

⑦分水栓の損失水頭

図－2の右の図で，流量 0.5L/秒の垂直線と分水栓の斜め線の交点から水平線を左に引くと，損失水頭はおよそ 0.19 m と読み取れる．

⑧甲形止水栓の損失水頭

図－2の右の図で，同じく流量 0.5L/秒の垂直線と甲形止水栓の斜め線の交点から水平線を左に引くと，損失水頭はおよそ 0.45 m と読み取れる．

⑨水道メーターの損失水頭

図－3で，流量 0.5L/秒の垂直線と呼び径 25〔mm〕の斜め線の交点から水平線を左に引くと，損失水頭はおよそ 0.55 m と読み取れる．

⑩給水栓の損失水頭

図－2の右の図で，流量 0.5L/秒の垂直線と給水栓の斜め線の交点から水平線を左に引くと，損失水頭はおよそ 0.45 m と読み取れる．

総損失水頭は⑥〜⑩の合計であるから，

総損失水頭 = 0.6 + 0.19 + 0.45 + 0.55 + 0.45 = 2.24〔m〕

したがって，口径 20mm と口径 25mm の総損失水頭を比較すると，

5.86 ÷ 2.24 ≒ 2.61〔倍〕

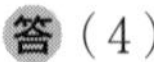（4）

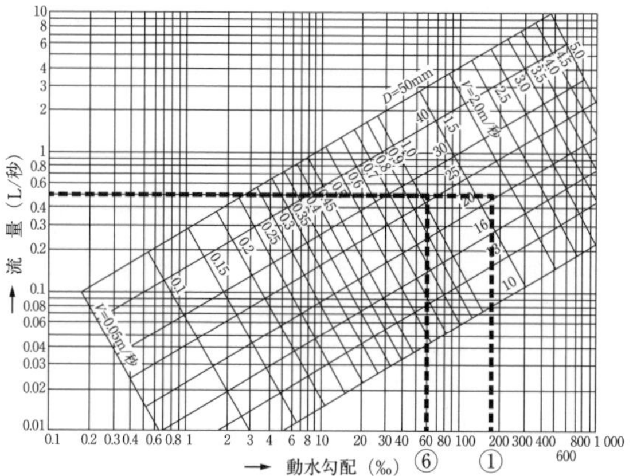

図－1　ウエストン公式による給水管の流量図

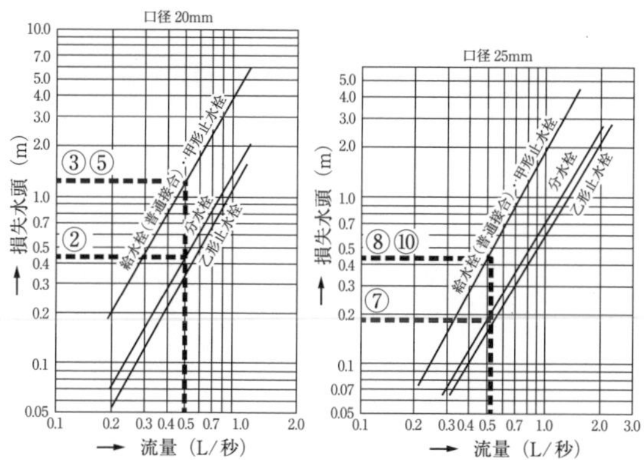

図－2　水栓類の損失水頭（給水栓，止水栓，分水栓）

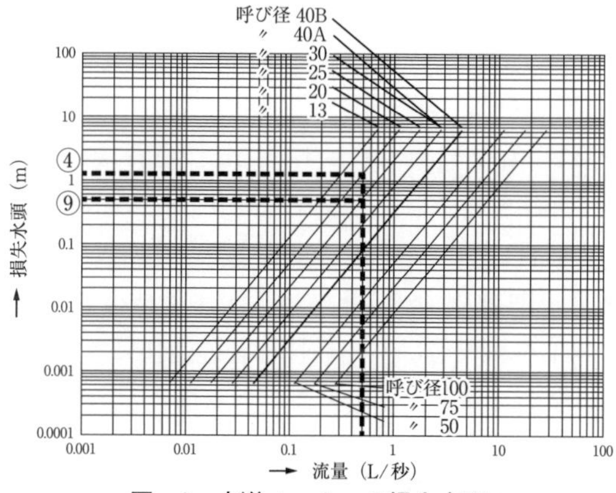

図－3　水道メーターの損失水頭

◆給水装置工事事務論

【問題36】給水装置工事における給水装置工事主任技術者の職務に関する問題である.

ア (正)

イ (誤)主任技術者は，給水装置の構造及び材質の基準に関する省令の性能基準に適合した給水管や給水用具を用いて，給水装置工事を施行しなければならない．すなわち，施主から資機材を指定されても使用できない場合がある.

ウ (正)

エ (誤)主任技術者は，自らまたはその責任のもと信頼できる現場の従事者に指示することにより，適正な竣工検査を確実に実施しなければならない．すなわち，現場の従事者を代理としてあたらせることができる場合がある.

答(2)

【問題37】給水装置工事の記録の作成および保存に関する問題である.

(1) (適当)

(2) (適当)

(3) (適当)

(4) (不適当)給水装置工事の記録の作成は，必ず給水装置工事主任技術者が行わなくてはならないわけではなく，他の従事者に行わせることができる.

答(4)

【問題38】指定給水装置工事事業者による給水装置工事主任技術者の選任に関する問題である.

ア (正)

イ (正)

ウ (誤)水道法第 25 条の 4(給水装置工事主任技術者)第 2 項により，工事事業者は，主任技術者を選任した場合は水道事業者に届け出なければならず，また，解任した場合についても届け出る必要がある.

エ (誤)同法施行規則第 21 条(給水装置工事主任技術者の選任)第 3 項ただし書きにより，工事事業者は，主任技術者の選任にあたり，同一の主任技術者を複数の事業所で選任することができる場合がある.

答(1)

【問題39】給水装置の構造及び材質の基準に係る認証制度に関する問題である.

給水装置の構造及び材質の基準が明確化，性能基準化され，給水管や給水用具が基準に適合しているか否かの確認が容易になったことから，製造者などが自らの責任で(ア)基準適合性を消費者などに証明する(イ)自己認証を基本としている．もう一つの証明方法として製造者などの希望に応じて行う(ウ)第三者認証がある．これは，(イ)自己認証が困難な製造者や(ウ)第三者認証はより客観性が高いことに着目してそれによる証明を望む製造者などが活用している.

答(3)

【問題40】給水装置の構造及び材質の基準に関する問題である.

（1）（適当）注)JIS は日本工業規格→日本産業規格に名称変更

（2）（不適当）構造・材質基準適合品を使用したからといって，給水装置が構造・材質基準に自動的に適合することになるわけではない．給水装置は，基準適合の給水管，給水用具を使用するだけでなく，給水装置システム全体として，逆流防止，水撃防止，凍結防止，防食などの機能を有する必要がある.

（3）（適当）

（4）（適当）

答(2)

午後［学科試験 2］

◆給水装置の概要

【問題41】給水用具に関する問題である.

ア （正）

イ （正）

ウ （正）

エ （誤）弁体が弁箱または蓋に設けられたガイドによって弁座に対し垂直に作動し，弁体の自重で閉止の位置に戻る構造のものは，「リフト式逆止弁」である.「スイング式逆止弁」は，弁体がヒンジピンを支点として自重で弁座面に圧着し，通水時に弁体が押し上げられ，逆圧によって自動的に閉止する構造のものである．

答（3）

【問題42】湯沸器に関する問題である．

ア　(正)

イ　(正)

ウ　(誤)太陽熱利用貯湯湯沸器は，太陽集熱装置系と上水道系が蓄熱槽内で別系統になっている二回路式，太陽集熱装置系内に上水道が循環する水道直結式，「シスターンによって上水道系と縁の切れているシスターン式」の「3 種類」に分類できる．

エ　(正)

答（2）

【問題43】給水用具に関する問題である．

（1）(適当)

（2）(不適当)バキュームブレーカは，給水管内に負圧が生じたとき，サイホン作用により使用済みの水などが逆流して水が汚染されることを防止するため，逆止弁により逆流を防止するとともに，逆止弁により二次側(流出側)の負圧部分へ自動的に「空気」を取り入れ，負圧を破壊する機能を持つ給水用具である．

（3）(適当)

（4）(適当)

答（2）

【問題44】水道メーターに関する問題である．

たて形軸羽根車式水道メーターは，メーターケースに流入した水流が，整流器を通って，(ア)<u>垂直</u>に設置された螺旋状羽根車に沿って(イ)<u>下方から上方</u>に流れ，羽根車を回転させる構造となっている．水の流れがメーター内で(ウ)<u>迂流</u>するため，よこ形軸流羽根車式にくらべて損失水頭が(エ)<u>やや大きい</u>．

答（4）

【問題45】水道メーターに関する問題である．

（1）(適当)

（2）(不適当)水道メーターは，検定有効期間 8 年を経過した後に，検定に合格したメーターと交換しなければならないのではなく，「検定有効期間 8 年の期間内に交換する」のが適切である．

（3）（適当）

（4）（適当）

答（2）

【問題46】給水用具の故障に関する問題である．

ア （正）

イ （正）

ウ （誤）大便器洗浄弁から水撃が生じるのは，弁座パッキンではなく「ピストンゴムパッキン」を押しているビスの緩みが原因の一つと考えられる．

エ （誤）小便器洗浄弁から多量の水が流れっぱなしとなるのは，開閉ねじの開け過ぎではなく「ピストンバルブの小孔の詰まり」が原因の一つと考えられる．

答（3）

【問題47】給水装置に関する問題である．

ア （誤）給水装置は，水道事業者の施設である配水管から分岐して設けられた給水管およびこれに直結する給水用具によって構成される．また，需要者が他の所有者の給水装置から分岐承諾を得て設けた給水管および給水用具も，給水装置に「該当する」．

イ （正）

ウ （誤）給水装置は，当該給水装置以外の水管に接続することはできない．また，給水管などは材質が水道水の水質に影響を及ぼさないこと，内圧・外圧に対して十分な強度を有していることなどが必要である．

エ （正）

答（3）

【問題48】給水装置工事に関する問題である．

水道法における給水装置工事の定義は，給水装置の(ア)<u>設置又は変更</u>の工事とされている．

給水装置工事は，水道施設を損傷しないこと，設置された給水装置に起因して需要者への給水に支障を生じないこと，水道水質の確保に支障を生じ公衆衛生上の問題が起こらないこと等の観点から，(イ)<u>給水装置の構造及び材質</u>

の基準に適合した適正な施行が必要である.

水道法では，(ウ)水道事業者は給水装置工事を適正に施行できると認められた者の指定をすることができ，この指定をしたときは，水の供給を受ける者の給水装置が水道事業者又は(エ)指定給水装置工事事業者の施行した給水装置工事に係るものであることを供給条件とすることができるとされている.

答（4）

【問題49】給水管に関する問題である.

（1）（適当）

（2）（不適当）耐衝撃性硬質ポリ塩化ビニル管は，硬質ポリ塩化ビニル管の耐衝撃強度を高めるために改良されたものである.「長期間，直射日光に当たると耐衝撃強度が低下することがあり，温度の変化による伸縮性がある」ので，配管において注意を要する．さらに，難燃性ではあるが，熱および衝撃には比較的弱い．寒冷地などでは，給水管の立ち上がりで地上に露出する部分は，凍結防止のために管に保温材を巻く必要がある．また，管に傷がつくと破損しやすくなるため，外傷は受けないように取り扱う．ちなみに，設問の文章は，耐熱性硬質ポリ塩化ビニル管の説明である.

（3）（不適当）ポリブテン管は，高温時でも高い強度を持ち，しかも金属管に起こりやすい浸食もないので温水用配管に適している．なお，この管は「架橋ポリエチレン管と同様の特性」があり，保管時には直射日光を避けるとともに，管に傷がつかないよう，保管や運搬，施工に際しては取扱いに注意が必要である.

（4）（不適当）銅管には「被覆銅管」と「非被覆銅管」があり，それぞれ質別で「硬質銅管」と「軟質銅管」がある．銅管は，アルカリに侵されず，スケールの発生も少ない．しかし，遊離炭素が多い水には適さない．耐食性に優れていて薄肉化しているので，軽量で取扱い（手曲げ配管など）が容易である．引張り強さが比較的大きく，軟質銅管は４～５回の凍結では破裂しない．なお，配管現場では管の保護，運搬に際しては凹みなどをつけないように注意する必要がある.

答（1）

【問題50】給水管の接合および継手に関する問題である．

①硬質塩化ビニルライニング鋼管のねじ接合には，(ア)管端防食継手を使用しなければならない．

②ステンレス鋼鋼管の主な継手には，伸縮可とう式継手と(イ)プレス式継手がある．

③硬質ポリ塩化ビニル管の主な接合方法は，接着剤による TS 接合とゴム輪による(ウ) RR 接合がある．

④架橋ポリエチレン管の継手には，メカニカル式継手と(エ)電気融着式継手がある．

答（4）

◆給水装置施工管理

【問題51】配水管から分岐して給水管を設ける工事に関する問題である．

ア　(正)

イ　(正)

ウ　(誤)サドル付分水栓を鋳鉄管に取り付ける場合，鋳鉄管の外面防食塗料に適した穿孔ドリルではなく，「内面ライニング」に適した穿孔ドリルを使用する．

エ　(誤)穿孔後における水質確認(残留塩素，濁り，色，味)を行う．このうち，特に「残留塩素」の確認は穿孔した管が水道管の証しとなることから必ず実施する．

答（1）

【問題52】給水装置工事の施工計画書に関する問題である．

施工計画書は，緊急時なども含め(ア)作業従事者等が常に見ることができるよう，(イ)付近住民への情報提供も考慮し，例えば工事現場内に設置してある「工事中看板」に吊るしておくなどの措置を講じる．ただし，この場合は，施工計画書に(ウ)発注者等の個人情報は記載しないなど個人情報保護への配慮が必要である．なお，(エ)責任者が不在でも電話連絡が図れるようにしておくことも重要である．

答（2）

【問題53】給水装置工事の施工管理に関する問題である.

(ア)水道事業者は，(イ)災害等による給水装置の損傷を防止するとともに，給水装置の損傷の復旧を迅速かつ適切に行えるようにするために，(ウ)配水管への取付口から(エ)水道メーターまでの間の給水装置に用いる給水管及び給水用具について，その構造及び材質等を指定する場合がある．したがって，給水装置工事を受注した場合は，(ウ)配水管への取付口から(エ)水道メーターまでの使用材料について(ア)水道事業者に確認する必要がある.

答（1）

【問題54】給水装置工事の工事受注から工事着手までの一般的な工程に関する問題で，（1）の組み合わせが正しい.

答（1）

【問題55】給水装置工事の現場における工事用電力設備に関する問題である.

ア　(不適当)仮設の電気工事は，電気事業法に基づく電気設備に関する技術基準を定める省令などにより「電気技術者」が行う.

イ　(適当)

ウ　(適当)

エ　(適当)

答（1）

【問題56】建設工事公衆災害防止対策要綱土木工事編に基づく交通保安対策に関する問題である.

施行者は，工事用の道路標識などの諸施設を設置するにあたって必要がある場合は，周囲の地盤から高さ 0.8m 以上(ア) 2m 以下の部分については，通行者の視界を妨げることのないよう必要な措置を講じなければならない.

起業者及び施行者は，土木工事のために一般の交通の用に供する部分の通行を制限する必要のある場合においては，道路管理者及び所轄警察署長から特に指示がない場合は，制限した後の道路の車線が 1 車線の場合にはその車道幅員は 3 m 以上とし，2 車線となる場合にはその車幅幅員は(イ) 5.5m 以上を標準とする.

この場合において，歩行者が安全に通行し得るために歩行者用として別に幅(ウ) 0.75m 以上(注：0.9m 以上(高齢者や車椅子使用者等の通行が想定されない場合は 0.75m 以上)に改正された),特に歩行者の多い箇所においては幅(エ) 1.5m 以上の通路を確保しなければならない.

答 (2)

【問題57】公道における給水装置工事の安全管理に関する問題である.

ア (正)

イ (誤)工事の施行にあたっては,地下埋設物の有無を十分に調査するとともに,接近する埋設物がある場合は「当該埋設物管理者」に立会いを求めその位置を確認し,埋設物に損傷を与えないよう注意する.

ウ (正)

エ (誤)埋設物に近接して掘削する場合は,周囲地盤のゆるみ,沈下等に十分注意して施工し,「当該埋設物管理者」と協議のうえ,必要に応じて防護措置を講じる.

答 (4)

【問題58】建設業法に関する問題である.

(1) (適当)

(2) (適当)(注:4000万円以上に改正されたため,現在は不適当)

(3) (適当)

(4) (不適当)建設業法第 3 条(建設業の許可)第 3 項により,建設業の許可は,「5 年」ごとにその更新を受けなければ,その期間の経過によって,その効力を失う.

答 (4)

【問題59】労働安全衛生に関する問題である.

(1) (適当)

(2) (適当)

(3) (不適当)酸素欠乏症等防止規則第 5 条(換気)第 1 項により,事業者は,爆発,酸化などを防止するため換気することができない場所または作業の性質上換気することが著しく困難な場合を除き,酸素欠乏危険作業を行う場所の空気中の酸素濃度を「18%」以上に保つように換気しなければならない(酸素欠乏症等防止規則第 5 条).

(4) (適当)

答(3)

【問題60】建築基準法に定める飲用水の配管設備に関する問題である.

(1) (不適当)昭和 50 年建設省告示第 1597 号により，給水タンクは,「天井，底または周壁」は建築物の他の部分と兼用しない．設問は「底部を除き」の部分が誤りである.

(2) (適当)

(3) (適当)

(4) (適当)

答(1)

関　連　法　規

- 水道法（抄）
- 水道法施行令（抄）
- 水道法施行規則（抄）
- 給水装置の構造及び材質の基準に関する省令（抄）
- 水質基準に関する省令（抄）

水 道 法 (抄)

昭和32年6月15日法律第177号

最終改正：令和元年6月14日法律第32号

第1章　総則

（この法律の目的）

第1条　この法律は，水道の布設及び管理を適正かつ合理的ならしめるとともに，水道の基盤を強化することによつて，清浄にして豊富低廉な水の供給を図り，もつて公衆衛生の向上と生活環境の改善とに寄与することを目的とする.

（責務）

第2条　国及び地方公共団体は，水道が国民の日常生活に直結し，その健康を守るために欠くことのできないものであり，かつ，水が貴重な資源であることにかんがみ，水源及び水道施設並びにこれらの周辺の清潔保持並びに水の適正かつ合理的な使用に関し必要な施策を講じなければならない.

2　国民は，前項の国及び地方公共団体の施策に協力するとともに，自らも，水源及び水道施設並びにこれらの周辺の清潔保持並びに水の適正かつ合理的な使用に努めなければならない.

第2条の2　国は，水道の基盤の強化に関する基本的かつ総合的な施策を策定し，及びこれを推進するとともに，都道府県及び市町村並びに水道事業者及び水道用水供給事業者（以下，「水道事業者等」という.）に対し，必要な技術的及び財政的な援助を行うよう努めなければならない.

2　都道府県は，その区域の自然的社会的諸条件に応じて，その区域内における市町村の区域を超えた広域的な水道事業者等の間の連携等（水道事業者等の間の連携及び二以上の水道事業又は水道用水供給事業の一体的な経営をいう．以下同じ.）の推進その他の水道の基盤の強化に関する施策を策定し，及びこれを実施するよう努めなければならない.

3　市町村は，その区域の自然的社会的諸条件に応じて，その区域内における水道事業者等の間の連携等の推進その他の水道基盤の強化に関する施策を策定し，及びこれを実施するよう努めなければならない.

4　水道事業者等は，その経営する事業を適正かつ能率的に運営するとともに，その事業の基盤の強化に努めなければならない.

（用語の定義）

第3条　この法律において「水道」とは，導管及びその他の工作物により，水を人の飲用に適する水として供給する施設の総体をいう．ただし，臨時に施設されたものを除く.

2　この法律において「水道事業」とは，一般の需要に応じて，水道により水を供給する事業をいう．ただし，給水人口が100人以下である水道によるものを除く．

3　この法律において「簡易水道事業」とは，給水人口が5 000人以下である水道により，水を供給する水道事業をいう．

4　この法律において「水道用水供給事業」とは，水道により，水道事業者に対してその用水を供給する事業をいう．ただし，水道事業者又は専用水道の設置者が他の水道事業者に分水する場合を除く．

5　この法律において「水道事業者」とは，第6条第1項の規定による認可を受けて水道事業を経営する者をいい，「水道用水供給事業者」とは，第26条の規定による認可を受けて水道用水供給事業を経営する者をいう．

6　この法律において「専用水道」とは，寄宿舎，社宅，療養所等における自家用の水道その他水道事業の用に供する水道以外の水道であつて，次の各号のいずれかに該当するものをいう．ただし，他の水道から供給を受ける水のみを水源とし，かつ，その水道施設のうち地中又は地表に施設されている部分の規模が政令で定める基準以下である水道を除く．

一　100人を超える者にその居住に必要な水を供給するもの

二　その水道施設の1日最大給水量（1日に給水することができる最大の水量をいう．以下同じ．）が政令で定める基準を超えるもの

7　この法律において「簡易専用水道」とは，水道事業の用に供する水道及び専用水道以外の水道であつて，水道事業の用に供する水道から供給を受ける水のみを水源とするものをいう．ただし，その用に供する施設の規模が政令で定める基準以下のものを除く．

8　この法律において「水道施設」とは，水道のための取水施設，貯水施設，導水施設，浄水施設，送水施設及び配水施設（専用水道にあつては，給水の施設を含むものとし，建築物に設けられたものを除く．以下同じ．）であつて，当該水道事業者，水道用水供給事業者又は専用水道の設置者の管理に属するものをいう．

9　この法律において「給水装置」とは，需要者に水を供給するために水道事業者の施設した配水管から分岐して設けられた給水管及びこれに直結する給水用具をいう．

10　この法律において「水道の布設工事」とは，水道施設の新設又は政令で定めるその増設若しくは改造の工事をいう．

11　この法律において「給水装置工事」とは，給水装置の設置又は変更の工事をいう．

12　この法律において「給水区域」，「給水人口」及び「給水量」とは，それぞれ事業計画において定める給水区域，給水人口及び給水量をいう．

（水質基準）

第4条 水道により供給される水は，次の各号に掲げる要件を備えるものでなければならない．

一 病原生物に汚染され，又は病原生物に汚染されたことを疑わせるような生物若しくは物質を含むものでないこと．

二 シアン，水銀その他の有毒物質を含まないこと．

三 銅，鉄，弗素，フェノールその他の物質をその許容量をこえて含まないこと．

四 異常な酸性又はアルカリ性を呈しないこと．

五 異常な臭味がないこと．ただし，消毒による臭味を除く．

六 外観は，ほとんど無色透明であること．

2 前項各号の基準に関して必要な事項は，厚生労働省令で定める．

（施設基準）

第5条 水道は，原水の質及び量，地理的条件，当該水道の形態等に応じ，取水施設，貯水施設，導水施設，浄水施設，送水施設及び配水施設の全部又は一部を有すべきものとし，その各施設は，次の各号に掲げる要件を備えるものでなければならない．

一 取水施設は，できるだけ良質の原水を必要量取り入れることができるものであること．

二 貯水施設は，渇水時においても必要量の原水を供給するのに必要な貯水能力を有するものであること．

三 導水施設は，必要量の原水を送るのに必要なポンプ，導水管その他の設備を有すること．

四 浄水施設は，原水の質及び量に応じて，前条の規定による水質基準に適合する必要量の浄水を得るのに必要なちんでん池，濾過池その他の設備を有し，かつ，消毒設備を備えていること．

五 送水施設は，必要量の浄水を送るのに必要なポンプ，送水管その他の設備を有すること．

六 配水施設は，必要量の浄水を一定以上の圧力で連続して供給するのに必要な配水池，ポンプ，配水管その他の設備を有すること．

2 水道施設の位置及び配列を定めるにあたつては，その布設及び維持管理ができるだけ経済的で，かつ，容易になるようにするとともに，給水の確実性をも考慮しなければならない．

3 水道施設の構造及び材質は，水圧，土圧，地震力その他の荷重に対して充分な耐力を有し，かつ，水が汚染され，又は漏れるおそれがないものでなければならない．

4 前3項に規定するもののほか，水道施設に関して必要な技術的基準は，厚生労働省令で定める.

第2章　水道基盤の強化

第5条の2～第5条の4（略）

第3章　水道事業

第1節　事業の認可等

第6条（事業の認可及び経営主体）（略）

第7条（認可の申請）（略）

第8条（認可基準）（略）

第9条（附款）（略）

第10条（事業の変更）（略）

第11条（事業の休止及び廃止）（略）

第12条（技術者による布設工事の監督）（略）

第13条（給水開始前の届出及び検査）（略）

第2節　業務

（供給規程）

第14条　水道事業者は，料金，給水装置工事の費用の負担区分その他の供給条件について，供給規程を定めなければならない.

2　前項の供給規程は，次の各号に掲げる要件に適合するものでなければならない.

一　料金が，能率的な経営の下における適正な原価に照らし，健全な経営を確保することができる公正妥当なものであること.

二　料金が，定率又は定額をもつて明確に定められていること.

三　水道事業者及び水道の需要者の責任に関する事項並びに給水装置工事の費用の負担区分及びその額の算出方法が，適正かつ明確に定められていること.

四　特定の者に対して不当な差別的取扱いをするものでないこと.

五　貯水槽水道（水道事業の用に供する水道及び専用水道以外の水道であつて，水道事業の用に供する水道から供給を受ける水のみを水源とするものをいう．以下この号において同じ.）が設置される場合においては，貯水槽水道に関し，水道事業者及び当該貯水槽水道の設置者の責任に関する事項が，適正かつ明確に定められていること.

3　前項各号に規定する基準を適用するについて必要な技術的細目は，厚生労働省令で定める.

4　水道事業者は，供給規程を，その実施の日までに一般に周知させる措置をとらなければならない.

5　水道事業者が地方公共団体である場合にあつては，供給規程に定められた事項のうち料金を変更したときは，厚生労働省令で定めるところにより，その旨を厚生労働大臣に届け出なければならない．

6　水道事業者が地方公共団体以外の者である場合にあつては，供給規程に定められた供給条件を変更しようとするときは，厚生労働大臣の認可を受けなければならない．

7　厚生労働大臣は，前項の認可の申請が第2項各号に掲げる要件に適合していると認めるときは，その認可を与えなければならない．

（給水義務）

第15条　水道事業者は，事業計画に定める給水区域内の需要者から給水契約の申込みを受けたときは，正当の理由がなければ，これを拒んではならない．

2　水道事業者は，当該水道により給水を受ける者に対し，常時水を供給しなければならない．ただし，第40条第1項の規定による水の供給命令を受けた場合又は災害その他正当な理由があつてやむを得ない場合には，給水区域の全部又は一部につきその間給水を停止することができる．この場合には，やむを得ない事情がある場合を除き，給水を停止しようとする区域及び期間をあらかじめ関係者に周知させる措置をとらなければならない．

3　水道事業者は，当該水道により給水を受ける者が料金を支払わないとき，正当な理由なしに給水装置の検査を拒んだとき，その他正当な理由があるときは，前項本文の規定にかかわらず，その理由が継続する間，供給規程の定めるところにより，その者に対する給水を停止することができる．

（給水装置の構造及び材質）

第16条　水道事業者は，当該水道によつて水の供給を受ける者の給水装置の構造及び材質が，政令で定める基準に適合していないときは，供給規程の定めるところにより，その者の給水契約の申込を拒み，又はその者が給水装置をその基準に適合させるまでの間その者に対する給水を停止することができる．

（給水装置工事）

第16条の2　水道事業者は，当該水道によつて水の供給を受ける者の給水装置の構造及び材質が前条の規定に基づく政令で定める基準に適合することを確保するため，当該水道事業者の給水区域において給水装置工事を適正に施行することができると認められる者の指定をすることができる．

2　水道事業者は，前項の指定をしたときは，供給規程の定めるところにより，当該水道によつて水の供給を受ける者の給水装置が当該水道事業者又は当該指定を受けた者（以下「指定給水装置工事事業者」という．）の施行した給水装置工事に係るものであることを供給条件とすることができる．

3　前項の場合において，水道事業者は，当該水道によつて水の供給を受ける者の給水装置が当該水道事業者又は指定給水装置工事事業者の施行した給水装置工事に係るものでないときは，供給規程の定めるところにより，その者の給水契約の申込みを拒み，又はその者に対する給水を停止することができる．ただし，厚生労働省令で定める給水装置の軽微な変更であるとき，又は当該給水装置の構造及び材質が前条の規定に基づく政令で定める基準に適合していることが確認されたときは，この限りでない．

（給水装置の検査）

第17条　水道事業者は，日出後日没前に限り，その職員をして，当該水道によつて水の供給を受ける者の土地又は建物に立ち入り，給水装置を検査させることができる．ただし，人の看守し，若しくは人の住居に使用する建物又は閉鎖された門内に立ち入るときは，その看守者，居住者又はこれらに代るべき者の同意を得なければならない．

2　前項の規定により給水装置の検査に従事する職員は，その身分を示す証明書を携帯し，関係者の請求があつたときは，これを提示しなければならない．

（検査の請求）

第18条　水道事業によつて水の供給を受ける者は，当該水道事業者に対して，給水装置の検査及び供給を受ける水の水質検査を請求することができる．

2　水道事業者は，前項の規定による請求を受けたときは，すみやかに検査を行い，その結果を請求者に通知しなければならない．

（水道技術管理者）

第19条　水道事業者は，水道の管理について技術上の業務を担当させるため，水道技術管理者１人を置かなければならない．ただし，自ら水道技術管理者となることを妨げない．

2　水道技術管理者は，次に掲げる事項に関する事務に従事し，及びこれらの事務に従事する他の職員を監督しなければならない．

一　水道施設が第５条の規定による施設基準に適合しているかどうかの検査（第22条の２第２項に規定する点検を含む．）

二　第13条第１項の規定による水質検査及び施設検査

三　給水装置の構造及び材質が第16条の政令で定める基準に適合しているかどうかの検査

四　次条第１項の規定による水質検査

五　第21条第１項の規定による健康診断

六　第22条の規定による衛生上の措置

七　第22条の３第１項の台帳の作成

八　第23条第１項の規定による給水の緊急停止

九　第37条前段の規定による給水停止

3　水道技術管理者は，政令で定める資格（当該水道事業者が地方公共団体である場合にあつては，当該資格を参酌して当該地方公共団体の条例で定める資格）を有する者でなければならない．

（水質検査）

第20条　水道事業者は，厚生労働省令の定めるところにより，定期及び臨時の水質検査を行わなければならない．

2　水道事業者は，前項の規定による水質検査を行つたときは，これに関する記録を作成し，水質検査を行つた日から起算して５年間，これを保存しなければならない．

3　水道事業者は，第１項の規定による水質検査を行うため，必要な検査施設を設けなければならない．ただし，当該水質検査を，厚生労働省令の定めるところにより，地方公共団体の機関又は厚生労働大臣の登録を受けた者に委託して行うときは，この限りでない．

（登録）

第20条の２　前条第３項の登録は，厚生労働省令で定めるところにより，水質検査を行おうとする者の申請により行う．

（欠格条項）

第20条の３　次の各号のいずれかに該当する者は，第20条第３項の登録を受けることができない．

一　この法律又はこの法律に基づく命令に違反し，罰金以上の刑に処せられ，その執行を終わり，又は執行を受けることがなくなつた日から２年を経過しない者

二　第20条の13の規定により登録を取り消され，その取消しの日から２年を経過しない者

三　法人であつて，その業務を行う役員のうちに前２号のいずれかに該当する者があるもの

（登録基準）

第20条の４　厚生労働大臣は，第20条の２の規定により登録を申請した者が次に掲げる要件のすべてに適合しているときは，その登録をしなければならない．

一　第20条第１項に規定する水質検査を行うために必要な検査施設を有し，これを用いて水質検査を行うものであること．

二　別表第一に掲げるいずれかの条件に適合する知識経験を有する者が水質検査を実施し，その人数が５名以上であること．

三　次に掲げる水質検査の信頼性の確保のための措置がとられていること.

イ　水質検査を行う部門に専任の管理者が置かれていること.

ロ　水質検査の業務の管理及び精度の確保に関する文書が作成されていること.

ハ　ロに掲げる文書に記載されたところに従い，専ら水質検査の業務の管理及び精度の確保を行う部門が置かれていること.

2　登録は，水質検査機関登録簿に次に掲げる事項を記載してするものとする.

一　登録年月日及び登録番号

二　登録を受けた者の氏名又は名称及び住所並びに法人にあつては，その代表者の氏名

三　登録を受けた者が水質検査を行う区域及び登録を受けた者が水質検査を行う事業所の所在地

（登録の更新）

第20条の5　第20条第３項の登録は，３年を下らない政令で定める期間ごとにその更新を受けなければ，その期間の経過によつて，その効力を失う.

2　前３条の規定は，前項の登録の更新について準用する.

（受託義務等）

第20条の6　第20条第３項の登録を受けた者（以下「登録水質検査機関」という.）は，同項の水質検査の委託の申込みがあつたときは，正当な理由がある場合を除き，その受託を拒んではならない.

2　登録水質検査機関は，公正に，かつ，厚生労働省令で定める方法により水質検査を行わなければならない.

（変更の届出）

第20条の7　登録水質検査機関は，氏名若しくは名称，住所，水質検査を行う区域又は水質検査を行う事業所の所在地を変更しようとするときは，変更しようとする日の２週間前までに，その旨を厚生労働大臣に届け出なければならない.

（業務規程）

第20条の8　登録水質検査機関は，水質検査の業務に関する規程（以下「水質検査業務規程」という.）を定め，水質検査の業務の開始前に，厚生労働大臣に届け出なければならない. これを変更しようとするときも，同様とする.

2　水質検査業務規程には，水質検査の実施方法，水質検査に関する料金その他の厚生労働省令で定める事項を定めておかなければならない.

（業務の休廃止）

第20条の9　登録水質検査機関は，水質検査の業務の全部又は一部を休止し，又は廃止しようとするときは，休止又は廃止しようとする日の２週間前までに，その旨を

厚生労働大臣に届け出なければならない.

（財務諸表等の備付け及び閲覧等）

第20条の10　登録水質検査機関は，毎事業年度経過後3月以内に，その事業年度の財産目録，貸借対照表及び損益計算書又は収支計算書並びに事業報告書（その作成に代えて電磁的記録（電子的方式，磁気的方式その他の人の知覚によつては認識することができない方式で作られる記録であつて，電子計算機による情報処理の用に供されるものをいう．以下同じ．）の作成がされている場合における当該電磁的記録を含む．次項において「財務諸表等」という．）を作成し，5年間事業所に備えて置かなければならない.

2　水道事業者その他の利害関係人は，登録水質検査機関の業務時間内は，いつでも，次に掲げる請求をすることができる．ただし，第2号又は第4号の請求をするには，登録水質検査機関の定めた費用を支払わなければならない.

一　財務諸表等が書面をもつて作成されているときは，当該書面の閲覧又は謄写の請求

二　前号の書面の謄本又は抄本の請求

三　財務諸表等が電磁的記録をもつて作成されているときは，当該電磁的記録に記録された事項を厚生労働省令で定める方法により表示したものの閲覧又は謄写の請求

四　前号の電磁的記録に記録された事項を電磁的方法であつて厚生労働省令で定めるものにより提供することの請求又は当該事項を記載した書面の交付の請求

（適合命令）

第20条の11　厚生労働大臣は，登録水質検査機関が第20条の4第1項各号のいずれかに適合しなくなつたと認めるときは，その登録水質検査機関に対し，これらの規定に適合するため必要な措置をとるべきことを命ずることができる.

（改善命令）

第20条の12　厚生労働大臣は，登録水質検査機関が第20条の6第1項又は第2項の規定に違反していると認めるときは，その登録水質検査機関に対し，水質検査を受託すべきこと又は水質検査の方法その他の業務の方法の改善に関し必要な措置をとるべきことを命ずることができる.

（登録の取消し等）

第20条の13　厚生労働大臣は，登録水質検査機関が次の各号のいずれかに該当するときは，その登録を取り消し，又は期間を定めて水質検査の業務の全部若しくは一部の停止を命ずることができる.

一　第20条の3第1号又は第3号に該当するに至つたとき.

二　第20条の7から第20条の9まで，第20条の10第1項又は次条の規定に違反したとき．

三　正当な理由がないのに第20条の10第2項各号の規定による請求を拒んだとき．

四　第20条の11又は前条の規定による命令に違反したとき．

五　不正の手段により第20条第3項の登録を受けたとき．

（帳簿の備付け）

第20条の14　登録水質検査機関は，厚生労働省令で定めるところにより，水質検査に関する事項で厚生労働省令で定めるものを記載した帳簿を備え，これを保存しなければならない．

（報告の徴収及び立入検査）

第20条の15　厚生労働大臣は，水質検査の適正な実施を確保するため必要があると認めるときは，登録水質検査機関に対し，業務の状況に関し必要な報告を求め，又は当該職員に，登録水質検査機関の事務所又は事業所に立ち入り，業務の状況若しくは検査施設，帳簿，書類その他の物件を検査させることができる．

2　前項の規定により立入検査を行う職員は，その身分を示す証明書を携帯し，関係者の請求があつたときは，これを提示しなければならない．

3　第1項の規定による権限は，犯罪捜査のために認められたものと解釈してはならない．

（公示）

第20条の16　厚生労働大臣は，次の場合には，その旨を公示しなければならない．

一　第20条第3項の登録をしたとき．

二　第20条の7の規定による届出があつたとき．

三　第20条の9の規定による届出があつたとき．

四　第20条の13の規定により第20条第3項の登録を取り消し，又は水質検査の業務の停止を命じたとき．

（健康診断）

第21条　水道事業者は，水道の取水場，浄水場又は配水池において業務に従事している者及びこれらの施設の設置場所の構内に居住している者について，厚生労働省令の定めるところにより，定期及び臨時の健康診断を行わなければならない．

2　水道事業者は，前項の規定による健康診断を行つたときは，これに関する記録を作成し，健康診断を行つた日から起算して1年間，これを保存しなければならない．

（衛生上の措置）

第22条　水道事業者は，厚生労働省令の定めるところにより，水道施設の管理及び運営に関し，消毒その他衛生上必要な措置を講じなければならない．

(水道施設の維持及び修繕)

第22条の2 水道事業者は，厚生労働省令で定める基準に従い，水道施設を良好な状態に保つため，その維持及び修繕を行わなければならない．

2 前項の基準は，水道施設の修繕を能率的に行うための点検に関する基準を含むものとする．

(水道施設台帳)

第22条の3 水道事業者は，水道施設の台帳を作成し，これを保管しなければならない．

2 前項の台帳の記載事項その他その作成及び保管に関し必要な事項は，厚生労働省令で定める．

(水道施設の計画的な更新等)

第22条の4 水道事業者は，長期的な観点から，給水区域における一般の水の需要に鑑み，水道施設の計画的な更新に努めなければならない．

2 水道事業者は，厚生労働省令で定めるところにより，水道施設の更新に要する費用を含むその事業に係る収支の見通しを作成し，これを公表するよう努めなければならない．

(給水の緊急停止)

第23条 水道事業者は，その供給する水が人の健康を害するおそれがあることを知つたときは，直ちに給水を停止し，かつ，その水を使用することが危険である旨を関係者に周知させる措置を講じなければならない．

2 水道事業者の供給する水が人の健康を害するおそれがあることを知つた者は，直ちにその旨を当該水道事業者に通報しなければならない．

(消火栓)

第24条 水道事業者は，当該水道に公共の消防のための消火栓を設置しなければならない．

2 市町村は，その区域内に消火栓を設置した水道事業者に対し，その消火栓の設置及び管理に要する費用その他その水道が消防用に使用されることに伴い増加した水道施設の設置及び管理に要する費用につき，当該水道事業者との協議により，相当額の補償をしなければならない．

3 水道事業者は，公共の消防用として使用された水の料金を徴収することができない．

(情報提供)

第24条の2 水道事業者は，水道の需要者に対し，厚生労働省令で定めるところにより，第20条第1項の規定による水質検査の結果その他水道事業に関する情報を提供しなければならない．

(業務の委託)

第24条の3 水道事業者は，政令で定めるところにより，水道の管理に関する技術上の業務の全部又は一部を他の水道事業者若しくは水道用水供給事業者又は当該業務を適正かつ確実に実施することができる者として政令で定める要件に該当するものに委託することができる．

2 水道事業者は，前項の規定により業務を委託したときは，遅滞なく，厚生労働省令で定める事項を厚生労働大臣に届け出なければならない．委託に係る契約が効力を失つたときも，同様とする．

3 第１項の規定により業務の委託を受ける者（以下「水道管理業務受託者」という．）は，水道の管理について技術上の業務を担当させるため，受託水道業務技術管理者１人を置かなければならない．

4 受託水道業務技術管理者は，第１項の規定により委託された業務の範囲内において第19条第２項各号に掲げる事項に関する事務に従事し，及びこれらの事務に従事する他の職員を監督しなければならない．

5 受託水道業務技術管理者は，政令で定める資格を有する者でなければならない．

6 第１項の規定により水道の管理に関する技術上の業務を委託する場合においては，当該委託された業務の範囲内において，水道管理業務受託者を水道事業者と，受託水道業務技術管理者を水道技術管理者とみなして，第13条第１項（水質検査及び施設検査の実施に係る部分に限る．）及び第２項，第17条，第20条から第22条の３まで，第23条第１項，第25条の９，第36条第２項並びに第39条（第２項及び第３項を除く．）の規定（これらの規定に係る罰則を含む．）を適用する．この場合において，当該委託された業務の範囲内において，水道事業者及び水道技術管理者については，これらの規定は，適用しない．

7 前項の規定により水道管理業務受託者を水道事業者としてみなして第25条の９の規定を適用する場合における第25条の11第１項の規定の適用については，同項第五号中「水道事業者」とあるのは，「水道管理業務受託者」とする．

8 第１項の規定により水道の管理に関する技術上の業務を委託する場合においては，当該委託された業務の範囲内において，水道技術管理者については第19条第２項の規定は適用せず，受託水道業務技術管理者が同項各号に掲げる事項に関する全ての事務に従事し，及びこれらの事務に従事する他の職員を監督する場合においては，水道事業者については，同条第１項の規定は，適用しない．

第24条の４ （水道施設運営権の設定の許可）～**第24条の13**（水道施設運営権の取消し等の通知）（略）

第25条（簡易水道事業に関する特例）（略）

第３節　指定給水装置工事事業者

(指定の申請)

第25条の2　第16条の2第1項の指定は，給水装置工事の事業を行う者の申請により行う.

2　第16条の2第1項の指定を受けようとする者は，厚生労働省令で定めるところにより，次に掲げる事項を記載した申請書を水道事業者に提出しなければならない.

一　氏名又は名称及び住所並びに法人にあつては，その代表者の氏名

二　当該水道事業者の給水区域について給水装置工事の事業を行う事業所(以下この節において単に「事業所」という.)の名称及び所在地並びに第25条の4第1項の規定によりそれぞれの事業所において選任されることとなる給水装置工事主任技術者の氏名

三　給水装置工事を行うための機械器具の名称，性能及び数

四　その他厚生労働省令で定める事項

(指定の基準)

第25条の3　水道事業者は，第16条の2第1項の指定の申請をした者が次の各号のいずれにも適合していると認めるときは，同項の指定をしなければならない.

一　事業所ごとに，第25条の4第1項の規定により給水装置工事主任技術者として選任されることとなる者を置く者であること.

二　厚生労働省令で定める機械器具を有する者であること.

三　次のいずれにも該当しない者であること.

イ　心身の故障により給水装置工事の事業を適正に行うことができない者として厚生労働省令で定めるもの

ロ　破産手続開始の決定を受けて復権を得ない者

ハ　この法律に違反して，刑に処せられ，その執行を終わり，又は執行を受けることがなくなつた日から2年を経過しない者

ニ　第25条の11第1項の規定により指定を取り消され，その取消しの日から2年を経過しない者

ホ　その業務に関し不正又は不誠実な行為をするおそれがあると認めるに足りる相当の理由がある者

ヘ　法人であつて，その役員のうちにイからホまでのいずれかに該当する者があるもの

2　水道事業者は，第16条の2第1項の指定をしたときは，遅滞なく，その旨を一般に周知させる措置をとらなければならない.

(指定の更新)

第25条の3の2　第16条の2第1項の指定は，5年ごとにその更新を受けなければ，

その期間の経過によってその効力を失う.

2　前項の更新の申請があった場合において，同項の期間（以下この項及び次項において「指定の有効期間」という.）の満了の日までにその申請に対する決定がされないときは，従前の指定は，指定の有効期間の満了後もその決定がされるまでの間は，なおその効力を有する.

3　前項の場合において，指定の更新がされたときは，その指定の有効期間は，従前の指定の有効期間の満了の日の翌日から起算するものとする.

4　前2条の規定は，第1項の指定の更新について準用する.

（給水装置工事主任技術者）

第25条の4　指定給水装置工事事業者は，事業所ごとに，第3項各号に掲げる職務をさせるため，厚生労働省令で定めるところにより，給水装置工事主任技術者免状の交付を受けている者のうちから，給水装置工事主任技術者を選任しなければならない.

2　指定給水装置工事事業者は，給水装置工事主任技術者を選任したときは，遅滞なく，その旨を水道事業者に届け出なければならない．これを解任したときも，同様とする.

3　給水装置工事主任技術者は，次に掲げる職務を誠実に行わなければならない.

一　給水装置工事に関する技術上の管理

二　給水装置工事に従事する者の技術上の指導監督

三　給水装置工事に係る給水装置の構造及び材質が第16条の規定に基づく政令で定める基準に適合していることの確認

四　その他厚生労働省令で定める職務

4　給水装置工事に従事する者は，給水装置工事主任技術者がその職務として行う指導に従わなければならない.

（給水装置工事主任技術者免状）

第25条の5　給水装置工事主任技術者免状は，給水装置工事主任技術者試験に合格した者に対し，厚生労働大臣が交付する.

2　厚生労働大臣は，次の各号のいずれかに該当する者に対しては，給水装置工事主任技術者免状の交付を行わないことができる.

一　次項の規定により給水装置工事主任技術者免状の返納を命ぜられ，その日から1年を経過しない者

二　この法律に違反して，刑に処せられ，その執行を終わり，又は執行を受けることがなくなつた日から2年を経過しない者

3　厚生労働大臣は，給水装置工事主任技術者免状の交付を受けている者がこの法律に違反したときは，その給水装置工事主任技術者免状の返納を命ずることができる.

4　前３項に規定するもののほか，給水装置工事主任技術者免状の交付，書換え交付，再交付及び返納に関し必要な事項は，厚生労働省令で定める．

（給水装置工事主任技術者試験）

第25条の6　給水装置工事主任技術者試験は，給水装置工事主任技術者として必要な知識及び技能について，厚生労働大臣が行う．

2　給水装置工事主任技術者試験は，給水装置工事に関して３年以上の実務の経験を有する者でなければ，受けることができない．

3　給水装置工事主任技術者試験の試験科目，受験手続その他給水装置工事主任技術者試験の実施細目は，厚生労働省令で定める．

（変更の届出等）

第25条の7　指定給水装置工事事業者は，事業所の名称及び所在地その他厚生労働省令で定める事項に変更があつたとき，又は給水装置工事の事業を廃止し，休止し，若しくは再開したときは，厚生労働省令で定めるところにより，その旨を水道事業者に届け出なければならない．

（事業の基準）

第25条の8　指定給水装置工事事業者は，厚生労働省令で定める給水装置工事の事業の運営に関する基準に従い，適正な給水装置工事の事業の運営に努めなければならない．

（給水装置工事主任技術者の立会い）

第25条の9　水道事業者は，第17条第１項の規定による給水装置の検査を行うときは，当該給水装置に係る給水装置工事を施行した指定給水装置工事事業者に対し，当該給水装置工事を施行した事業所に係る給水装置工事主任技術者を検査に立ち会わせることを求めることができる．

（報告又は資料の提出）

第25条の10　水道事業者は，指定給水装置工事事業者に対し，当該指定給水装置工事事業者が給水区域において施行した給水装置工事に関し必要な報告又は資料の提出を求めることができる．

（指定の取消し）

第25条の11　水道事業者は，指定給水装置工事事業者が次の各号のいずれかに該当するときは，第16条の２第１項の指定を取り消すことができる．

一　第25条の３第１項各号のいずれかに適合しなくなつたとき．

二　第25条の４第１項又は第２項の規定に違反したとき．

三　第25条の７の規定による届出をせず，又は虚偽の届出をしたとき．

四　第25条の８に規定する給水装置工事の事業の運営に関する基準に従つた適正な

給水装置工事の事業の運営をすることができないと認められるとき.

五　第25条の9の規定による水道事業者の求めに対し，正当な理由なくこれに応じないとき.

六　前条の規定による水道事業者の求めに対し，正当な理由なくこれに応じず，又は虚偽の報告若しくは資料の提出をしたとき.

七　その施行する給水装置工事が水道施設の機能に障害を与え，又は与えるおそれが大であるとき.

八　不正の手段により第16条の2第1項の指定を受けたとき.

2　第25条の3第2項の規定は，前項の場合に準用する.

第4節　指定試験機関

第25条の12～第25条の27（略）

第4章　水道用水供給事業

第26条～第31条（略）

第5章　専用水道

（確認）

第32条　専用水道の布設工事をしようとする者は，その工事に着手する前に，当該工事の設計が第5条の規定による施設基準に適合するものであることについて，都道府県知事の確認を受けなければならない.

（確認の申請）

第33条　前条の確認の申請をするには，申請書に，工事設計書その他厚生労働省令で定める書類(図面を含む.)を添えて，これを都道府県知事に提出しなければならない.

2　前項の申請書には，次に掲げる事項を記載しなければならない.

一　申請者の住所及び氏名(法人又は組合にあつては，主たる事務所の所在地及び名称並びに代表者の氏名)

二　水道事務所の所在地

3　専用水道の設置者は，前項に規定する申請書の記載事項に変更を生じたときは，速やかに，その旨を都道府県知事に届け出なければならない.

4　第1項の工事設計書には，次に掲げる事項を記載しなければならない.

一　1日最大給水量及び1日平均給水量

二　水源の種別及び取水地点

三　水源の水量の概算及び水質試験の結果

四　水道施設の概要

五　水道施設の位置(標高及び水位を含む.)，規模及び構造

六　浄水方法

七　工事の着手及び完了の予定年月日

八　その他厚生労働省令で定める事項

5　都道府県知事は，第1項の申請を受理した場合において，当該工事の設計が第5条の規定による施設基準に適合することを確認したときは，申請者にその旨を通知し，適合しないと認めたとき，又は申請書の添附書類によつては適合するかしないかを判断することができないときは，その適合しない点を指摘し，又はその判断することができない理由を附して，申請者にその旨を通知しなければならない.

6　前項の通知は，第1項の申請を受理した日から起算して30日以内に，書面をもつてしなければならない.

第34条　(準用)(略)

第6章　簡易専用水道

第34条の2　簡易専用水道の設置者は，厚生労働省令で定める基準に従い，その水道を管理しなければならない.

2　簡易専用水道の設置者は，当該簡易専用水道の管理について，厚生労働省令の定めるところにより，定期に，地方公共団体の機関又は厚生労働大臣の登録を受けた者の検査を受けなければならない.

(検査の義務)

第34条の3　前条第2項の登録を受けた者は，簡易専用水道の管理の検査を行うことを求められたときは，正当な理由がある場合を除き，遅滞なく，簡易専用水道の管理の検査を行わなければならない.

第34条の4 (準用)(略)

第7章　監督

第35条～第39条(略)

第8章　雑則

第39条の2～第50条の3 (略)

第9章　罰則

第51条　水道施設を損壊し，その他水道施設の機能に障害を与えて水の供給を妨害した者は，5年以下の懲役又は100万円以下の罰金に処する.

2　みだりに水道施設を操作して水の供給を妨害した者は，2年以下の懲役又は50万円以下の罰金に処する.

3　前2項の規定にあたる行為が，刑法の罪に触れるときは，その行為者は，同法の罪と比較して，重きに従つて処断する.

第52条　次の各号のいずれかに該当する者は，3年以下の懲役又は300万円以下の罰金に処する.

一　第6条第1項の規定による認可を受けないで水道事業を経営した者
二　第23条第1項（第31条及び第34条第1項において準用する場合を含む.）の規定に違反した者
三　第26条の規定による認可を受けないで水道用水供給事業を経営した者

第53条　次の各号のいずれかに該当する者は，1年以下の懲役又は100万円以下の罰金に処する.

一　第10条第1項前段の規定に違反した者
二　第11条第1項（第31条において準用する場合を含む.）の規定に違反した者
三　第15条第1項の規定に違反した者
四　第15条第2項（第24条の8第1項（第31条において準用する場合を含む.）の規定により読み替えて適用する場合を含む.）（第31条において準用する場合を含む.）の規定に違反して水を供給しなかつた者
五　第19条第1項（第31条及び第34条第1項において準用する場合を含む.）の規定に違反した者
六　第24条の3第1項（第31条及び第34条第1項において準用する場合を含む.）の規定に違反して，業務を委託した者
七　第24条の3第3項（第31条及び第34条第1項において準用する場合を含む.）の規定に違反した者
八　第24条の7第1項（第31条において準用する場合を含む.）の規定に違反した者
九　第30条第1項の規定に違反した者
十　第37条の規定による給水停止命令に違反した者
十一　第40条第1項（第24条の8第1項（第31条において準用する場合を含む）の規定により読み替えて適用する場合を含む.）及び第3項の規定による命令に違反した者

第53条の2　第20条の13（第34条の4において準用する場合を含む.）の規定による業務の停止の命令に違反した者は，1年以下の懲役又は100万円以下の罰金に処する.

第53条の3　第25条の17第1項の規定に違反した者は，1年以下の懲役又は100万円以下の罰金に処する.

第53条の4　第25条の24第2項の規定による試験事務の停止の命令に違反したときは，その違反行為をした指定試験機関の役員又は職員は，1年以下の懲役又は100万円以下の罰金に処する.

第54条　次の各号のいずれかに該当する者は，100万円以下の罰金に処する.

一　第9条第1項（第10条第2項において準用する場合を含む.）の規定により認可に附せられた条件に違反した者

二　第13条第１項(第31条及び第34条第１項において準用する場合を含む.)の規定に違反して水質検査又は施設検査を行わなかつた者

三　第20条第１項(第31条及び第34条第１項において準用する場合を含む.)の規定に違反した者

四　第21条第１項(第31条及び第34条第１項において準用する場合を含む.)の規定に違反した者

五　第22条(第31条及び第34条第１項において準用する場合を含む.)の規定に違反した者

六　第29条第1項(第30条第２項において準用する場合を含む.)の規定により認可に附せられた条件に違反した者

七　第32条の規定による確認を受けないで専用水道の布設工事に着手した者

八　第34条の２第２項の規定に違反した者

第55条　次の各号のいずれかに該当する者は，30万円以下の罰金に処する.

一　地方公共団体以外の水道事業者であつて，第7条第４項第７号の規定により事業計画書に記載した供給条件(第14条第6項の規定による認可があつたときは，認可後の供給条件，第38条第２項の規定による変更があつたときは，変更後の供給条件)によらないで，料金又は給水装置工事の費用を受け取つたもの

二　第10条第３項，第11条第２項(第31条において準用する場合を含む.)，第24条の３第２項(第31条及び第34条第１項において準用する場合を含む.)又は第30条第３項の規定による届出をせず，又は虚偽の届出をした者

三　第39条第１項，第２項，第３項又は第40条第８項(第24条の８第１項(第31条において準用する場合を含む)の規定により読み替えて適用する場合を含む.)の規定による報告をせず，若しくは虚偽の報告をし，又は当該職員の検査を拒み，妨げ，若しくは忌避した者

第55条の2　次の各号のいずれかに該当する者は，30万円以下の罰金に処する.

一　第20条の9(第34条の４において準用する場合を含む.)の規定による届出をせず，又は虚偽の届出をした者

二　第20条の14(第34条の４において準用する場合を含む.)の規定に違反して帳簿を備えず，帳簿に記載せず，若しくは帳簿に虚偽の記載をし，又は帳簿を保存しなかつた者

三　第20条の15第１項(第34条の４において準用する場合を含む.)の規定による報告をせず，若しくは虚偽の報告をし，又は当該職員の検査を拒み，妨げ，若しくは忌避した者

第55条の3　次の各号のいずれかに該当するときは，その違反行為をした指定試験機

関の役員又は職員は，30万円以下の罰金に処する．

一　第25条の20の規定に違反して帳簿を備えず，帳簿に記載せず，若しくは帳簿に虚偽の記載をし，又は帳簿を保存しなかつたとき．

二　第25条の22第１項の規定による報告を求められて，報告をせず，若しくは虚偽の報告をし，又は同項の規定による立入り若しくは検査を拒み，妨げ，若しくは忌避したとき．

三　第25条の23第１項の規定による許可を受けないで，試験事務の全部を廃止したとき．

第56条　法人の代表者又は法人若しくは人の代理人，使用人その他の従業者が，その法人又は人の業務に関して第52条から第53条の２まで又は第54条から第55条の２までの違反行為をしたときは，行為者を罰するほか，その法人又は人に対しても，各本条の罰金刑を科する．

第57条　正当な理由がないのに第25条の５第３項の規定による命令に違反して給水装置工事主任技術者免状を返納しなかつた者は，10万円以下の過料に処する．

附則（略）

水道法施行令　(抄)

昭和32年12月12日政令第336号

最終改正：令和４年５月27日政令第210号

（専用水道の基準）

第１条　水道法（以下「法」という．）第３条第６項ただし書に規定する政令で定める基準は，次のとおりとする．

一　口径25mm 以上の導管の全長　1 500m

二　水槽の有効容量の合計　100m^3

2　法第３条第６項第２号に規定する政令で定める基準は，人の飲用その他の厚生労働省令で定める目的のために使用する水量が20m^{3}であることとする．

（簡易専用水道の適用除外の基準）

第２条　法第３条第７項ただし書に規定する政令で定める基準は，水道事業の用に供する水道から水の供給を受けるために設けられる水槽の有効容量の合計が10m^{3}であることとする．

第３条（水道施設の増設及び改造の工事）（略）

第４条（法第11条第２項に規定する給水人口の基準）（略）

第５条（布設工事監督者の資格）（略）

（給水装置の構造及び材質の基準）

第６条　法第16条の規定による給水装置の構造及び材質は，次のとおりとする．

一　配水管への取付口の位置は，他の給水装置の取付口から30cm以上離れていること．

二　配水管への取付口における給水管の口径は，当該給水装置による水の使用量に比し，著しく過大でないこと．

三　配水管の水圧に影響を及ぼすおそれのあるポンプに直接連結されていないこと．

四　水圧，土圧その他の荷重に対して充分な耐力を有し，かつ，水が汚染され，又は漏れるおそれがないものであること．

五　凍結，破壊，侵食等を防止するための適当な措置が講ぜられていること．

六　当該給水装置以外の水管その他の設備に直接連結されていないこと．

七　水槽，プール，流しその他水を入れ，又は受ける器具，施設等に給水する給水装置にあつては，水の逆流を防止するための適当な措置が講ぜられていること．

２　前項各号に規定する基準を適用するについて必要な技術的細目は，厚生労働省令で定める．

（水道技術管理者の資格）

第７条　法第19条第３項（法第31条及び第34条第１項において準用する場合を含む．）に規定する政令で定める資格は，次のとおりとする．

一　第５条の規定により簡易水道以外の水道の布設工事監督者たる資格を有する者

二　第５条第１項第１号，第３号及び第４号に規定する学校において土木工学以外の工学，理学，農学，医学若しくは薬学に関する学科目又はこれらに相当する学科目を修めて卒業した後（学校教育法による専門職大学の前期課程にあっては，修了した後），同項第１号に規定する学校を卒業した者については４年以上，同項第３号に規定する学校を卒業した者（同法による専門職大学の前期課程にあっては，修了した者）については６年以上，同項第４号に規定する学校を卒業した者については８年以上水道に関する技術上の実務に従事した経験を有する者

三　10年以上水道に関する技術上の実務に従事した経験を有する者

四　厚生労働省令の定めるところにより，前２号に掲げる者と同等以上の技能を有すると認められる者

２　簡易水道又は１日最大給水量が1 000m^{3}以下である専用水道については，前項第１号中「簡易水道以外の水道」とあるのは「簡易水道」と，同項第２号中「４年以上」とあるのは「２年以上」と，「６年以上」とあるのは「３年以上」と，「８年以上」とあるのは「４年以上」と，同項第３号中「10年以上」とあるのは「５年以上」とそれぞれ読み替えるものとする．

（登録水質検査機関等の登録の有効期間）

第8条　法第20条の5第1項（法第34条の4において準用する場合を含む．）の政令で定める期間は，3年とする．

（業務の委託）

第9条　法第24条の3第1項（法第31条及び第34条第1項において準用する場合を含む．）の規定による水道の管理に関する技術上の業務の委託は，次に定めるところにより行うものとする．

一　水道施設の全部又は一部の管理に関する技術上の業務を委託する場合にあつては，技術上の観点から一体として行わなければならない業務の全部を一の者に委託するものであること．

二　給水装置の管理に関する技術上の業務を委託する場合にあつては，当該水道事業者の給水区域内に存する給水装置の管理に関する技術上の業務の全部を委託するものであること．

三　次に掲げる事項についての条項を含む委託契約書を作成すること．

イ　委託に係る業務の内容に関する事項

ロ　委託契約の期間及びその解除に関する事項

ハ　その他厚生労働省令で定める事項

第10条　法第24条の3第1項（法第31条及び第34条第1項において準用する場合を含む．）に規定する政令で定める要件は，法第24条の3第1項の規定により委託を受けて行う業務を適正かつ確実に遂行するに足りる経理的及び技術的な基礎を有するものであることとする．

（受託水道業務技術管理者の資格）

第11条　法第24条の3第5項（法第31条及び第34条第1項において準用する場合を含む．）に規定する政令で定める資格は，第7条の規定により水道技術管理者たる資格を有する者とする．

第12条（国庫補助）（略）

（手数料）

第13条　法第45条の3第1項の政令で定める手数料の額は，次の各号に掲げる者の区分に応じ，それぞれ当該各号に定める額とする．

一　給水装置工事主任技術者免状（以下この項において「免状」という．）の交付を受けようとする者　2 500円（情報通信技術を活用した行政の推進等に関する法律（平成14年法律第151号）第6条第1項の規定により同項に規定する電子情報処理組織を使用する者（以下「電子情報処理組織を使用する者」という，）にあつては，2450円）

二　免状の書換え交付を受けようとする者　2 150円(電子情報処理組織を使用する者にあつては，2050円)

三　免状の再交付を受けようとする者　2 150円(電子情報処理組織を使用する者にあつては，2050円)

2　法第45条の3第2項の政令で定める受験手数料の額は，21300円とする.

第14条(都道府県の処理する事務)(略)

第15条(指定都道府県の処理する事務)(略)

第16条(管轄都道府県知事)(略)

附則(略)

水道法施行規則 (抄)

昭和32年12月14日厚生省令第45号

最終改正：令和3年4月20日厚生労働省令第88号

第1章　水道事業

(令第1条第2項の厚生労働省令で定める目的)

第1条　水道法施行令(昭和32年政令第336号. 以下「令」という.)第1条第2項に規定する厚生労働省令で定める目的は，人の飲用，炊事用，浴用その他人の生活の用に供することとする.

第1条の2～第12条の6(略)

(給水装置の軽微な変更)

第13条　法第16条の2第3項の厚生労働省令で定める給水装置の軽微な変更は，単独水栓の取替え及び補修並びにこま，パッキン等給水装置の末端に設置される給水用具の部品の取替え(配管を伴わないものに限る.)とする.

第14条～第16条(略)

(衛生上必要な措置)

第17条　法第22条の規定により水道事業者が講じなければならない衛生上必要な措置は，次の各号に掲げるものとする.

一　取水場，貯水池，導水きよ，浄水場，配水池及びポンプせいは，常に清潔にし，水の汚染の防止を充分にすること.

二　前号の施設には，かぎを掛け，さくを設ける等みだりに人畜が施設に立ち入つて水が汚染されるのを防止するのに必要な措置を講ずること.

三　給水栓における水が，遊離残留塩素を0.1mg/L(結合残留塩素の場合は，0.4mg/L)以上保持するように塩素消毒をすること. ただし，供給する水が病原生物に著しく汚染されるおそれがある場合又は病原生物に汚染されたことを疑わせるような生物若しくは物質を多量に含むおそれがある場合の給水栓における水の遊離残留塩素は，0.2mg/L（結合残留塩素の場合は，1.5mg/L）以上とする．

2　前項第3号の遊離残留塩素及び結合残留塩素の検査方法は，厚生労働大臣が定める．

第17条の2～第19条（略）

（厚生労働省令で定める機械器具）

第20条　法第25条の3第1項第2号の厚生労働省令で定める機械器具は，次の各号に掲げるものとする．

一　金切りのこその他の管の切断用の機械器具

二　やすり，パイプねじ切り器その他の管の加工用の機械器具

三　トーチランプ，パイプレンチその他の接合用の機械器具

四　水圧テストポンプ

第20条の2（厚生労働省令で定める者）（略）

（給水装置工事主任技術者の選任）

第21条　指定給水装置工事事業者は，法第16条の2の指定を受けた日から2週間以内に給水装置工事主任技術者を選任しなければならない．

2　指定給水装置工事事業者は，その選任した給水装置工事主任技術者が欠けるに至つたときは，当該事由が発生した日から2週間以内に新たに給水装置工事主任技術者を選任しなければならない．

3　指定給水装置工事事業者は，前2項の選任を行うに当たつては，一の事業所の給水装置工事主任技術者が，同時に他の事業所の給水装置工事主任技術者とならないようにしなければならない．ただし，一の給水装置工事主任技術者が当該二以上の事業所の給水装置工事主任技術者となつてもその職務を行うに当たつて特に支障がないときは，この限りでない．

第22条　法第25条の4第2項の規定による給水装置工事主任技術者の選任又は解任の届出は，様式第三によるものとする．

（給水装置工事主任技術者の職務）

第23条　法第25条の4第3項第4号の厚生労働省令で定める給水装置工事主任技術者の職務は，水道事業者の給水区域において施行する給水装置工事に関し，当該水道事業者と次の各号に掲げる連絡又は調整を行うこととする．

一　配水管から分岐して給水管を設ける工事を施行しようとする場合における配水管の位置の確認に関する連絡調整

二　第36条第1項第2号に掲げる工事に係る工法，工期その他の工事上の条件に関する連絡調整

三　給水装置工事(第13条に規定する給水装置の軽微な変更を除く.)を完了した旨の連絡

第24条～第35条(略)

(事業の運営の基準)

第36条　法第25条の8に規定する厚生労働省令で定める給水装置工事の事業の運営に関する基準は，次の各号に掲げるものとする.

一　給水装置工事(第13条に規定する給水装置の軽微な変更を除く.)ごとに,法第25条の4第1項の規定により選任した給水装置工事主任技術者のうちから，当該工事に関して法第25条の4第3項各号に掲げる職務を行う者を指名すること.

二　配水管から分岐して給水管を設ける工事及び給水装置の配水管への取付口から水道メーターまでの工事を施行する場合において，当該配水管及び他の地下埋設物に変形，破損その他の異常を生じさせることがないよう適切に作業を行うことができる技能を有する者を従事させ，又はその者に当該工事に従事する他の者を実施に監督させること.

三　水道事業者の給水区域において前号に掲げる工事を施行するときは，あらかじめ当該水道事業者の承認を受けた工法，工期その他の工事上の条件に適合するように当該工事を施行すること.

四　給水装置工事主任技術者及びその他の給水装置工事に従事する者の給水装置工事の施行技術の向上のために，研修の機会を確保するよう努めること.

五　次に掲げる行為を行わないこと.

イ　令第6条に規定する基準に適合しない給水装置を設置すること.

ロ　給水管及び給水用具の切断,加工,接合等に適さない機械器具を使用すること.

六　施行した給水装置工事(第13条に規定する給水装置の軽微な変更を除く.)ごとに，第1号の規定により指名した給水装置工事主任技術者に次の各号に掲げる事項に関する記録を作成させ，当該記録をその作成の日から3年間保存すること.

イ　施主の氏名又は名称

ロ　施行の場所

ハ　施行完了年月日

ニ　給水装置工事主任技術者の氏名

ホ　竣工図

ヘ　給水装置工事に使用した給水管及び給水用具に関する事項

ト　法第25条の4第3項第3号の確認の方法及びその結果

第37条～第48条(略)

第2章　水道用水供給事業

第49条～第52条（略）

第3章　専用水道

第53条～第54条（略）

第4章　簡易専用水道

（管理基準）

第55条　法第34条の2第1項に規定する厚生労働省令で定める基準は，次に掲げるものとする．

一　水槽の掃除を毎年1回以上定期に行うこと．

二　水槽の点検等有害物，汚水等によつて水が汚染されるのを防止するために必要な措置を講ずること．

三　給水栓における水の色，濁り，臭い，味その他の状態により供給する水に異常を認めたときは，水質基準に関する省令の表の上欄に掲げる事項のうち必要なものについて検査を行うこと．

四　供給する水が人の健康を害するおそれがあることを知つたときは，直ちに給水を停止し，かつ，その水を使用することが危険である旨を関係者に周知させる措置を講ずること．

（検査）

第56条　法第34条の2第2項の規定による検査は，毎年1回以上定期に行うものとする．

2　検査の方法その他必要な事項については，厚生労働大臣が定めるところによるものとする．

第56条の2～第56条の9（略）

第5章　雑則

第57条（略）

附則（略）

給水装置の構造及び材質の基準に関する省令（抄）

平成９年３月19日厚生省令第14号

最終改正：令和２年３月25日厚生労働省令第38号

（耐圧に関する基準）

第１条　給水装置（最終の止水機構の流出側に設置されている給水用具を除く．以下この条において同じ．）は，次に掲げる耐圧のための性能を有するものでなければならない．

一　給水装置（次号に規定する加圧装置及び当該加圧装置の下流側に設置されている給水用具並びに第３号に規定する熱交換器内における浴槽内の水等の加熱用の水路を除く．）は，厚生労働大臣が定める耐圧に関する試験（以下「耐圧性能試験」という．）により1.75MPaの静水圧を１分間加えたとき，水漏れ，変形，破損その他の異常を生じないこと．

二　加圧装置及び当該加圧装置の下流側に設置されている給水用具（次に掲げる要件を満たす給水用具に設置されているものに限る．）は，耐圧性能試験により当該加圧装置の最大吐出圧力の静水圧を１分間加えたとき，水漏れ，変形，破損その他の異常を生じないこと．

イ　当該加圧装置を内蔵するものであること．

ロ　減圧弁が設置されているものであること．

ハ　ロの減圧弁の下流側に当該加圧装置が設置されているものであること．

ニ　当該加圧装置の下流側に設置されている給水用具についてロの減圧弁を通さない水との接続がない構造のものであること．

三　熱交換器内における浴槽内の水等の加熱用の水路（次に掲げる要件を満たすものに限る．）については，接合箇所（溶接によるものを除く．）を有せず，耐圧性能試験により1.75MPaの静水圧を１分間加えたとき，水漏れ，変形，破損その他の異常を生じないこと．

イ　当該熱交換器が給湯及び浴槽内の水等の加熱に兼用する構造のものであること．

ロ　当該熱交換器の構造として給湯用の水路と浴槽内の水等の加熱用の水路が接触するものであること．

四　パッキンを水圧で圧縮することにより水密性を確保する構造の給水用具は，第一号に掲げる性能を有するとともに，耐圧性能試験により20kPaの静水圧を１分間加えたとき，水漏れ，変形，破損その他の異常を生じないこと．

2　給水装置の接合箇所は，水圧に対する充分な耐力を確保するためにその構造及び材質に応じた適切な接合が行われているものでなければならない.

3　家屋の主配管は，配管の経路について構造物の下の通過を避けること等により漏水時の修理を容易に行うことができるようにしなければならない.

（浸出等に関する基準）

第2条　飲用に供する水を供給する給水装置は，厚生労働大臣が定める浸出に関する試験（以下「浸出性能試験」という.）により供試品（浸出性能試験に供される器具，その部品，又はその材料（金属以外のものに限る.）をいう.）について浸出させたとき，その浸出液は，別表第一の上欄に掲げる事項につき，水栓その他給水装置の末端に設置されている給水用具にあっては同表の中欄に掲げる基準に適合し，それ以外の給水装置にあっては同表の下欄に掲げる基準に適合しなければならない.

2　給水装置は，末端部が行き止まりとなつていること等により水が停滞する構造であつてはならない.ただし 当該末端部に排水機構が設置されているものにあつては，この限りでない.

3　給水装置は，シアン，六価クロムその他水を汚染するおそれのある物を貯留し，又は取り扱う施設に近接して設置されていてはならない.

4　鉱油類，有機溶剤その他の油類が浸透するおそれのある場所に設置されている給水装置は，当該油類が浸透するおそれのない材質のもの又はさや管等により適切な防護のための措置が講じられているものでなければならない.

（水撃限界に関する基準）

第3条　水栓その他水撃作用（止水機構を急に閉止した際に管路内に生じる圧力の急激な変動作用をいう.）を生じるおそれのある給水用具は，厚生労働大臣が定める水撃限界に関する試験により当該給水用具内の流速を2m毎秒又は当該給水用具内の動水圧を0.15MPaとする条件において給水用具の止水機構の急閉止（閉止する動作が自動的に行われる給水用具にあつては，自動閉止）をしたとき，その水撃作用により上昇する圧力が1.5MPa以下である性能を有するものでなければならない.ただし，当該給水用具の上流側に近接してエアチャンバーその他の水撃防止器具を設置すること等により適切な水撃防止のための措置が講じられているものにあっては，この限りでない.

（防食に関する基準）

第4条　酸又はアルカリによつて侵食されるおそれのある場所に設置されている給水装置は，酸又はアルカリに対する耐食性を有する材質のもの又は防食材で被覆すること等により適切な侵食の防止のための措置が講じられているものでなければならない.

2　漏えい電流により侵食されるおそれのある場所に設置されている給水装置は，非金属製の材質のもの又は絶縁材で被覆すること等により適切な電気防食のための措置が講じられているものでなければならない.

(逆流防止に関する基準)

第5条　水が逆流するおそれのある場所に設置されている給水装置は，次の各号のいずれかに該当しなければならない.

一　次に掲げる逆流を防止するための性能を有する給水用具が，水の逆流を防止することができる適切な位置(ニに掲げるものにあっては，水受け容器の越流面の上方150mm 以上の位置)に設置されていること.

イ　減圧式逆流防止器は，厚生労働大臣が定める逆流防止に関する試験(以下「逆流防止性能試験」という.)により3kPa及び1.5MPaの静水圧を1分間加えたとき，水漏れ，変形，破損その他の異常を生じないとともに，厚生労働大臣が定める負圧破壊に関する試験(以下「負圧破壊性能試験」という.)により流入側からマイナス54kPaの圧力を加えたとき，減圧式逆流防止器に接続した透明管内の水位の上昇が3 mm を超えないこと.

ロ　逆止弁(減圧式逆流防止器を除く.)及び逆流防止装置を内部に備えた給水用具(ハにおいて「逆流防止給水用具」という.)は，逆流防止性能試験により3 kPa及び1.5MPaの静水圧を1分間加えたとき，水漏れ，変形，破損その他の異常を生じないこと.

ハ　逆流防止給水用具のうち次の表の第一欄に掲げるものに対するロの規定の適用については，同欄に掲げる逆流防止給水用具の区分に応じ，同表の第二欄に掲げる字句は，それぞれ同表の第三欄に掲げる字句とする.

逆流防止給水用具の区分	読み替えられる字句	読み替える字句
(1)減圧弁	1.5MPa	当該減圧弁の設定圧力
(2)当該逆流防止装置の流出側に止水機構が設けられておらず，かつ，大気に開口されている逆流防止給水用具((3)及び(4)に規定するものを除く.)	3 kPa及び1.5MPa	3 kPa
(3)浴槽に直結し，かつ，自動給湯する給湯機及び給湯付きふろがま((4)に規定するものを除く.)	1.5MPa	50kPa
(4)浴槽に直結し，かつ，自動給湯する給湯機及び給湯付きふろがまであつて逆流防止装置の流出側に循環ポンプを有するもの	1.5MPa	当該循環ポンプの最大吐出圧力又は50kPaのいずれかの高い圧力

ニ　バキュームブレーカは，負圧破壊性能試験により流入側からマイナス54kPaの圧力を加えたとき，バキュームブレーカに接続した透明管内の水位の上昇が75mm を超えないこと.

ホ　負圧破壊装置を内部に備えた給水用具は，負圧破壊性能試験により流入側からマイナス54kPaの圧力を加えたとき，当該給水用具に接続した透明管内の水位の上昇が，バキュームブレーカを内部に備えた給水用具にあっては逆流防止機能が働く位置から水受け部の水面までの垂直距離の2分の1，バキュームブレーカ以外の負圧破壊装置を内部に備えた給水用具にあっては吸気口に接続している管と流入管の接続部分の最下端又は吸気口の最下端のうちいずれか低い点から水面までの垂直距離の2分の1を超えないこと．

ヘ　水受け部と吐水口が一体の構造であり，かつ，水受け部の越流面と吐水口の間が分離されていることにより水の逆流を防止する構造の給水用具は，負圧破壊性能試験により流入側からマイナス54kPaの圧力を加えたとき，吐水口から水を引き込まないこと．

二　吐水口を有する給水装置が，次に掲げる基準に適合すること．

イ　呼び径が25mm以下のものにあつては，別表第二の上欄に掲げる呼び径の区分に応じ，同表中欄に掲げる近接壁から吐水口の中心までの水平距離及び同表下欄に掲げる越流面から吐水口の最下端までの垂直距離が確保されていること．

ロ　呼び径が25mmを超えるものにあつては，別表第三の上欄に掲げる区分に応じ，同表下欄に掲げる越流面から吐水口の最下端までの垂直距離が確保されていること．

2　事業活動に伴い，水を汚染するおそれのある場所に給水する給水装置は，前項第2号に規定する垂直距離及び水平距離を確保し，当該場所の水管その他の設備と当該給水装置を分離すること等により，適切な逆流の防止のための措置が講じられているものでなければならない．

（耐寒に関する基準）

第6条　屋外で気温が著しく低下しやすい場所その他凍結のおそれのある場所に設置されている給水装置のうち減圧弁，逃し弁，逆止弁，空気弁及び電磁弁（給水用具の内部に備え付けられているものを除く．以下「弁類」という．）にあっては，厚生労働大臣が定める耐久に関する試験（以下「耐久性能試験」という．）により10万回の開閉操作を繰り返し，かつ，厚生労働大臣が定める耐寒に関する試験（以下「耐寒性能試験」という．）により零下20度プラスマイナス2度の温度で1時間保持した後通水したとき，それ以外の給水装置にあつては，耐寒性能試験により零下20度プラスマイナス2度の温度で1時間保持した後通水したとき，当該給水装置に係る第1条第1項に規定する性能，第3条に規定する性能及び前条第1項第1号に規定する性能を有するものでなければならない．ただし，断熱材で被覆すること等により適切な凍結の防止のための措置が講じられているものにあっては，この限りでない．

（耐久に関する基準）

第7条　弁類(前条本文に規定するものを除く.)は，耐久性能試験により10万回の開閉操作を繰り返した後，当該給水装置に係る第１条第１項に規定する性能，第３条に規定する性能及び第５条第１項第１号に規定する性能を有するものでなければならない.

附則(令和２年３月25日厚生労働省令第38号)　抄

(施行期日)

第1条　この省令は，令和２年４月１日から施行する.

(経過措置)

第2条　令和３年３月31日までの間，第２条の規定による改正後の給水装置の構造及び材質の基準に関する省令(次条において「新給水装置省令」という.)別表第一六価クロム化合物の項の適用については，同項中欄中「0.02mg/L」とあるのは，「0.05mg/L」とする.

第3条　この省令の施行の際現に設置され，若しくは設置の工事が行われている給水装置又は現に建築の工事が行われている建築物に設置されるものであって，新給水装置省令第２条第１項に規定する基準に適合しないものについては，当該給水装置の大規模の改造のときまでは，この規定を適用しない.

別表第一

事　項	水栓その他給水装置の末端に設置されている給水用具の浸出液に係る基準	給水装置の末端以外に設置されている給水用具の浸出液，又は給水管の浸出液に係る基準
カドミウム及びその化合物	カドミウムの量に関して，0.0003mg/L 以下であること.	カドミウムの量に関して，0.003mg/L 以下であること.
水銀及びその化合物	水銀の量に関して，0.00005mg/L 以下であること.	水銀の量に関して，0.0005mg/L 以下であること.
セレン及びその化合物	セレンの量に関して，0.001mg/L 以下であること.	セレンの量に関して，0.01mg/L 以下であること.
鉛及びその化合物	鉛の量に関して，0.001mg/L 以下であること.	鉛の量に関して，0.01mg/L 以下であること.
ヒ素及びその化合物	ヒ素の量に関して，0.001mg/L 以下であること.	ヒ素の量に関して，0.01mg/L 以下であること.
六価クロム化合物	六価クロムの量に関して，0.002mg/L 以下であること.	六価クロムの量に関して，0.02mg/L 以下であること.
亜硝酸態窒素	0.004mg/L 以下であること.	0.04mg/L 以下であること.
シアン化物イオン及び塩化シアン	シアンの量に関して，0.001mg/L 以下であること.	シアンの量に関して，0.01mg/L 以下であること.

硝酸態窒素及び亜硝酸態窒素	1.0mg/L 以下であること.	10mg/L 以下であること.
フッ素及びその化合物	フッ素の量に関して, 0.08mg/L 以下であること.	フッ素の量に関して, 0.8mg/L 以下であること.
ホウ素及びその化合物	ホウ素の量に関して, 0.1mg/L 以下であること.	ホウ素の量に関して, 1.0mg/L 以下であること.
四塩化炭素	0.0002mg/L 以下であること.	0.002mg/L 以下であること.
1,4－ジオキサン	0.005mg/L 以下であること	0.05mg/L 以下であること.
シス-1,2-ジクロロエチレン及びトランス-1,2-ジクロロエチレン	0.004mg/L 以下であること.	0.04mg/L 以下であること.
ジクロロメタン	0.002mg/L 以下であること.	0.02mg/L 以下であること.
テトラクロロエチレン	0.001mg/L 以下であること.	0.01mg/L 以下であること.
トリクロロエチレン	0.001mg/L 以下であること.	0.01mg/L 以下であること.
ベンゼン	0.001mg/L 以下であること.	0.01mg/L 以下であること.
ホルムアルデヒド	0.008mg/L 以下であること.	0.08mg/L 以下であること.
亜鉛及びその化合物	亜鉛の量に関して, 0.1mg/L 以下であること.	亜鉛の量に関して, 1.0mg/L 以下であること.
アルミニウム及びその化合物	アルミニウムの量に関して, 0.02mg/L 以下であること.	アルミニウムの量に関して, 0.2mg/L 以下であること.
鉄及びその化合物	鉄の量に関して, 0.03mg/L 以下であること.	鉄の量に関して, 0.3mg/L 以下であること.
銅及びその化合物	銅の量に関して, 0.1mg/L 以下であること.	銅の量に関して, 1.0mg/L 以下であること.
ナトリウム及びその化合物	ナトリウムの量に関して, 20mg/L 以下であること.	ナトリウムの量に関して, 200mg/L 以下であること.
マンガン及びその化合物	マンガンの量に関して, 0.005mg/L 以下であること.	マンガンの量に関して, 0.05mg/L 以下であること.
塩化物イオン	20mg/L 以下であること.	200mg/L 以下であること.
蒸発残留物	50mg/L 以下であること.	500mg/L 以下であること.
陰イオン界面活性剤	0.02mg/L 以下であること.	0.2mg/L 以下であること.
非イオン界面活性剤	0.005mg/L 以下であること.	0.02mg/L 以下であること.
フェノール類	フェノールの量に換算して, 0.0005mg/L 以下であること.	フェノールの量に換算して, 0.005mg/L 以下であること.

有機物(全有機炭素(TOC)の量)	0.5mg/L 以下であること.	3 mg/L 以下であること.
味	異常でないこと.	異常でないこと.
臭気	異常でないこと.	異常でないこと.
色度	0.5度以下であること.	5 度以下であること.
濁度	0.2度以下であること.	2 度以下であること.
1,2- ジクロロエタン	0.0004mg/L 以下であること.	0.004mg/L 以下であること.
アミン類	トリエチレンテトラミンとして, 0.01mg/L 以下であること.	トリエチレンテトラミンとして, 0.01mg/L 以下であること.
エピクロロヒドリン	0.01mg/L 以下であること.	0.01mg/L 以下であること.
酢酸ビニル	0.01mg/L 以下であること.	0.01mg/L 以下であること.
スチレン	0.002mg/L 以下であること.	0.002mg/L 以下であること.
2,4- トルエンジアミン	0.002mg/L 以下であること	0.002mg/L 以下であること.
2,6- トルエンジアミン	0.001mg/L 以下であること.	0.001mg/L 以下であること.
1,2- ブタジエン	0.001mg/L 以下であること.	0.001mg/L 以下であること.
1,3- ブタジエン	0.001mg/L 以下であること.	0.001mg/L 以下であること.
備考)主要部品の材料として銅合金を使用している水栓その他給水装置の末端に設置されている給水用具の浸出液に係る基準にあっては,この表鉛及びその化合物の項中「0.001mg/L」とあるのは「0.007mg/L」と,亜鉛及びその化合物の項中「0.1mg/L」とあるのは「0.97mg/L」と,銅及びその化合物の項中「0.1mg/L」とあるのは「0.98mg/L」とする.		

別表第二

呼び径の区分	近接壁から吐水口の中心までの水平距離	越流面から吐水口の最下端までの垂直距離
13mm 以下のもの	25mm 以上	25mm 以上
13mm を超え20mm 以下のもの	40mm 以上	40mm 以上
20mm を超え25mm 以下のもの	50mm 以上	50mm 以上
備考) 1. 浴槽に給水する給水装置(水受け部と吐水口が一体の構造であり,かつ,水受け部の越流面と吐水口の間が分離されていることにより水の逆流を防止する構造の給水用具(この表及び次表において「吐水口一体型給水用具」という.)を除く.)にあっては,この表下欄中「25mm」とあり,又は「40mm」とあるのは,「50mm」とする. 2. プール等の水面が特に波立ちやすい水槽並びに事業活動に伴い洗剤又は薬品を入れる水槽及び容器に給水する給水装置(吐水口一体型給水用具を除く.)にあっては,この表下欄中「25mm」とあり,「40mm」とあり,又は「50mm」とあるのは,「200mm」とする.		

別表第三

<table>
<tr><th colspan="3">区　　分</th><th>越流面から吐水口の最下端までの垂直距離</th></tr>
<tr><td colspan="3">近接壁の影響がない場合</td><td>($1.7\times d+5$)mm 以上</td></tr>
<tr><td rowspan="7">近接壁の影響がある場合</td><td rowspan="3">近接壁が一面の場合</td><td>壁からの離れが($3\times D$)mm 以下のもの</td><td>($3\times d$)mm 以上</td></tr>
<tr><td>壁からの離れが($3\times D$)mm を超え($5\times D$)mm 以下のもの</td><td>($2\times d+5$)mm 以上</td></tr>
<tr><td>壁からの離れが($5\times D$)mm を超えるもの</td><td>($1.7\times d+5$)mm 以上</td></tr>
<tr><td rowspan="4">近接壁が二面の場合</td><td>壁からの離れが($4\times D$)mm 以下のもの</td><td>($3.5\times d$)mm 以上</td></tr>
<tr><td>壁からの離れが($4\times D$)mm を超え($6\times D$)mm 以下のもの</td><td>($3\times d$)mm 以上</td></tr>
<tr><td>壁からの離れが($6\times D$)mm を超え($7\times D$)mm 以下のもの</td><td>($2\times d+5$)mm 以上</td></tr>
<tr><td>壁からの離れが($7\times D$)mm を超えるもの</td><td>($1.7\times d+5$)mm 以上</td></tr>
<tr><td colspan="4">備考）
1. D：吐水口の内径(単位：mm)，d：有効開口の内径(単位：mm)
2. 吐水口の断面が長方形の場合は長辺を D とする.
3. 越流面より少しでも高い壁がある場合は近接壁とみなす.
4. 浴槽に給水する給水装置(吐水口一体型給水用具を除く.)において，下欄に定める式により算定された越流面から吐水口の最下端までの垂直距離が50mm 未満の場合にあっては，当該距離は50mm 以上とする.
5. プール等の水面が特に波立ちやすい水槽並びに事業活動に伴い洗剤又は薬品を入れる水槽及び容器に給水する給水装置(吐水口一体型給水用具を除く.)において，下欄に定める式により算定された越流面から吐水口の最下端までの垂直距離が200mm 未満の場合にあっては，当該距離は200mm 以上とする.</td></tr>
</table>

水質基準に関する省令（抄）

平成15年５月30日 厚生労働省令第101号
最終改正：令和２年３月25日 厚生労働省令第38号

水質基準項目と基準値（51項目）

No.	基　準　項　目	基　準　値
1	一般細菌	1 mL の検水で形成される集落数が100以下であること．
2	大腸菌	検出されないこと．
3	カドミウム及びその化合物	カドミウムの量に関して，0.003 mg/L 以下であること．
4	水銀及びその化合物	水銀の量に関して，0.000 5 mg/L 以下であること．
5	セレン及びその化合物	セレンの量に関して，0.01mg/L 以下であること．
6	鉛及びその化合物	鉛の量に関して，0.01mg/L 以下であること．
7	ヒ素及びその化合物	ヒ素の量に関して，0.01mg/L 以下であること．
8	六価クロム化合物	六価クロムの量に関して，0.02mg/L 以下であること．
9	亜硝酸態窒素	0.04mg/L 以下であること．
10	シアン化物イオン及び塩化シアン	シアンの量に関して，0.01mg/L 以下であること．
11	硝酸態窒素及び亜硝酸態窒素	10mg/L 以下であること．
12	フッ素及びその化合物	フッ素の量に関して，0.8mg/L 以下であること．
13	ホウ素及びその化合物	ホウ素の量に関して，1.0mg/L 以下であること．
14	四塩化炭素	0.002 mg/L 以下であること．
15	1,4-ジオキサン	0.05mg/L 以下であること．
16	シス-1,2-ジクロロエチレン及びトランス-1.2-ジクロロエチレン	0.04mg/L 以下であること．
17	ジクロロメタン	0.02mg/L 以下であること．
18	テトラクロロエチレン	0.01mg/L 以下であること．
19	トリクロロエチレン	0.01mg/L 以下であること．
20	ベンゼン	0.01mg/L 以下であること．
21	塩素酸	0.6mg/L 以下であること．
22	クロロ酢酸	0.02mg/L 以下であること．
23	クロロホルム	0.06mg/L 以下であること．
24	ジクロロ酢酸	0.03mg/L 以下であること．
25	ジブロモクロロメタン	0.1mg/L 以下であること．

26	臭素酸	0.01mg/L 以下であること.
27	総トリハロメタン(クロロホルム, ジブロモクロロメタン, ブロモジクロロメタン及びブロモホルムのそれぞれの濃度の総和)	0.1mg/L 以下であること.
28	トリクロロ酢酸	0.03mg/L 以下であること.
29	ブロモジクロロメタン	0.03mg/L 以下であること.
30	ブロモホルム	0.09mg/L 以下であること.
31	ホルムアルデヒド	0.08mg/L 以下であること.
32	亜鉛及びその化合物	亜鉛の量に関して，1.0mg/L以下であること.
33	アルミニウム及びその化合物	アルミニウムの量に関して，0.2mg/L 以下であること.
34	鉄及びその化合物	鉄の量に関して，0.3mg/L 以下であること.
35	銅及びその化合物	銅の量に関して，1.0mg/L 以下であること.
36	ナトリウム及びその化合物	ナトリウムの量に関して，200mg/L以下であること.
37	マンガン及びその化合物	マンガンの量に関して，0.05mg/L 以下であること.
38	塩化物イオン	200mg/L 以下であること.
39	カルシウム，マグネシウム等(硬度)	300mg/L 以下であること.
40	蒸発残留物	500mg/L 以下であること.
41	陰イオン界面活性剤	0.2mg/L 以下であること.
42	(4S,4aS,8aR)-オクタヒドロ-4,8a-ジメチルナフタレン-4a(2H)-オール(別名ジェオスミン)	0.00001mg/L 以下であること.
43	1,2,7,7-テトラメチルビシクロ[2,2,1]ヘプタン-2-オール(別名2-メチルイソボルネオール)	0.00001mg/L 以下であること.
44	非イオン界面活性剤	0.02mg/L 以下であること.
45	フェノール類	フェノールの量に換算して，0.005mg/L 以下であること.
46	有機物(全有機炭素(TOC)の量)	3 mg/L 以下であること.
47	pH 値	5.8以上8.6以下であること.
48	味	異常でないこと.
49	臭気	異常でないこと.
50	色度	5度以下であること.
51	濁度	2度以下であること.

水質管理目標設定項目と目標値（27項目）

No.	目　標　設　定　項　目	基　準　値
1	アンチモン及びその化合物	アンチモンの量に関して，0.02mg/L 以下
2	ウラン及びその化合物	ウランの量に関して，0.002mg/L 以下（暫定）
3	ニッケル及びその化合物	ニッケルの量に関して 0.02mg/L 以下
4	1,2-ジクロロエタン	0.004mg/L 以下
5	トルエン	0.4mg/L 以下
6	フタル酸ジ（2-エチルヘキシル）	0.08mg/L 以下
7	亜塩素酸	0.6mg/L 以下
8	二酸化塩素	0.6mg/L 以下
9	ジクロロアセトニトリル	0.01mg/L 以下（暫定）
10	抱水クロラール	0.02mg/L 以下（暫定）
11	農薬類	検出値と目標値の比の和として，1 以下
12	残留塩素	1 mg/L 以下
13	カルシウム，マグネシウム等（硬度）	10mg/L 以上 100mg/L 以下
14	マンガン及びその化合物	マンガンの量に関して，0.01mg/L 以下
15	遊離炭酸	20mg/L 以下
16	1,1,1-トリクロロエタン	0.3mg/L 以下
17	メチル-t-ブチルエーテル	0.02mg/L 以下
18	有機物等（過マンガン酸カリウム消費量）	3 mg/L 以下
19	臭気強度（TON）	3 以下
20	蒸発残留物	30mg/L 以上 200mg/L 以下
21	濁度	1 度以下
22	pH 値	7.5 程度
23	腐食性（ランゲリア指数）	−1 程度以上とし，極力 0 に近づける
24	従属栄養細菌	1mL の検水で形成される集落数が 2000 以下（暫定）
25	1,1-ジクロロエチレン	0.1mg/L 以下
26	アルミニウム及びその化合物	アルミニウムの量に関して，0.1mg/L 以下
27	ペルフルオロオクタンスルホン酸（PFOS）及びペルフルオロオクタン酸（PFOA）	ペルフルオロオクタンスルホン酸（PFOS）及びペルフルオロオクタン酸（PFOA）の量の和として 0.00005mg/L 以下（暫定）

8ヵ年全問題収録　給水装置工事試験完全解答（改訂８版）

2007 年 5 月 15 日　　第 1 版 第 1 刷発行
2010 年 5 月 15 日　　改訂 2 版第 1 刷発行
2013 年 5 月 30 日　　改訂 3 版第 1 刷発行
2015 年 5 月 19 日　　改訂 4 版第 1 刷発行
2017 年 4 月 21 日　　改訂 5 版第 1 刷発行
2019 年 6 月 10 日　　改訂 6 版第 1 刷発行
2021 年 5 月 15 日　　改訂 7 版第 1 刷発行
2023 年 5 月 10 日　　改訂 8 版第 1 刷発行

編　者　設備と管理編集部
発行者　村上和夫
発行所　株式会社 **オーム社**
郵便番号　101-8460
東京都千代田区神田錦町 3-1
電　話 03(3233)0641(代表)
URL https://www.ohmsha.co.jp/

印刷・製本　研文社
ISBN978-4-274-23056-1　Printed in Japan